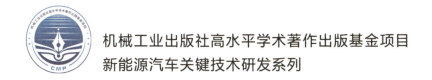

机械工业出版社高水平学术著作出版基金项目

新能源汽车关键技术研发系列

新能源汽车热系统

Thermal System of Electric Vehicles

田长青　邹慧明　徐洪波　唐明生　著

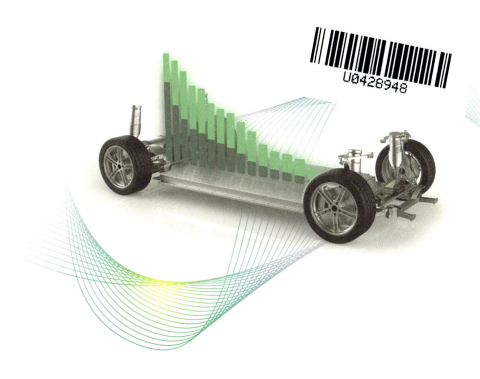

机械工业出版社

CHINA MACHINE PRESS

针对新能源汽车车室空调、电池/电机/电控温度控制、一体式热管理、环保工质等技术需求，本书较为系统完整地介绍了新能源汽车热系统技术体系、技术研究进展和热系统设计方法。全书共8章：第1章介绍了新能源汽车热系统定义、组成、研究现状与发展趋势；第2章为低能耗安全舒适车室环境构建与分析；第3章介绍了各类新能源汽车空调冷热源系统的研究进展；第4章展示了近年来环保工质制冷/热泵系统的研究成果；第5章为动力电池热管理技术；第6章详述了新能源汽车一体式热管理系统的研究结果；第7章和第8章分别系统阐述了新能源乘用车和商用车的热系统设计方法。

本书可作为高等院校能源与动力工程（制冷空调方向）、车辆工程等专业本科生、研究生的教学参考书，也可以作为汽车与汽车空调企业从事新能源汽车热系统产品设计、生产和安装的工程技术人员的专业用书，还可供从事新能源汽车热系统行业的科技人员参考。

图书在版编目（CIP）数据

新能源汽车热系统 / 田长青等著 . —北京：机械工业出版社，2023.9
（新能源汽车关键技术研发系列）
ISBN 978-7-111-73607-3

Ⅰ.①新… Ⅱ.①田… Ⅲ.①新能源 – 汽车 – 温度调节系统
Ⅳ.① U469.7

中国国家版本馆 CIP 数据核字（2023）第 143069 号

机械工业出版社（北京市百万庄大街 22 号　邮政编码 100037）
策划编辑：何士娟　　　　　　责任编辑：何士娟　章承林
责任校对：张昕妍　徐　霆　　封面设计：张　静
责任印制：李　昂
北京捷迅佳彩印刷有限公司印刷
2024 年 1 月第 1 版第 1 次印刷
169mm × 239mm · 23 印张 · 431 千字
标准书号：ISBN 978-7-111-73607-3
定价：168.00 元

电话服务	网络服务
客服电话：010-88361066	机　工　官　网：www.cmpbook.com
010-88379833	机　工　官　博：weibo.com/cmp1952
010-68326294	金　　书　　网：www.golden-book.com
封底无防伪标均为盗版	机工教育服务网：www.cmpedu.com

前 言

　　新能源汽车是全球汽车行业的重要发展方向，也是我国汽车产业转型升级的重要发展战略，对于调整能源消费结构、缓解环境污染、提升汽车业制造水平均具有重要战略意义。从"十五"到"十四五"，新能源汽车作为我国"十大产业振兴规划"的重点支持产业，以及"中国制造2025"十个重点领域之一得到了高度重视。汽车热系统根据车室与部件工作环境需求，以工程热物理、制冷与低温工程、人工环境为学科基础，构建系统并进行控制调节，从而实现舒适健康的车内环境和满足需求的部件工作环境。新能源汽车热系统主要包括车内环境控制（汽车空调）、车窗防雾除霜控制、电池/电机/电控（简称"三电"）温度控制等方面，是实现汽车安全高效舒适运行的重要保证。随着新能源汽车的快速发展，涵盖车室热湿环境调控、"三电"系统温控等多目标热管理需求的汽车热系统已成为行业的研究热点。

　　本书作者及其研究团队从事新能源汽车热系统研究十余年，在车室热湿环境构建、电动汽车空调用中间补气压缩机、低温环境空气源热泵、动力电池热管理、环保工质制冷/热泵系统、一体式热管理系统等研究方向取得了重要进展，同时也收集了大量国内外相关研究成果。本书内容以作者研究团队的研究成果为主，结合国内外同行研究成果加以总结，以期推动新能源汽车热系统得到高水平快速发展和广泛应用。

　　全书共分8章，第1、2、3章由田长青著写，第4、6、7章由邹慧明著写，

第 5 章由徐洪波著写，第 8 章由唐明生著写。全书由田长青、邹慧明统稿。

本书涉及的研究成果是在国家自然科学基金项目 (51176199、51676201)、国家重点研发计划项目 (2017YFB0103800、2018YFB0105400、2018YFB0105900)、中科院对外合作重点项目 1A1111KYSB20130032、吉林-中科院科技合作专项 (2012CJT0030、2014SYHZ0002、2016SYHZ0010，2021SYHZ0017)、湖北省中科院省院合作专项等资助下完成的，研究团队指导的秦菲、张桂英、韩欣欣、陈伊宇、杨天阳等博士研究生以及刘稷轩、黄广燕、杨露露、刘李艳、张晓强、顾潇、汤鑫斌、张文超、唐坐航等硕士研究生开展了新能源汽车热系统研究并做出了创新性成果，中国汽车工业协会汽车热系统分会秘书长、一汽研究总院薛庆峰教授级高工对本书内容提出了宝贵建议，在此表示衷心感谢。

由于著者水平有限，书中难免存在不妥和疏漏之处，欢迎广大读者予以批评指正。

目 录

前言

第 1 章　绪论 ··· 1
  1.1　新能源汽车 ·· 1
    1.1.1　新能源汽车定义与分类 ··································· 1
    1.1.2　新能源汽车历史回顾与发展现状 ····················· 3
  1.2　新能源汽车热系统 ··· 8
    1.2.1　新能源汽车热系统定义与组成 ························ 8
    1.2.2　新能源汽车对热系统的需求分析 ····················· 9
  1.3　新能源汽车热系统研究进展与发展趋势 ··················· 11
    1.3.1　新能源汽车热系统研究进展 ··························· 11
    1.3.2　新能源汽车热系统发展趋势 ··························· 15
  参考文献 ·· 16

第 2 章　低能耗安全舒适车室环境构建与分析 ··············· 17
  2.1　概述 ·· 17
  2.2　车窗玻璃结雾试验研究 ·· 19
    2.2.1　前风窗玻璃内表面防结雾试验研究 ················· 19
    2.2.2　侧窗凝结特性试验研究 ································· 27
  2.3　车内热湿环境模拟分析 ·· 33
    2.3.1　车内热湿环境建模与仿真分析 ······················· 33
    2.3.2　车室气流组织仿真 ······································· 44
  2.4　车室分区环境构建与分析 ·· 48
    2.4.1　车室分区环境构建思路 ································· 48
    2.4.2　前风窗玻璃采用连续防雾风幕的回风利用分析 ··· 50
    2.4.3　不同表面润湿性能玻璃车窗分区布置 ············· 56

2.5 本章小结 59
参考文献 60

第 3 章 新能源汽车空调冷热源系统 61
3.1 单冷型冷热源系统 61
 3.1.1 纯电动汽车单冷与加热器组合系统 61
 3.1.2 燃料电池汽车的冷热源系统 65
3.2 热泵系统 66
 3.2.1 纯电动汽车热泵系统 66
 3.2.2 混合动力汽车冷热源系统 78
3.3 低温空气源热泵系统 80
 3.3.1 制冷剂喷射压缩机 81
 3.3.2 电动轿车准二级压缩热泵 100
 3.3.3 电动客车准二级压缩热泵 122
3.4 本章小结 129
参考文献 130

第 4 章 环保工质制冷/热泵系统 132
4.1 汽车热系统工质发展概述 133
 4.1.1 保护臭氧层汽车空调行动 133
 4.1.2 温室气体减排及汽车空调用低 GWP 制冷工质要求 134
4.2 R1234yf 工质及应用 136
 4.2.1 R1234yf 工质特性 136
 4.2.2 R1234yf 热泵系统 137
 4.2.3 R1234yf 与 R134a 系统性能对比 139
 4.2.4 R1234yf 制热性能分析 141
4.3 R290 工质及应用 148
 4.3.1 R290 工质特性 148
 4.3.2 R290 热泵系统 149
4.4 R744（CO_2）工质及应用 157
 4.4.1 R744 工质特性 157
 4.4.2 R744 热泵系统 159
4.5 本章小结 171
参考文献 172

第 5 章　动力电池热管理技术 ·· 175

5.1　动力电池对热管理的需求 ·· 175
5.1.1　动力电池的温控需求 ·· 175
5.1.2　电池温控负荷计算 ·· 178

5.2　动力电池冷却方式 ·· 190
5.2.1　风冷 ·· 190
5.2.2　相变材料冷却 ·· 192
5.2.3　直冷 ··· 192
5.2.4　液冷 ··· 194
5.2.5　热管冷却 ·· 198

5.3　平板微热管阵列在电池散热中的应用研究 ···················· 202
5.3.1　热管的选择 ··· 202
5.3.2　动力电池模块散热数值模拟 ································· 202
5.3.3　基于平板微热管阵列的动力电池散热试验研究 ····· 206

5.4　本章小结 ··· 218

参考文献 ·· 219

第 6 章　新能源汽车一体式热管理系统 ································ 222

6.1　整车热管理能量关系及系统架构 ··································· 223
6.1.1　能量关系 ·· 223
6.1.2　系统架构 ·· 224

6.2　电动乘用车一体式热管理系统性能试验研究 ·················· 226
6.2.1　试验系统简介 ··· 226
6.2.2　制冷性能试验研究 ·· 228
6.2.3　制热性能试验研究 ·· 232

6.3　电动乘用车一体式热管理系统性能仿真研究 ·················· 233
6.3.1　模型验证 ·· 234
6.3.2　制冷性能模拟分析 ·· 236
6.3.3　制热性能模拟分析 ·· 238

6.4　电动乘用车一体式热管理系统控制策略 ························· 241
6.4.1　制冷模式 ·· 241
6.4.2　制热模式 ·· 242

6.5　电动客车一体式热管理系统性能试验研究 ····················· 245
6.5.1　余热回收一体式热泵热管理系统构建 ···················· 245

6.5.2　电动客车余热回收热泵热管理试验系统 …………………………… 247
6.5.3　余热换热器串联在补气支路的热力循环性能分析 ………………… 251
6.5.4　余热量对余热换热器串联在补气支路系统性能影响 ………………… 254
6.5.5　车外环境温度对余热换热器串联在补气支路系统
　　　性能影响 ………………………………………………………………… 256
6.5.6　余热换热器串联在吸气主路的热力循环分析 ……………………… 259
6.5.7　车外环境温度和余热量对余热换热器串联在吸气主路
　　　系统性能影响 ………………………………………………………… 261
6.5.8　余热换热器串联在吸气主路的换热器阻力特性影响 ……………… 264
6.5.9　串联在补气支路与串联在吸气主路的余热回收系统
　　　制热性能比较 ………………………………………………………… 266
6.6　本章小结 …………………………………………………………………………… 272
参考文献 ……………………………………………………………………………… 273

第 7 章　新能源乘用车热系统设计　275

7.1　乘用车热系统的设计需求 ………………………………………………………… 276
　　7.1.1　车室热湿环境设计要求 ……………………………………………… 276
　　7.1.2　车窗除霜防雾设计要求 ……………………………………………… 276
　　7.1.3　制冷测试条件及性能要求 …………………………………………… 277
　　7.1.4　供暖测试条件及性能要求 …………………………………………… 278
7.2　车室空调负荷 ……………………………………………………………………… 278
　　7.2.1　冷负荷 ………………………………………………………………… 278
　　7.2.2　热负荷 ………………………………………………………………… 282
7.3　电机与电控散热负荷 ……………………………………………………………… 284
　　7.3.1　电机散热负荷 ………………………………………………………… 284
　　7.3.2　电控散热负荷 ………………………………………………………… 285
7.4　热系统设计 ………………………………………………………………………… 286
　　7.4.1　热泵空调系统设计 …………………………………………………… 286
　　7.4.2　电池温控系统设计 …………………………………………………… 311
　　7.4.3　电机及控制器散热系统设计 ………………………………………… 313
7.5　本章小结 …………………………………………………………………………… 314
参考文献 ……………………………………………………………………………… 314

第 8 章 新能源商用车热系统设计 …… 318

8.1 电动客车热系统的设计需求 …… 318
8.1.1 车室环境设计要求 …… 319
8.1.2 车窗除霜防雾设计要求 …… 320
8.1.3 制冷性能要求及测试条件 …… 321
8.1.4 供暖性能要求及测试条件 …… 323

8.2 系统设计 …… 324
8.2.1 系统流程及原理 …… 325
8.2.2 零部件设计与选型 …… 330
8.2.3 设计示例 …… 338

8.3 本章小结 …… 353

参考文献 …… 354

Chapter 01

第1章
绪　论

1.1 新能源汽车

1.1.1 新能源汽车定义与分类[1]

2009年7月1日，我国正式实施的《新能源汽车生产企业及产品准入管理规则》中明确指出，新能源汽车是指采用非常规的车用燃料作为动力来源（或使用常规的车用燃料、采用新型车载动力装置），综合车辆的动力控制和驱动方面的先进技术，形成的技术原理先进，具有新技术、新结构的汽车。该规则中述及的新能源汽车包括混合动力汽车、纯电动汽车（BEV，包括太阳能汽车）、燃料电池电动汽车（FCEV）、氢发动机汽车、其他新能源（如高效储能器、二甲醚）汽车等各类别产品。2017年1月6日，工业和信息化部颁布的《新能源汽车生产企业及产品准入管理规定》中所指的新能源汽车，是指采用新型动力系统，完全或者主要依靠新型能源驱动的汽车，包括插电式混合动力（含增程式）汽车、纯电动汽车和燃料电池汽车等。2012年，我国《节能与新能源汽车产业发展规划（2012—2020年）》指出，新能源汽车是指采用新型动力系统，完全或主要依靠新型能源驱动的汽车，本规划所指新能源汽车主要包括纯电动汽车、插电式混合动力汽车及燃料电池汽车。

1. 纯电动汽车

纯电动汽车（BEV）是以车载电源为动力，用电机驱动车轮行驶，符合道路交通安全法规各项要求的车辆。由于纯电动汽车多数车载电源为动力电池，其英文缩写也用BEV（Battery Electric Vehicle）表示。纯电动汽车与传统汽车相比具有以下典型特征：

1）取消了内燃机，改用动力电池加电机的方式来驱动汽车。

2）不再需要加注燃油，需要外部电网对车辆充电来维持车辆行驶的能量。

3）延续使用传统汽车的大部分系统或部件，如转向系统、车身电器等。

2. 混合动力汽车

混合动力汽车是指能够从下述两类车载储存的能源中获得动力的汽车：一是可消耗的燃料，二是可再充电能/能量储存装置。2003年，联合国给混合动力汽车的定义是：为了推动车辆的革新，至少拥有两个能量转换器和两个能量储存系统（车载状态）的车辆。国际电工委员会电动汽车技术委员会对混合动力汽车的定义是：有多于一种的能量转换器提供驱动力的混合型电动汽车，即使用蓄电池和副能量单元的电动汽车。副能量单元指的是以某种燃料作为能源的原动机或者电机组；燃料主要包括柴油、汽油或者液化石油气、液化天然气、乙醇等；原动机主要是内燃机及其他热机。汽车行业内普遍认为，能量与功率传动路线具有如下特点的车辆称为混合动力汽车。

1）传送到车轮推进车辆运动的能量，至少来自两种不同的能量转化装置（例如内燃机、燃气涡轮、斯特林发动机、电机、燃料电池等）。

2）能量转换装置至少要从两种不同的能量储存装置（例如燃油箱、蓄电池、高速飞轮、超级电容、高压储氢罐等）吸取能量。

3）从储能装置流向车轮的这些通道，至少有一条是可逆的（既可放出能量，也可吸收能量），并至少还有一条是不可逆的。

4）可逆的储能装置供应的是电能。混合动力汽车的不可逆动力元件是内燃机，对应的储能元件是油箱；可逆的动力元件是电机，对应的储能元件是动力电池、超级电容、燃料电池等。

按照燃料不同，混合动力汽车主要包括汽油混合动力和柴油混合动力；根据动力结构形式，可分为串联、并联和混联三种；根据输出总功率中电机输出功率所占的比率，又可以分为微混、轻混、强混；依据外接充电能力，可以分为插电式和非插电式。

3. 燃料电池汽车

燃料电池汽车（FCEV）是一种用车载燃料电池装置产生的电力作为动力的汽车，其中车载燃料电池装置使用的燃料为高纯度氢气或含氢燃料经重整所得到的高含氢重整气。与通常的电动汽车相比，其动力方面的不同在于，FCEV用的电力来自车载燃料电池装置，电动汽车用的电力来自由电网充电的蓄电池。燃料电池汽车主要具有如下特点：

1）能量转化效率高。燃料电池的能量转换效率可高达 60%～80%，为内燃机的 2～3 倍。

2）零排放，不污染环境。燃料电池的燃料是氢和氧，生成物是清洁的水。

3）氢燃料来源广泛，可以从可再生能源获得，不依赖石油燃料。

以上三类新能源汽车的优缺点比较见表 1-1。

表 1-1 新能源汽车的优缺点比较[2]

能源形式	优点	缺点
混合动力	能有效降低车辆的平均油耗，续驶里程长，特别适用于城市短途	长距离高速行驶不够省油，结构较为复杂，价格基本比燃油汽车贵一倍
纯电动	技术相对成熟，行驶稳定性高，零排放，可白天行驶、夜间充电，平衡城市电网峰谷，更节能降耗	续驶里程有限，对充电设施有依赖，电池价格高，接近整车成本的 1/2，使用寿命和废弃物环境污染令人担忧
燃料电池	能量转化率高，续驶里程长，无污染，真正的零排放	价格高，技术仍需提升

1.1.2　新能源汽车历史回顾与发展现状

1. 新能源汽车历史回顾[3]

作为新能源汽车主要种类之一的纯电动汽车诞生于 1834 年，比内燃机汽车早了半个多世纪。新能源汽车经历了近两个世纪的发展过程，从最初的纯电动汽车发展到今天多种类型的新能源汽车，已成为未来全球汽车发展的方向。图 1-1 表示了新能源汽车发展主要经历的四个阶段。

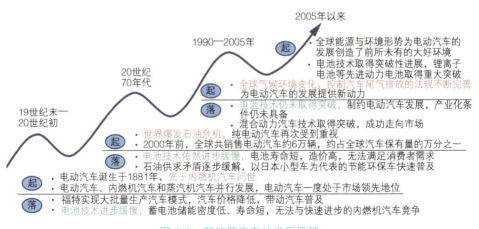

图 1-1　新能源汽车的发展历程

（1）19 世纪末—20 世纪初——电动汽车的崛起、发展和停滞

历史上用于车辆的电机出现比奥托循环发动机（汽油机）和第一辆车用内

燃机还要早。世界上第一台可以真正行驶起来的纯电动汽车是美国发明家托马斯·达文波特（Thomas Davenport）于1834年设计并制造出来的，该车的亮点在于采用了一台直流电机作为驱动车辆的动力。

随着电池性能、容量等关键技术的不断进步，法国发明家Gustave Trouve在1881年巴黎举行的国际电力博览会上演示了三轮电动汽车。紧接着在1884年，托马斯·帕克将电动汽车实现量产。之后，美国费城电车公司于1897年研制的纽约电动出租车实现了电动汽车的商用化。20世纪初，安东尼电气、贝克、底特律电气、爱迪生、斯蒂庞克汽车和其他公司相继推出电动汽车，电动汽车的销量全面超越汽油动力汽车。在当时的汽车消费市场上，电动汽车具有无气味、振动小、无噪声、不用换挡和价格低廉等一系列由内燃机驱动的车辆所不具备的优势，在当时的汽车发展中占据着重要位置。据统计，到1890年，在全世界4200辆汽车中，有38%为电动汽车，40%为蒸汽机汽车，22%为内燃机汽车。

随着石油的大量开采和内燃机技术的不断提高，在1920年之后，与内燃机汽车相比，电动汽车逐渐失去了竞争优势，汽车市场逐步被内燃机驱动的汽车所占据。电动汽车逐渐退居到有轨电车、无轨电车以及高尔夫球场电瓶车、叉车电瓶车等领域，电动汽车的发展从此开始停滞了大半个世纪。之后，随着全球石油资源的不断开发和利用，以及内燃机驱动汽车技术的不断成熟，电动汽车渐渐淡出了人们的视线。与电动汽车相关的包括电驱动、电池材料、动力电池组、电池管理等关键技术也进入了停滞状态。

（2）20世纪70年代——电动汽车的再次发展与停滞

随着世界石油危机的爆发，纯电动汽车再次受到重视。尤其日本，由于其石油资源匮乏，受世界原油市场影响很大，加上人口密度大，城市污染重，因此日本政府特别重视电动汽车研发。1965年，电动汽车被正式列入日本国家项目。1971年，日本通产省制订了"电动汽车的开发计划"，明确规划了电动汽车的发展，对购买电动汽车的用户还制订了优惠补贴措施，日本电动汽车有了一定发展。美国具有技术优势，1973年，Vanguard-Sebring公司在华盛顿的电动汽车展上首次展出CitiCar。但好景不长，随着石油供求矛盾逐步缓解，以日本小型车为代表的节能环保车快速普及，电动汽车发展再次受到压制。

（3）1990—2005年——电动汽车的复苏与突破

20世纪末，随着全球石油资源的日益减少、环境问题的日趋严重，在节能环保车辆的需求越来越迫切的大环境下，人们重新认识到了电动汽车的重要性。1990年，美国加利福尼亚州议会通过一项《ZEV法案》，要求在1998年的汽车总销售量中，必须有2%的零污染排放汽车；到2000年，零污染排放汽车应占汽车总销售量的3%；2001年达5%；2003年增至10%。所以各个主要的汽车生产商开始关注电动汽车的未来发展，并且开始不断投入资金和技术到电动汽车领域。新能源汽车的概念应运而生，在日趋激烈的竞争中，新能源汽车的类型不断丰富起来。1990年1月，通用汽车公司向全球推出Impact纯电动轿车。紧接着，1992年，福特汽车公司推出了使用钙硫电池的Ecostar。之后，丰田汽车公司于1996年推出了使用镍氢电池的RAV4 EV，法国雷诺汽车公司于1996年推出了Clio。而后来丰田汽车公司于1997年推出的Prius混合动力汽车和本田汽车公司于1999年发布销售的混合动力汽车Insight，如今已经成为新能源汽车中的畅销车型。虽然电池技术仍未取得突破，制约了纯电动汽车的发展，但混合动力汽车技术取得突破，成功走向市场。

（4）2005年至今——电动汽车的创新成长期

成立于2003年的特斯拉汽车公司（Tesla Motors）是一家以生产和销售电动汽车及零件成功的标杆公司，生产的电动汽车受到市场欢迎，是以创新驱动引发近年来电动汽车发展的重要推手。尤其值得指出的是，中国新能源汽车在政策鼓励与支持、技术创新驱动、传统汽车企业与新势力造车竞争发展等推动下，在近二十年中得到迅速发展，新能源汽车销量从2015年已连续多年位居全球第一，新能源汽车产业由导入期向成长期快速发展，已成为全球新能源汽车发展的最大推力。

2. 新能源汽车的发展现状

（1）国外新能源汽车发展现状[4]

近年来，美国、欧洲、日本等国家和地区都把大力发展新能源汽车作为未来道路交通的主要方向，世界上的一些汽车强国都先后将其提升为国家战略，尤其是欧洲一些国家，不仅提出"禁止销售燃油汽车时间表"，还要求所有新车在2025年前实现零排放。目前，多个国家已实现新能源汽车的规模化生产，一些车企如宝马、福特、本田等跨国公司也为减少碳排放设立了目标，将陆续向市场推出新的电动车型。

美国重视发展插电式混合动力汽车和燃料电池汽车，并引领高端电动汽车市场。美国电动汽车发展以能源安全为首要任务，强调插电式电动汽车发展。2012年，美国已经在插电式混合动力汽车和燃料电池汽车领域取得了丰硕成果，并拥有这两个领域全球22%的专利。2016年7月，美国联邦政府发布了《关于加快普及电动汽车的计划》，宣布将通过政府与私营部门合作，推动电动汽车发展和加强充电基础设施建设，以应对气候变化、增加清洁能源使用并减少对石油的依赖。特斯拉汽车公司已成为当今世界生产电动汽车企业的引领者，其生产的电动汽车风靡全球，目前该公司生产的几大车型包含Model 3、Model X、Model Y等多款车型，其中Model Y成为全球最为畅销的电动车型之一。

欧洲各国都非常重视新能源汽车行业对环境问题改善的影响，努力通过发展纯电动汽车来减少二氧化碳的排放。欧洲各国电动汽车发展状况差异较大，对电动汽车产业发展目标也不尽相同。德国目标是到2030年，将禁止出售传统的内燃机汽车，从当年开始注册的新车必须是零排放的车型，2050年全国二氧化碳排放削减80%～95%；挪威从2025年开始全面禁售化石燃料汽车，在2030年成为碳中和社会；荷兰目标是到2030年，让所有新车实现零排放；英国到2030年，销售的汽车中至少有50%的轿车和40%的货车达到超低排放标准（每公里二氧化碳排放量不超过50g），到2040年禁止销售传统燃油汽车；法国在首都巴黎禁用柴油发动机，目标是2030年前逐步淘汰燃油汽车。2019年德国超过挪威，成为欧洲最大的电动汽车市场，在2021年其电动汽车销量为30.7万辆，同比增长58.4%。挪威具有较强的环保意识，对电动汽车推广力度最大，优惠政策相对较多，虽然挪威占全欧洲的汽车市场份额并不大，但其是全球电动汽车人均保有量最高的国家，2021年挪威电动汽车新车总销量同比增长25%，达到创纪录的17.6万辆，电动汽车占比高达67.5%，纯电动汽车市场渗透率达到67.6%，居欧洲国家首位。

日本政府更倾向于推广混合动力汽车，新能源汽车销量靠前的都还是混合动力汽车。虽然现在日本电动汽车占总体汽车销量不足1%，远低于中国和欧洲等国家和地区，但日本电动汽车保有量在逐步增加，2021年进口电动汽车的新注册数量增长了近两倍，达到8610辆，在日本整体汽车销售停滞不前的情况下，这是一个虽小但是非常显眼的变化。

据CleanTechnica公布的数据，2021年全球新能源乘用车累计销量达649.54万辆，同比大涨108%，其中特斯拉以93.62万辆高居榜首，离百万辆仅一步之遥；其次，大众累计销量超过30万辆，而宝马和奔驰累计销量都超过了20万辆；沃尔沃、奥迪、现代、起亚、雷诺、标致、丰田和福特累计销量均已超过10万辆。从世界各地区情况来看，2021年新能源汽车销量除了中国近330万辆外，欧洲的销量约为230万辆，美国约为63万辆。

（2）我国新能源汽车发展现状[5]

为应对能源安全、气候变化等方面的挑战，我国高度重视新能源汽车发展。2010年，新能源汽车被国务院列为我国七大战略性新兴产业之一，是国家优先支持发展的方向；2012年，国务院发布了《节能与新能源汽车产业发展规划（2012—2020年）》；2014年5月，习近平总书记在上海考察调研时指出：发展新能源汽车是我国从汽车大国迈向汽车强国的必由之路；2015年5月，国务院发布的《中国制造2025》提出，节能与新能源汽车作为十大重点发展领域之一；2020年11月2日，国务院印发了《新能源汽车产业发展规划（2021—2035年）》，将进一步推动我国新能源汽车产业高质量快速发展。

在新能源汽车研发方面,"十五"开始启动了对节能与新能源汽车的大规模研发,从"十五"863计划电动汽车重大科技专项、"十一五"863计划节能与新能源汽车重大项目、"十二五"电动汽车科技发展专项到"十三五"新能源汽车专项。目前,我国已形成了"三纵三横"技术体系,"三纵"是指混合动力汽车、纯电动汽车和燃料电池汽车三大类型电动汽车,"三横"是指多能源动力总成控制系统、电机驱动系统和控制单元、动力电池和电池组管理系统三大核心技术。在示范推广方面,最早可追溯到1998年,至今已跨越了"九五"至"十三五"五个时期。第一阶段为"九五"时期的汕头南澳岛示范区项目;第二阶段为"十五"末的小规模运行示范;第三阶段为北京奥运会期间较大规模的集中示范;第四阶段为"十城千辆"工程,含上海世博会、深圳大运会等重大活动集中示范应用;第五阶段为"推广应用"阶段。在这个过程中,通过重大科技项目的研发为示范推广提供了技术支撑,而通过示范运行检验了电动汽车研发成果并推动其产业化。

目前我国新能源汽车产业由导入期向成长期快速发展,市场销量逐年递增,从2015年产销量跃居全球首位开始,产销规模已连续蝉联全球首位。但是目前新能源汽车在我国普及程度并不高,其销量在我国汽车整体销量中的占比也较小,截至2022年3月底,全国新能源汽车保有量达891.5万辆,占汽车总量的2.90%,纯电动汽车保有量为724.5万辆,占新能源汽车总量的81.27%。图1-2展示了我国新能源汽车2014—2021年的年产销量情况,可以看出,尽管受到财政补贴政策弱化的影响,2019年新能源汽车市场销量略有下滑,但其市场份额仍处于上升阶段,汽车工业"新能源化"转型升级的趋势不可逆转。2021年我国新能源汽车销售完成352.1万辆,同比增长1.6倍,连续7年位居全球第一;新能源汽车全年产量增至354.5万辆,增长率高达145.6%。据CleanTechnica公布的全球新能源乘用车数据,2021年比亚迪销量位居全球第二名,年销量为59.39万辆,上汽通用五菱位居第三,年销量为45.61万辆,上汽年销量超过20万辆,长城和广汽年销量均已超过10万辆。

图1-3所示为中国汽车工业协会公布的我国逐年不同类别新能源汽车市场份额,可以看出,自2015—2021年,纯电动汽车凭借污染少、能源转化率高、晚间低谷充电、政策支持等优点,逐渐成为消费者购买新能源汽车的首选,市场份额不断上升,2021年纯电动乘用车市场份额超过77%,并长期占主导地位。

根据中国汽车工程学会《节能与新能源技术路线图》预测,我国2025年新能源汽车的产销量在800万辆左右,2030年产销量将达到汽车总销量的40%,在1500万辆左右,所以我国新能源汽车具有很好的发展前景。

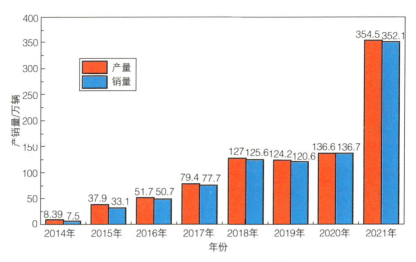

图 1-2 我国新能源汽车年产销量

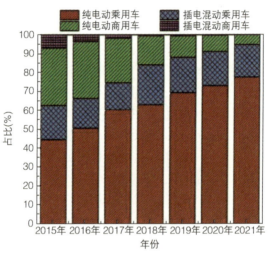

图 1-3 我国不同类别新能源汽车市场份额

1.2 新能源汽车热系统

1.2.1 新能源汽车热系统定义与组成

新能源汽车热系统根据车舱与部件的工作环境需求,以工程热物理、制冷与低温工程、人工环境为学科基础,构建系统并进行控制调节,从而实现舒适健康的车内环境和满足需求的部件工作环境。如图 1-4 所示,新能源汽车热系统包括车室空调、车窗防雾除雾、发动机散热、电池温控、电机/电控散热等,是实现汽车安全高效舒适运行的重要保证。

与传统燃油汽车相比，纯电动汽车动力系统由动力电池和电机取代了发动机，所以其热系统中就不需要发动机散热，而是需要对动力电池、电机和电控进行热管理；汽车空调没有发动机余热可供利用，需要具有制热功能。因此，电动汽车热系统包括车室空调（制冷供冷、制热供暖）、车窗防雾除雾、电池温控、电机/电控散热。

图 1-4　新能源汽车热系统组成

对于混合动力汽车，由于采用了发动机和电驱动的混合动力方式，所以其热系统就更为复杂。对于微混、轻混、串联型强混等形式的汽车，运行时其发动机一直处于工作状态，因此冬季供暖热源仍可采用发动机余热，冷热源只需要考虑制冷功能，汽车空调系统仍可沿用传统燃油汽车的系统，仍然需要对发动机散热，并且需要对电池、电机和电控进行热管理，因为这几类混合动力汽车热系统包括车室空调（制冷供冷、供暖）、车窗防雾除雾、发动机散热、电池温控、电机/电控散热。对于混联型强混汽车，发动机部分时间运行，具有纯电动行驶模式，此时系统需要具有制热功能，汽车热系统包括车室空调（制冷供冷、制热供暖）、车窗防雾除雾、发动机散热、电池温控、电机/电控散热。

对于燃料电池汽车，由于燃料电池的化学能转换为电能时有大量余热排放，可用于车室供暖，其空调系统与传统燃油车空调系统基本一致，其汽车热系统包括车室空调（制冷供冷、供暖）、车窗防雾除雾、电池温控、电机/电控散热。

1.2.2　新能源汽车对热系统的需求分析

纯电动汽车、混合动力汽车及燃料电池汽车等新能源汽车对热系统的需求，在车室空调、车窗防雾除雾、发动机散热（混合动力汽车）等方面与传统燃油汽车基本相同。但是对于以动力电池驱动为主的汽车尤其是纯电动汽车，动力系统的改变对电动汽车的整车热系统提出了一系列新的要求：①没有发动机余热可资利用，热系统需要具有制热功能；②动力电池的运行温度对其性能影响突出，为保证动力电池的高效安全运行，动力电池的温度控制成为热系统的重要任务之一；③为保证电机及电控器件高效可靠运行，需对其进行有效散热。这样，相较于传统燃油车，新能源汽车增加了很多零部件需要加热和冷却，需要协调的零部件和子系统成倍增加，新能源汽车对热系统需求的复杂度大幅度提升。另外，由于纯电动汽车没有内燃机这一噪声源，整车噪声较小，因此在热系统的噪声控制上比传统燃油车更严格，以满足纯电动汽车对NVH（噪声、振动及不平顺性）的更高要求。还有，随着纯电动汽车的智能化程度越来越高，如高级驾驶辅助系统（ADAS）控制器也加入需要冷却的部件行列。

因此，可以说新能源汽车对热系统的需求越来越复杂，温控及节能环保要求越来越高，主要需求包括：

1. 车室环境控制与车窗防雾除雾

车室是一个相对狭窄封闭的空间，在汽车运行过程中这个空间伴随着热量传递过程，由于汽车材料隔热性能差，乘员舱内部空间较小，在行驶过程中长时间受太阳辐射与环境辐射的影响，并且高速行驶增强了汽车与环境换热能力，使得车室成为一个动态且快速变化的热环境。需要对车室环境的温度、湿度、洁净度、空气成分以及风速进行准确控制，以满足驾驶人与乘客的舒适性要求。

由于车身保温性能的局限性，车室环境受风霜雪雨等气候影响和季节变换影响很大，"内热外冷"时室内外温差会造成前风窗玻璃表面结雾，严重影响风窗玻璃可视性进而危害驾乘人员生命安全，因此需要根据不同位置车窗玻璃的高防雾、中防雾和低防雾需求进行防雾除雾。

2. 冷热源系统

车室环境控制与车窗防雾除雾均需要提供冷源和热源，是汽车耗能最大的辅助设备。传统燃油汽车，冬季供暖可直接采用充足的内燃机余热热源，所以只需要单冷系统来提供冷源即可满足全年空调要求。而新能源汽车，尤其是纯电动汽车，由于没有内燃机余热可用，所以电动汽车热系统除了提供冷源，也需要提供热源，其冷热源系统将发生重要变化。双碳战略背景下，冷热源系统需要在全年不同环境中实现高效运行，需要从整车热管理层面统筹考虑车室环境控制、电池/电机/电控温控一体化，并且采用的工质应该是低GWP（全球变暖潜值）的环保制冷剂。

3. 电池热管理与电机电控散热

纯电动汽车的动力电池作为能量来源，是反映汽车性能的最关键部件，但其工作性能受温度影响较大，过高或过低的工作温度将直接影响电动汽车的续驶里程、寿命和安全性。由于电池在充放电过程中受到环境条件和未及时散热的影响，通常会造成电池温度变化，温度过高会破坏电池的化学平衡，引发电池结构上发生不可逆损伤，将会加剧电池容量和功率衰退，电池温度升高到突破一定阈值后将引发漏液、自燃等现象，影响驾驶安全。电池温度过低时，电池反应速度将变慢，在0℃以下时会造成严重的能量损失，充放电能力也会有一定衰减，并在充电时会发生析锂现象，影响电池的性能和寿命；当温度极低时，又会造成电池永久损伤，因此需对电池进行预热以保证电池活性。动力电池在运行过程中温度不均匀会加剧电池组内单体的不一致性，电池组中老化程度最高、状态最差的一部分将成为整个动力电池的短板，导致动力电池寿命缩短。因此，需要一个有效的电池热管理系统将动力电池维持在一个合理的温度范围内。

燃料电池汽车的燃料电池在运行过程中主要有欧姆电阻的极化热、反应产生的水蒸气冷凝相变潜热放热、化学反应热和电化学反应熵变，且燃料电池运行过程产生的热量中只有3%~5%的废热能通过电池的排气散热带走，大约有95%的废热余热需要通过热管理系统中的冷却系统或余热回收系统进行散热或余热利用。温度对燃料电池的稳态和动态性能具有明显影响，温度过高或过低都将直接导致电池性能恶化。因此，燃料电池能否持续稳定、高效、安全地工作很大程度上依赖于其热系统是否精确高效，燃料电池温度控制的关键指标是高温下温度控制精度和温度场分布的均匀性。

新能源汽车的电机与电控器件在运行过程中线圈电阻发热、机械摩擦、电路功耗器件会产生大量的热量，温度过高时会导致电机内部短路、磁体不可逆退磁、电控器件故障率增加等问题，影响其工作效果和使用寿命。产生的热量一部分与空气对流换热，另一部分需通过热系统将剩余的热量带走，从而保障电机和电控器件的正常工作。

1.3 新能源汽车热系统研究进展与发展趋势

1.3.1 新能源汽车热系统研究进展

新能源汽车中，纯电动汽车目前占比最大且其热系统变化大，所以这里仅介绍纯电动汽车热系统的研究进展。根据热系统架构与集成化程度，将电动汽车热系统的发展归纳为单冷加PTC（正温度系数）加热器供暖、常规热泵应用、宽温区热泵及一体化热系统三个阶段[6]。

1. 第一阶段：单冷加PTC加热器供暖

在电动汽车产业化起步阶段，基本是以电池、电机等动力系统的替代为核心技术发展起来的，车室空调、车窗防雾除雾、电池/电机/电控温控等辅助系统是在传统燃油汽车热系统基础上逐步改进而来的。纯电动汽车空调与燃油汽车空调都是通过蒸气压缩式制冷循环来实现制冷功能的，两者的不同之处在于，燃油汽车空调压缩机由发动机通过传动带驱动，而纯电动汽车则直接使用电驱动压缩机。燃油汽车冬季直接利用发动机的余热来对乘员舱进行供暖，而纯电动汽车的电池和电机余热无法满足冬季供暖的需求，因此冬季制热是纯电动汽车需要解决的问题。正温度系数（Positive Temperature Coefficient，PTC）加热器是由PTC陶瓷发热元件与铝管组成的，具有热阻小、换热效率高等优点，并且在燃油汽车车身基础上改动较小，因此早期的电动汽车采用蒸气压缩式制冷加 PTC 加热器制热来实现车室全年空调（图 1-5），例如早期三菱公司的 i-MiEV 电动汽车便采用上述方式进行车室空调[7]。电动汽车的动力电池充电和正常运行放电时会产生热量，温度升高，需要对电池进行降温。电池冷却的方法主要有空气冷却、液体冷却、相变材料冷却、热管冷却等几种方式[8]，由于空气冷却结构简单、成本低、便于维护，在早期的电动汽车上得到了广泛应用。这一阶段的热系统主要形式是各个独立的子系统分别来满足不同系统和部件的热需求。

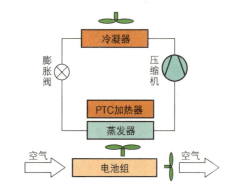

图 1-5　单冷加 PTC 加热器供暖的电动汽车热系统

2. 第二阶段：常规热泵应用

电动汽车冬季供暖采用 PTC 加热器制热，从热力学角度来说其 COP（性能系数）始终小于 1，使得 PTC 加热器制热耗电量较高，能源利用率低，严重制约了电动汽车的行驶里程。而热泵技术利用蒸气压缩式循环将环境中的低品位热量进行利用，制热时的理论 COP 大于 1，因此使用热泵系统来代替 PTC 加热器可以增加电动汽车制热工况下的续驶里程[9]。例如，图 1-6 所示为应用于电动汽车的常规热泵系统示意图，图 1-7 所示为宝马 i3 车型采用的热泵系统，此外一汽奔腾与红旗、上汽荣威等也都在部分车型上采用了热泵系统。然而在低温环境下，传统热泵系统制热量衰减严重，无法满足电动汽车低温环境制热需求，需要额外的加热器辅助加热[10]，因此热泵加 PTC 加热器辅热的制热方式成为电动汽车冬季低温环境下乘员舱制热的主

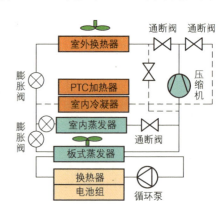

图 1-6　电动汽车常规热泵系统

要方式。随着动力电池容量与功率的进一步提升，动力电池运行过程的热负荷也逐渐增大，传统的空气冷却无法满足动力电池的温控需求，因此液冷成为当前电池温控的主要方式。并且，由于人体所需的舒适温度和动力电池正常工作所处的温度相近，因此可以通过热泵系统中并联换热器的方式来分别满足车室空调与动力电池冷却的需求。通过换热器以及二次冷却间接带走动力电池的热

量，电动汽车整车热系统集成化程度有所提高。但是这一阶段的热系统只对动力电池冷却与车室空调进行了简单整合，电池、电机余热未得到有效利用。

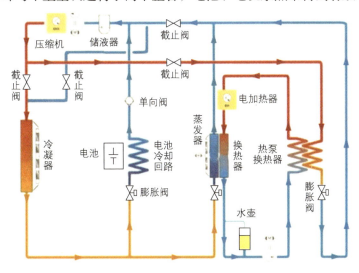

图 1-7 宝马 i3 电动汽车热泵系统

3. 第三阶段：宽温区热泵及一体化热系统

传统热泵空调在低温环境下制热效率低、制热量不足，制约了其在电动汽车上的应用。因此，一系列提升热泵空调低温工况下性能的方法得以开发应用，例如采用中间补气涡旋压缩机的准二级压缩热泵系统[11]。另外，通过合理增加二次换热回路，在对动力电池与电机系统进行冷却的同时，对其余热进行回收利用，以提高电动汽车在低温工况下的制热量；试验结果表明，余热回收式热泵空调与传统热泵空调相比，制热量显著提升[12]。热系统各子系统耦合程度更深的余热回收式热泵以及集成化程度更高的整车热系统在如图 1-8 所示的特斯拉 Model Y、大众 ID4.CROZZ 等车型上已经得到应用。然而当环境温度更低，余热回收量更少时，仅通过余热回收依然无法满足低温环境下的制热量需求[13]，仍然需要使用 PTC 加热器来弥补上述情况下制热量的不足[14]。随着电动汽车整车热系统集成程度的逐渐提升，可以通过合理地增大电机发热量的方式来增加余热的回收量[15]，从而提高热泵系统的制热量与 COP，避免了 PTC 加热器的使用，在进一步降低热系统空间占用率的同时满足电动汽车在低温环境下的制热需求。除了电池、电机系统余热回收利用以外，回风利用也是降低低温工况下热系统能耗的方式。笔者研究结果表明[16]，低温环境下，合理的回风利用措施能够在避免车窗起雾、结霜的同时使电动汽车所需制热量下降 46%～62%，最大能够降低约 40% 的制热能耗。日本电装（DENSO）公司也开发了相应的双层回风/新风结构，能够在防起雾的同时降低 30% 由通风引起的热损失。这一阶段电动汽车热系统在极端条件下的环境适应能力逐渐提升,并朝着集成化、高效化的方向发展。

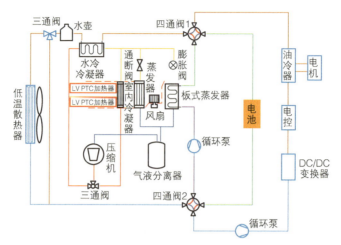

a) 特斯拉Model Y热系统

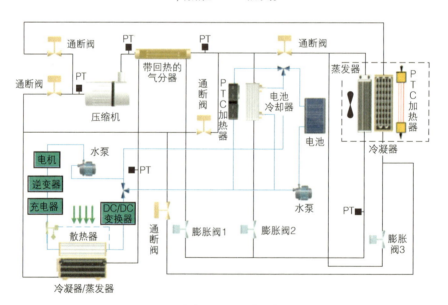

b) 大众ID4.CROZZ热系统

图1-8 一体化热系统

为进一步提高动力电池高功率情况下的热管理效率,降低热系统复杂程度,将制冷剂直接送入电池组内部进行换热的直冷直热式电池温控方式也是目前的技术方案之一。直冷技术能够提高换热效率与换热量,使电池内部获得更均匀的温度分布,减少二次回路的同时增大系统余热回收量,进而提高电池温控性能。但由于电池与制冷剂直接换热技术需要通过热泵系统运行提高换热量，一方面电池温控受限于热泵空调系统的起停，并对制冷剂环路的性能有一定的影响，另一方面也限制了过渡季节的自然冷源利用，因此该技术仍需开展进一步的研究改进与应用评估。

另外，针对我国双碳目标和《基加利修正案》对氢氟碳化物的管控，汽车热系统的制冷剂替代研究也成为行业研究热点。关于潜在替代制冷剂的研究应用主要集中在 R1234yf、CO_2、R290 三种纯工质及其混合物上，其中 R1234yf 和 CO_2 热泵系统已经在电动汽车上成功应用，R290 作为易燃制冷剂需要解决应用安全问题，其示范应用正在进行中。

1.3.2 新能源汽车热系统发展趋势

为更好支撑汽车向电动化、网联化、智能化和共享化演进，顺应我国双碳战略，新能源汽车热系统将朝着低碳化、一体化和智能化方向发展。

1. 低碳化

通过热系统的流程创新和关键部件研发，构建车室环境分区系统，采用高效热泵和余热供暖，实现热系统在宽温度范围内高效运行，大幅度提升全年系统运行效率，降低系统能耗。采用低 GWP 的天然工质或人工合成工质，替代目前广泛应用的高 GWP 制冷剂 HFC-134a 等，减少汽车空调制冷剂泄漏造成的碳排放。热系统采用低碳材料并减少材料用量，实现热系统轻量化。

2. 一体化

新能源汽车热系统包括车室空调、车窗防雾除雾、发动机散热、电池温控、电机/电控散热等功能，其中车室空调和电池温控需要供冷和供暖，发动机、电机、电控需要散热冷却。针对新能源汽车对热系统的多功能需求，采用一体化的热系统设计思想，集成系统各部分功能部件，通过各子系统之间的有效耦合和协调控制，实现热系统的能量效率最大化。另外，开发集成阀组、循环液体回路自动切换阀组等集成部件，采用标准集成模块的技术方案增加系统可靠性，减少热系统占用空间，降低制造成本，实现热系统的一体化高度集成。

3. 智能化

动力电池温度需要在充放电过程中实时检测，并在超过正常工作温度情况下启动热系统进行智能温度控制，从而避免热失控，提高汽车安全性。热系统应该感知每位乘客的环境要求，以满足其热舒适性和个性化需求。通过引入智能控制算法，结合 5G 技术，综合考虑驾乘人员需求、电池/电机/电控温控需求、实时路况、运行条件等信息，实现汽车之间的数据交互，训练提升预测模型精度，实现更为精准的寻优控制，与电动汽车人工智能结合，实现整车热系统控制智能化。

参 考 文 献

[1] 吴兴敏，金玲．新能源汽车 [M]．2 版．北京：化学工业出版社，2021．

[2] 徐国伟．驾乘体验对消费者新能源汽车购买意愿影响机理及干预策略研究 [D]．北京：中国科学院大学，2021．

[3] 鲁植雄．新能源汽车 [M]．南京：江苏凤凰科学技术出版社，2020．

[4] 刘世磊，张厚明．国外电动汽车产业发展现状及启示 [J]．中国国情国力，2020（10）：63-66．

[5] 中国制冷学会，中国汽车工程学会．中国新能源汽车热管理技术发展 [M]．北京：北京航空航天大学出版社，2022．

[6] 邹慧明，唐坐航，杨天阳，等．电动汽车热管理技术研究进展 [J]．制冷学报，2022，43（3）：15-27;56．

[7] UMEZU K，NOYAMA H. Air-conditioning system for electric vehicles（i-MiEV）[C]//SAE Automotive Alternate Refrigerant Systems Symposium. [S.l.:s.n.]，2010.

[8] 李夔宁，邝锡金，荣正壁，等．电动汽车热管理系统的研究现状及展望 [J]．制冷与空调，2020，20（5）：60-70．

[9] QIN F，SHAO S Q，TIAN C Q，et al. Experimental investigation on heating performance of heat pump for electric vehicles in low ambient temperature [J]. Energy Procedia，2014，61: 726-729.

[10] FENG L L，HRNJAK P. Experimental study of an air conditioning-heat pump system for electric vehicles [C]// Proceedings of the SAE 2016 World Congress and Exhibition.[S.l.:s.n.]，2016.

[11] 秦菲．电动汽车低温空气源热泵实验研究与模拟分析 [D]．北京：中国科学院大学，2017．

[12] TIAN Z，GAN W，ZHANG X L，et al. Investigation on an integrated thermal management system with battery cooling and motor waste heat recovery for electric vehicle [J]. Applied Thermal Engineering，2018，136: 16-27.

[13] 李萍，谷波，缪梦华．废热回收型纯电动汽车热泵系统试验研究 [J]．上海交通大学学报，2019，53（4）:468-472．

[14] KIM K Y，KIM S C，KIM M S. Experimental studies on the heating performance of the PTC heater and heat pump combined system in fuel cells and electric vehicles [J]. International Journal of Automotive Technology，2012，13（6）：971-977.

[15] 廉玉波，凌和平，丘国维，等．集成式热管理系统和车辆：CN202110352828.3[P]．2021-03-31．

[16] ZHANG G Y，ZOU H M，QIN F，et al. Investigation on an improved heat pump AC system with the view of return air utilization and anti-fogging for electric vehicles [J]. Applied Thermal Engineering，2017，115: 726-735.

Chapter 02

第 2 章
低能耗安全舒适车室环境构建与分析

2.1 概述

车室热湿环境构建与营造的目的是保障汽车驾乘人员的热舒适感受,由于生活习惯、身体个体、种族等方面的不同,人们对热湿环境要求存在一定的差异性,通常采用一个相对区间的温湿度区域来满足人们普遍的舒适感。当然,为了保证个性化热舒适性要求,在车室的狭小空间也存在多环境参数区域调控需求。

车室热湿环境除了保障驾乘人员热舒适外,也是驾驶安全的重要保证。由于车身保温性能的局限性,车室环境受风霜雪雨等气候影响和季节变换影响很大,"内热外冷"时室内外温差会造成车窗玻璃内表面结雾,严重影响可视性进而危害驾乘人员生命安全[1, 2]。根据不同位置车窗玻璃的除雾需求不同可分为高防雾、中防雾和低防雾需求(图 2-1)。高防雾需求指的是少结雾或者结雾产生后应尽快除雾,如前玻璃窗;中防雾需求指的是结雾产生后需对其除雾,如后玻璃窗;低防雾需求指的是可不用除雾,如侧玻璃窗。GB 11555—2009 对前玻璃窗除雾做出了严格要求,对各区域的除雾标准和时间做了规定并对前玻璃窗进行分区(图 2-1),A、B 区域确定是根据此区域结雾后影响驾乘人员视线的程度来划分的,实线红框为 A 区域,要求其在除雾系统开启 10min 中内完成

90% 区域的除雾；虚线红框为 B 区域，只要求其在除雾系统开启 10min 中内完成 80% 区域的除雾。

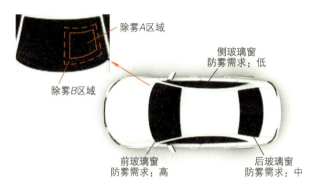

图 2-1　汽车玻璃防雾需求分区

影响玻璃窗结雾的因素有两个：①表面温度（低于周围湿空气的露点温度即结雾）；②玻璃表面的润湿性能。现有的防雾除雾，则从破坏结雾的产生条件着手，通过外界手段给玻璃窗加热使其表面温度高于其周围空气层的露点温度而实现的。传统燃油汽车可以利用充足的发动机余热作为热源，加热车外引入的新风（全新风）为车室送风，在为车室供暖的同时，又对前玻璃窗处吹热风，已很好地解决了玻璃窗防雾除雾问题（图 2-2）。

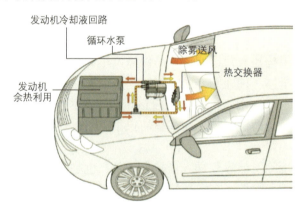

图 2-2　传统燃油汽车的除雾系统

对于新能源汽车，尤其是纯电动汽车来说，如果沿用传统燃油汽车全新风防雾除雾思路，采用以高压 PTC 加热器电加热或热泵为热源的除雾系统，在易结雾的冬季将车外低温空气加热至除雾热风，能耗极大，将会大大降低已是短板的续驶能力，所以玻璃窗传统防雾除雾方法已不适用于电动汽车。

早期电动汽车空调典型风系统如图 2-3 所示，冬季运行时只有两种模式：全新风运行和全回风运行，无法实现一定比例的新回风运行。全新风工况运行时,新风被空调系统加热后送入室内并在车厢尾部排出室外,大量低温新风引入室内,高加热温差对于有充足发动机余热可资利用的传统内燃机汽车而言,没有高能耗的负担,但对于完全依靠动力电池加热的纯电动汽车而言,则成了电池电能消耗最大的辅助部件;全回风运行时,排风系统关闭,送风在车内循环后重新被空调系统加热,加热温差小,能耗低,但仅依靠部分渗透新风进入车室内,长时间运行后,因人员呼吸释放二氧化碳,车室内空气质量不断恶化,容易造成人员犯困、头晕、打瞌睡,严重影响驾驶人员的应变能力和乘客的舒适性;车内人员呼吸不断散湿,通过风系统的循环,车内空气相对湿度持续增加,前玻璃窗不断结雾,影响驾乘人员的视线,进一步影响车辆的行驶安全。

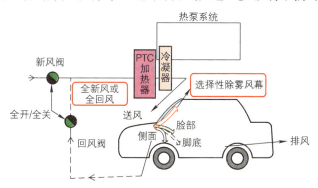

图 2-3　早期电动汽车空调典型风系统

车室湿环境对汽车行驶的安全性和节能性具有重要影响,因此针对电动汽车特点开展车室环境新系统、新方法和新理论研究,发展新的玻璃窗防雾除雾方式和理念,能够根据不同汽车玻璃防雾的需求特点进行车室湿环境控制,在保证舒适安全运行的前提下降低能耗,对提升电动汽车技术水平和促进电动汽车发展具有重要意义。

2.2　车窗玻璃结雾试验研究

2.2.1　前风窗玻璃内表面防结雾试验研究[3]

1. 试验系统

为了研究前风窗玻璃内外侧在不同环境工况下的结雾情况,利用车内环境模拟室和车外环境模拟室搭建了风窗玻璃结雾试验系统,如图 2-4 和图 2-5 所示。采用红线和黄线作为辅助确定玻璃不同区域的间隔线,并在玻璃内外表面红线间隔线上布置热电偶和温湿度传感器,获得不同玻璃涂层内外表面换热系数的测试数据,以及包括表面活性剂、超亲水、普通玻璃、超疏水、二氧化钛、疏油疏水涂层的不同玻璃表面在相同工况下的不同结雾特性。试验工况见表 2-1。

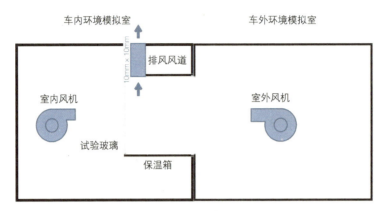

图 2-4　试验系统平面图

图 2-5　试验系统实物局部照片

表 2-1　试验工况

车外温度 /℃	车内温度 /℃	车外风速 /（m/s）	车内风速 /（m/s）
-20.00 -10.00 0.00	20.00 40.00	2.00 4.00 6.00 8.00	1.50 2.50 3.50 4.50

2. 玻璃表面对流换热系数测试

冬季汽车车室内空气温度 T_c 大于车外空气温度 T_o，在内外温差作用下，通过前风窗玻璃的传热过程将热量从车内传到车外（图 2-6），影响传热的主要参数是其内表面换热系数 α_1 和外表面换热系数 α_2。

车室内（下文简称室内）空气自然对流的情况下，对车窗外表面对流换热系数进行测试。图 2-7 所示为玻璃外表面换热系数随车室外（下文简称室外）风速变化情况，由图可知，不管室外/室内温度是 -10℃/20℃，还是 0℃/20℃，当室外风速逐渐增加时，外表面换热系数均逐渐增加；而室外温度对外表面换热系数的影响很小，可以忽略。因此，认为外表面换热系数仅与室外风速有关，满足工程计算精度，根据试验测试数据拟合，可以得出前风窗玻璃外表面换热系数 α_2 与室外风速 v 的关系式为

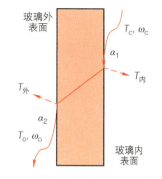

图 2-6 冬季风窗玻璃传热过程

$$\alpha_2 = -0.1v^2 + 3.12v + 2.5 \quad (2-1)$$

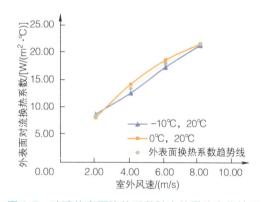

图 2-7 玻璃外表面换热系数随室外风速变化情况

室外风速保持恒定不变情况下，对车窗内表面对流换热系数进行测试。图 2-8 为玻璃内表面换热系数随室内风速变化情况。同样地，玻璃内表面换热系数随着室内风速增加而升高，室内和室外温度对玻璃内表面换热系数的影响很小，可以忽略不计。根据实验测试数据拟合，可以得出前挡风玻璃内表面换热系数 α_1 与室内风速 v 的关系式为

$$\alpha_1 = -0.03v^2 + 2.64v + 9 \quad (2-2)$$

为了探讨超亲水涂层对玻璃内表面换热系数的影响，在室外风速保持恒定不变的情况下，对超亲水涂层玻璃车窗内表面对流换热系数进行测试。图 2-9 所示为超亲水涂层玻璃和普通玻璃内表面换热系数测试值的比较，超亲水涂层处理的玻璃内表面对流换热系数高于普通玻璃内表面的对流换热系数，相应玻璃内表面温度也要高于普通玻璃的内表面温度。造成这种结果的原因与涂层本

身改变了玻璃内表面的润湿特性（超亲水涂层玻璃内表面比普通玻璃更光滑），进而对玻璃内表面的换热过程产生影响，也可能是玻璃内表面增加了一层液态膜导致换热形态发生了变化。

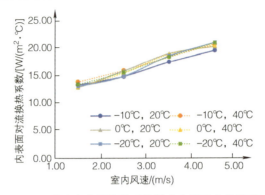

图 2-8　玻璃内表面换热系数随室内风速变化情况

根据试验测试数据拟合，可以得出超亲水涂层处理的前风窗玻璃内表面换热系数 $\alpha_{1_{phil}}$ 与室内风速 v 的关系式为

$$\alpha_{1_{phil}} = -0.75v^2 + 10.83v + 4 \quad (2\text{-}3)$$

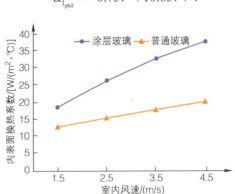

图 2-9　超亲水涂层玻璃与普通玻璃内表面换热系数测试值比较

3. 玻璃内表面防结雾试验

（1）不同表面润湿性能材料防结雾性能研究

选取超亲水（涂层型号 NC309）、超疏水（涂层型号 NC319）、疏油疏水（涂层型号 NC312）、表面活性剂（涂层型号 NC3082）和 TiO_2 涂层材料，研究前风窗玻璃采用普通玻璃与喷涂不同表面润湿性能材料的防结雾性能。

设定玻璃内外两侧一定温度和风速后，对室内的空气相对湿度从低到高逐步调节，观测不同表面的结雾情况，试验工况为：室外温度 -10℃，风速 8m/s；室内温度 20℃，风速 1.1m/s，相对湿度从 38% 变化到 90%。图 2-10 所示为不同润湿表面随室内空气相对湿度不断增加的结雾情况，试验过程中，超疏水、TiO_2涂层和普通玻璃先开始结雾，然后是疏油疏水表面开始结雾；TiO_2涂层表面具有自洁性能，出现先结雾后又变清晰，清晰度超过疏油疏水。

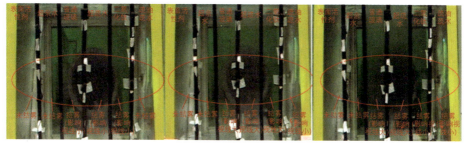

a) 超疏水、TiO_2和普通玻璃开始结雾　　b) 疏油疏水开始结雾　　c) TiO_2清晰度超过疏油疏水

图 2-10　五种涂层材料及普通玻璃的防结雾性能比较

通过大量前风窗玻璃喷涂不同表面润湿性能材料的防结雾测试，得到如下结论：

1）室内相对湿度达到73%，普通玻璃和超疏水玻璃完全结雾，而此时超亲水涂层玻璃依然有很好的可视性。亲水性涂层因其接触角的角$θ<90°$而使水滴在涂层表面呈均匀膜状分布，减少了结雾对玻璃清晰度的影响。

2）相比于普通玻璃，超亲水和表面活性剂能容忍较高的相对湿度不影响玻璃窗的可视性，两者在结雾时间、结雾时的相对湿度都很相近。

3）超疏水涂层不具有防雾功能，反而会影响玻璃表面的可视性。

4）TiO_2涂层具有自洁性能，TiO_2玻璃表面开始结雾时相对湿度为57%，当相对湿度增加至70%左右时，TiO_2玻璃表面又开始变清晰。

5）五种涂层材料和普通玻璃结雾时表面可视性的排序为：在室内相对湿度低于70%时，亲水/表面活性剂＞疏油疏水＞TiO_2＞普通/超疏水；在室内相对湿度高于70%时，亲水/表面活性剂＞TiO_2＞疏油疏水＞普通/超疏水。

（2）结雾时玻璃内表面空气层湿度

在室外风速为8m/s时，不同室内外温度和室内风速工况下玻璃内表面结雾时的相对湿度的测试结果如图2-11所示。相同室内温度下，室外温度越高，玻璃内表面结雾时空气层的相对湿度越大，例如室内温度为20℃、室内风速为1.5m/s工况下，室外温度为-20℃、-10℃和0℃时的玻璃内表面结雾时的相对湿度分别为31.26%、47.73%和54.31%；相同室外温度下，室内温度越高，玻璃内表面空气层结雾时的相对湿度越低，例如在室外温度为-10℃、室内风速为1.5m/s工况下，室内温度20℃和40℃的结雾相对湿度分别为47.73%和39.64%；相同室外风速情况下，室内风速越大，玻璃内表面空气层结雾时的相对湿度越大，如室外温度为-10℃，室内温度为20℃，室内风速分别为1.5m/s、

2.5m/s、3.5m/s 和 4.5m/s，玻璃内表面空气层结雾的相对湿度分别为 47.73%、50.32%、53.22% 和 56.82%；相同室内外温差的情况下，室内温度越高，玻璃内表面空气层结雾时的相对湿度越大，如室外温度为 0℃、室内温度为 40℃ 与室外温度为 -20℃、室内温度为 20℃，室内外温差均为 40℃，在室内风速为 2.5m/s 时，其玻璃内表面空气层结雾时的相对湿度分别 50.32% 和 34.93%。

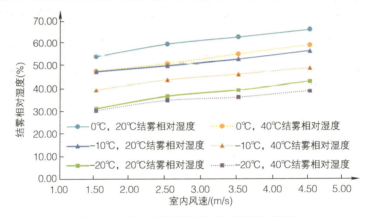

图 2-11　玻璃内表面结雾时空气层相对湿度

图 2-12 和图 2-13 分别表示了室外温度为 0℃ 和 -20℃ 情况下结雾时玻璃内表面空气层含湿量与玻璃内表面温度作为露点温度的空气饱和含湿量，可以看出，结雾时玻璃内表面空气层含湿量并不等于玻璃内表面温度作为露点温度的空气饱和含湿量，前者要高于后者，也就是说临界结雾含湿量是玻璃内表面空气层含湿量，其与玻璃内表面温度作为露点温度的空气饱和含湿量有一个结雾含湿量差 Δd_1（图 2-14）。汽车行驶过程中玻璃内表面从开始结雾到结雾一定量影响驾驶人视线需要一段时间，影响驾驶人视线时贴附玻璃内表面空气层的含湿量要大于玻璃内表面温度作为露点温度的空气饱和含湿量，试验观测中也验证了这一现象。

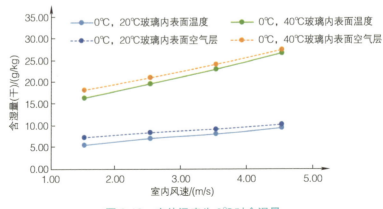

图 2-12　室外温度为 0℃ 时含湿量

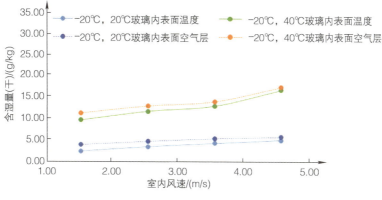

图 2-13　室外温度为 −20℃时含湿量

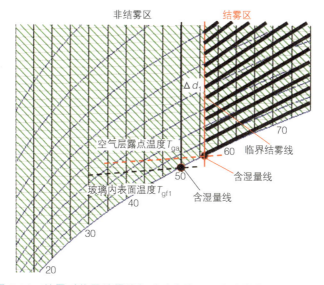

图 2-14　结雾时临界结雾线与玻璃内表面温度为露点温度的含湿量

结雾含湿量差 Δd_1 受室内外温度影响很小，主要随室内风速增加而降低（图 2-15）。根据试验数据，可以拟合出结雾含湿量差 Δd_1 与室内风速 v 的关系式为

$$\Delta d_1 = -0.018v^2 - 0.168v + 1.816 \qquad (2\text{-}4)$$

根据式（2-4），可以计算出不同室内风速时的结雾含湿量差，例如室内风速为 1.5m/s 时结雾含湿量差为 1.53g/kg，室内风速为 4.5m/s 时结雾含湿量差为 0.7g/kg，在控制前风窗玻璃结雾时，可利用玻璃内表面温度作为露点温度对应的饱和含湿量加上结雾含湿量差作为判别玻璃表面是否结雾的依据。

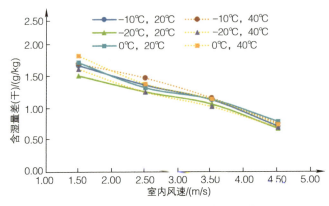

图 2-15 结雾含湿量差与室内风速关系

涂有超亲水和表面活性剂涂层的玻璃表面，室内空气相对湿度一直上升到90%都没有产生结雾。以室内相对湿度90%工况下玻璃内表面空气层参数作为参考，超亲水和表面活性剂涂层玻璃的结雾含湿量差如图 2-16 所示。在室内温度为20℃时，结雾含湿量差为 6.98g/kg；在室内温度为40℃时，结雾含湿量差高达 24.26g/kg。涂有超亲水或表面活性剂涂层的玻璃表面可极大提升室内高湿环境的承受能力和防结雾能力，从而避免前风窗玻璃结雾影响驾驶安全。

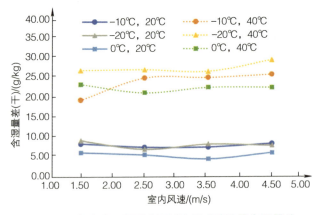

图 2-16 超亲水/表面活性剂涂层玻璃结雾含湿量差

4. 小结

通过开展前风窗玻璃内表面结雾特性研究，得出了以下研究结论：

1）根据实测数据拟合出玻璃内外表面的对流换热系数经验公式，测试结果发现涂有超亲水涂层的玻璃内表面换热系数值大于普通玻璃内表面的换热系数。

2）开展了不同表面润湿性能材料防雾性能研究，得到五种涂层材料加上普通玻璃结雾时表面可视性的排序为：在室内相对湿度低于70%时，亲水/表面

活性剂 > 疏油疏水 >TiO_2> 普通 / 超疏水；在室内相对湿度高于 70% 时，亲水 / 表面活性剂 >TiO_2> 疏油疏水 > 普通 / 超疏水。

3）分析玻璃内表面结雾过程和发生结雾的环境工况，得出在发生结雾时，玻璃表面温度作为露点温度的空气饱和含湿量和前风窗玻璃窗内表面空气层的含湿量存在一个结雾含湿量差，该差值主要受室内风速影响。

2.2.2 侧窗凝结特性试验研究[4, 5]

汽车车室"内热外冷"时，由于室内外温差会造成车窗玻璃内表面结雾，前风窗玻璃结雾会严重影响风窗玻璃可视性进而危害驾乘人员生命安全，而侧玻璃结雾对驾乘安全的影响较小，尤其是侧后玻璃的凝结一定程度上有利于车室空气湿度的降低。本小节研究车室侧窗玻璃涂覆不同浸润涂层材料后的传热特性与凝结特性，获得玻璃表面涂覆亲 / 疏水涂层的水蒸气凝结的定量规律。

1. 试验系统

与风窗玻璃结雾试验一样，同样利用车内环境模拟室和车外环境模拟室搭建侧窗玻璃水蒸气凝结试验系统（图 2-4），两室内的空气温湿度可以根据试验要求进行调控。侧窗玻璃凝结试验台架由带涂层的侧窗玻璃、数码相机及其配件、接水盘、温度传感器及温湿度传感器等组成。侧窗玻璃安装于连通车内环境模拟室和车外环境模拟室的门洞内，玻璃内表面被均分为三部分，每部分尺寸为 717mm（高）×226mm（宽），左侧部分涂覆疏水性材料 NC312，中间部分不做任何处理，右侧部分涂覆亲水性材料 NC3082（图 2-17），玻璃外表面未做任何处理。

数码相机用于拍摄疏水、普通或亲水表面的凝结图像。Pt100 温度传感器和温湿度传感器（T&H）的布置图 2-17 所示，图中蓝色代表室外侧测点，黄色代表室内侧测点，6 个 Pt100 温度传感器固定在侧窗玻璃表面，位于每部分的中心附近，用于测量玻璃的内表面和外表面温度；2 个温湿度传感器分别位于风窗玻璃中心的正前方及正后方，距离侧窗玻璃 46.5cm，用于测量附近空气的温湿度。

采用视频光学接触角测量仪，通过光学成像原理及图像轮廓分析方法测量玻璃表面液滴的表观接触角。

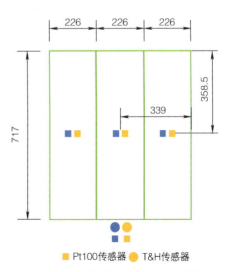

图 2-17 侧窗玻璃温湿度测点布置

图 2-18 所示为疏水、亲水和普通表面的液滴表观接触角图像，可得疏水、亲水和普通表面的液滴表观接触角分别为 98°、16° 和 30°，从表观接触角的大小可得出三种不同表面的润湿特性。

a) 疏水表面　　　　b) 亲水表面　　　　c) 普通表面

图 2-18　不同表面的液滴表观接触角

采用导热系数测试仪，通过热流法测试疏水、亲水和普通表面玻璃的导热系数分别为 1.0248W/(m·K)、1.0207W/(m·K) 和 1.0560W/(m·K)。利用红外热像仪跟踪并记录样品表面温度场，从而获得样品表面的发射率，疏水、亲水和普通表面的发射率分别为 0.87、0.88 和 0.93。车窗玻璃内表面涂覆涂层材料后，导热系数略微下降，表面发射率明显减小。与普通玻璃相比，疏水涂层玻璃的导热系数下降了 3.0%，亲水涂层玻璃的导热系数下降了 3.3%；疏水表面发射率减少了 5.4%，亲水表面发射率减少了 6.5%。

2. 传热特性

不同润湿性能的材料覆涂于车窗玻璃表面，将会改变玻璃表面的粗糙度及界面构型，从而影响玻璃的传热特性。玻璃两侧的传热模型如图 2-19 所示，干工况下，玻璃表面不会出现水蒸气凝结现象，热量的传递方式相对简单；湿工况下，由于玻璃表面有凝结水析出，传热的同时涉及传质，并且疏水性表面和亲水性表面的凝结过程存在差异，所以热量的传递过程相对复杂。

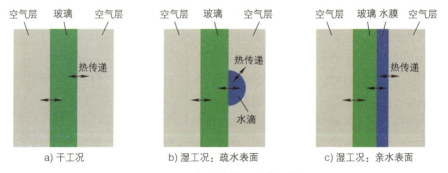

a) 干工况　　　　b) 湿工况：疏水表面　　　　c) 湿工况：亲水表面

图 2-19　侧窗玻璃的三种传热模型

（1）干工况

将车内环境模拟室设定为空气温度 35℃、相对湿度 27%，车外环境模拟室分别被设定为 25℃、20℃ 和 5℃，测试在玻璃内表面未结雾凝结情况下的换热情况。由图 2-20 可以看出，随着车内外空气温差 ΔT_{io} 的增大，通过不同涂层玻璃内外表面的热流密度接近线性增长。车内外空气温差从 10℃ 增加到 30℃ 时，普通玻璃的热流密度由 29.6W/m² 上升到 86.6W/m²，疏水玻璃的热流密度由 31.4W/m² 上升到 92.7W/m²，亲水玻璃的热流密度由 27.5W/m² 上升到 81.0W/m²。相比普通玻璃表面，疏水性表面的传热性能有 6%～7% 的增加，而亲水表面的传热性能有 6%～7% 的减弱。因此，疏水性玻璃的传热量最大，其次是普通玻璃，而亲水性玻璃的传热量最小。

（2）湿工况

室内温度设置为 20℃，室外温度分别设置为 -5℃ 和 0℃，干工况室内相对湿度控制在 33%，湿工况下室内相对湿度控制在 60%。图 2-21 表示了湿工况和干工况的车窗玻璃内外侧热流密度对比情况。湿工况下疏水、亲水、普通侧窗玻璃的热流密度均高于干工况的，室外温度为 -5℃ 时分别增加了 18.4%、18.4%、21.0%，室外温度为 0℃ 时分别提高了 14.8%、16.4%、18.3%。这是因为水蒸气在玻璃表面凝结后，释放了大量的潜热，提升内表面温度的同时也增强了内表面的对流换热，导致更多的热量传递到玻璃外表面，并使得玻璃外表面温度也随之升高。

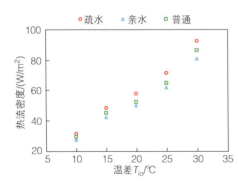 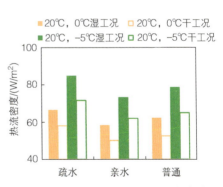

图 2-20 干工况下不同涂层材料热流密度对比　图 2-21 湿工况与干工况的热流密度对比

图 2-22 表示了不同工况下通过玻璃的热流密度变化情况。图 2-22a 中，车内环境温度及相对湿度分别设定为 20℃、60%，车外环境温度从 0℃ 下降到 -10℃，不同表面的热流密度基本呈线性增长；疏水玻璃的热流密度从 66W/m² 增加到 104W/m²，亲水玻璃从 58W/m² 增加到 91W/m²，普通玻璃从 62W/m² 增加到 99W/m²。图 2-22b 中，环境工况为 -10℃/20℃，车内相对湿度从 60% 增加到 80%，不同表面的热流密度也接近线性增长；但是热流密度随着车内相对湿度的增长幅度小于随车内外温差变化数值，这说明车内相对湿度对热流密

度的影响小于车内外温差,这是因为传热性能主要受气流速度和传热温差的影响。

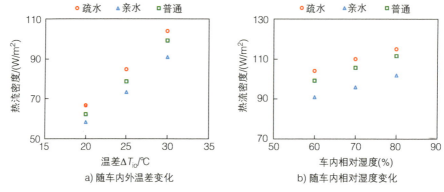

图 2-22 湿工况下通过玻璃的热流密度变化

相同工况下,通过疏水材料玻璃的热流密度高于亲水材料及普通玻璃,而通过亲水材料玻璃的热流密度最少。湿工况下,疏水表面玻璃整体传热能力比普通玻璃增加 5%~6%,亲水表面玻璃传热性能比普通玻璃减小 6%~8%,这主要是由于三种玻璃不同表面形貌造成的结果。接触角的测试结果表明,疏水表面的接触角为 98°,普通表面的接触角为 30°,亲水表面的接触角为 16°;表观接触角越小,冷凝液滴越容易与相邻液滴连接形成液膜,即亲水表面易于形成膜状凝结,液膜会占据更多的空间,并且阻碍凝结热的传热。因此,亲水表面大部分空间为液膜与湿空气接触,而疏水表面表现出更多的无凝水表面与潮湿的空气直接接触。此外,疏水表面的有效粗糙度比普通表面和亲水表面的有效粗糙度大,粗糙的表面更易于水蒸气凝结,释放出更多的汽化潜热。

3. 凝结特性

(1) 凝水速率

采用吸水纸吸收玻璃表面的凝结水,并用电子秤称重,从而确定不同玻璃表面的凝水速率。

图 2-23 表示了不同玻璃表面凝水速率的变化情况。图 2-23a、b 所示为车外温度和车内相对湿度对表面凝水速率的影响;随着车外温度降低和车内相对湿度增加,疏水、亲水和普通表面凝水速率均呈线性增长趋势。

由于凝水速率主要由车窗玻璃表面形貌、车外温度、车内温度和相对湿度决定,车内外温度决定了玻璃内表面的温度,车内温度与相对湿度又决定了玻璃表面空气层的露点温度,因此,这里采用不同涂层的侧窗玻璃内表面温度与露点温度之差 ΔT_{ds} 来表征凝水速率与上述因素之间的关系(图 2-23c)。随着车内露点与玻璃内表面温差的增加,疏水与亲水表面凝结速率不断扩大,且亲水与普通表面凝结速率的变化趋势基本一致。在相同工况下，疏水表面的凝结速率明显高于普通表面，亲水表面的凝结速率略低于普通表面；由于疏水表面以珠状凝结为主，而亲水表面和普通表面以膜状凝结为主，导致疏水表面的凝结速率高于亲水表面7%～12%、高于普通表面6%～11%，这一结果与它们对应的传热性能一致。

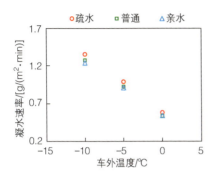
a) 车内温度为20℃，相对湿度为60%

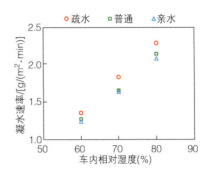
b) 车内温度为20℃，车外温度为-10℃

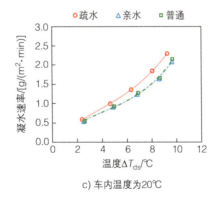
c) 车内温度为20℃

图 2-23 不同玻璃表面凝水速率比较

（2）凝结排水速率

为了获得不同表面的凝结排水速率，在车内温度为20℃、车内相对湿度为60%、车外温度为-10℃的工况下进行了凝结排水试验。试验过程中，每隔60min，分别在接水盘中收集疏水表面、亲水表面和普通玻璃表面产生的凝结水，并用电子秤称重，得到的不同表面的凝结排水速率。

如图2-24所示，在初始阶段（$t = 0～60min$），观察到亲水表面的凝结排水速率远远大于普通表面和疏水表面；特别地，疏水表面没有出现凝结排水，普通表面凝结排水速率仅有0.13g/（m^2·min），而亲水表面的凝结排水速率达到0.67g/（m^2·min），约为普通表面的5倍。当$t = 120min$时，疏水表面的凝结排水速率迅速上升，超过亲水表面和普通表面的排水速率，并且，普通表面的排水速率也明显高于亲水性表面的排水速率。最终，疏水、亲水和普通表面的排水速率均达到准稳态（$t = 180 \sim 420 \text{min}$）；此时，疏水表面的平均排水速率为 $1.25 \text{g}/(\text{m}^2 \cdot \text{min})$，比普通表面提升了约 6%；亲水表面的平均排水速率 $1.13 \text{g}/(\text{m}^2 \cdot \text{min})$，比普通表面减少了约 4%。

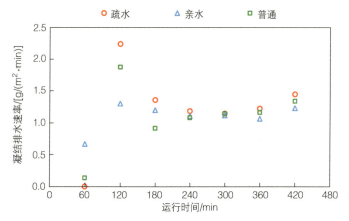

图 2-24 不同表面凝结排水速率的变化过程

从凝结水流态来看，在初始阶段（$t = 0 \sim 60\text{min}$），疏水表面布满了球形的小液滴，没有发现小液滴滚落的痕迹；亲水表面的液滴呈扁球形，占用较多的表面面积，此外，亲水表面有许多水珠滚落的痕迹；普通表面出现了几条液滴滚落的痕迹，液滴形状介于疏水表面的球形和亲水表面的扁球形之间（图2-25a）。造成这种情况的原因是：表面亲水性越强，表面液滴接触角越小，细小的液滴越容易连接成较大的液滴，在重力作用下，大液滴更易于沿表面滚落，流入接水盘；同时，还减少了表面液滴的形成、生长和排除所需的循环时间，循环时间越短，凝结液的排除速度越快。在 $t = 120\text{min}$ 时，主要是由于上一阶段疏水和普通表面积累了较多的凝结液滴，造成疏水表面和普通表面的凝结排水速率迅速上升，超过亲水表面。最后的准稳态（$t = 180 \sim 420\text{min}$），疏水表面液滴滚落的过程中，很容易产生一些分支，从而裹挟更多的小液滴下落；同时，液滴滚落的过程中，几乎没有液滴被黏附在表面上。然而，亲水表面和普通表面，在液滴下落的过程中，不会产生分支，并且有许多小液滴黏附在表面上，这极大地降低了凝结排水量（图2-25b）。

图 2-26 显示了不同体积液滴在竖直玻璃表面的运动状态。疏水表面上，10μL 的液滴将会沿表面滚落；亲水表面上，2μL 的液滴就会沿表面下滑；普通表面上，需要 7μL 的液滴才会下落。因此，亲水表面出现液滴滚落需要的体积远小于疏水和普通表面，可以很好地解释了初始阶段（$t = 0 \sim 60\text{min}$）亲水表面的凝结排水速率远远大于普通表面和疏水表面的原因。

a) t=60min

b) t=180min

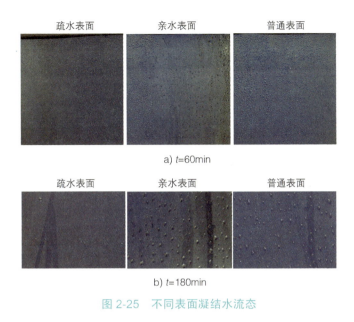

图 2-25　不同表面凝结水流态

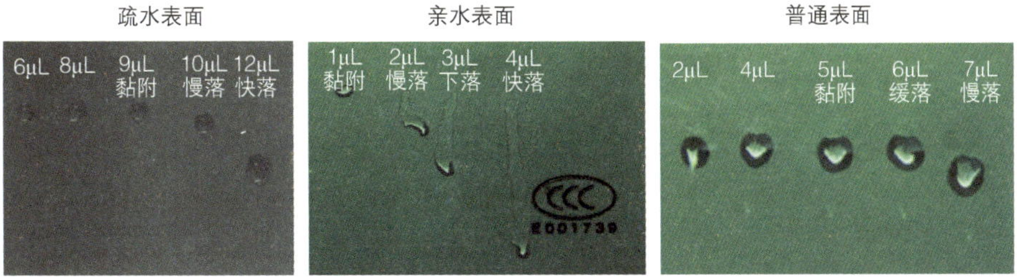

图 2-26　不同体积的液滴在竖直玻璃表面的运动状态

2.3 车内热湿环境模拟分析

2.3.1 车内热湿环境建模与仿真分析[3, 6, 7]

1. 车室热湿环境理论模型

（1）物理模型

由于玻璃内表面温度一般情况都低于或高于室内空气层温度，导致玻璃表面空气层与车室内主流空气的环境参数有一定的区别，尤其在玻璃内表面发生结雾时，玻璃表面空气层的含湿量与车室内空气含湿量上有差别，现有车室热湿环境模型大多未考虑车窗结雾过程的汽化潜热影响。因此，在构建车室热湿环境理论模型时，为了更精确地分析玻璃表面结雾过程空气湿度的变化规律，在室内空气研究对象中划分出了玻璃表面空气层，玻璃表面空气层的厚度极其微小，一侧的边界条件为玻璃内表面温度，另一侧的边界条件为车室内主流空气层温湿度（图2-27）。

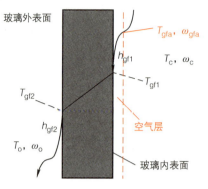

图2-27 玻璃表面空气层

车室热湿环境物理模型如图2-28所示，车室空间的围护结构可以被分为四大部分，即前窗玻璃、后窗玻璃、侧窗玻璃和围护结构（钢架结构和保温层），车室空气则细分为玻璃表面空气层和室内空气两部分。

在构建车室热湿环境模型时有如下两点假设：①玻璃表面空气层内呈梯形温度分布；②对流传质模型刘易斯数 $Le = 1$。

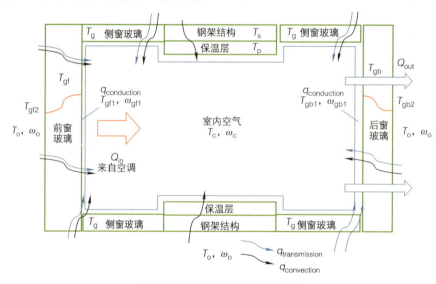

图2-28 车室热湿环境物理模型

（2）数学模型

对车室热湿环境模型不同部分利用质量守恒方程和能量守恒方程表征车室内热湿环境参数随时间变化的动态特性。

1）室内空气的控制方程。车室内空气的湿度变化来源于进入室内的空调送风的含湿量、外界环境渗透风的含湿量、室内人员散湿量和玻璃表面空气层与室内空气的湿度交换。由于外界环境渗透风的含湿量比较小,主要的渗透风发生在乘客开关车门的瞬间,因此外界环境渗透风的含湿量来源可以忽略不计。以车室内空气作为控制体的空气中水蒸气质量守恒方程为

$$\begin{aligned}\frac{\mathrm{d}\rho_c V_c \omega_c}{\mathrm{d}t} = &Q_{in}\rho_{ac}\omega_{ac} - Q_o\rho_c\omega_c - k_{wg1}A_g(\omega_c - \omega_{g1}) + S_Y - \\ &k_{wgf1}A_{gf}(\omega_c - \omega_{gf1}) - k_{wp}A_s(\omega_c - \omega_p) - k_{wb1}A_b(\omega_c - \omega_{gb1})\end{aligned} \quad (2\text{-}5)$$

式中,S_Y 为人员散湿量;k_{wg1}、k_{wgf1}、k_{wp}、k_{wb1} 分别为侧玻璃窗、前玻璃窗、保温层结构和后玻璃窗内表面空气层与室内空气的对流传质系数;Q_{in}、Q_o 分别为车室空间的送风量和排风量;ρ_c、ρ_{ac} 分别为车室内空气和空调送风空气的密度;ω_c、ω_{ac}、ω_{g1}、ω_p、ω_{gf1}、ω_{gb1} 分别为车室空气含湿量、空调送风含湿量和侧玻璃、保温层结构、前玻璃和后玻璃内表面空气层的含湿量;A_g、A_{gf}、A_s、A_b 分别为侧玻璃、前玻璃、围护结构和后玻璃表面面积;V_c 为室内空气的体积。

车室内空气的热传递包括空气与车室围护结构的对流换热、对流传质的潜热、太阳辐射、送风带来的热量和车室人员的散发的热量,其能量守恒方程为

$$\begin{aligned}\frac{\mathrm{d}(\rho_c c_{pc} V_c T_c + \rho_c \omega_c V_c \lambda)}{\mathrm{d}t} = \\ h_p A_s(T_p - T_c) + h_{g1}A_g(T_{g1} - T_c) + h_{gb1}A_{gb}(T_{gb1} - T_c) + h_{gf1}A_{gf}(T_{gf1} - T_c) + \\ Q_{in}\rho_{ac}c_{pac}T_{ac} - Q_o\rho_c c_{pc}T_c - k_{wg1}A_g(\omega_c - \omega_g)\lambda + S_Y\lambda + S_H - \\ k_{wgf1}A_{gf}(\omega_c - \omega_{gf})\lambda - k_{ws1}A_s(\omega_c - \omega_s)\lambda - \\ k_{wb1}A_{gb}(\omega_c - \omega_{gb})\lambda\end{aligned} \quad (2\text{-}6)$$

式中,c_{pc}、c_{pac} 分别为室内空气和空调送风空气的比热容;T_c、T_{g1}、T_{gf1}、T_{gb1}、T_p 分别为室内空气温度和侧玻璃、前玻璃、后玻璃、保温层结构内表面温度;h_p、h_{gf1}、h_{g1}、h_{gb1} 分别为围护结构、前玻璃、侧玻璃和后玻璃内表面空气层对流换热系数;λ 为水的汽化潜热。

2)围护结构能量守恒方程。车窗玻璃热传递包括内外表面对流换热和湿度交换过程中释放的汽化潜热,前风窗玻璃能量守恒方程为

$$\begin{aligned}\frac{\mathrm{d}(\rho_g c_{pg} V_{gf} T_{gf})}{\mathrm{d}t} = &h_{gf2}A_g(T_\infty - T_{gf2}) + h_{gf1}A_{gf}(T_{gf1} - T_c) - \\ &k_{wgf1}A_{gf}(\omega_c - \omega_{gf1})\lambda - k_{wgf2}A_g(\omega_\infty - \omega_{gf2})\lambda\end{aligned} \quad (2\text{-}7)$$

侧玻璃窗能量守恒方程为

$$\frac{d(\rho_g c_{pg} V_g T_g)}{dt} = h_{g2} A_g (T_\infty - T_{g2}) + h_{g1} A_g (T_{g1} - T_c) - k_{wg1} A_g (\omega_c - \omega_{g1})\lambda - k_{wg2} A_g (\omega_\infty - \omega_{g2})\lambda$$

（2-8）

后玻璃窗能量守恒方程为

$$\frac{d(\rho_g c_{pg} V_{gb} T_{gb})}{dt} = h_{gb2} A_{gb} (T_\infty - T_{gb2}) + h_{gb1} A_{gb} (T_{gb1} - T_c) - k_{wgb1} A_{gb} (\omega_c - \omega_{gb1})\lambda - k_{wgb} A_{gh} (\omega_\infty - \omega_{gb2})\lambda$$

（2-9）

式中，T_{gf2}、T_{g2}、T_{gb2} 分别为前玻璃、侧玻璃和后玻璃外表面温度；h_{gf2}、h_{g2}、h_{gb2} 分别为前玻璃、侧玻璃和后玻璃外表面换热系数；k_{wgf2}、k_{wg2}、k_{wgb} 分别为前玻璃、侧玻璃和后玻璃外表面空气层对流传质系数。

钢架结构热传递包括内外表面的对流传热、与保温结构的热传导和湿度交换过程中释放的汽化潜热，其能量守恒方程为

$$\frac{d(\rho_s c_{ps} V_s T_s)}{dt} = h_{s2} A_s (T_c - T_{s2}) + \frac{k_{plastic}}{l_{plastic}} A_s (T_p - T_s) - k_{ws} A_s (\omega_c - \omega_s)\lambda \quad （2-10）$$

式中，T_s、T_p 分别为钢架结构和保温层温度；c_{ps} 为钢的比热容；ρ_s 为钢的密度；$k_{plastic}$ 为保温层材料的导热系数；$l_{plastic}$ 为保温层结构厚度；k_{ws} 为钢架结构外表面空气层对流传质系数；ω_s 为钢架结构外表面空气层含湿量。

保温层热传递包括内外表面的对流传热、与钢架结构的热传导和湿度交换过程中释放的汽化潜热，其能量守恒方程为

$$\frac{d(\rho_p c_{pp} V_p T_p)}{dt} = h_{p2} A_p (T_\infty - T_{p2}) + \frac{k_{plastic}}{l_{plastic}} A_p (T_s - T_p) - k_{wp} A_p (\omega_\infty - \omega_p)\lambda$$

（2-11）

3）车窗玻璃表面空气层质量（湿度）守恒方程。车窗玻璃表面空气层湿度交换主要是与外界环境和车室内空气的含湿量差，前风窗玻璃内外表面的质量守恒方程为

$$\frac{d\omega_{gf1}}{dt} = k_{wgf1} A_{gf} (\omega_c - \omega_{gf1}) \quad （2-12）$$

$$\frac{d\omega_{gf2}}{dt} = k_{wgf2} A_{gf} (\omega_c - \omega_{gf2}) \quad （2-13）$$

侧窗玻璃内外表面的质量守恒方程为

$$\frac{d\omega_{g1}}{dt} = k_{wg1} A_g (\omega_c - \omega_{g1}) \tag{2-14}$$

$$\frac{d\omega_{g2}}{dt} = k_{wg2} A_g (\omega_c - \omega_{g2}) \tag{2-15}$$

后窗玻璃内外表面的质量守恒方程为

$$\frac{d\omega_{gb1}}{dt} = k_{wgb1} A_{gb} (\omega_c - \omega_{gb1}) \tag{2-16}$$

$$\frac{d\omega_{gb2}}{dt} = k_{wgb2} A_{gb} (\omega_c - \omega_{gb2}) \tag{2-17}$$

2. 模拟计算流程

根据图 2-28 所示车室热湿环境模型和上述质量、能量守恒方程，可利用 Matlab 等软件对车室热湿环境进行编程和数值模拟。模型中的车体结构参照某国产电动汽车的车型参数，对车室大小，玻璃、钢架结构及保温层的面积、厚度等进行核算；对模型当中涉及的材料的比热容、密度、透射率和吸收率、人员的散热散湿量等按照相关手册进行选定。

图 2-29 所示为模拟计算流程。输入车室热湿环境模型的结构参数和物性参数后，根据设定工况，初始化室外的温湿度参数、回风比和室外的车速工况。假定车室内外一开始处于相同的环境工况，可模拟汽车运行时开启车室空调和不开启车室空调时，车室玻璃内外表面温度、表面空气层含湿量、车室空气温湿度参数以及其他围护结构温度参数的变化过程。通过对室内空气建立能量守恒方程，分析上一时刻的得热量计算该时刻的温度值；通过对室内建立空气水蒸气质量守恒方程，根据上一时刻的含湿量及该时刻的湿度变化计算该时刻的含湿量值；根据计算得到的该时刻室内空气的温度值并对玻璃及其他围护结构建立能量控制方程得出该时刻的玻璃内外表面温度和其他围护结构表面温度；根据计算得到的室内空气的含湿量利用质量守恒方程计算该时刻玻璃内表面空气层含湿量的值。比较该时刻玻璃内表面空气层含湿量与上一时刻含湿量的大小，若在设定范围内则判断其为稳定工况，若不稳定则继续计算下一时刻室内温湿度参数直至达到稳定工况。根据公式计算出临界含湿量值大小并与玻璃内表面空气层的含湿量值判断玻璃窗内表面是否会发生结雾，若未发生结雾则进一步增加回风比重新进行计算直至发生结雾，则计算结束，输出相关计算结果。

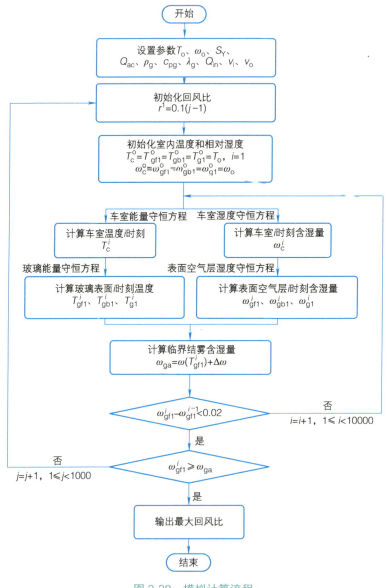

图 2-29 模拟计算流程

3. 模型试验验证

为了验证模型的有效性,与实车测试数据进行对比。试验车型与模型车型相同,为五座汽车,温度、相对湿度传感器布置图如图 2-30 所示,其中黑色测试点为温度传感器,青色测试点为风速仪,红色测试点为温湿度传感器。汽车行驶速度为 40km/h 并有 2 名乘员在车内,室外温度为 -8.2℃,空调系统处于关闭状态,观察车窗玻璃是否结雾及结雾时间、空气温湿度相关参数。

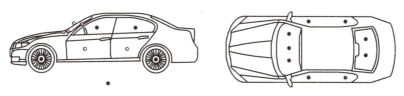

图 2-30 试验汽车测试点布置

图 2-31 所示为实车测试与模拟计算得到的车窗玻璃内外表面温度变化对比。其中，T_{gf1} 和 T_{gf2} 表示前风窗玻璃内表面和外表面的温度值；T_{g1} 和 T_{g2} 表示侧窗内表面和外表面的温度值。由图 2-31 可知，车窗玻璃内外表面温度的模拟值与测试数据吻合较好，其中 T_{gf1} 和 T_{gf2} 模拟结果精度更高，误差在 7% 以内，证明模型可行。

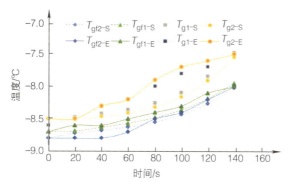

图 2-31 玻璃表面温度试验和模拟值对比

4. 车室热湿环境仿真分析

采用上述经过试验验证后的模型，模拟分析表 2-2 中典型工况下车室空气、玻璃内外表面及其他围护结构温度变化，表面空气层的含湿量变化，是否结雾及结雾时间。

表 2-2 模拟典型工况

室外空气温度	室外空气相对湿度	空调开关	回风比	车速
−10℃	60%	开	50%	60km/h
−10℃	60%	开	全新风	60km/h
−10℃	60%	开	全回风	60km/h
0℃	60%	开	全新风	60km/h
−20℃	60%	开	全新风	60km/h
−10℃	60%	开	全新风	30km/h
−10℃	60%	开	全新风	100km/h
−10℃	40%	开	50%	60km/h
−10℃	80%	开	50%	60km/h

（1）车室环境参数随时间变化

选择室外温度为-10℃，室外空气相对湿度60%，采用50%的回风比送风，室外车速为60km/h，室内温度设定为25℃，模拟分析空调开启时车室环境随时间的变化。

图2-32所示为车室各区域温度随时间变化过程。车室内温度t_{ii}达到稳定的时间在163s左右，侧窗玻璃内外表面温度t_{g1}和t_{g2}，以及后窗玻璃内外表面温度t_{gb1}和t_{gb2}达到稳定的时间在500s左右，前风窗玻璃内外表面温度t_{gf1}和t_{gf2}达到稳定的时间在700s左右，保温结构内表面温度t_p达到稳定的时间在2500s左右，车室内不同区域温度值达到稳定的时间不同，此外前风窗玻璃内外表面温度、侧窗玻璃和后窗玻璃内外表面温度以及保温层温度最终稳定的温度值也不相同，这与室内外换热系数与其本身的导热系数和比热容值各不相同有关。在相同物性参数和比热容值一样的情况下，前风窗玻璃表面由于处于送风口附近，换热系数值要大于侧窗玻璃和后窗玻璃内表面的换热系数值，前风窗玻璃周围所处的热环境更为复杂，所以其达到稳定的时间与侧玻璃窗和后玻璃窗相比要长，最终达到稳定时的温度值也高于侧窗玻璃和后窗玻璃内外表面的温度值。在模拟过程中对保温层内的换热系数与侧窗玻璃内表面的换热系数取值一样，但保温层内表面温度达到稳定的时间要远远长于侧窗玻璃和后窗玻璃内表面温度达到稳定的时间，保温层的温度值也高于后者，也可见材料的比热容和导热系数大小对热传递达到稳定时间影响更大。相比而言室内空气的比热容最小，所以其达到稳定的时间最快。

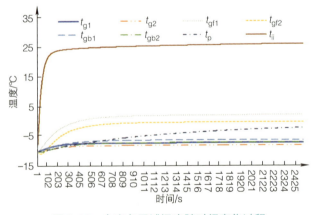

图2-32 车室各区域温度随时间变化过程

图2-33所示为车室各区域含湿量值随时间变化过程。除了室内空气含湿量d_i外，d_{g1}、d_{gb1}、d_{gf1}、d_{ps}分别为侧窗玻璃、后窗玻璃、前风窗玻璃和保温结构内表面空气层区域的含湿量。从图2-33中可知，前风窗玻璃内表面空气层的含湿量与室内空气的含湿量有一定差值。室内空气的含湿量最先趋于稳定，当车

室湿环境最终稳定时,各区域的含湿量值也相同。

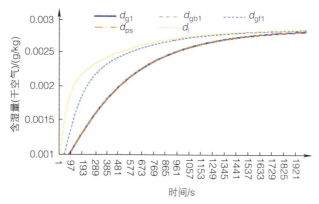

图 2-33　车室各区域含湿量随时间变化过程

(2) 车速对前风窗玻璃温度和玻璃内表面空气层含湿量的影响

选择室外温度为 -10℃,室外空气相对湿度为 60%,采用全新风送风,室外车速分别为 30km/h、60km/h、100km/h,室内温度设定为 25℃,模拟分析不同车速对前风窗玻璃温度和玻璃内表面空气层含湿量的影响。

图 2-34 表示了不同车速情况下前风窗玻璃窗内外表面温度 t_{gf1} 和 t_{gf2} 随时间的变化。车速越大,车玻璃内外表面的温度越低,100km/h 时车玻璃内表面温度稳定在 -1℃ 左右,外表面温度稳定在 -4℃ 左右;60km/h 时车玻璃内表面温度稳定在 1℃,外表面温度稳定在 -1℃;30km/h 时车玻璃内表面温度为 5℃,外表面温度为 3℃。除此之外,车速越大,玻璃窗内外表面温差也越大。

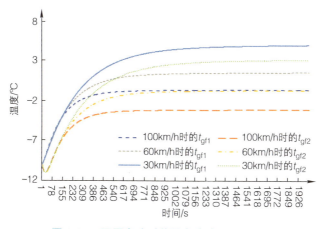

图 2-34　不同车速对前风窗玻璃温度的影响

不同车速情况下前风窗玻璃内表面空气层含湿量模拟结果发现,三种车速工况下的空气层含湿量值大小近似一样,不同车速变化的影响很小。但是由于低车速工况下玻璃内表面温度高,其比高车速工况下的内玻璃表面更不易发生结雾。

（3）室外相对湿度对前风窗玻璃温度和玻璃内表面空气层含湿量的影响

选择室外温度为 -10℃,采用 50% 的回风比送风,室外车速为 60km/h,室外相对湿度分别为 40%、60% 和 80%,分析空调开启时采用回风情况不同室外相对湿度对车室环境的影响。

模拟结果表明,室外相对湿度的变化对车室内部环境温度几乎没影响,不同室外相对湿度情况下,车室前风窗玻璃内表面温度变化几乎一样。

图 2-35 所示为不同室外相对湿度情况前风窗玻璃内表面空气层含湿量 d_{gf1} 的变化模拟结果。室外相对湿度的变化对车室湿环境具有一定的影响,室外相对湿度越高,前风窗玻璃窗内表面空气层的含湿量也随之升高。这是由于使用回风过程中,较高室外相对湿度会导致车室内含湿量增加。由此可知,当室外相对湿度越低时,可利用的回风潜力越大。

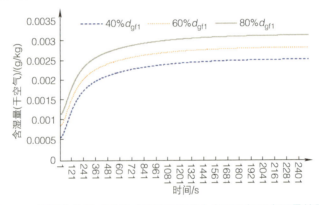

图 2-35　不同室外相对湿度对前风窗玻璃内表面空气层含湿量的影响

（4）室外温度对前风窗玻璃温度和玻璃内表面空气层含湿量的影响

选择室外温度分别为 -20℃、-10℃ 和 0℃,全新风送风,室外车速为 60km/h,室内温度设定为 25℃,分析不同室外温度对空调开启时车室环境的影响。

数值结果表明,室外温度越高,前风窗玻璃内表面温度越高,前风窗玻璃也不容易发生结雾。

图 2-36 表示了不同室外温度情况前风窗玻璃内表面空气层含湿量 d_{gf1} 的变化过程。一般地,室外空气中的绝对含湿量会随着室外温度升高而增加,所以在全新风送风情况下,前风窗玻璃内表面空气层含湿量随室外温度升高而增加。值得注意的是,室外温度的增大虽然增加了玻璃内表面温度,但室内环境的含湿量也有很大的提升,所以室外温度的变化对车窗玻璃内表面是否结雾的影响,

还需要进一步比较以玻璃表面温度露点温度的饱和空气层含湿量与周围表面空气层含湿量。

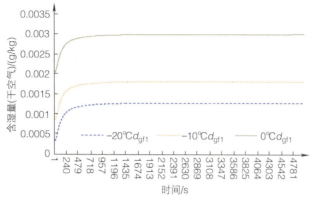

图 2-36　不同室外温度对前风窗玻璃内表面空气层含湿量的影响

（5）回风对前风窗玻璃温度和玻璃内表面空气层含湿量的影响

选择室外温度为 -10℃，室外车速为 60km/h，空调送风状态分别为全新风、50% 回风和全回风状态，室内温度设定为 25℃，分析回风使用情况对空调开启时车室环境的影响。

图 2-37 表示了空调送风状态分别为全新风、全回风和 50% 回风情况，前风窗玻璃内表面温度 t_{gf1} 随时间的变化。不同回风比的送风状态对前风窗玻璃窗内表面温度具有细微的影响，使用回风在一定程度上会增加前风窗玻璃窗内表面的温度。图 2-37 中全回风状态在 92s 左右因发生结雾程序停止运算，之前全回风的温度要略微低于全新风和 50% 回风状态，这与此时室内环境湿度过大影响内表面换热系数有关。

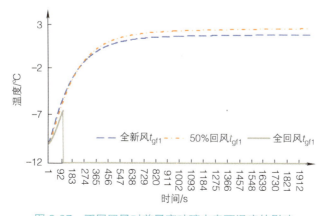

图 2-37　不同回风对前风窗玻璃内表面温度的影响

图 2-38 所示为不同回风对前风窗玻璃内表面空气层含湿量的影响模拟结

果。可以发现使用回风将大大增加车室空气的含湿量，全回风情况下在110s左右前风窗玻璃窗表面及发生了结雾程序并停止运算。从图2-38中还可发现，50%回风情况最终稳定的含湿量大于全回风情况下结雾时的含湿量，这说明含湿量并不是决定前风窗玻璃是否结雾的唯一因素，还与当时车玻璃窗表面温度有关，因此判断车玻璃窗表面是否结雾需要比较前风窗玻璃窗内表面温度对应的饱和空气层含湿量和周围表面空气层含湿量。

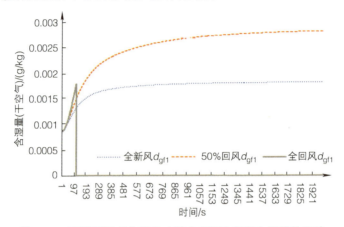

图2-38　不同回风对前风窗玻璃内表面空气层含湿量的影响

5. 小结

本小节开展了车内热湿环境建模与数值模拟分析研究，在建立车室环境模型时考虑在玻璃窗表面增加一层空气层并与室内空气进行区分以便更好地模拟车室内湿环境的变化过程。模拟结果与实测数据在模拟车室环境参数变化情况下误差在7%以内，验证了该模型的有效性。利用该模型对车室热湿环境及回风利用情况在不同室外温度、相对湿度及车速的情况下的变化趋势。根据模拟结果发现使用回风对车室黏附在前风窗玻璃内表面空气层的含湿量有很大影响，极易导致前风窗玻璃窗内表面发生结雾并影响驾驶安全，因此在研究回风利用控制策略时必须解决好前风窗玻璃窗内表面处的空气湿度控制问题。

2.3.2　车室气流组织仿真[8]

车室气流组织可以采用CFD（计算流体力学）软件进行仿真模拟，这里采用Fluent软件对不同车内外空气温湿度和流速情况下的车室内湿空气的分布特性及在玻璃表面的凝结特性进行仿真模拟，分析并优化车室气流组织分布。

1. 模型建立

以三厢轿车为研究对象，根据实际车型尺寸建立数值模拟计算中的物理模型。车型的主要参数见表2-3，对车室模型尺寸的大小、前风窗玻璃、送风口、回风口等进行界定。车室湿空气分布环境模型由前风窗玻璃、后玻璃窗、侧玻璃窗、汽车座椅和车体结构组成，车室湿空气则由玻璃表面附近空气层和室内主体空气两部分组成。在建模过程中忽略了后视镜、门把手、车轮等结构，保留车室空间和车玻璃，充分考虑车室前、后、侧玻璃对车室湿空气分布的综合影响（图2-39）。物理模型中设置一个送风口和一个回风口。

表2-3　车型的主要参数　　　　　　　　　（单位：m）

外形尺寸（长 × 宽 × 高）	4.792 × 1.576 × 1.456
前风窗玻璃尺寸（长 × 宽 × 厚）	1.376 × 0.589 × 0.045
送风口、回风口（长 × 宽）	0.4 × 0.04

基于Fluent中欧拉-欧拉多相流模型中的VOF（Volume of Fluid）模型，捕捉一种或多种相互不相容流体间的自由交界面，然后采用蒸发冷凝模型，同时考虑表面张力，计算出气液交界面的瞬时状态。数学模型的控制方程包括体积分数连续方程、连续性方程、动量守恒方程、能量守恒方程、组分运输方程和水蒸气质量分数；

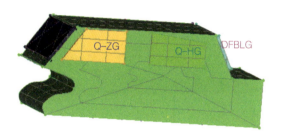

图2-39　车室湿空气分布环境模型

玻璃表面附近的空气的流动状态为湍流，故选取标准$k\text{-}\varepsilon$模型；VOF模型里的每个控制体内所有相的体积分数和为1。

模型中流体为不可压流动，定义入口边界条件为恒定速度入口，出口边界条件是压力出口，进、出口温度根据计算条件设定。玻璃外表面设置为对流换热边界类型，玻璃内表面定义为耦合热边界。控制方程的对流项采用二阶迎风格式离散，压力方程的差分格式选择二阶迎风格式来离散控制方程的对流项，选择交错压力格式作为压力方程的差分格式，体积分数方程采用Geo-reconstruct界面跟踪方法，选择压力的Simple算法进行压力-速度耦合计算，收敛判别标准为：连续性方程、体积分数方程、动量方程、湍流方程和组分运输方程残差小于10^{-3}，能量方程的残差小于10^{-6}。

2. 前风窗玻璃内表面结雾模拟

图2-40所示为车室前部纵截面的温湿度分布模拟结果。图2-41所示为垂直前风窗玻璃方向上车室温湿度梯度分布的模拟结果。模拟工况：室外温度为10℃，室外风速为4m/s，室内温度为20℃，室内相对湿度控制在80%。由于玻璃和车室内存在温度差，所以玻璃与车室内空气进行了热质交换，玻璃表面的温度在0～0.2s的时间内由10℃上升到了11.5℃，且温度分布均匀，并低于周

围空气的露点温度。在玻璃附近的空气层中存在明显的温度梯度，随着与玻璃距离的增加，温度也随之增加，最后车室内温度稳定在19℃。在0.2s时，与温度变化相呼应，玻璃表面的空气层存在湿度梯度，且距离玻璃表面越近，相对湿度越高，贴近玻璃表面达到94%，车室内的相对湿度也从初始的80%降低并稳定在78%。玻璃结雾是个瞬间发生的过程，时间很短，在温度差和湿度差的作用下，水蒸气会沿着温度梯度和湿度梯度，向玻璃表面汇聚，玻璃附近表面的相对湿度会越来越高，最后发生相变，水蒸气凝结成小水珠，附着在玻璃表面，即玻璃表面结雾。

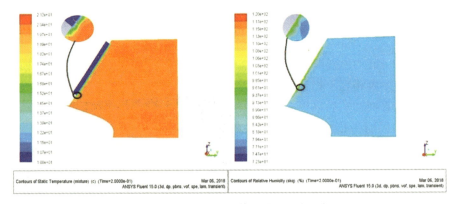

图 2-40　车室前部纵截面的温湿度分布

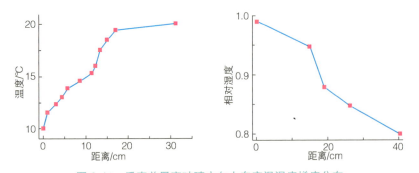

图 2-41　垂直前风窗玻璃方向上车室温湿度梯度分布

图 2-42 所示为结雾过程中不同时间水的体积分数。在前风窗玻璃区域范围内，有液态水生成，且均匀地分布在玻璃表面，由于液态水分子聚合时具有随机性，所以在玻璃表面水的体积分数有差异，但并不是很大，如当 $t = 0.05s$ 时，玻璃表面水的体积分数最小为 2.20×10^{-5}，且大多是在玻璃的边缘，最大为 2.20×10^{-3}，在玻璃中心偏右位置，这是因为水在玻璃表面的吸附力、水的自身重力以及水聚合随机性的共同影响。水蒸气因为梯度差的原因，发生相变，由水蒸气分子变成液态水分子，从而影响玻璃的可视性，影响驾驶人的行车安全。

从 t = 0.05s 到 t = 0.25s，随着时间的增长，液态水在玻璃上的覆盖面积逐渐减少，且位置逐渐向下移动，这是因为，随着玻璃表面与近壁处空气层不断传热，玻璃表面附近空气层的状态参数发生变化，液态水分子在玻璃表面随机性聚合，雾滴半径增大，当增大到一定半径时，水滴会顺着玻璃向下滑落，等再次达到一个平衡状态时，雾滴静止。

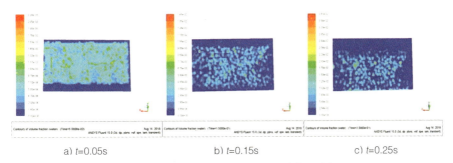

a) t=0.05s　　　　b) t=0.15s　　　　c) t=0.25s

图 2-42　结雾过程中不同时间水的体积分数

3. 车室湿空气分布模拟

图 2-43 所示为整体车室纵截面的温湿度分布模拟结果。模拟工况：室外温度为 10℃，室外风速为 4m/s，室内温度为 20℃，室内相对湿度为 40%~90%。可以看出车室湿空气的传播轨迹，湿空气在玻璃表面分布集中，湿度较大，往车室内部中心的湿空气含湿量也随之降低。车室中部区域与车厢后部区域湿空气含量较低，相对干燥一些。在玻璃附近空气层温度和湿度有明显的梯度。温度分布在 10~19.2℃之间，湿度分布在 52%~99% 之间。因为送风口位于前风窗玻璃附近，所以在前风窗玻璃和后窗玻璃附近的温度梯度和湿度梯度有所差异。

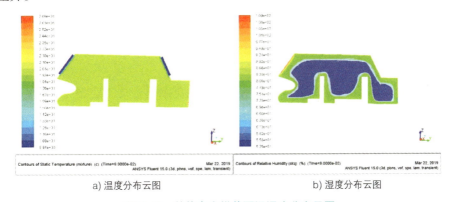

a) 温度分布云图　　　　　　　　b) 湿度分布云图

图 2-43　整体车室纵截面温湿度分布云图

图 2-44 所示为整体车室横截面的温湿度分布模拟结果。与图 2-43 所示模拟结果一致，玻璃表面发生传热传质，湿空气在侧窗玻璃表面分布集中，湿度

较大，进而在玻璃表面发生结雾，水蒸气凝结成小水滴附着在侧窗玻璃表面。车室座椅因其附近室外空气流通较低且隔热能力较强，车身虽暴露在低气温的外部环境中，但因其自身材料属性，温度变化不明显。玻璃附近空气层温度分布在 10~18.4℃ 之间，湿度分布在 54%~96% 之间。

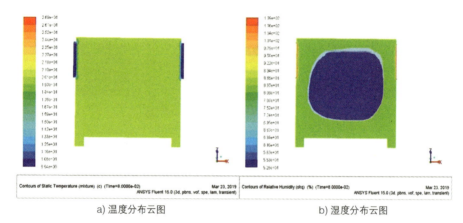

a) 温度分布云图　　　　　　b) 湿度分布云图

图 2-44　整体车室横截面温湿度分布云图

2.4 车室分区环境构建与分析

2.4.1 车室分区环境构建思路

为了保证驾乘人员的个性化热舒适性，可以在汽车车室不同区域内调整不同的环境参数，比较典型的轿车最简单就是分为左右两个区域，进一步还可以分为四个区域，即后排的左右乘客也可以调节自己周围的环境参数。此外，人体的不同部位对热舒适性有不同的要求，一般需要上冷下暖。这些已有方案为车室分区环境构建提供了原始思路。

日本电装（DENSO）公司开发出一套电动汽车热泵空调系统[9]，在风道中设置两个换热器，并设置双风道系统（图2-45），系统有制冷、制热和除霜/除湿模式。上部风道采用车外新风经 HVAC（供暖、通风与空气调节）处理后供应车室上部，确保乘客有足够的氧气供应；风道下部对车内回风进行处理，送风在足部进行内循环，可达到节能目的。除霜/除湿模式时，采用室外空气通过蒸发器除湿，再通过冷凝器加热，然后送到车室，既保证了前风窗玻璃的除霜/除湿，又为车室供暖。虽然该双风道系统较为复杂，目前应用极少，但也为车室分区环境构建带来了启示。

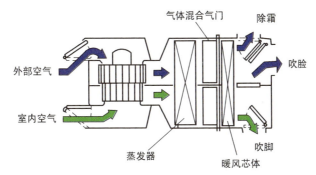

图 2-45 电动汽车双风道热泵空调系统

对于纯电动汽车空调系统，为保证人体的热舒适性，可以参考建筑空调系统设计中的最小新风量，确定汽车空调系统新风量，该条件也是最大回风利用空调系统需要满足的条件之一。由于大量回风的引入，车室内相对湿度增加，不仅影响人体热舒适性，也增加了前风窗玻璃结雾的风险，因此需要重新设计车内风系统形式。为此提出了图 2-46 所示的纯电动汽车回风利用持续风幕防/除雾气流组织形式，这种根据需求分区处理的方式在前风窗玻璃处设置持续防雾风幕，降低前风窗玻璃的结雾风险，从而提高回风利用比例。利用新回风调节风阀，根据室内空气参数调节新回风比例，将两者混合再通过热泵系统加热后送入室内，提高系统综合能源利用率。

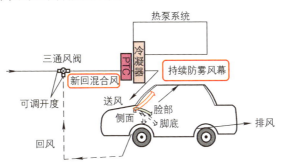

图 2-46 持续风幕防/除雾空调系统

车窗玻璃结雾与玻璃表面的润湿性能相关，不同表面由于与水的接触角不同，发生结雾时，水蒸气会凝结成液滴之后以不同的接触角附着在结雾玻璃表面（图 2-47）。接触角 θ_c 越小，说明表面亲水性能越好，当接触角小于 5° 时，称之为超亲水，使得雾滴在玻璃表面以接近 0° 的接触角铺展，从而达到防雾效果；接触角越

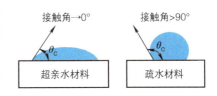

图 2-47 超亲水和疏水材料的接触角

大，疏水性能越大，凝结液不能很好地润湿表面，当发生结雾时，水蒸气就会先凝结成水滴。因此，突破所有车窗玻璃统一采用同一润湿性能的普通玻璃布置，根据前风窗玻璃的高防雾需求、后窗玻璃的中防雾需求、侧窗玻璃的低防雾需求的要求不同，对不同部位采用不同表面润湿性能的玻璃，实现前风窗玻璃的防结雾和车室湿环境分区调控。

基于2.2节和2.3节，提出了在前风窗玻璃上采用连续防雾风幕和不同部位车窗采用不同表面润湿性能的玻璃，构建车内湿源、空气流场、分区送风、强化凝结面和前风窗玻璃防雾相结合的车室环境分区系统，在保证驾驶安全和车室环境舒适性前提下，实现冬季最大回风利用，降低车室内环境保障能耗。

2.4.2 前风窗玻璃采用连续防雾风幕的回风利用分析[10, 11]

1. 车室热负荷计算模型

车室热负荷主要由车体散热量、人体散热量和新风负荷组成。为了更精确地计算车厢在不同室外温度、不同行驶速度时的车体散热量，将车体分为图2-48所示的8个部分进行传热量计算，建立车室热负荷计算模型。每个部分的传热过程简化为稳态传热，外侧换热边界条件均为强制对流换热，外侧空气速度按照车辆行驶速度选取。第1部分（前风窗玻璃）内侧由于持续防雾风幕的存在，换热边界条件为强制对流；其他部分内部换热边界条件为自然对流边界条件。1、6、7、8为单层玻璃；2、3、5、8部分为双层材料（钢板+保温层）。车体的总散热量为这8个部分散热量之和。上述简化模型已经在夏季负荷计算中得到验证[12, 13]。

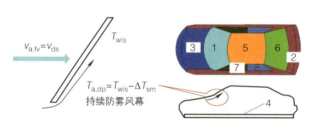

图2-48 车室热负荷计算模型

设定驾乘人员为5人，每人新风量取$15m^3/h$，每人散湿量取$37g/h$，每人散热量为$0.55kW$。车室内送风量取$350m^3/h$，车室内平均温度取$20℃$；在分析比较不同室外温度情况时，室外相对湿度均取60%。为保证前风窗玻璃不结雾，持续防雾风幕送风的最大露点温度$T_{a,dp}$应低于前风窗玻璃内表面温度T_{wis}一个安全余量ΔT_{sm}。

图2-49所示为空调系统热负荷计算流程。作为采用全新风无持续防雾风幕

的对比工况，通过车厢体的散热量可通过 8 个部分的传热公式计算得出，减去人体散热量得出车室净散热量，根据车体净散热量和车室温度计算出送风温度，然后按照全新风送风，根据送风温度与室外空气温度之差得出空调系统热负荷。对于采用持续防雾风幕的空调系统，在模块（1）车体散热计算中，需要首先假定一个送风温度，计算车厢散热量和车室净散热量，根据计算的净散热量得出送风温度，与假定送风温度进行对比直至两者误差小于 0.5%。在模块（2）回风比例计算中，首先计算前风窗玻璃内表面温度和内表面不结露的送风露点温度，计算送风的水蒸气分压力，然后假定回风的送风密度，根据新风状态参数、送风状态参数和室内湿源计算回风的含湿量，校核回风密度；然后计算最大回风量，并判断最大回风量是否满足人员所需最小新风量。在模块（3）热负荷计算中，利用最大回风比最后计算出空调系统热负荷。

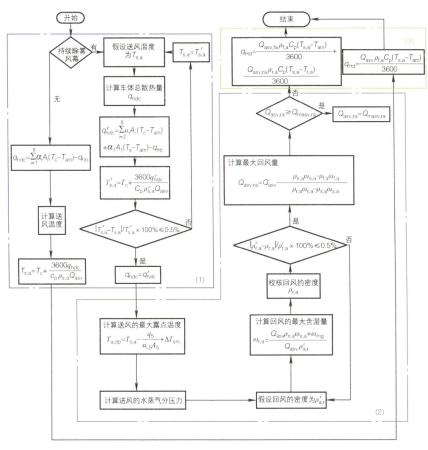

图 2-49　空调系统热负荷计算流程

（1）—车体散热计算（2）—回风比例计算（3）—热负荷计算

2. 模拟结果与分析

图 2-50 所示为最大比例回风持续防雾风幕系统与全新风无持续防雾风幕系统（防雾风幕运行和防雾风幕不运行）的空调热负荷计算结果比较，图中实线是不同车速的全新风空调热负荷，虚线是不同车速的最大比例回风空调热负荷。最大比例回风的应用大大降低了空调系统热负荷，与防雾风幕运行的全新风系统相比，两者的车厢散热量相等，总负荷降低比例为 46.4%～62.1%。与防雾风幕不运行时的全新风系统相比，总负荷降低比例为 44.7%～61.2%，降低程度稍低于防雾风幕运行的全新风系统，这是因为采用除雾风幕后，玻璃内侧换热强度增加，增加了车内空气与车外空气的传热量，造成车厢散热量增加了 12.5%～14.2%，前风窗玻璃有持续防雾风幕与没有防雾风幕时车厢散热量对比如图 2-51 所示。

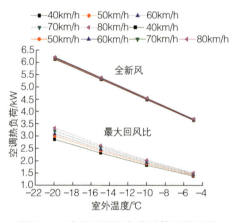

图 2-50 空调系统热负荷计算结果比较　　图 2-51 有无防雾风幕车厢散热量比较

可利用的最大回风比例主要受到车速、室外温度和室外相对湿度的影响。不同室外温度、不同车辆行驶速度时可利用的最大回风比例及对应前风窗玻璃内表面温度如图 2-52 和图 2-53 所示。车速越高，室外温度越低，可利用的最大回风比例越低，对应的前风窗玻璃内表面温度越低。车速越高，车外换热系数越高，通过前风窗玻璃的散热量越高，对应的前风窗玻璃内表面温度越低，送风的相对湿度越低，所能利用的回风比例越小。同样地，室外温度越低，一定车速时前风窗玻璃内表面温度越低，所能利用的回风比例越小。从图 2-52 和图 2-53 所示的模拟结果还可以看出，室外温度对可利用回风比例的影响要强于车速影响。

除了车速和室外温度对可利用最大回风比例有影响之外，室外空气相对湿度同样影响可利用的最大回风比例。室外温度为 -20℃ 时，不同空气相对湿度和车速时可利用的最大回风比例和空调热负荷分别如图 2-54 和图 2-55 所示。此时前风窗玻璃内表面温度不变，在室外相对湿度增加时，在保证送风露点温度不变情况下，所能利用的回风比例相应降低，空调热负荷则随之增加。

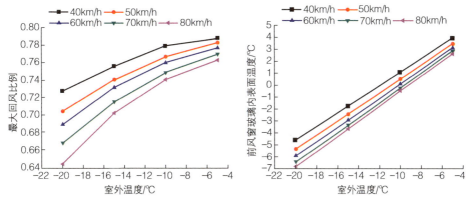

图 2-52　不同室外温度和车速时可利用的最大回风比例

图 2-53　不同室外温度和车速时前风窗玻璃内表面温度

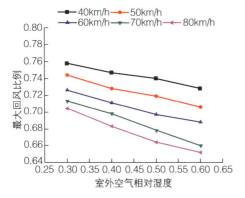
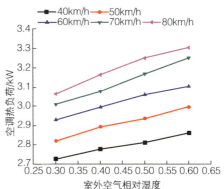

图 2-54　不同室外空气相对湿度和车速时可利用的最大回风比例

图 2-55　不同室外空气相对湿度和车速时空调热负荷

综上分析，采用持续运行防雾风幕最大比例回风空调系统后，车厢散热量稍微增加，但由于很大程度减小了送风的加热温差，空调系统负荷大幅度降低。可利用回风的最大比例受室外空气温度、相对湿度和车辆行驶车速的影响，且前两者影响比较明显。

3. 回风利用节能分析

（1）回风利用对热泵性能影响

采用最大比例回风，大大降低空调系统负荷的同时，也增加了热泵系统冷凝器的进口风温，对热泵运行性能产生影响。为了更准确地判定最大回风利用系统冬季运行时的节能效果,需要对不同回风比例时的热泵性能进行测试。

不同回风比例和不同压缩机转速时热泵系统的制热量、压缩机输入功率、系统COP（性能系数）如图2-56所示。测试工况为：压缩机转速为2000～8500r/min,空调送风量为350m³/h,室外空气温度为-20℃,相对湿度为60%,回风比例分为全新风、0.16、0.32、0.46（通过改变冷凝器进口风温实现,分别是-20℃、-15℃、-10℃、-5℃）。

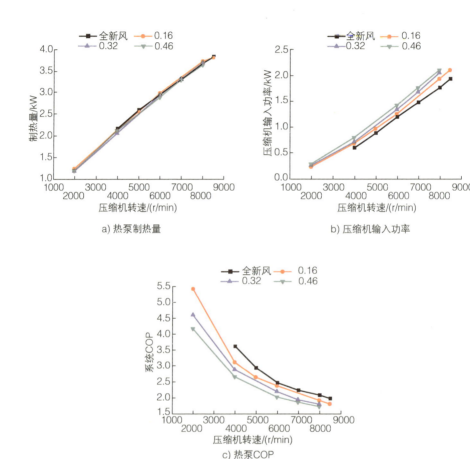

图 2-56 不同回风比例和压缩机转速时的热泵系统性能

热泵制热量和压缩机耗功均随压缩机转速提高而增加,由于压缩机耗功增加幅度大于制热量幅度,所以制热COP随压缩机转速增加而降低。不同回风比例工况运行时,由于蒸发器侧空气参数保持不变,在一定压缩机转速时,系统内制冷剂质量流量基本不变,所以热泵制热量基本不变。随着回风比例提高,冷凝器侧空气温度提高,压缩机压力比升高,压缩机输入功率增加,造成热泵系统COP降低。

（2）回风利用情况和空调系统节能综合分析

热泵系统供热量不足的情况下，需要电加热进行补偿。空调系统采用一定比例回风后，一方面车室热负荷降低（图2-50），另一方面热泵系统的制热量基本不变（图2-56a），因此热泵系统的供热比例随回风比例提高而增加（图2-57），电加热补偿的加热量则随之降低，可以减少动力电池电能消耗。

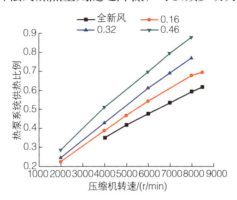

图2-57　不同回风比例和压缩机转速时热泵系统供热比例

为了更好地评价系统综合供热效率，需要结合空调系统负荷大小、热泵系统制热量和电加热补偿量进行考虑，定义系统综合COP（ECOP）为

$$\text{ECOP} = \frac{q_{\text{AC}}}{w_{\text{TEC}}} = \frac{q_{\text{AC}}}{\text{CIP} + \dfrac{q_{\text{AC}} - q_{\text{HP}}}{\eta_{\text{PTC}}}} \tag{2-18}$$

式中，q_{AC}为空调系统负荷（kW）；w_{TEC}为系统总能耗（kW）；CIP为压缩机输入功率（kW）；q_{HP}为热泵制热量（kW）；η_{PTC}为PTC加热器的加热效率。

不同回风比例和不同压缩机转速时的ECOP如图2-58所示，其中PTC加热器的加热效率取0.95。对于回风比例为0.32和0.46的工况，压缩机转速增加至8500r/min最高转速时，由于压缩机排气温度过高导致压缩机开启热保护功能无法运行，因此这两组工况的最高压缩机转速为8000r/min。回风比例越高，ECOP整体增加；针对某一回风比例，随着压缩机转速提升，综合COP增速变缓，回风比例为0.16和全新风工况时，压缩机在最高转速8500r/min运行时，ECOP反而下降。虽然此时热泵的制热COP仍高于1，但在热泵+PTC加热器辅助加热系统中，将压缩机转速从8000r/min提高至8500r/min的过程中，热泵系统增加单位功率的制热效率小于电加热效率。定义COP变化率为压缩机转速增加制热量增加值与压缩机功率增加值的比值，全新风和回风比例为0.16两组工况的COP变化率如图2-59所示。由于随着压缩机转速升高，热泵制热COP降低，因此COP变化率降低，当该值降至PTC加热器加热效率以下时，提高压缩机转速已不能提高供热系统的 ECOP，此时应更换 PTC 加热器进行热量补偿。

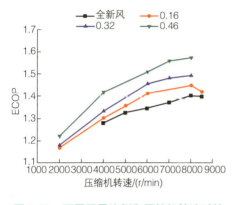

图 2-58　不同回风比例和压缩机转速时的 ECOP

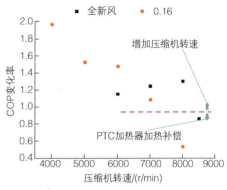

图 2-59　不同回风比例和压缩机转速时的 COP 变化率

纯电动汽车应用一定比例的车室回风后，热泵系统冷凝器进口风温增加，系统相同压缩机转速工况下的输入功率增加，制热量基本不变，制热效率 COP 降低；在高回风比例工况时，压缩机由于排气温度过高，会启动热保护，无法实现最高转速运行；在低回风比例工况时，压缩机在最高转速运行时，当增加单位功率的效率低于 PTC 加热器加热效率时，应停止增加压缩机转速，而采用 PTC 加热器加热来补偿不足的供热部分。在室外温度为 -20℃、车室内送风量为 350m³/h、压缩机转速为 8000r/min、车速为 80km/h 工况下，采用回风比例为 0.46 时热泵系统制热量为 3.64kW，压缩机耗功为 2.11kW，此时的空调热负荷为 4.14kW；而采用全新风时热泵制热量为 3.69kW，压缩机耗功为 1.77kW，全新风负荷为 6.21kW；按照加热效率为 0.95 进行计算，与全新风系统相比，采用回风时系统 ECOP 可提高 12.1%，节约电耗 40.6%。

2.4.3　不同表面润湿性能玻璃车窗分区布置

1. 采用疏水表面侧窗增强玻璃凝结[4]

根据 2.2.2 节中的测试结果，疏水表面玻璃的水蒸气凝结速率和平均排水速率均高于普通玻璃和亲水表面玻璃，且疏水玻璃的可视性相比也稍好，故侧窗可采用疏水表面，局部增加玻璃的水蒸气凝结。

表 2-4 和表 2-5 分别为不同表面侧窗玻璃凝结时车室围护结构热负荷增长、除湿量及热负荷变化，计算工况：送风温度为 40℃，室内空气温度为 20℃，室内空气相对湿度为 60%，驾乘人员为 5 人。随着车外温度的降低，侧窗玻璃凝结水量明显增加，使得用于除湿的新风量明显下降，降低了空调系统能耗，尤

其是低温室外环境下。另外，疏水表面的除湿量及新风下降百分比均高于普通表面和亲水表面，有助于降低车室内空气含湿量，减缓前风窗玻璃结雾。

表 2-4　不同表面侧窗玻璃凝结时车室围护结构热负荷增长

车外工况	侧玻璃面积 /m²	热负荷增长 /W		
		疏水	亲水	普通
0℃ /50%	1.168	17.3	15.1	16.2
−10℃ /40%	1.168	29.1	25.5	27.8

表 2-5　不同表面侧窗玻璃凝结时除湿量及热负荷变化

车外环境工况	0℃ /60%			−10℃ /60%		
玻璃表面特性	疏水	亲水	普通	疏水	亲水	普通
人员散湿量 /（g/h）		190			190	
新风含湿量 /（g/kg）		2.26			0.96	
车室含湿量 /（g/kg）		8.73			8.73	
凝结水速率 /[g/（m²·min）]	0.582	0.535	0.541	1.354	1.239	1.272
玻璃除湿量 /（g/h）	40.78	37.52	37.94	94.88	86.81	89.14
新风除湿量 /（g/h）	149.22	152.48	152.06	95.12	103.19	100.86
除湿新风量 /（m³/h）	17.9	18.3	18.2	9.1	9.9	9.7
新风下降百分比（%）	21.5	19.7	20.0	50.0	45.7	46.9
新风除湿负荷下降量 /W	35.4	32.5	32.9	102.6	93.8	96.4
热负荷下降量 /W	18.1	17.4	16.7	73.5	68.3	68.6

2. 基于车室协同构建的前后侧车窗分区布置[8]

采用车室协同构建防雾思路，实现前风窗玻璃尽量少结雾和尽量在侧、后玻璃内表面结雾。在前风窗玻璃内表面进行超亲水涂层处理，后窗玻璃内表面进行超疏水涂层处理，侧玻璃不进行涂层处理。

图 2-60 和图 2-61 所示分别为采用 2.3.2 节中建立的车室气流组织仿真模型模拟的车室纵截面和横截面温湿度云图。由图 2-60 可知，经过涂层处理后车室湿空气的传播方向不变，但是在内表面附近空气层的温度和湿度梯度发生了较大变化。前风窗玻璃内表面附近空气层由近到远的温度分别为 10.06℃、17.68℃、18.39℃、19.39℃，相对湿度分别为 84.5%、82.2%、80.9%、78.9%；后窗玻璃内表面附近空气层由近到远的温度分别为 10.09℃、17.35℃、18.99℃，相对湿度分别为 89.9%、86.2%、78.9%。前风窗玻璃和后窗玻璃附近空气层温度未达到露点温度，玻璃内表面均未出现结雾，证明经过超亲水涂层处理的前

风窗玻璃防雾性能较好,经过超疏水涂层处理的后窗玻璃也具有防雾性能。

由图 2-61 可知,侧窗玻璃内表面附近空气层由近到远的温度分别为 10.06℃、15.98℃、18.86℃、19.65℃,相对湿度分别为 99.6%、92.3%、86.7%、64.2%,车室内空气相对湿度分布稳定在 64.2%。侧窗玻璃内表面附近空气层贴近玻璃表面的空气温度低于其露点温度,发生了结雾现象。

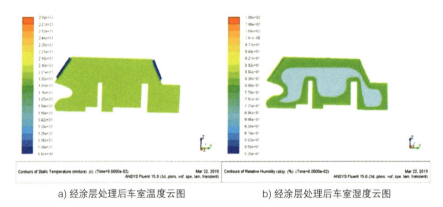

a) 经涂层处理后车室温度云图　　　b) 经涂层处理后车室湿度云图

图 2-60　车室纵截面温湿度云图

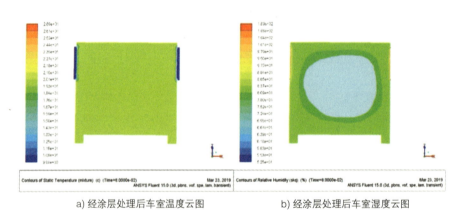

a) 经涂层处理后车室温度云图　　　b) 经涂层处理后车室湿度云图

图 2-61　车室横截面温湿度云图

为了进一步验证前后侧车窗分区布置的有效性,在超亲水涂层玻璃(前风窗玻璃)、超疏水涂层玻璃(后窗玻璃)和普通玻璃(侧玻璃)上选取特征点,这些点的位置分别位于玻璃内表面中心位置的垂直线上,距离分别为 0.03m、0.06m、0.09m、0.25m、0.50m。三种玻璃内表面不同位置点温湿度对比结果如图 2-62 所示,超亲水涂层玻璃内表面附近空气层温度较高,超疏水涂层玻璃次之,普通玻璃最低,越靠近车室中心区域,三者车室内部温度趋于相同。普通玻璃内表面附近空气层湿空气相对湿度最高,超疏水涂层玻璃次之,超亲水涂层玻璃最低，在车室中心区域湿度趋于一致。图 2-62 所示的测试结果验证了超亲水涂层具有较好的防雾性能，提出的车室协同前后侧车窗分区布置方式能够有效地防止前风窗玻璃内表面结雾，在保证电动汽车行驶安全的前提下，可实现空调系统更加节能高效。

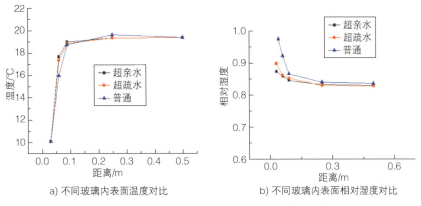

a) 不同玻璃内表面温度对比　　　b) 不同玻璃内表面相对湿度对比

图 2-62　不同玻璃内表面空气层温湿度变化对比

2.5　本章小结

本章以实现电动汽车行驶安全性和车室环境系统节能性为目的，在车窗玻璃结雾试验研究、车内热湿环境和气流组织模拟分析基础上，提出了前风窗玻璃上采用连续防雾风幕和不同部位车窗采用不同表面润湿性能玻璃，构建了车室环境分区系统并进行了分析，得出了如下主要研究结论：

1) 前风窗玻璃内表面防结雾试验研究表明，结雾时玻璃表面温度作为露点温度的空气饱和含湿量和前风窗玻璃内表面空气层的含湿量存在一个含湿量差，结雾初期超亲水涂层玻璃的可视性较好；侧窗凝结特性试验研究得出疏水表面玻璃的水蒸气凝结速率和平均排水速率均高于亲水表面和普通表面玻璃。

2) 车内热湿环境仿真分析发现使用回风对车室黏附在前风窗玻璃内表面空气层的含湿量有极大的影响，极易导致前风窗玻璃窗内表面发生结雾；前风窗玻璃内表面结雾过程中玻璃内表面附近空气层存在温度梯度和湿度梯度；超亲水涂层具有良好的防雾性能。

3) 与全新风空调系统相比，前风窗玻璃采用连续防雾风幕回风空调系统虽然热泵耗功有所提高，但能够很大程度减小送风加热温差，空调系统负荷大幅度降低；采用亲水前风窗玻璃、超疏水后窗玻璃、普通侧窗玻璃的分区布置，能够有效地防止前风窗玻璃内表面结雾，实现电动汽车行驶安全和空调系统节能高效。

参考文献

[1] ZHANG Z Q, LI W Y, ZHANG C Q, et al. Climate control loads prediction of electric vehicles [J]. Applied Thermal Engineering, 2017, 110:1183-1188.

[2] 王永珍. 风窗玻璃霜雾结解过程传热及其解化特性研究 [D]. 长春：吉林大学，2011.

[3] 刘稷轩. 基于回风利用与防雾的电动汽车车室热湿环境控制研究 [D]. 北京：中国科学院大学，2017.

[4] 黄广燕. 基于环保工质 R290 的电动汽车热泵空调系统研究 [D]. 北京：中国科学院大学，2019.

[5] ZOU H M, HUANG G Y, TANG M S, et al. Experimental investigation on condensation performance of the processed windshield surface of electric vehicles [J]. Case Studies in Thermal Engineering, 2023, 41: 102624.

[6] LIU J X, ZOU H M, ZHANG G Y, et al. Experimental study and numerical simulation concerning fogging characteristics and improvement of return air utilization for electric vehicles [J]. Applied Thermal Engineering, 2018, 129: 1115-1123.

[7] LIU J X, ZOU H M, ZHANG G Y, et al. Analysis of maximum return air ratio on no-fogging condition by in-cabin climate simulation for EV [J]. Energy Procedia, 2017, 105:2445-2450.

[8] 刘李艳. 基于挡风玻璃结雾的电动汽车车室湿空气分布特性研究 [D]. 北京：北京建筑大学，2019.

[9] TAKAHISA S, KATSUYA I. Air conditioning system for electric vehicle[C]. SAE Paper, 1996, 960688.

[10] 张桂英. 纯电动汽车一体式热管理及节能技术研究 [D]. 北京：中国科学院大学，2017.

[11] ZHANG G Y, ZOU H M, QIN F, et al. Investigation on an improved heat pump AC system with the view of return air utilization and anti-fogging for electric vehicles[J]. Applied Thermal Engineering, 2017, 115（25）:726-735.

[12] MARCOS D, PINO F J, BORDONS C, et al. The development and validation of a thermal model for the cabin of a vehicle [J]. Applied Thermal Engineering, 2014, 66（1）: 646-656.

[13] KHAYYAM H, KOUZANI A Z, HU E J, et al. Coordinated energy management of vehicle air conditioning system [J]. Applied Thermal Engineering, 2011, 31（5）: 750-764.

Chapter 03

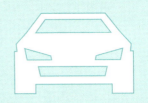

第 3 章
新能源汽车空调冷热源系统

汽车空调系统，通过供冷/供暖来实现车室全年舒适环境控制，并进行车窗防雾除霜控制，是维持驾乘舒适性和安全性的重要保证。空调系统所需要的冷源和热源，也是汽车耗能最大的辅助设备。传统燃油汽车，冬季供暖可直接采用充足的内燃机余热，所以只需要单冷系统来提供冷源即可满足全年空调要求。而新能源汽车，尤其是纯电动汽车，由于没有内燃机余热可用，冷热源系统与传统燃油汽车存在较大差异，主要通过单冷型制冷配合加热器或空气源热泵等方式提供系统冷热源。

3.1 单冷型冷热源系统

3.1.1 纯电动汽车单冷与加热器组合系统

纯电动汽车采用单冷型制冷系统满足车室供冷需求，采用其他加热方式满足车室供暖需求，形成单冷与加热器组合系统（图3-1）。与传统燃油汽车一样，单冷型制冷系统只具有制冷功能。单冷型制冷系统主要由压缩机、冷凝器、膨胀阀和蒸发器组成，蒸发器中低温低压制冷剂蒸发将流经空气降温实现向车室供冷。与传统燃油汽车制冷系统主要不同之处是，电动汽车采用全封闭电动压缩机，由动力电池驱动进行制冷。

热源类型主要有电加热和燃烧加热，与单冷型制冷系统组合，可以形成不同的纯电动汽车冷热源系统。

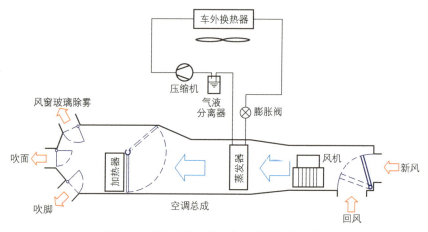

图 3-1 纯电动汽车单冷与加热器组合系统

1. 电加热

直接使用电能加热是非常直接的制热方式，最常用的是 PTC 热敏陶瓷加热元件。PTC 加热器是利用 $BaTiO_2$ 等材料热敏电阻的正温度系数特性开发出的加热元件，热敏电阻材料的电阻在一定温度下会快速升高，利用此特性制成恒温加热元件（图 3-2）。PTC 热敏电阻加热器具有无明火、升温快、自控恒温、制热性能稳定、安全性高、简单方便、适用温度范围广、寿命长等优点，是目前应用最广泛的加热器。

采用传统的单冷型制冷系统满足车室制冷需求，采用电辅助加热的方式满足车室供热需求，这种系

图 3-2　PTC 加热器

统仅需在原有的燃油车空调系统中加装电加热器，基本可沿用燃油车系统，是纯电动汽车发展初期应用最普遍的空调系统形式。

图 3-3 所示为单冷系统与电辅助加热系统，根据电加热元件加热的介质可将电辅助加热系统分为风暖 PTC 加热器和水暖 PTC 加热器两种形式，分别如图 3-3a、b 所示。这两种形式的差异在于，一种是利用高压电直接加热空气，这种方法结构简单、热效率高，但具有一定的安全隐患；另一种方法是利用高压电加热冷却液，再通过冷却液加热空气，这样做可以沿用传统能源汽车上的暖风散热器，但系统比较复杂，相比风暖 PTC 加热器热效率较低。

对于水暖 PTC 加热器形式，三菱汽车公司（Mitsubishi Motors Corporation）

开发了名为"i-MiEV"的电动汽车空调系统[1]（图3-4）。该系统由电动压缩机组成的制冷系统车室供冷，由PTC加热器加热冷却液循环系统供热。PTC加热器有四层：控制板、上部冷却液通道、PTC元件部件和下部冷却液通道。汽车试验结果表明，"i-MiEV"的制冷和加热性能优于常规发动机基准车辆，但是开启制冷和加热造成车辆续驶里程分别减少约15%和45%。东风汽车公司某车型采用电加热系统并进行除霜除雾试验[2]，结果表明，约需20min即可完成车室风窗玻璃的除霜，而除雾仅需要10min，该系统可以满足车辆风窗玻璃的除雾除霜要求。

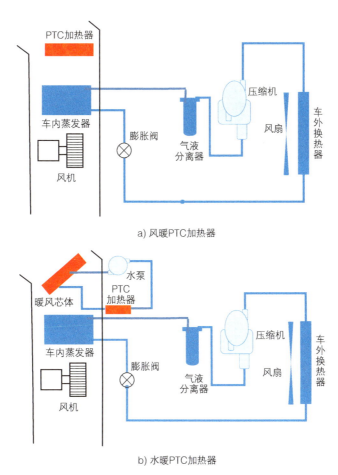

图3-3 单冷系统加电辅助加热系统

对于PTC加热器风暖形式，Apfelbeck和Barthel[3]介绍了空气直接电加热器，可分为两类：高压空气加热器和低压空气加热器。高压空气加热器在电动汽车中使用时电池电压高达450V或500V，具有加热功率大、加热速度快、体积小等优点，但是由于高压安全要求成本比传统的低电压要高得多。低压空气加热器采用12V未来可能是48V的电压，其耗电量和加热功率低于高压加热器，可以应用于每个座椅的单独加热。Cap等[4]提出了一种能够实现加热量可在0.5～5kW无级调节的高压分层加热技术，其加热密度可达3.2W/cm³，较传统PTC加热器加热方式提高了77.8%；性能测试显示，这种分层加热技术的热效率达99%以上，环境温度为0℃时，6.1min即可将车室送风温度加热至20℃，较PTC加热器所需的

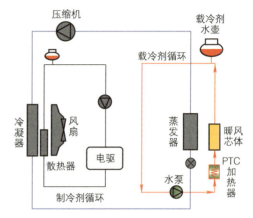

图3-4 i-MiEV电动汽车空调系统示意图

10.7min缩短了43%。Park和Kim[5]为提升电动汽车高压PTC风暖加热器性能对不同加热器翅片进行比较分析，与平板翅片加热器相比，阵列凸状翅片加热器的加热能力提高了11.8%，效率提高了2.5%，压降提高了7.2%，功率密度提高了11.7%；与平板翅片加热器相比，凸状翅片加热器的加热能力提高了10.3%，效率提高了1.2%，压降提高了0.4%，功率密度提高了23.7%。

PTC加热器加热的优点是结构简单，其应用仅需在传统燃油车空调系统上进行略微调整即可，成本较低；缺点是需要消耗大量的电能用于满足车室供热需求，会导致电动汽车冬季续驶里程严重衰减。

2. 燃烧加热

燃烧加热首先应用于传统燃油汽车，作为一种独立的汽车加热系统，利用汽车发动机燃料如柴油、汽油燃烧产生的热量将发动机冷却液或者直接将驾驶室内空气加热，从而迅速提高发动机以及车室温度，满足汽车在寒冷地区低温情况下冷起动和车室供暖需求。随着纯电动汽车的快速发展，燃烧加热方式从传统燃油汽车拓展应用至纯电动汽车。

燃油加热系统按照被加热介质分为水加热器和空气加热器。燃油水加热系统有水路、油路和空气三路循环。水路由加热器、水泵、暖风芯体、膨胀水箱串联组成，油路由油箱、燃油管、燃油过滤器、油泵组成，空气循环由助燃空气风扇、进气消声器、排气管、排气消声器组成。工作时，油泵从油箱泵油，进入燃烧室内的蒸发器雾化，助燃空气经进气消声器后被吸入，与燃油按一定比例混合后由火花塞点燃；同时水泵将冷却液泵入燃烧室外的热交换器，热能传递给冷却液，注入空调暖风芯体，当达到预先设定的起动温度时，空调鼓风机开始运转，向车内送入热风，实现供暖[6]。

Mimuro 和 Takanashi[7] 对燃油加热器应用于电动汽车供暖进行了运行测试。图 3-5 所示为燃油加热系统。从能源效率、二氧化碳排放、加热性能、行驶里程影响和适用性等方面对比了燃油加热、PTC 加热器加热和热泵制热。燃油加热系统的电耗仅为 PTC 加热器的 12%，热泵电耗是 PTC 加热器的 65%，燃油加热系统的二氧化碳排放与 PTC 加热器相当，燃油加热系统的能源效率高于 PTC 加热器加热。

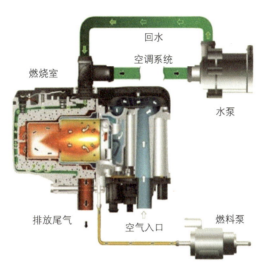

图 3-5 燃油加热系统

Kohle 等人[8] 开发了电动汽车用生物乙醇水加热器，测试结果表明与 PTC 加热器加热相比，可以节省 4.1kW·h 的电量，增加 30% 的续驶里程，减少 50% 的 CO_2 排放。

虽然燃油加热效率较高，冬季寒冷地区供暖效果好，可显著增加冬季电动汽车续驶里程，但是燃油加热系统消耗燃油，产生尾气排放，与纯电动汽车零排放的理念相违背，且系统结构复杂，零部件数量较多，增加成本较高，需要增加较大安装空间，故燃油加热系统无法作为电动汽车未来长久的发展方向。

3.1.2 燃料电池汽车的冷热源系统

对于燃料电池汽车，由于燃料电池的化学能转换为电能时有大量余热排放，可用于车室冬季供暖，其空调系统与传统燃油车空调系统基本一致，如图 3-6 所示。燃料电池汽车采用单冷型制冷系统作为车室空调冷源，通过车内蒸发器冷却空气向车室送冷风实现供冷；利用燃料电池的余热作为热源加热冷却液，泵送冷却液进入暖风芯体，把经过暖风芯体加热的空气送入车内实现供暖。

Pino 等人[9] 分析了不同行驶循环、环境温度和车室空调负荷情况下燃料电池汽车在空调开启时增加的氢燃料消耗量,研究表明当空调开启时会增加3%~12.1%的氢消耗。马洪涛等人[10]对燃料电池汽车空调系统的制冷性能进行了探讨,通过研究电动压缩机转速以及制冷剂充注量与空调系统制冷性能的关系,找出影响燃料电池汽车空调制冷系统的关键因素。

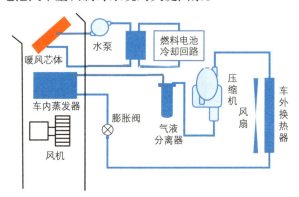

图 3-6　燃料电池汽车空调系统示意图

3.2　热泵系统

3.2.1　纯电动汽车热泵系统

蒸气压缩式热泵系统在蒸气压缩式制冷循环的基础上,通过四通阀或者其他系统形式进行制冷和制热运行模式的切换。图 3-7 所示为采用四通阀的蒸气压缩式热泵工作原理。制热时车外换热器作为蒸发器,车内换热器作为冷凝器,通过从环境吸热热泵升温给车室供热;制冷时则相反,车外换热器作为冷凝器,车内换热器作为蒸发器。热泵系统用一套设备就可以保障车内全年的热舒适,系统较简单。蒸气压缩热泵能够从各种低位热源吸收热量来对车室进行供热,其制热 COP 大于 1,供热效率高于电加热设备,是电动汽车冬季制热较为理想的解决方案。按照系统换热器数量,分为只有车内换热器和车外换热器的双换热器系统,以及包括车外换热器、车内蒸发器、车内冷凝器的三换热器系统,以及包括车外换热器、车内蒸发器、水冷冷凝器、暖芯的水暖四换热器系统。

1. 双换热器热泵系统

图 3-7 所示即为带有车内换热器和车外换热器的双换热器系统,由于这种系统在家用空调器中已得到广泛应用,所以在电动汽车热泵系统的早期研究中,这种系统首先得到了较多关注。

李丽等人[11]设计了一套以 R134a 为制冷剂的电动汽车热泵空调系统,这个系统通过四通阀切换制冷/制热模式,系统在车外温度为 35℃时设计制冷能力为2.95kW，在车外温度为-15℃时设计制热能力为2.63kW。测试结果显示在加热模式时，环境温度为分别为1.6℃、5.5℃、6.6℃工况下，分别经过10min、6min、4min后乘客舱温度即可达到18℃。车外温度对该热泵系统的制冷制热性能影响很大。

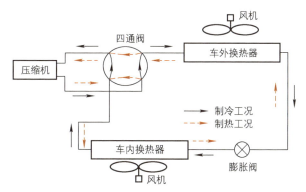

图3-7　采用四通阀的蒸气压缩式热泵工作原理

Wang等人[12]设计了一种集成式电动汽车热泵空调系统，如图3-8所示。系统采用四通换向阀进行工况切换，采用变频式涡旋压缩机进行转速调节，系统采用R134a和R407C作为制冷工质进行比较，通过测试获得了变工况下系统的制热性能。结果显示这套系统可以满足-10℃工况的电动汽车供热需求，相较于PTC加热器加热，热泵系统可以显著降低供热能耗。增大压缩机转速和采用R407C作为工质都可以提升系统的制热量，但是同时也会导致COP降低。此外，热泵系统性能随温度下降衰减严重，这与电动汽车热负荷随温度下降而增大相悖。当环境温度低于-15℃时，系统已经无法满足电动汽车的供热需求。

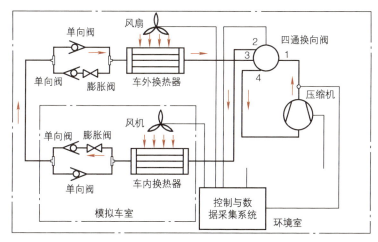

图3-8　集成式电动汽车热泵空调系统

彭发展等人[13]利用R134a电动汽车热泵空调试验平台，研究了环境温度和压缩机转速对工质的状态参数、车室内平均温度和COP的影响。压缩机出口和车室内换热器出口处工质的温度值和压力值随环境温度及压缩机转速的升高而变大，压缩机转速为3400r/min的情况下，当环境温度分别为5℃、−1℃和−5℃时，热泵空调系统的COP分别为5.74、5.3和4.55。当环境温度为−5℃时，热泵空调系统能满足车室内供暖的要求，并且压缩机的排气温度、排气压力等参数在合适的范围内。当环境温度较低时，提高压缩机转速可以减少车室内达到舒适温度的时间。

Lee等人[14]的研究结果显示在车外温度为−10℃时，采用R134a的热泵系统的制热COP和制热量分别为3.26和3.10kW，表明当环境温度低于−10℃时，热泵系统已经无法满足电动汽车的供热需求。随着温度降低，热泵系统制热量和制热COP衰减严重，是目前应用于电动汽车领域的主要问题，通常需要PTC加热器辅助加热的方式满足低温工况车室供暖需求。

双换热器热泵系统结构简单，成本相对较低，目前主要用于电动客车、轨道交通等商用车领域。而乘用车领域对舒适性具有更高的要求，通常还需要考虑车室除湿和前风窗玻璃除雾除霜要求，这种热泵系统无法实现，所以较少应用于乘用车系统。

2. 三换热器热泵系统

基于车室除湿需求，Iritani和Suzuki[15]提出了一套由一个四通阀和两个膨胀阀构成的R134a热泵系统，其原理如图3-9所示。该热泵系统共有三个换热器组成，车外换热器在制冷工况作为冷凝器，在制热工况作为蒸发器；在HVAC（供暖、通风与空气调节）风道内布置两个换热器，一个作为制冷工况的蒸发器，另一个作为制热工况的冷凝器。车室送风分别向脚部、头部和前风窗玻璃送风。除湿模式下，车内蒸发器和车内冷凝器同时工作，HVAC风道内的送风先经过车内蒸发器冷却除湿后再流经车内冷凝器加热，提高送风温度后送往车室，以保证车室舒适性。性能测试显示，40℃制冷工况下，系统COP为2.9；−10℃制热工况下，系统COP为2.3。

日本电装公司开发了一种如图3-10所示的电动汽车用三换热器热泵系统，通过在车室HVAC总成内布置两个换热器使系统同时满足制冷、制热和除湿的功能。与图3-9所示三换热器热泵系统不同的是，该系统采用电动三通阀和电动二通阀实现制冷工况、制热工况和除湿工况的流程切换，是目前广泛认可的乘用车热泵系统的原型。

严瑞东对三换热器R134a热泵系统进行了台架测试[16]。图3-11所示为三换热器热泵系统的制冷模式和制热模式流程。三换热器热泵系统的主要由三个换热器（车外换热器、HVAC风道内的车内蒸发器和车内冷凝器）、电动压缩机、两个热力膨胀阀、两个旁通阀、车外风机、HVAC 单元、管路等组成。热泵系统台架试验放置在两个环境仓内，分别模拟车外和车外环境参数，保证试验工况需要的干球温度和湿球温度。三个换热器均采用微通道换热器，热力膨胀阀采用车用 F 型热力膨胀阀。制冷工况：车外侧温度为 35℃，车内侧干球温度为 27℃，相对湿度为 50%；制热工况：车外侧温度为 7℃，相对湿度为 50%，室内侧干球温度为 20℃。图 3-12 和图 3-13 所示分别为该三换热器热泵系统制冷性能和制热性能测试结果。制冷量随压缩机转速升高而增大，从 2000r/min 的 1.4kW 增加到 5000r/min 的 2.8kW，而对应的制冷 COP 从 2.4 降低到 1.4，已经达到传统汽车空调水平，但制冷能力偏低。制热能力随压缩机转速升高而增大，从 2000r/min 的 1.6kW 增加到 4000r/min 的 2.2kW，对应的制热 COP 从 3.7 降低到 2.6。可以看出，热泵系统在制热能效上相比 PTC 加热器有非常大的优势，但是制热能力有待进一步提高。

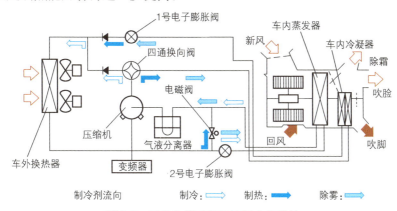

图 3-9　三换热器除湿型热泵空调系统

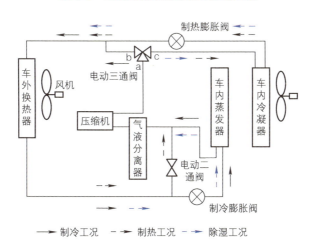

图 3-10　日本电装公司的电动汽车用三换热器热泵系统

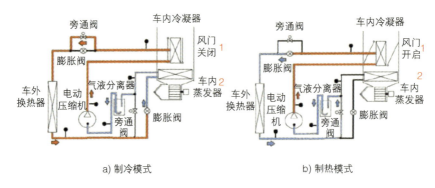

a) 制冷模式　　　　　　　　b) 制热模式

图 3-11　三换热器热泵系统

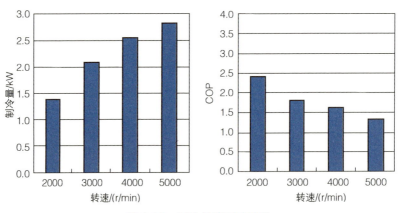

图 3-12　制冷性能测试结果

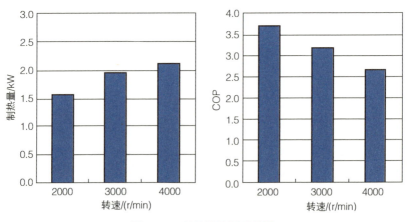

图 3-13　制热性能测试结果

Qin 等人[17]针对寒冷地区车室冬季供暖，建立三换热器热泵台架试验系统（图 3-14），对车内冷凝器入口全新风和不同新回风比例工况下系统制热性能进行了试验研究。测试工况：车外温度分别为-10℃、-15℃、-20℃，车外换热器迎面风速为3.5m/s，车内送风风量为350m³/h，压缩机转速为2000~8500r/min。

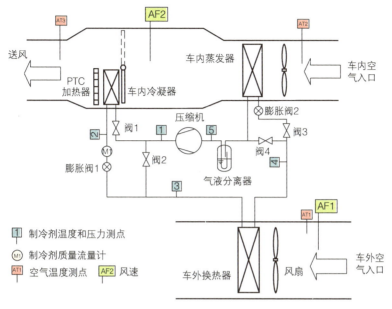

图 3-14　三换热器热泵台架试验系统

图 3-15 所示为热泵系统在全新风工况下的测试结果，此时车室内进风温度与车外换热器进风温度相同。随着压缩机转速升高，冷凝温度增加，蒸发温度降低，制冷剂质量流量和制热量增加，送风温度提升，COP 降低。压缩机转速升高造成 COP 明显降低的原因主要是冷凝温度和蒸发温度之间的温差增大。随着车外环境温度 T_o 的升高，蒸发温度升高，压缩机吸气比体积降低，导致制冷剂质量流量和制热量增加，从而送风温度增大；而车外环境温度升高造成冷凝温度更加显著提升，从而 COP 会随之降低。

图 3-16 所示为热泵系统在不同新回风比例工况下的测试结果，此时车外温度为-20℃，采用车内进风温度 T_i 为-20℃、-15℃、-10℃、-5℃来分别代表不同新回风比例。冷凝温度、蒸发温度、制冷剂质量流量、制热量、送风温度、COP 随压缩机转速升高的变化规律与图 3-15 相同。随着车内进风温度（回风比例）升高，冷凝温度和送风温度随之增加；由于蒸发器进风温度不变（-20℃），蒸发温度、制冷剂质量流量和制热量几乎不随回风比例升高而变化，而 COP 随之降低，然而在-20℃车外温度情况下，压缩机转速最高的最大制热量情况下，COP 仍超过 1.7。综合全新风和采用一定回风比例两种情况，在车外环境温度较低情况下，送风温度和制热能力都不足以满足车室供暖需求，此时需要 PTC 加热器辅助加热。

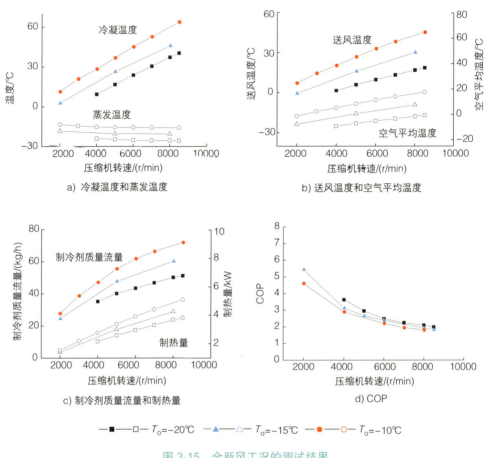

图 3-15 全新风工况的测试结果

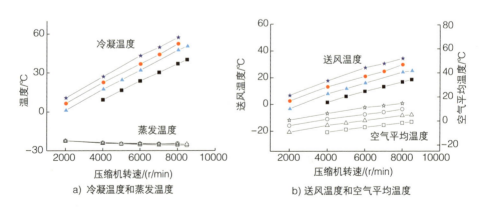

图 3-16 不同新回风比例工况的测试结果

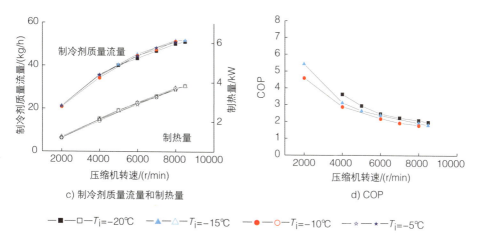

图 3-16 不同新回风比例工况的测试结果（续）

3. 水暖四换热器热泵系统

水暖四换热器热泵系统是在三换热器热泵系统上增加供暖水路，共包括车外换热器、车内蒸发器、水冷冷凝器、暖风芯体四个换热器的水暖热泵系统（图 3-17）。这样的系统不改变原传统燃油汽车 HVAC 中的暖风芯体，其热水采用热泵系统的水冷冷凝器制取，制热不足由水暖 PTC 加热器补充。供暖采用水暖方案主要是考虑：① HVAC 总成无须更改；②在较低车外温度下，可起动高压水暖电加热器，补充制热能力；③高压电不进乘客舱更加安全。

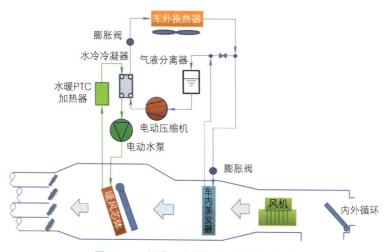

图 3-17 水暖四换热器热泵系统示意图

笔者对 R134a 水暖四换热器热泵系统开展了制冷性能和制热性能试验研究，在焓差台中搭建的台架试验系统如图 3-18 所示。该系统包括制冷剂回路与水回路两部分，制冷剂回路包括电动压缩机、水冷冷凝器、车外换热器、蒸发器、电子膨胀阀1、电子膨胀阀2、气液分离器、电磁阀等；水回路包括水冷冷凝器、高压PTC加热器、暖风芯体及电动水泵。该系统可以实现制冷/车外换热器除霜、制热、送风除湿等工况。HVAC总成放置在焓差台的环境室A中，电动压缩机、水冷冷凝器、车外换热器、高压PTC加热器等部件放置在环境室B中，两个环境室根据试验工况要求控制室内干球温度和相对湿度。

由于该系统制冷性能与三换热器系统相同，所以这里只讨论制热性能测试结果并与三换热器系统对比。测试工况：压缩机转速为3000r/min、5000r/min、6000r/min、7000r/min，车内风量为260m³/h、320m³/h、380m³/h，车外换热器迎面风速为2.5m/s和4.5m/s，车外温度为0℃、-10℃、-20℃，车内进风温度分别取与车外温度相同和20℃。测试热泵系统制冷剂各处温度和压力、制冷剂流量、空气温湿度、空气风速、水回路水流量和水温等参数进行性能参数计算，得出不同压缩机转速、不同车内风量以及不同车外风速情况下系统制热量、送风温度、COP以及热力完善度（实际COP与理论COP比值）的测试结果。

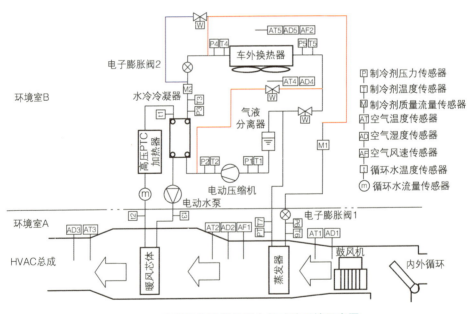

图3-18 水暖四换热器热泵台架试验系统示意图

图3-19所示为压缩机转速为5000r/min、车内进风温度与车外温度均为0℃时系统制热性能随车外风速以及车内风量的变化情况。车内风量保持不变时，随着车外风速从2.5m/s增加到4.5m/s，系统制热量、COP、送风温度以及热力完善度均有微量的提升：车内风量为320m³/h，车外风速为2.5m/s时，系统制热量达3454W，COP为2.07；车外风速为4.5m/s情况下，制热量和COP分别

达到3597W、2.12，两者分别提升约4.1%和2.4%；送风温度由30℃升至约32℃，提升约6.3%；热力完善度由0.396升至0.402，提升约1.5%。车外风速为4.5m/s时，随着车内风量的增加，系统制热量、COP以及热力完善度均有较为显著的提升，送风温度有所下降：车内风量为260m³/h时，系统制热量为3150W，COP和热力完善度分别为1.89和0.356，风量为380 m³/h时三者分别为4024W、2.45和0.446，相比260m³/h的风量，三者分别提升18.2%、29.6%、25.3%。

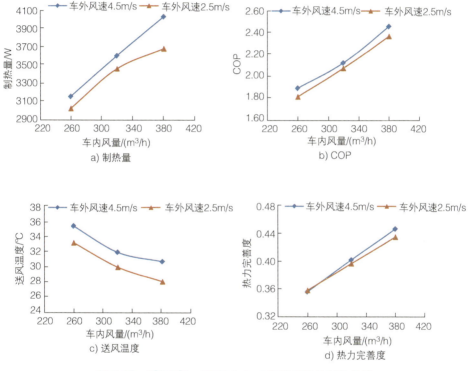

图 3-19　0℃/0℃、5000r/min 工况下系统的制热性能

由上述分析可知，压缩机转速一定时，在一定范围内提高室内风量，系统综合制热性能可以得到较为显著的提升。因此，进一步研究室内风量最大情况下（380m³/h）系统制热性能随压缩机转速和不同车内进风温度（0℃和20℃）的变化情况，如图3-20所示。从图3-20中可以看出，相同工况下随着压缩机转速增加，系统制热量以及送风温度均升高，而系统COP以及热力完善度均有所下降，这是由于压缩机转速增加时，制冷剂流量增加，使得制热量增加，而转速增加时压缩机耗功也对应加大，耗功增加的趋势比制热量更加明显，因此系统COP下降。0℃/0℃工况下，转速从3000r/min增加到7000r/min时，系统制热量增加约51.2%，COP下降74.6%，送风温度从21.1℃增加到33.3℃，循

环热力完善度从 0.610 下降到 0.337。当压缩机转速一定时，0℃/20℃工况下的制热量和制热 COP 低于 0℃/0℃工况，这是由于该工况下系统高低压差较大，压缩机功率有明显提升，压缩机容积效率也大大降低，使得制冷剂流量小于 0℃/0℃工况，系统制热量和 COP 均下降。0℃/20℃工况下，压缩机转速为 3000r/min 和 5000r/min 时送风温度均在 35℃以上，COP 均在 1.5 以上；转速为 7000r/min、0℃/20℃工况下，系统制热量为 3232W，COP 为 1.18，送风温度为 44.7℃，热力完善度为 0.229，系统运行效率较低。

综合图 3-19 和图 3-20 所示测试结果可知，提高车外风速可以一定程度上增加系统综合制热性能，但增加趋势不明显；一定范围内提高室内风量可以显著提高系统制热量、COP 以及热力完善度；提高压缩机转速和室内进风温度，虽然 COP 和热力完善度明显下降，但提升了送风温度，完全消除或减少了 PTC 加热器辅助加热的电耗，提升了系统整体上的运行经济性。

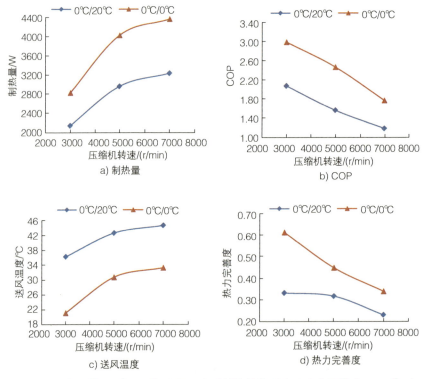

图 3-20　0℃/0℃、0℃/20℃进风温度时制热性能对比（室内风量为 380m³/h）

图 3-21 所示为车内进风温度分别为 -10℃和 20℃制热性能测试结果（车外温度为 -10℃，室内风量为 380m³/h）。其制热性能变化规律与车外温度为 0℃工况时相同（图 3-20），随着压缩机转速增加，系统制热量以及送风温度升高，而系统运行 COP 以及循环热力完善度均下降。-10℃/-10℃工况下，

转速从 3000r/min 增加到 7000r/min 时，系统制热量增加约 38.7%，COP 下降 40.3%，送风温度从 9.4℃ 增加到 17.1℃，循环热力完善度从 0.699 下降到 0.353。在 -10℃/-10℃ 工况下，系统送风温度基本在 20℃以下，达不到热舒适性要求，需要开启 PTC 加热器加热来满足送风舒适性需求。当压缩机转速一定时，-10℃/20℃ 工况下的制热量和制热 COP 均低于 -10℃/-10℃ 工况。转速为 6000r/min、-10℃/20℃ 工况下，系统制热量为 2252W，COP 为 1.22，送风温度为 36.8℃，热力完善度为 0.235，系统运行效率较低。所有 -10℃/20℃ 工况下的送风温度均远高于 -10℃/-10℃ 工况，从而能够减少为了保证舒适性送风温度而带来的 PTC 加热器加热电耗。

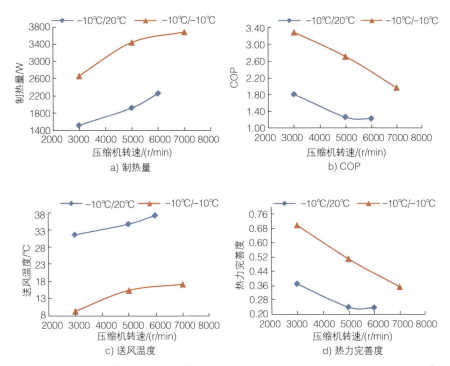

图 3-21　-10℃/-10℃、-10℃/20℃ 进风温度时制热性能对比（室内风量为 380m³/h）

去除图 3-18 中的水暖四换热器系统的水回路，将热泵系统车内风冷冷凝器直接置换 HVAC 总成的暖风芯体，得到的三换热器热泵系统的制热试验结果与水暖四换热器热泵系统进行对比，比较结果见表 3-1。可以看到，四换热器系统的制热量和 COP 值均低于相同工况下的三换热器系统。这主要是因为三换热器系统冷凝器内制冷剂的冷凝热直接传递给车内空气，而水暖四换热器系统增加了一个水回路，制冷剂冷凝热先通过水冷冷凝器传递给水回路中的热水，然后热水的热量再通过暖风芯体传递给车内空气，热量传递过程一方面会引起一部分热量损失，另一方面在保证同样送风温度情况下需要热泵系统具有一个较高的冷凝压力和冷凝温度，造成热泵系统制热效率下降。这是水暖四换热器热泵系统相对于三换热器热泵系统的一个明显缺陷，同时多出的水回路也增加了系统的复杂性和造价。

表 3-1　水暖四换热器热泵系统与三换热器热泵系统的制热性能比较

系统	车内/车外温度/℃	压缩机转速/(r/min)	车内风量/(m³/h)	制热量/W	COP
三换热器	-10/-10	7000	350	4410	2.10
	-20/-20	5000	320	2600	2.91
四换热器	-10/-10	7000	350	3530	1.87
	-20/-20	5000	320	2257	2.6

综上研究可知，常规空气源蒸气压缩式热泵系统是电动汽车冬季供热问题的有效解决方案，但是车外低温环境下性能急剧衰减严重的特性导致其仍无法满足电动汽车供热需求，制约了其发展与应用。针对低温车外环境的制热能力不足问题，可以采用高压 PTC 加热器加热进行补充，也可以通过其他技术途径进一步提升热泵系统的制热性能。

3.2.2　混合动力汽车冷热源系统

混合动力汽车，一般指油电混合动力汽车，它采用电机和传统的内燃机作为动力源，车辆实际的行驶功率由单个或多个驱动系统提供。混合动力汽车按照输出功率中电机输出功率所占比例，分为微混、轻混、强混；根据动力结构形式，又分为串联型、并联型和混联型；依据是否有外接充电能力，可以分为插电式和非插电式。由于微混、轻混、串联型强混等型式的汽车运行时其发动机一直处于工作状态，因此冬季供暖热源仍可采用发动机余热，汽车空调冷热源只需要考虑单冷系统，汽车空调系统仍可以沿用传统燃油汽车的系统，所以这里仅介绍像混联型强混这类发动机部分时间运行的车型空调系统冷热源的研究进展。

一种典型的混合动力汽车空调系统如图 3-22 所示。当发动机、电机都参与动力驱动时，车上要配置高压电池，这样就有可能用电力驱动压缩机制冷，当发动机停机时也就可用电动压缩机制冷。但受电池电压和容量的限制，电动压缩机的功率不可能很大，因此在发动机运行时还需要使用发动机带动压缩机。所以理想状态下，使用机械、电力双模式压缩机制冷。当汽车处于纯电动行驶模式时，为了支撑大功率电机的运行，就要配备高电压大容量电池，使用高电压电动压缩机进行制冷，解决纯电动行驶模式下的制冷问题；制热问题也需要解决，当发动机工作时，用发动机余热加热冷却液用于车室供暖，当动力电池工作时，通过运行热泵空调系统进行车室供暖。

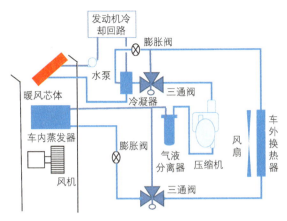

图 3-22　混合动力汽车空调系统示意图

颜允[18]对混合动力汽车设计了如图 3-23 所示的 R134a 热泵空调系统，通过四通阀实现制冷、制热、除湿、换热器除霜等工作模式，并对比采用 PTC 加热器加热的空调系统与该热泵系统的供暖经济性。图 3-24 所示为 PTC 加热器和热泵两种供暖模式在汽车报废里程内的总能耗比较，可以看出车外温度低于 18℃时，热泵供暖的总能耗低于 PTC 加热器供暖总能耗，且随着车外温度不断下降，热泵系统经济性会不断提升。这是因为 PTC 加热器加热能耗会随着车外温度降低而逐渐增大，迫使发动机增加运行时间来满足电量需求，而热泵供暖时的发动机运行增加量要远远小于 PTC 加热器加热。

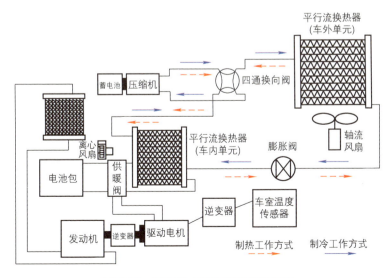

图 3-23　混合动力汽车热泵空调系统

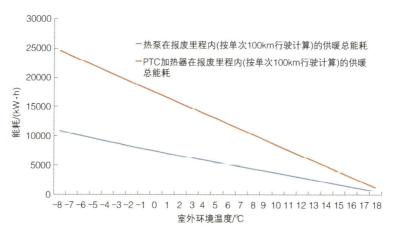

图 3-24　PTC 加热器供暖和热泵供暖模式在汽车报废里程内的总能耗比较

3.3　低温空气源热泵系统

如前所述，空气源热泵在冬季气候温和地区是电动汽车冬季车室供暖问题的有效解决方案，但在冬季寒冷和严寒地区，随着环境温度降低，热泵循环压缩机吸气密度急剧减小，压缩机质量流量严重下降，系统制热量急剧衰减；此外随着蒸发温度降低，压缩机压比增大，压缩机排气温度急剧上升，压缩过程的不可逆损失增大，压缩机功耗增大，制热 COP 衰减严重；同时更为严重地，车室热负荷随着车外环境降低而增加；这些因素就造成空气源热泵在车外低温环境下无法满足电动汽车车室供暖需求。

回收电动汽车运行时动力电池、电机和电控产生的热量，并与空气源热泵系统结合起来可以提高在冬季低温车外环境下的供热性能，这部分内容将在本书第 6 章中介绍，这里不再赘述。本节主要从改善蒸气压缩式热泵制冷剂流程出发，介绍采用中间补气压缩机的准二级压缩热泵系统的研究进展。

按照系统流程不同，准二级压缩热泵系统也分为图 3-7 所示的双换热器热泵系统和图 3-10 所示的三换热器热泵系统。由于三换热器准二级压缩热泵可以满足制冷、制热和除湿功能，是潜在的乘用车热泵应用方案，所以这里仅介绍应用于电动轿车的三换热器准二级压缩热泵的研究情况。由于双换热器准二级压缩热泵系统结构简单，成本相对较低，主要用于电动客车等商用车，所以双换热器准二级压缩热泵系统研究介绍仅限于电动客车。

按照中间喷射制冷剂换热器型式，准二级压缩热泵系统可分为采用经济器（中间换热器）的准二级压缩热泵系统（图 3-25）和采用闪发罐的准二级压缩热泵系统（图 3-26）。采用中间换热器的准二级压缩系统通过补气支路膨胀阀开度的调节可以得到不同的中间补气压力、补气流量和补气干度，具有更宽的调节范围；采用闪发罐的准二级压缩系统结构简单，经过闪发罐分离后喷射的制冷剂始终为饱和气体，因此比采用经济器的准二级压缩系统更能有效地提高空气源热泵的制热性能，但是采用闪发罐系统的调节范围不如经济器系统。

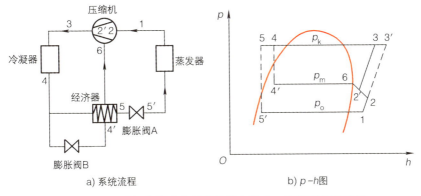

图 3-25 采用经济器（中间换热器）的准二级压缩热泵系统

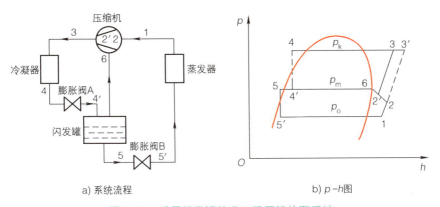

图 3-26 采用闪发罐的准二级压缩热泵系统

下面将分制冷剂喷射压缩机、电动轿车准二级压缩热泵、电动客车准二级压缩热泵三部分进行介绍。

3.3.1 制冷剂喷射压缩机[19, 20]

1. 喷射口设计

在传统燃油汽车空调中常用的斜盘式活塞压缩机、涡旋压缩机、旋叶式压缩机中，涡旋压缩机具有结构简单、主体长度短、效率高、运行平稳等特点，且不存在传统汽车空调怠速情况性能不佳问题，因此从传统汽车空调的非主力机型成为电动汽车空调的主力机型。与固定式空调系统的压缩机相比，电动汽车要求压缩机结构更为紧凑、重量更轻、对制冷剂对外泄漏要求更高，因此电动汽车用涡旋压缩机一般涡旋型线圈数较少，涡旋体厚度也要严格控制，加工精度要求更高。另外，电动汽车用涡旋压缩机采用低压腔形式（图3-27），这样电机位于压缩机低压端，电机、转动轴承等结构与压缩机吸气口相连通，电机温度较低，电机效率较高，压缩机主体部分压力较低，制冷剂泄漏量较小，压缩机主体部分壁面较薄，可以减轻压缩机重量。

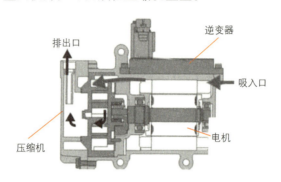

图3-27　电动汽车用涡旋压缩机示意图

图3-28所示为制冷剂喷射涡旋压缩机喷射过程示意图，该压缩机涡旋圈数为2.58，最大转角为6.35π（1143°）；喷射口为单圆孔形式，位于静盘涡旋体旁，通过动盘在旋转过程中覆盖喷射口来实现制冷剂喷射口的闭合。从图3-28中可以看出，当压缩机旋转角到360°时吸气腔完全闭合，进入压缩阶段，此时喷射口完全被动盘涡旋体覆盖；随着动盘转动，当旋转角到383°时，喷射口逐步被打开，进入喷射过程，直到喷射口完全开启；经过一定旋转角度后，喷射口再度被动盘涡旋体覆盖，逐步闭合，直至694°喷射口被动盘涡旋体完全覆盖，喷射口完全闭合，喷射结束。整个喷射过程持续1.72π，制冷剂通过喷射口进入压缩腔内是一个连续的喷射过程。而整个压缩过程进行了2.2π，制冷剂喷射贯穿压缩机压缩过程的绝大部分。制冷剂喷射的驱动力为喷射口外侧与压缩机工作腔内的压差，在喷射口处于开启状态时，当喷射制冷剂压力大于压缩机工作腔压力时，制冷剂便会通过喷射口泄入，当喷射口关闭后制冷剂喷射停止。如果喷射制冷剂压力较低，随着压缩机的转动和制冷剂喷射的进行，压缩机工作腔内的压力逐步升高，工作腔内压力可能超过喷射制冷剂的压力，并通过制冷剂喷射口溢出压缩机工作腔，即发生倒灌。

笔者提出了两种喷射口设计方案，开口形状分别单圆孔型和三圆孔交叠型方案（表3-2）。两种方案的喷射孔中心位置相同，均为动盘旋转角365°。单圆孔型喷射口的开孔形式即为单个圆形孔，称其为单孔型喷射口；三圆孔交叠型喷射口是在单圆孔型的基础上通过并排三个圆形孔来加大喷射孔的面积，称其为三孔型喷射口。

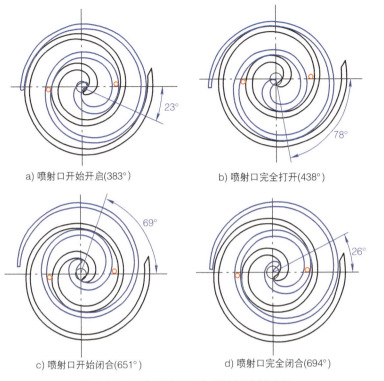

图 3-28 制冷剂喷射涡旋压缩机喷射过程

表 3-2 两种喷射口设计方案

方案	单圆孔型	三圆孔交叠型
示意图		
喷射口位置	365°	365°
开启角度	383°~438°	377°~441°
闭合角度	651°~694°	647°~707°
喷射过程经历转角	311°	330°
总喷射面积	6.28mm²	17.38mm²（为单圆孔型的2.77倍）
优点	加工相对简单	补气面积较大
缺点	补气面积小，补气量小	加工相对复杂

2. 喷射涡旋压缩机数学模型与模拟分析

对制冷剂喷射涡旋压缩机建立分布参数模型，模拟分析制冷剂喷射压缩过程的内部特性；并在此基础上提出涵盖制冷剂喷射压缩机诸多特性的集总参数模型，为准二级压缩热泵系统模拟分析奠定基础。

（1）分布参数模型与模拟分析

1）分布参数模型。针对最常用的基圆半径保持不变的圆渐开线涡旋压缩机的几何特性进行模拟，分布参数模型尽可能全面地描述涡旋压缩机的各方面因素，完整展现吸气开始、制冷剂喷射、排气结束的全过程，主要包括控制方程、容积模型、泄漏模型、传热计算、功率计算和制冷剂物性等部分。该分布参数模型基于如下假设：①压缩机工作腔内制冷剂分布均匀，且为均相；②忽略制冷剂的动能和势能影响；③考虑制冷剂与压缩机涡旋体壁面的换热；④忽略压缩过程中润滑油的影响。

① 压缩腔控制方程。在电动汽车用制冷剂喷射压缩热泵系统中，喷射制冷剂除了气态，有时处于两相态，故建立的制冷剂喷射涡旋压缩机分布参数模型需要包含两相态模型。本模型采用均相模型，即认为压缩过程中制冷剂处于气相和液相的热力学平衡态。对气态制冷剂、液态制冷剂分别建立控制方程，再通过混合方程计算均态参数。

基于热力学第一定律、质量守恒定律在开口系统环境下，推导出气态制冷剂的控制方程（3-1）和质量微分方程（3-2），压力通过计算得到的温度和比体积得出。

$$\frac{dT_{vap}}{d\theta} = \frac{1}{m_{vap}c_{V,vap}} \left\{ -T_{vap}\left(\frac{\partial p_{vap}}{\partial T_{vap}}\right)_v \left[\frac{dV_{vap}}{d\theta} - \frac{1}{\rho_{vap}}\left(\frac{dm_{vap,in}}{d\theta} - \frac{dm_{vap,out}}{d\theta}\right)\right] + \sum \frac{dm_{vap,in}}{d\theta}(h_{vap,in} - h_{vap}) + \frac{dQ}{d\theta} \right\} \quad (3\text{-}1)$$

$$\frac{dm_{vap}}{d\theta} = \sum \frac{dm_{vap,in}}{d\theta} - \sum \frac{dm_{vap,out}}{d\theta} \quad (3\text{-}2)$$

液态制冷剂能量控制方程和质量方程分别为

$$m_{liq}\frac{dh_{liq}}{d\theta} = V_{liq}\frac{dp_{vap}}{d\theta} + \sum m_{liq,in}(h_{liq,in} - h_{liq}) \quad (3\text{-}3)$$

$$\frac{dm_{liq}}{d\theta} = \sum \frac{dm_{liq,in}}{d\theta} - \sum \frac{dm_{liq,out}}{d\theta} \quad (3\text{-}4)$$

通过混合方程（3-5）和方程（3-6），计算得到压缩腔均相制冷剂参数。

$$mh = m_{vap}h_{vap} + m_{liq}h_{liq} \quad (3\text{-}5)$$

$$m = m_{\text{vap}} + m_{\text{liq}} \tag{3-6}$$

式（3-1）~ 式（3-6）中，T 为制冷剂温度（℃）；θ 为旋转角（°）；m 为质量流量（kg/s）；c_V 为比定容热容（kJ/kg·K）；p 为压力（MPa）；V 为体积（m³）；h 为制冷剂焓（kJ/kg）；Q 为热量（kW）；下标 vap 代表气态，liq 代表液态，in 代表进口，out 代表出口。

② 工作腔容积计算。涡旋压缩机工作腔包括吸气腔、压缩腔和排气腔三部分。从压缩机吸气口开启到关闭，压缩机旋转角 θ 从 0 到 2π 为吸气过程，随后进入压缩腔，待排气口开启时完成内压缩，进入排气过程。根据圆渐开线及排气腔修正，可以计算出压缩机排气开始角度 θ^*：

$$\begin{cases} \phi_0^{*2} + 2\phi_0^* \sin\left(\phi_0^* - \frac{\alpha_i - \alpha_o}{2}\right) + 2\cos\left(\phi_0^* - \frac{\alpha_i - \alpha_o}{2}\right) = \left(\pi - \frac{\alpha_i - \alpha_o}{2}\right)^2 - 2 \\ \theta^* = \frac{3}{2}\pi - \phi_0^* - \alpha_o \end{cases} \tag{3-7}$$

根据渐开线定义，通过积分计算出渐开线扫过的面积及角度变化时工作腔的面积，从而计算出压缩机各工作腔体积。

当 θ 满足 $0 < \theta \leq 2\pi$ 时，为涡旋压缩机吸气腔，其工作容积计算公式为

$$V_{\text{suc}} = har\left\{\left[2\theta\varphi_e - \theta^2 - \theta(\alpha_i - \alpha_o + \pi)\right] + 2(1-\cos\theta) - 2(\varphi_e - \pi)\sin\theta - \frac{\pi}{4}\sin 2\theta\right\} \tag{3-8}$$

当 θ 满足 $2\pi < \theta \leq \varphi_e - \frac{5}{2}\pi + \theta^*$ 时，为涡旋压缩机压缩腔，其工作容积为

$$V_{\text{comp}} = 2\pi har[2\varphi_e - 2\theta - (\alpha_i - \alpha_o - \pi)] \tag{3-9}$$

当 θ 满足 $\varphi_e - \frac{5}{2}\pi + \theta^* < \theta \leq \varphi_e - \frac{\pi}{2} + \theta^*$ 时，为涡旋压缩机排气腔，其工作容积为

$$V_{\text{dis}} = har\left(\varphi_e - \theta + \theta^* - \frac{\pi}{2}\right)\left(\varphi_e - \theta - \theta^* - \alpha_i + \alpha_o + \frac{7\pi}{2}\right) \tag{3-10}$$

上述各公式中，h 为压缩机旋体高度；a 为渐开线基圆半径；α_i 和 α_o 为渐开线起始角度；φ_e 为渐开线最大展角，$\varphi_e = 2\pi N + \pi/2$，$N$ 为涡旋体圈数；r 为动、静涡盘基圆的中心距离，$r = \pi a - a(\alpha_i - \alpha_o)$。

根据式（3-7）~ 式（3-10），可以计算出压缩机从开始吸气到排气结束的整个过程中压缩机腔体容积变化。图 3-29 所示为吸气容积为 27mL/r 的涡旋压缩机的容积变化情况。

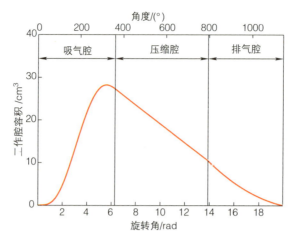

图 3-29 涡旋压缩机工作容积变化

③ 制冷剂喷射的泄漏。涡旋压缩机泄漏主要包括切向泄入、切向泄出、径向泄入、径向泄出，考虑到制冷剂吸入和排出的特点，将制冷剂喷射也归入泄漏之列。

对于气态制冷剂，通过泄漏口的质量流量为：

当 $\left(\dfrac{p_d}{p_u}\right) \geqslant \left(\dfrac{2}{k+1}\right)^{\frac{k}{k-1}}$，

$$\dfrac{dm}{dt} = C_d A p_u \left\{ \dfrac{2k}{R(k-1)T_u}\left[\left(\dfrac{p_d}{p_u}\right)^{\frac{2}{k}} - \left(\dfrac{p_d}{p_u}\right)^{\frac{(k+1)}{k}}\right] \right\}^{0.5} \quad (3\text{-}11)$$

当 $\left(\dfrac{p_d}{p_u}\right) < \left(\dfrac{2}{k+1}\right)^{\frac{k}{k-1}}$，

$$\dfrac{dm}{dt} = C_d A p_u \left[\dfrac{k}{RT_u}\left(\dfrac{2}{k+1}\right)^{\frac{k+1}{k-1}}\right]^{0.5} \quad (3\text{-}12)$$

对于含有液态的两相态制冷剂，通过泄漏口的质量流量为

$$\dfrac{dm}{dt} = C_d A \dfrac{\left\{2\left\{x\dfrac{p_u^2}{\rho_{vap,d}}\dfrac{k}{R(k-1)T_u}\left[\left(\dfrac{p_d}{p_u}\right)^{\frac{2}{k}} - \left(\dfrac{p_d}{p_u}\right)^{\frac{(k+1)}{k}}\right] + (1-x)\dfrac{(p_u-p_d)}{\rho_{liq}}\right\}\right\}^{0.5}}{x/\rho_{vap,d} + (1-x)/\rho_{liq}} \quad (3\text{-}13)$$

式（3-11）~式（3-13）中部分参数说明同式（3-1）~式（3-6），其他参数说明如下：p_d 为下游压力（Pa）；p_u 为上游压力（Pa）；T_u 为上游温度（K）；k 为绝热系数；t 为时间（s）；R 为气体常数，$R=8.314\text{J}/(\text{mol}\cdot\text{K})$；$A$ 为面积（m^2）；

x 为制冷剂干度。

式中，C_d 为制冷剂泄漏系数。该系数一方面修正压缩过程中实际气体产生的差别，另一方面也包含了泄漏面积计算误差、润滑油对压缩过程影响等各方面影响泄漏的因素，根据试验对比得出。

式中，A 为制冷剂泄漏面积，对于喷射口即为喷射面积。制冷剂喷射过程的喷射面积与喷射口形状、喷射口位置均有关系，整个喷射口开启到关闭的过程可以简化为梯形脉冲的形式，梯形脉冲的开启、闭合位置与喷射口位置、喷射口形状有关。制作的单孔型喷射口和三孔型喷射口的泄漏面积随压缩机转角的变化如图 3-30 所示，实线表示单孔型喷射口面积，虚线表示三孔型喷射口面积。

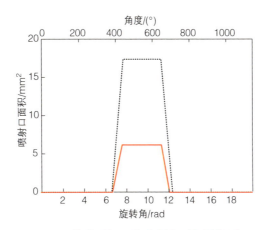

图 3-30　单孔型和三孔型喷射口的喷射面积

④ 传热计算。传热模型主要考虑制冷剂与压缩机涡旋体壁面的对流换热：

$$Q_w = \alpha_w A_w (T_w - T_r) \quad (3\text{-}14)$$

式中，A_w 是腔体侧壁面积，可以通过径向泄漏面积模型中的计算公式得到；α_w 为对流换热系数，可以采用修正后的 Dittus-Boelter 关联式计算；T_w 为压缩机腔体壁面温度，假设为随着转角线性分布；T_r 为制冷剂温度。

⑤ 功率计算。在分布参数模型中通过压缩机工作腔内气体压力和容积变化计算得出压缩过程的指示功率 P_{ei} 为

$$P_{ei} = -n \int p \frac{dV}{d\theta} d\theta \quad (3\text{-}15)$$

式中，n 为转速（r/min）。

指示功率 P_{ei} 除以电机效率 η_{mot} 和机械效率 η_{mec} 即为压缩机输入功率：

$$P_{\text{input}} = \frac{P_{\text{ei}}}{\eta_{\text{mec}}\eta_{\text{mot}}} \quad (3\text{-}16)$$

⑥ 模型求解。本研究采用面向对象的 VC++ 语言作为模拟平台来实现分布参数模型。分布参数模型中的泄漏量、吸气加热量、涡旋体壁面传热量等需采用迭代方法求解，采用四阶 Ronge-Kutta 法进行离散计算。在迭代计算过程中为了缩小计算步长，采用阶梯设定步长方式对易发散的吸排气过程进行补偿加密。制冷剂喷射压缩过程计算的具体流程如图 3-31 所示。

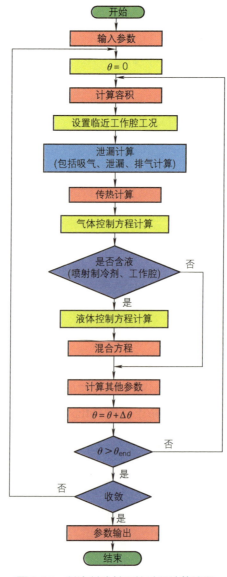

图 3-31　制冷剂喷射压缩过程计算流程

⑦ 模型验证。为了验证模型的准确性，将此分布参数模型模拟结果与电动汽车准二级压缩热泵系统中制冷剂喷射涡旋压缩机的试验结果进行对比。采用 R134a 制冷剂，且在循环过程中喷射制冷剂基本处于两相态。图 3-32 所示为模拟结果与相应工况试验结果对比。该模型在排气温度、排气量、喷射比三方面与试验结果较为接近，其中压缩机排气温度模拟结果误差为 ±10K；排气量误差在（-3%，+5%）范围内；喷射比基本可以控制在 ±5% 范围内。需要说明的是，制冷剂喷射涡旋压缩机模型只能计算出压缩过程的指示功率，而试验测定的是输入功率，由于模型中压缩机的电机效率和机械效率的取值误差，故在输入功率计算时误差稍大。

模拟结果与实测数据对比可知，建立的制冷剂喷射涡旋压缩机分布参数模型在计算制冷剂流量、制冷剂喷射比、排气温度等方面，均具有较好的准确性，并能较好地反映制冷剂喷射压缩机的内部压缩过程，为进一步分析制冷剂喷射过程，提出用于系统模拟的集总参数模型奠定了基础。

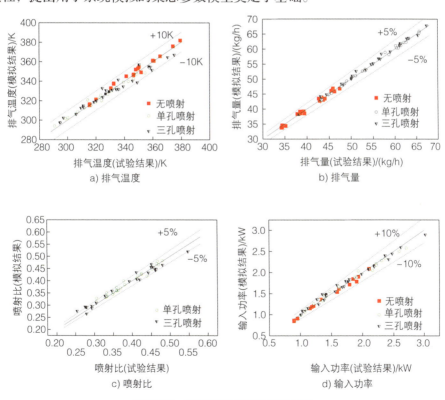

图 3-32 模拟结果与试验结果对比

2）模拟分析。采用已验证的制冷剂喷射涡旋压缩机分布参数模型，对制冷剂喷射压缩过程进行模拟分析。考虑到采用中间换热器的准二级压缩热泵系统中喷射制冷剂经常处于两相态，图3-33模拟分析了不同喷射制冷剂干度（x）情况下制冷剂喷射对压缩过程影响。模拟工况：吸气压力为0.094MPa，排气压力为1.157MPa，喷射压力为0.29MPa，压缩机转速为6000r/min，包括压缩过程的压力、温度、制冷剂质量、制冷剂喷射质量及压缩过程的和p-h图。

图3-33a所示为制冷剂喷射压缩过程的压力变化。电动汽车用涡旋压缩机涡旋体圈数较少，内压比较小，在环境温度较低时，一般均为欠压缩状态。在内部压缩过程中，压力有一定程度上升，当排气口开启时，压缩机工作腔内压力迅速升高，直接升至排气压力。制冷剂喷射可以在一定程度上提高压缩机压缩腔内的压力，但由于内外压比差别较大，制冷剂喷射只能适当降低欠压缩的程度。另外，由于喷射压力相同，改变喷射制冷剂干度，对压缩腔内的制冷剂压力提升影响不太明显，制冷剂干度降低时，增加喷射制冷剂量，使得压缩腔内制冷剂压力略高于制冷剂干度较低时的工况。

图3-33b、c所示为制冷剂喷射压缩过程温度和比焓的变化。可以看出，制冷剂喷射对降低压缩机排气温度是有一定帮助的。但不同制冷剂干度x对压缩过程温度变化影响存在差异。当喷射制冷剂为气态时（$x=1$），压缩腔的制冷剂温度较无喷射压缩有一定的上升，但喷射制冷剂比焓较压缩腔内制冷剂低，压缩腔内制冷剂比焓较无喷射压缩有一定的降低，故最终排气温度仍低于无制冷剂喷射工况。相较于气态制冷剂喷射，含液态的喷射制冷剂对降低压缩机排气温度和比焓具有更为明显的作用，喷射制冷剂含液量越多，即干度越低，压缩机排气温度、比焓越低。这是因为喷射制冷剂含液量越多，其焓值越低，喷射入压缩腔内，就会直接降低压缩腔内制冷剂的焓值，最终影响排气温度；另外，由于喷射制冷剂含液量大，通过喷射口的制冷剂较多，加强了制冷剂喷射效果，从而降低排气温度。

图3-33d所示为制冷剂喷射涡旋压缩过程的p-h图，制冷剂喷射可以在相同压力下降低工作腔内制冷剂的焓值；随着喷射制冷剂干度降低，压缩过程有无喷射过程差异进一步加大，而压缩机排气焓值也越来越低。喷射干度较大时，压缩过程较接近无喷射过程，当喷射干度为0.6时，在制冷剂喷射过程中，压缩机工作腔内存在部分带液工况，但总体含液量较小；但当喷射干度为0.4时，压缩过程很大一部分均为两相压缩，当内部压缩结束时（$p=0.44$MPa），压缩机工作腔内制冷剂仍为两相态，在排气口开启制冷剂倒灌过程中，发生闪发，最终以过热蒸气排气。若再进一步降低喷射干度，则可能出现压缩排气带液现象。

图3-33e、f所示为制冷剂喷射过程中压缩机工作腔内的制冷剂质量和通过喷射口的制冷剂喷射质量。转角2π之前为吸气过程，制冷剂质量逐渐上升后略有压降。进入压缩过程后，在无喷射时，制冷剂质量随转角基本不变，略有上

升,主要由制冷剂泄漏引起。当压缩过程进行至排气口开启时,由于外压比较大,排气腔出口压力大于排气腔内压力,制冷剂大量倒灌,直至腔内压力升至排气压力,再逐渐随压缩机转动排出。对于制冷剂喷射压缩过程,由于制冷剂通过喷射口喷入压缩腔,制冷剂质量在喷射口开启后快速上升直至喷射结束。当喷射压缩机排气口开启时,工作腔内制冷剂压力仍低于排气压力,依然会出

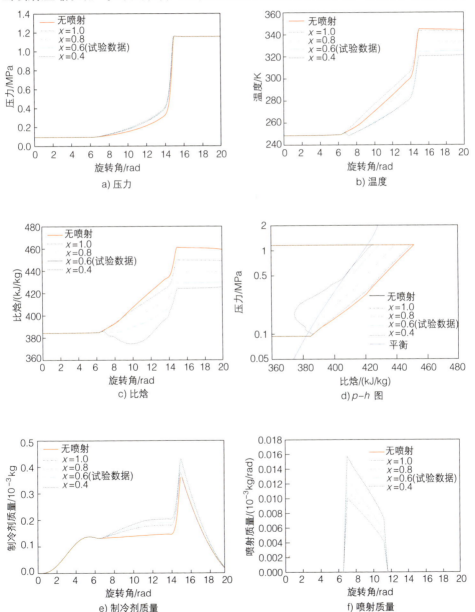

图3-33 不同喷射制冷剂干度(x)时制冷剂喷射涡旋压缩过程模拟结果

现制冷剂倒灌。相较于无喷射压缩，工作腔内部制冷剂温度较低，比体积较小，到达排气压力时的工作腔内制冷剂质量较多。不过，由于制冷剂喷射加大了压缩腔内制冷剂质量，总体泄入质量较无喷射压缩略小。在喷射过程中，制冷剂喷射质量随着喷射口开启快速增大，到喷射口完全打开后达到最大，随着压缩腔内压力升高，喷射压差减小，喷射质量逐渐减小，到喷射口开始闭合时，又迅速减小直至完全闭合。可以看出，喷射制冷剂的干度对喷射质量具有一定的影响，其干度越低，喷射量越高。

图 3-34 所示为不同喷射压力（p_{inj}）情况制冷剂喷射涡旋压缩过程模拟结果。模拟工况：喷射制冷剂干度为 0.6，吸排气压力和压缩机转速与图 3-33 相同。制冷剂喷射压力增大，会增加制冷剂喷射质量，从而增加制冷剂排气量（图 3-34e、f）。压缩机工作腔内的压力随制冷剂喷射压力增大而增大（图 3-34a），其原因除了喷射量增加外，喷射进入工作腔的较高压力也是主要原因之一。由于喷射制冷剂为两相态，工作腔内制冷剂焓值也随着喷射压力增大而减小（图 3-34c），由于压缩腔内制冷剂大多处于两相态（图 3-34d），喷射压力变化引起的温度变化并不明显（图 3-34b）。

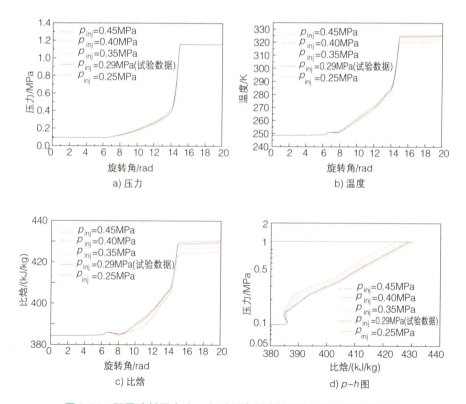

图 3-34 不同喷射压力（p_{inj}）时制冷剂喷射涡旋压缩过程模拟结果

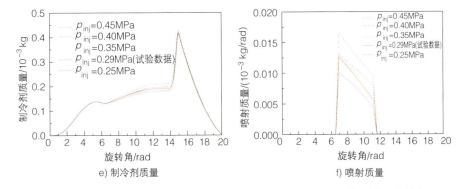

图 3-34 不同喷射压力（p_{inj}）时制冷剂喷射涡旋压缩过程模拟结果（续）

（2）集总参数模型

制冷剂喷射涡旋压缩机的分布参数模拟虽然可以模拟出压缩机内部制冷剂喷射及压缩过程，然而计算过程复杂，需要多次迭代计算。为了适用准二级热泵系统模拟尤其是系统动态模拟分析，在分布参数模拟基础上经过简化，本研究提出一套涵盖制冷剂喷射较为详细计算过程的涡旋压缩机集总参数模型。

1）模型建立。制冷剂喷射过程是一个连续进行的过程，喷射过程从喷射口在压缩腔中开启时开始，到喷射口闭合时结束。这里提出的集总参数模型将压缩机内与喷射制冷剂混合的气体简化为一个集总状态点，将制冷剂喷射简化为喷射制冷剂与一个集中状态点的混合过程，压缩过程简化为多变过程，集总参数模型在压焓图上示意如图 3-35 所示。图中点 1 到点 4_0 为无制冷剂喷射的多变压缩过程，制冷剂喷射压缩过程为 1-2′-3′-4，其中 2′-3′ 为制冷剂喷射的连续进行过程。图中红色实线即为简化的制冷剂喷射压缩集总参数模型，即将制冷剂喷射过程中压缩机内的制冷剂简化为一集总状态点，即为压缩腔喷射点（点 2），再与喷射制冷剂进行混合。具体来说，集总参数模型将制冷剂喷射压缩过程简化为三个阶段：①第一次压缩阶段，从压缩机入口状态点（点 1）经过多变过程压缩至压缩腔喷射点（点 2）；②喷射混合阶段，集总压缩腔喷射点（点 2）与喷射制冷剂（点 5）进行混合，至混合点（点 3）；③第二次压缩阶段，喷射混合点（点 3）经过多变过程压缩至排气状态点（点 4）。

制冷剂喷射压缩过程集总参数模型的计算流程如图 3-36 所示。模型的输入参数主要包括吸气状态、喷射制冷剂的状态及排气腔压力，还有压缩机的吸气容积、容积效率、最大转角、开孔位置、压缩腔容积比、多变指数及电机效率等；输出参数主要包括压缩机排气状态、吸气流量、补气流量及压缩机功率等；计算部分包括制冷剂状态点计算、流量计算和功率计算三个部分，其中状态点计算主要通过其对应点压缩机旋转角度计算其容积及制冷剂比体积，通过多变指数计算其压力，通过计算得到的比体积和压力，然后计算该点的温度、焓等其他参数。对制冷剂状态点计算、制冷剂流量计算、压缩机功率计算进行详细说明如下。

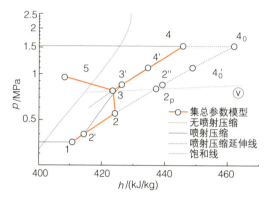

图 3-35 制冷剂喷射压缩集总参数模型

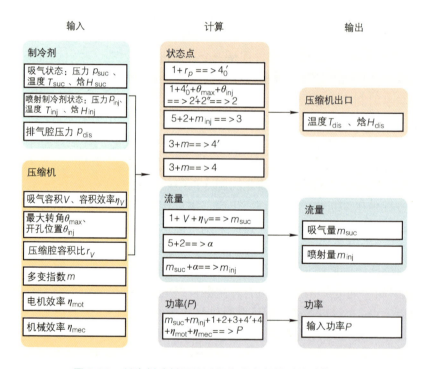

图 3-36 制冷剂喷射压缩过程集总参数模型的计算流程

① 制冷剂状态点计算。第一次压缩阶段、喷射混合阶段、第二次压缩阶段的制冷剂状态点计算公式分别见表 3-3、表 3-4 和表 3-5。表中，θ_{inj} 为喷射口对应的压缩机转角，喷射口开启和闭合过程均简化为一个点，即为点 2′ 和点 2″，

其对应压缩机转角即为喷射口开始过程和闭合过程的平均角度;定义喷射口闭合前压缩腔压力等于喷射制冷剂压力的状态点为点 2‴,其对应的压缩机转角为 $\theta_{2'''}$;$C_{injport}$ 为喷射口加权系数,将喷射口开始到关闭定义为一个周期,压缩腔喷射点对应角度处于喷射口开启周期的百分位即为喷射口加权系数;集中参数模型将混合过程分为两步,将压缩腔喷射点的制冷剂先经过多变过程压缩到预计的比体积,即混合点(点 3)制冷剂比体积,相当于为喷射制冷剂空出相应的空间,定义该点为待喷射点(点 2_p),待喷射点再与喷射制冷剂进行绝热混合。

表 3-3 第一次压缩阶段制冷剂状态点计算公式

状态点	角度	比体积	压力
1	$\theta_1 = \theta_{suc} = 360°$	$v_1 = v_{suc}$	$p_1 = p_{suc}$
2′	$\theta_{2'} = \theta_{inj} + 50°$	$v_{2'} = v_{suc}\left[1-\left(1-\dfrac{1}{r_V}\right)\dfrac{\theta_{inj}+50°-360°}{\theta_{max}-720°}\right]$	$p_{2'} = p_{suc}\left(\dfrac{v_{suc}}{v_{2'}}\right)^m$
2″	$\theta_{2''} = \theta_{inj} + 315°$	$v_{2''} = v_{suc}\left[1-\left(1-\dfrac{1}{r_V}\right)\dfrac{\theta_{inj}+315°-360°}{\theta_{max}-720°}\right]$	$p_{2''} = p_{suc}\left(\dfrac{v_{suc}}{v_{2''}}\right)^m$
2‴ ($p_{2'} > p_5$)	$\theta_{2'''} = \dfrac{1-\dfrac{v_\theta}{v_{suc}}}{r_V-1}r_V(\theta_{max}-720°)+360°$	$v_{2'''} = v_{suc}\left(\dfrac{p_{suc}}{p_{2'''}}\right)^{\frac{1}{m}}$	$p_{2'''} = p_5$
2	$\theta_2 = \theta_{2'} + C_{injport}\left[\min(\theta_{2'},\theta_{2''})-\theta_{2'}\right]$	$v_2 = v_{suc}\left[1-\left(1-\dfrac{1}{r_V}\right)\dfrac{\theta_2-360°}{\theta_{max}-720°}\right]$	$p_2 = p_{suc}\left(\dfrac{v_{suc}}{v_2}\right)^m$

表 3-4 喷射混合阶段制冷剂状态点计算公式

状态点	角度	比体积	压力	比焓
2_p	$\theta_{2p} = \theta_2$	$v_{2p} = v_2 m_{suc}/(m_{suc}+m_{inj})$	$p_{2p} = p_2\left(\dfrac{v_2}{v_{2p}}\right)^m$	$h_{2p} = f(p_{2p},v_{2p})$
3	$\theta_3 = \theta_2$	$v_3 = v_{2p} = v_2 m_{suc}/(m_{suc}+m_{inj})$	$p_3 = f(h_3,v_3)$	$h_3 = (h_{2p}m_{suc}+h_5 m_{inj})/(m_{suc}+m_{inj})$

表 3-5 第二次压缩阶段制冷剂状态点计算公式

状态点	角度	比体积	压力
4′	$\theta_{4'} = \theta_{max} - 360°$	$v_{4'} = \dfrac{v_{suc}}{r_V(1+\alpha)}$	$p_{4'} = p_3\left(\dfrac{v_3}{v_{4'}}\right)^m$
4	$\theta_4 = \theta_{dis}$	$v_4 = v_3\left(\dfrac{p_3}{p_4}\right)^{\frac{1}{m}}$	$p_4 = p_{dis}$

② 制冷剂流量计算。制冷剂喷射压缩过程的制冷剂流量包括吸气量 m_{suc}、喷射量 m_{inj} 和排气量 m_{dis},三者之间的关系为

$$m_{suc}+m_{inj}= m_{dis} \quad (3\text{-}17)$$

压缩机吸气量 m_{suc} 可以通过压缩机转速 n、吸气容积 V、容积效率 η_V 及吸气比体积 v_{suc} 确定：

$$m_{suc} = \eta_V \frac{nV}{60v_{suc}} \quad (3\text{-}18)$$

定义喷射比为 α，为喷射量与吸气量的比值，两相态制冷剂喷射的喷射比可采用式（3-19）计算，当喷射制冷剂全部为蒸气时，干度 $x = 1$。

$$\alpha = \frac{m_{inj}}{m_{dis}} = \frac{\xi_1 v_2(p_5 - p_2)}{RkT_5 x_5^{0.26}} = \xi_2 \frac{v_2(p_5 - p_2)}{T_5 x_5^{0.26}} \quad (3\text{-}19)$$

式中，ξ_1、ξ_2 为压力损失系数；v 为比体积（m^3/kg）；m_{inj} 为喷射量（kg/s）；m_{dis} 为排气量（kg/s）；下标数字为各状态点，见图 3-35。

③ 压缩机功率计算。制冷剂喷射压缩过程被简化为两个多变压缩过程和一个混合过程，在指示功率 P_i 计算时分制冷剂喷射前内压缩、制冷剂喷射后内压缩和外压缩三部分考虑，另外还要考虑欠压缩功率的影响，可以得到制冷剂喷射压缩过程的压缩机指示功率计算公式：

$$P_i = P_{ei} + P_r$$

$$= \frac{nV_{suc}}{60v_{suc}}(h_{2p} - h_1) + \frac{nV_3}{60v_3}(h_{4'} - h_3) + \frac{n}{60}p_{4'}V_{4'}\left\{\frac{p_{dis}}{p_{4'}} - 1 - \frac{m}{m-1}\left[\left(\frac{p_{dis}}{p_{4'}}\right)^{\frac{m-1}{m}} - 1\right]\right\}$$

$$(3\text{-}20)$$

式中，P_{ei} 为内压缩功率（kW）；P_r 为欠压缩的附加损失功率（kW）；n 为转速（r/min）；V_{suc} 为吸气体积（m^3）；v_{suc} 为吸气比体积（m^3/kg）；m 为多变指数；下标数字为各状态点，见图 3-35。

压缩机输入功率 P_{in} 可以通过指示功率 P_i 及机械效率 η_{mec}、电机效率 η_{mot} 得出：

$$P_{in} = \frac{P_i}{\eta_{mec}\eta_{mot}} \quad (3\text{-}21)$$

2）模型验证。将集总参数模型计算数值与相应试验测试结果进行对比，用于验证模型的准确性。

图 3-37 所示为单孔型喷射口和三孔型喷射口补气压缩机吸气量模拟结果与试验数据对比，模型中的容积效率通过试验拟合得到，模拟得到的压缩机吸气量误差均在 ±5% 以内。

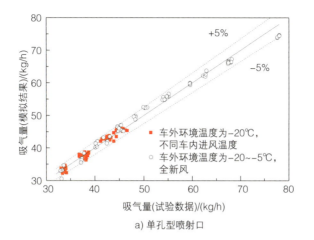

a) 单孔型喷射口

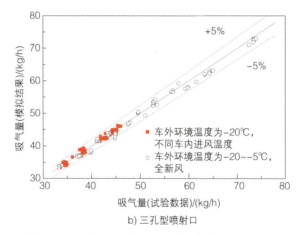

b) 三孔型喷射口

图 3-37 压缩机吸气量模拟结果与试验数据对比

图 3-38 所示为单孔型喷射口和三孔型喷射口补气压缩机喷射比模拟结果与试验数据对比，模拟计算的误差大部分控制在 ±20% 以内，在可接受范围内。

图 3-39 所示为单孔型喷射口和三孔型喷射口补气压缩机排气温度模拟结果与试验数据对比。单孔型喷射口压缩机排气温度计算最大误差为 5℃，95% 的数据点误差在 ±2.5℃ 以内；三孔型喷射口压缩机的最大误差为 6.5℃，90% 的点误差在 ±5℃ 以内；均具有较高的准确性。

图 3-40 所示为单孔型喷射口和三孔型喷射口补气压缩机输入功率模拟结果与试验数据对比，模拟计算的误差大部分误差在 ±10% 以内，在较为理想的精度范围内。

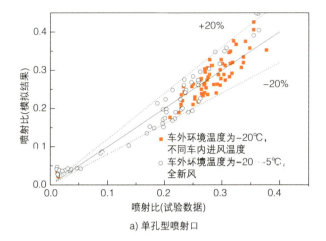

a) 单孔型喷射口

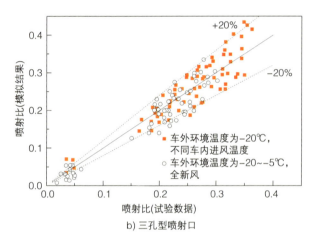

b) 三孔型喷射口

图 3-38　压缩机喷射比模拟结果与试验数据对比

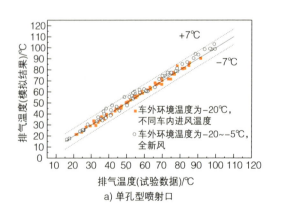

a) 单孔型喷射口

图 3-39　压缩机排气温度模拟结果与试验数据对比

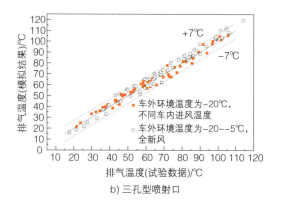

b) 三孔型喷射口

图 3-39 压缩机排气温度模拟结果与试验数据对比（续）

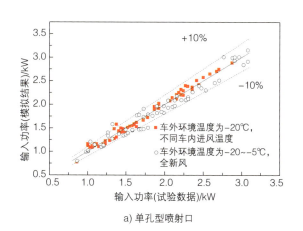

a) 单孔型喷射口

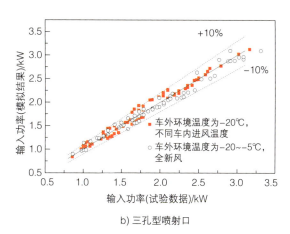

b) 三孔型喷射口

图 3-40 压缩机输入功率模拟结果与试验数据对比

3.3.2 电动轿车准二级压缩热泵 [19, 21, 22]

1. 试验研究

（1）热泵空调系统

采用中间换热器的准二级压缩系统形式，设计构建了纯电动轿车用准二级压缩热泵系统，如图 3-41 所示。该系统采用三换热器系统（车内冷凝器、车内蒸发器、车外换热器），通过电磁阀和三通阀调节可以实现制冷模式、常规制热模式、低温制热模式（准二级压缩热泵）及除湿模式等运行工况的转换（图 3-42）。通过制热三通阀和制冷三通阀旁通车内冷凝器和车内蒸发器来实现制冷与制热工况的调节转换。对于准二级压缩制热流程，制冷剂通过车内冷凝器之后，将制冷剂分为两路：一路为主路制冷剂，在中间换热器降温进一步过冷，经过节流后进入车外换热器（制热工况作为蒸发器使用）；另一路为喷射支路，支路制冷剂先经过膨胀阀 2 节流至中间压力，后通过中间换热器换热汽化至喷射状态点，通过喷射口喷入压缩机工作腔。除湿模式运行时，同时开启车内蒸发器与车内冷凝器，通过较低温度的车内蒸发器对空气进行冷凝除湿，干燥的冷空气经过车内冷凝器进行升温后送入车内。风系统总成包括新风入口和回风入口、风机、车内蒸发器、车内冷凝器、PTC 加热器及送风口，新回风比例通过新风入口和回风入口风阀进行调节。

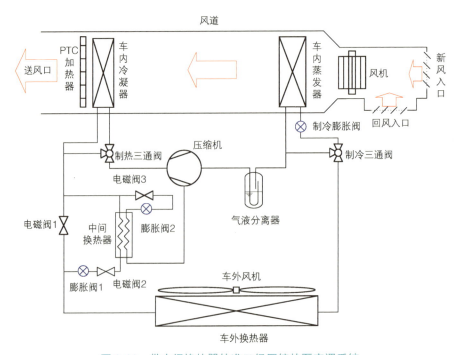

图 3-41 带中间换热器的准二级压缩热泵空调系统

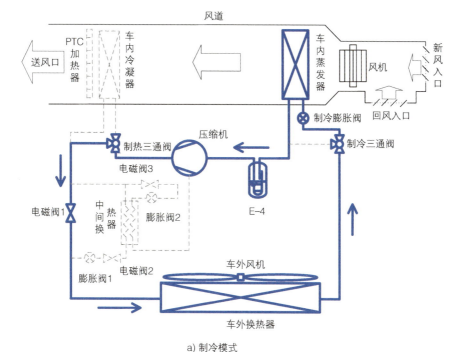

a) 制冷模式

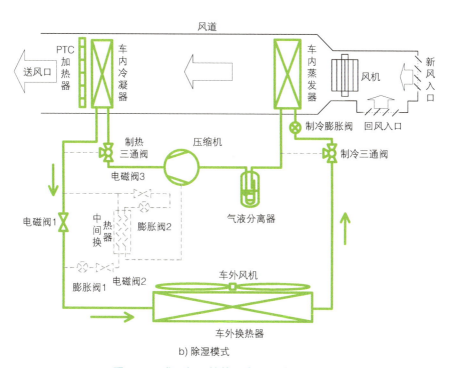

b) 除湿模式

图 3-42 准二级压缩热泵空调系统运行模式

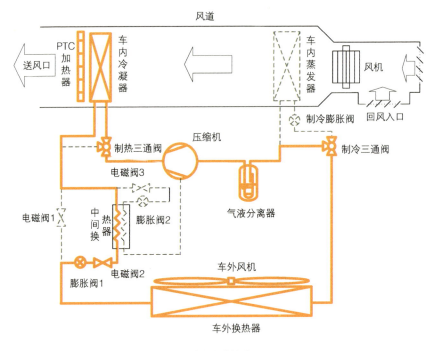

c) 常规制热模式

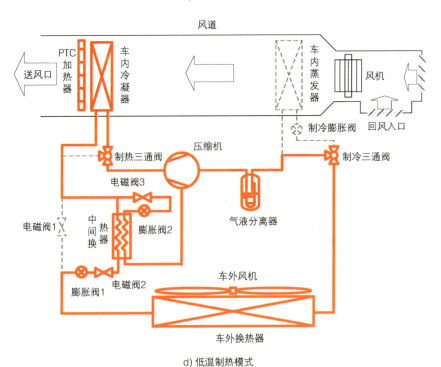

d) 低温制热模式

图 3-42 准二级压缩热泵空调系统运行模式（续）

（2）试验系统

准二级压缩热泵系统采用图3-41所示系统形式，即为带中间换热器的准二级压缩热泵系统，搭建了电动汽车用准二级压缩热泵试验系统，制冷剂采用R134a，在焓差实验室对其进行测试，台架试验系统示意如图3-43所示。车内冷凝器和车外换热器均采用平行流换热器，车内蒸发器采用层叠式蒸发器，将车内蒸发器和车内冷凝器串联接入车内风道总成中，车内外换热器按照实际车体安装尺寸进行设计。试验系统所用的制冷剂喷射涡旋压缩机采用表3-2中单孔型和三孔型两种喷射口设计进行制作。图3-44所示为三孔喷射口压缩机静盘实物。在喷射制冷剂压力较低时，可能出现工作腔内制冷剂通过喷射口回流，降低压缩机流量，从而削弱制冷剂喷射的作用。采用阀片钢制作单向阀片，通过螺纹压头和垫圈实现密封（图3-45），在喷射口附近加装单向阀防止制冷剂回流。

将车内风道总成及热泵系统主要部件置于室内侧环境室，通过室内侧环境室及风道内置的换热器和加热器实现对空气参数的精准调节。试验系统的室外换热器被置于室外侧环境室内，通过循环风道保证送风恒温恒湿及风量稳定。

试验系统主要测点如图3-43所示。制冷剂侧，在系统各个节点均布有温度和压力传感器，以逐时检测系统的运行工况，在制冷剂主路和补气支路分别设置制冷剂流量传感器。车内侧送风温度是试验关注的重点，车内侧风道进出口均布有温度传感器，并对其风量进行测试，此外也对室外侧送风温度和风速进行了测定。试验系统测量传感器及其性能见表3-6，经过不确定度分析，制热量、压缩机输入功率及COP通过实测数据计算得到的不确定度分别为3.99%、0.75%和4.06%。

（3）试验结果及分析

1）车内全新风工况。为了避免冬季寒冷季节汽车前风窗玻璃内表面结雾，空调系统冬季供暖会采用全新风方式送风，即车内冷凝器进风全部采用室外环境冷空气。针对车外环境温度从 -5℃ 到 -20℃，车内换热器进风为全新风进行台架试验。

图3-46所示为不同车外环境温度（T）全新风工况下热泵系统制热量、出风温度、输入功率、COP随压缩机转速的变化情况。制热量随压缩机转速和环境温度升高有明显升高，出风温度也随之提高。当环境温度为 -5℃时，常规热泵在压缩机转速为7500r/min的测试工况，制热量超过4.9kW，出风温度超过52℃，完全满足供暖需要；但随着环境温度降低，制热量和出风温度均明显下降。准二级压缩热泵系统的制热量较常规热泵有一定程度提升，环境温度升高时提升幅度略有增加，平均提高7%，出风温度平均提升3.7℃；制热量最高提升10%（0.42kW），出风温度最高提升4.3℃（环境温度为 -10℃，转速为7500r/min）。在

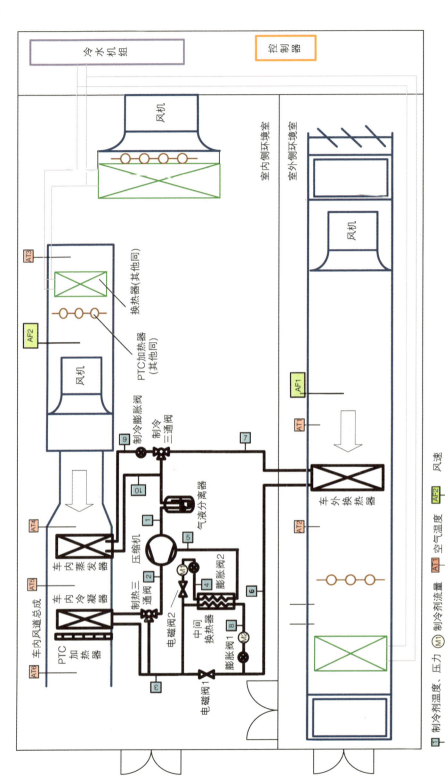

图 3-43 准二级压缩热泵台架试验系统示意图

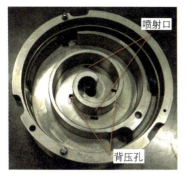

图 3-44 三孔喷射口压缩机静盘实物

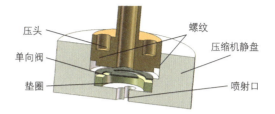

图 3-45 单向阀喷射口示意图

表 3-6 试验系统测量传感器及其性能

参数	传感器	测量范围	精度	适用条件
温度	铠装热电偶	-30 ~ 220℃	0.5℃	—
压力	膜片	0 ~ 3MPa	<0.5%	-30 ~ 100℃
风速	热球风速仪	0 ~ 40m/s	<3%	-40 ~ 120℃
流量	科里奥利	<370kg/h	0.1%	-200 ~ 230℃

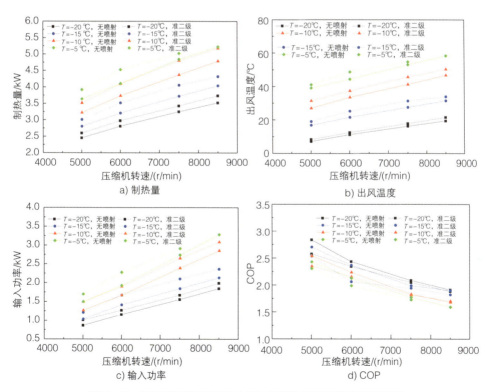

a) 制热量　　b) 出风温度　　c) 输入功率　　d) COP

图 3-46 不同车外环境温度（T）全新风工况下热泵系统性能

提升制热量的同时，压缩机输入功率也有一定的升高，其变化趋势与制热量基本相同。准二级压缩热泵系统可以增加压缩机排气量，同时提升冷凝压力，两者均会造成压缩机输入功率加大。随着车外环境温度升高和转速提升，两者均造成冷凝压力增加，热泵系统压比加大，COP呈下降趋势，从2.84下降至1.59。从图3-46中的实测结果可知，准二级压缩热泵系统用于电动汽车制热，在低温环境下采用全新风运行时，可使制热量最高提升10%，出风温度最高提升4.3℃。同时由于增加了压缩机输入功率，综合导致系统COP较常规热泵系统略有下降。在全新风运行的情况下，冷凝压力较低，其制热量提升的幅度相对并不明显。

2）车内部分回风工况。为了降低车室冬季供暖的新风负荷，在保证前风窗玻璃内表面不结露情况下，可将车内冷凝器进风采用部分回风。车外环境温度为-20℃，车内冷凝器进风温度从-20℃到0℃工况下进行测试，以模拟采用部分回风（回风比例为0%~50%）的热泵系统制热性能。图3-47所示为车内部分回风工况时热泵系统制冷剂参数试验结果，包括蒸发压力、冷凝压力、喷射压力、排气温度、压缩机排气量和喷射比。

图3-47a、b所示为常规热泵系统和准二级压缩热泵系统的蒸发压力和冷凝压力。各试验工况车外环境温度（车外换热器进风温度）均为-20℃，故蒸发压力变化非常小。当车内进风温度上升时，冷凝温度会随之很大程度上提升。对于常规热泵系统，全新风工况下（车内进风温度为-20℃）时，冷凝压力为0.5~0.7MPa，而车内进风温度升至0℃时，冷凝压力则达到1.27MPa。对比无喷射的常规热泵系统，准二级压缩系统使蒸发压力有小幅度下降，而冷凝压力则明显的提升，也就意味着制冷剂喷射过程增加了热泵循环的压缩机压比。尤其是当车内进风温度较高、压缩机转速较高时，准二级压缩热泵系统的冷凝压力提升十分明显，从1.27MPa升至1.89MPa。图3-47c所示为准二级压缩热泵系统的喷射压力，可以看出制冷剂喷射压力随系统压比的上升而有所上升。不同于全新风工况喷射压力与蒸发压力的比值保持相对稳定，不同车内进风温度工况下的喷射压力同时受到蒸发压力和冷凝压力的影响，当压比较大时，喷射压力随着压比的上升而有所上升。

图3-47d所示为压缩机的排气温度变化。压缩机排气温度随着转速和车内进风温度升高而升高，因为两者均会引起排气压力（冷凝温度升高）和压缩机功率的提升。试验结果可以很明显地反映出准二级压缩热泵系统对降低排气温度有较为明显的作用，当车内进风温度较低时，制冷剂喷射过程对排气温度的降低作用尤为明显，降温最高达到接近30℃；而准二级压缩热泵系统提升制热性能最为明显的工况反倒对排气温度降低作用并不十分突出。制冷剂喷射对排气温度降低的幅度与喷射入压缩机的制冷剂干度有较大关系，喷射制冷剂干度较低时（含液较多），对压缩机排气温度降低效果较为明显。

排气量和制冷剂喷射比的试验结果如图 3-47e、f 所示。由于蒸发压力变化幅度较小，制冷剂入口状态试验中比较相近，无喷射的常规热泵系统在不同车内进风温度下的排气量非常接近。准二级压缩热泵系统的排气量与之相比有明显提升，尤其是当车内进风温度和压缩机转速较高时，提升效果更为显著，其提升幅度通过制冷剂喷射比体现。不同于全新风工况，不同车内进风温度工况的喷射比随着喷射压力的增加而增加。

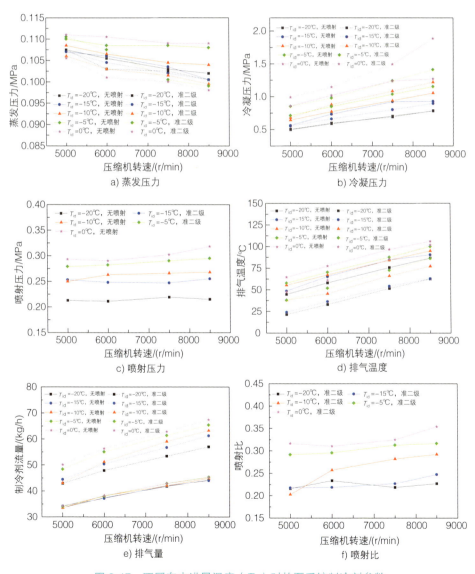

图 3-47 不同车内进风温度（T_{id}）时热泵系统制冷剂参数

图 3-48 所示为不同车内进风温度（T_{id}）时热泵系统制热量、出风温度、输入功率、COP 随压缩机转速的变化情况。在车内进风温度较高时，准二级压缩热泵系统的应用对提升系统制热量有明显的作用；车内进风温度为 0℃、转速为 8500r/min 时，制热量从无喷射常规热泵的 3.28kW 提升至 4.22kW，提升 28.6%。实际上准二级压缩热泵系统的制热量随着系统压比的升高较一般热泵系统而有明显的提升，主要由于较大的压比有利于提升喷射压力，从而加大制冷剂喷射比。系统制热量的变化还直接反应在车内冷凝器出风温度上，当车内进风温度为 -20℃ 时，准二级压缩热泵系统的出风温度较常规热泵仅提升 2.5℃ 左右，而在车内进风温度为 0℃ 时，出风温度从 40.1℃ 升高至 52.2℃，升幅高达 12.1℃。随着车内进风温度和压缩机转速的升高，压缩机输入功率有明显提升。车内进风温度的升高、压缩机转速的提升和准二级压缩系统的应用均对 COP 产生不利影响；当车内进风温度为 -20℃、转速为 5000r/min 时，系统制热 COP 高达 2.84，而当车内进风温度为 0℃、转速为 8500r/min、系统制热量最大时的 COP 却降至 1.36。在不进行风量调节时，系统制热量提升的同时，冷凝压力也随之上升，制热系统压缩机压比加大，自然会引起 COP 的降低。因此，并不能完全通过 COP 的下降来判断准二级压缩热泵系统的制热性能的优劣。

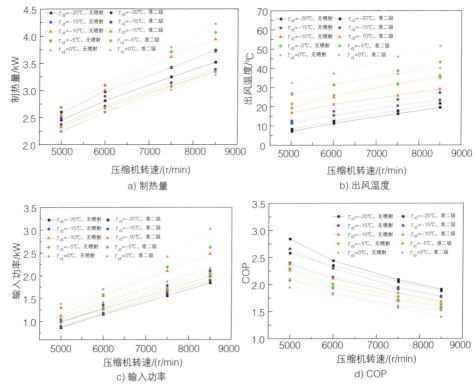

图 3-48　不同车内进风温度（T_{id}）时热泵系统性能

从图 3-47 和图 3-48 中的实测结果可知，提升车内进风温度，有助于提升冷凝压力，增加系统压差，从而提升喷射压力，有助于制冷剂中间喷射在热泵系统中发挥作用。相较于常规热泵系统，准二级压缩热泵系统制热量最大提升 28.6%，出风温度最大增幅为 12.1℃，制热能力提升明显。

3）准二级压缩循环对制热性能的影响分析。基于压缩机转速为 8500r/min 下试验和状态点计算结果，将车外环境温度为 -20℃、室内全新风（以下简称为 -20℃工况），和车外环境温度为 -20℃、车内进风温度为 0℃（以下简称为 0℃工况）作为系统低压比运行和高压比运行的两个典型工况形成实际热泵循环图（图 3-49、图 3-50），进行热泵循环过程分析。

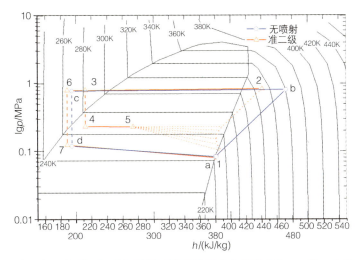

图 3-49　准二级压缩循环与常规热泵系统压焓图（车外温度为 -20℃，室内全新风）

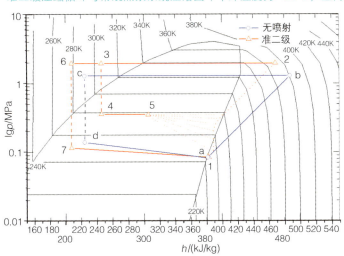

图 3-50　准二级压缩循环与常规热泵系统压焓图（车外温度为 -20℃，室内进风温度为 0℃）

在-20℃工况下，冷凝压力较低，准二级压缩循环与常规热泵循环的冷凝压力并没有明显变化。常规热泵的蒸发器入口焓已经非常低，这主要是因为热泵系统采用全新风运行，-20℃的冷风直接进入冷凝器换热，冷凝器出口温度非常低，为-0.5℃，过冷度超过了30.5℃，对应的焓为199kJ/kg。准二级压缩循环加大了冷凝器的制冷剂流量使其出口焓升高，冷凝器出口制冷剂也仅有7.2℃，对应焓为208kJ/kg，此时喷射压力为0.22MPa，对应饱和温度为-10.5℃，将蒸发器入口焓降低至185kJ/kg，所以通过中间换热器被进一步冷却的空间非常有限，准二级压缩循环降低蒸发器入口焓效果并不明显。

在0℃工况下，准二级压缩循环的冷凝压力高于常规热泵循环。由于冷凝器进风温度升高，冷凝器制冷剂出口温度也随之升高。常规热泵循环冷凝器出口温度为21.7℃，焓为230kJ/kg；准二级压缩循环中冷凝器出口温度为31.0℃，焓为243kJ/kg。通过中间换热器换热，主路制冷剂出口温度降低至3.5℃，焓降低至205kJ/kg。准二级压缩循环对降低蒸发器入口焓的作用较为明显。

将相同条件下（环境温度、车内进风温度、压缩机转速相同时）的准二级压缩热泵系统制热量较常规热泵系统增长的幅度定义为制热量变化率；将相同运行工况下，准二级压缩热泵系统压缩机排气过热度与常规热泵排气过热度的比值定义为排气过热度比，该两参量随制冷剂气体喷射比和液体喷射比变化分别如图3-51和图3-52所示。随着制冷剂气体喷射比的升高，制热量变化率呈现上升趋势；而对于液体喷射比，制热量变化率相对比较零散，上升趋势并不明显。比较两者的相关系数（|r|）可以看出，制热量变化率与气体喷射比紧密相关，相关系数为0.85，而与液体喷射比的相关性只有0.35，相对较弱。比较气体喷射和液体喷射对排气过热度比的影响，可以看出气体喷射比越高，排气

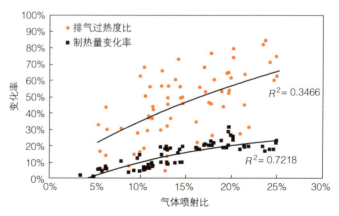

图3-51 制冷剂气体喷射比对制热量和排气温度的影响

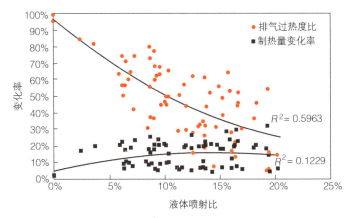

图 3-52　制冷剂液体喷射比对制热量和排气温度的影响

过热度比越高,即气体喷射使得排气温度降低的幅度较小;而液体喷射比越高,排气过热度比则呈现下降趋势,也就是说液体喷射对降低排气温度有明显效果。排气过热度比与气体喷射比的相关性为 0.59,低于液体喷射比的相关性 0.77,即喷射制冷剂的含液量对制冷剂排气温度的影响更大。

图 3-53 给出了典型工况下准二级压缩热泵系统和无喷射常规热泵系统 COP 和系统循环压比的关系。可以看出当压比较低时,准二级压缩热泵系统 COP 略小于常规热泵系统,也就是说此时准二级压缩热泵系统制热效率较差。随着压比升高,热泵循环系统 COP 逐渐下降,准二级压缩热泵系统的 COP 下降幅度较常规热泵更为平缓,在压比大于 8 左右时,准二级压缩热泵系统的优势开始体现,其 COP 会高于常规热泵系统。

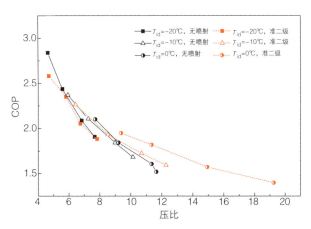

图 3-53　准二级压缩和常规热泵系统 COP 与压比的关系

定义准二级压缩热泵系统较常规热泵系统在相同运行条件下所增加的制热量与所增加的压缩机输入功率的比值为喷射COP（COP_{inj}），喷射COP大于PTC加热器的效率时，就认为准二级压缩热泵较常规热泵系统更为节能。通过试验结果计算准二级压缩热泵系统的喷射COP如图3-54所示，在试验进行的诸多工况中，大部分喷射COP处于1~1.7之间。一般认为PTC加热器的效率为0.9~1之间。也就是说，准二级压缩热泵系统的应用，相较于使用PTC加热器加热，还是具有一定的节能效果的。在车内温度较低时，即使准二级压缩热泵系统COP低于常规热泵系统时，相较于PTC加热器加热，仍是更为有效的供热方式。

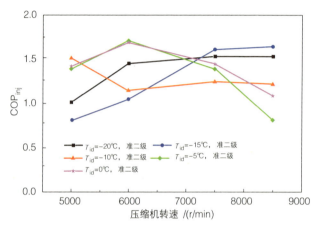

图3-54 准二级压缩热泵系统的喷射COP

4）喷射口形状对系统性能的影响。采用设计制作的单孔（SP）喷射压缩机和三孔（TP）喷射压缩机建立的准二级压缩热泵系统进行对比测试，研究两台压缩机不同喷射口形状对制冷剂喷射压缩过程和准二级压缩热泵系统的影响。

图3-55所示为SP喷射和TP喷射两种压缩机制热性能试验结果比较，车外环境温度为-20℃，车内进风温度为-20℃（全新风）和0℃的两个工况为典型工况，比较单孔压缩机、三孔压缩机的准二级压缩热泵系统和无喷射常规热泵系统的送风温度、制热量和COP。在室内进风温度为-20℃的全新风工况，使用两种压缩机的系统制热量比较接近，没有明显差别，甚至某些工况下单孔喷射系统制热量略高于三孔喷射系统。压缩机转速为8500r/min时，两者的制热量较无喷射压缩系统分别提升5.6%和6.2%。车内进风温度提升至0℃时，三孔喷射系统制热性能较无喷射时有非常明显的提升，制热量增加28.6%，出风温度提升11.3℃，优于单孔喷射系统的19.5%和7.1℃。总体来看，三孔喷射系统制热量优于单孔喷射系统。在室内进风温度为-20℃时，准二级压缩系统COP在相同压缩机转速下均较无补气系统有所下降，但单孔喷射系统下降幅

度较大。车内进风温度为0℃时，在相同压缩机转速下，三个系统COP非常接近，准二级压缩系统COP略小于无喷射系统，最大制热量下COP为1.3~1.4之间。

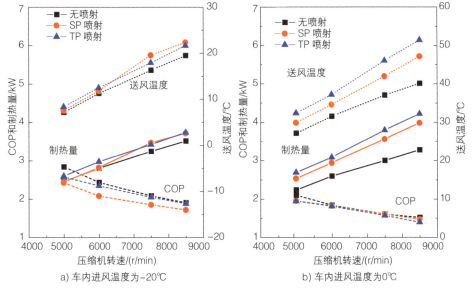

图 3-55　SP喷射和TP喷射压缩机制热性能比较

图3-56所示为不同压比下两种压缩机热泵系统COP比较。单孔喷射系统和三孔喷射系统均从压比为8附近COP开始高于无喷射压缩系统，而三孔喷射系统的COP总体优于单孔喷射系统，其COP高于常规热泵系统的转折压比也较单孔喷射系统更低一些。综合来看，单孔喷射压缩机较三孔喷射压缩机的制热性能略差，尤其在压比较低时，COP更小。

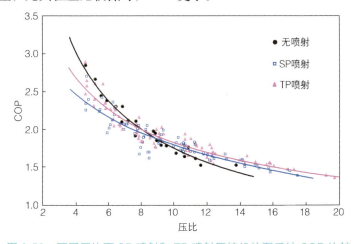

图 3-56　不同压比下SP喷射和TP喷射压缩机热泵系统COP比较

图3-57所示为车外环境温度为-20℃时不同车内进风温度下的喷射比情况。当车内进风温度升高时，制冷剂喷射干度也随之升高，含气量逐渐增加。这主要是因为系统冷凝器出口过冷度有所降低，制冷剂喷射支路通过中间换热器加热后出口焓较高，干度也随之升高。单孔喷射压缩机热泵系统较低的干度也就意味着喷射过程中含有较多液体制冷剂，由于液体的流动阻力相对较小，含液量大对提升喷射比具有一定的积极作用。

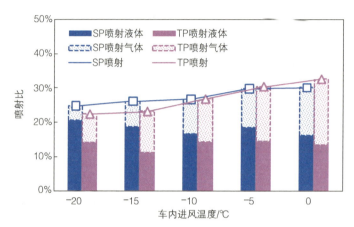

图3-57　不同车内进风温度下的喷射比对比（车外温度为-20℃）

　　综上分析，表3-7给出了单孔喷射口和三孔喷射口对喷射过程和热泵系统中诸多参数产生影响的相对关系。当扩大喷射口面积、增加喷射口沿涡旋线方向的长度时，所产生的影响见表3-8。除了表3-7中的所有参数外，还包括了对喷射比和制热量的影响。喷射口形状对喷射比在多方面产生影响，而多个因素对其影响趋势不尽相同，喷射比的变化趋势是几个影响参数的综合体现。通过试验结果可以看出，当车内进风温度较低，系统循环压比较小时，加大喷射口面积会降低喷射比；当车内进风温度较高时，较大的喷射口系统的喷射比较大。对于制热量，面积较大的喷射口具有较大的喷射干度、较低的蒸发器入口焓和较高的排气温度，这些均对制热量产生积极影响。当然较高的喷射比更有益于提高系统制热量，虽然喷射比的变化不完全确定，但综合考虑，系统制热量总体随喷射口面积增大而所有提升。

表3-7　两种喷射口形状对参数影响对比

喷射口种类	喷射口面积	喷射过程经历转角	喷射阻力	喷射压力	喷射干度	蒸发器入口焓	排气温度
SP	小	大	大	高	低	高	低
TP	大	小	小	低	高	低	高

表 3-8 增加喷射口面积/长度所产生的影响

影响因素	喷射口面积	喷射过程经历转角	喷射阻力	喷射压力	喷射干度	蒸发器入口焓	排气温度
影响因素变化	↑	↑（↓）①	↓	↓	↑	↓	↑
喷射比变化	↑		↑	↓	↓		
制热量变化						↑	↑

① 喷射口面积/长度越大，喷射过程经历转角一般来说会越大，但当喷射压力过低时，喷射过程实际经历转角会受喷射压力较低的影响，呈下降趋势。

（4）小结

本研究开发了适用于电动汽车的准二级压缩热泵系统，研制了两台不同喷射口形状的制冷剂喷射涡旋压缩机，并搭建了电动汽车准二级压缩机热泵试验系统，采用焓差实验室，对其在车外环境温度为 -20℃ ~ -5℃全新风、车外环境温度为 -20℃时不同车内冷凝器进风温度等运行工况进行了测试。

1）试验结果表明：在低温环境下采用全新风运行时，准二级压缩热泵系统用于电动汽车制热，可使制热量最高提升 10%，出风温度最高提升 4.3℃；采用回风提高室内进风温度，相较于常规热泵系统，准二级压缩热泵系统制热量最高可提升 28.6%，出风温度最大增幅为 12.1℃，制热能力提升明显。

2）本研究分析了制冷剂喷射对热泵系统性能的影响，得出如下结论：

① 通过对大压比和小压比典型工况压焓图分析可以看出，电动汽车空调系统新风比例高，导致冷凝器出口过冷度大，从而在一定程度上降低了蒸发器入口焓、制冷剂喷射焓。

② 不同制冷剂喷射中含气量和含液量条件下，喷射制冷剂干度越高，气体喷射量越大，对制热量的提升效果越明显；而喷射制冷剂干度越低，对降低排气温度具有更积极的作用。

③ 相较于常规热泵系统，准二级压缩热泵系统在压比大于 8，对系统制热 COP 有一定的提升作用；根据系统喷射 COP 分析得出，准二级压缩热泵系统在电动汽车制热系统中应用时，相比于采用 PTC 加热器，具有一定的节能潜力。

3）由不同喷射口形状对准二级压缩热泵系统性能的影响分析可知，在车内进风温度较高时，制热性能从大到小分别为：三孔喷射系统、单孔喷射系统、无喷射的常规热泵系统；而全新风工况下三者差异较小。喷射口形状对喷射比在多方面产生影响是多个影响参数的综合体现，压比较大时，大喷射口的系统喷射比较大，压比较小时反之。系统制热量总体随喷射口面积增大而所有提升。

2. 准二级压缩热泵系统性能模拟分析

（1）仿真模型及验证

本研究使用 Dymola 模拟软件，采用前文建立的制冷剂喷射压缩机集总参数模型,以及 VaporCycle 库中的部件模型,搭建了电动汽车用准二级压缩热泵系统仿真模型(图 3-58)。这里仅模拟电动汽车用准二级压缩热泵系统冬季制热特性,故热泵系统模型中只含车内冷凝器和车外换热器,未包括车内蒸发器模型。

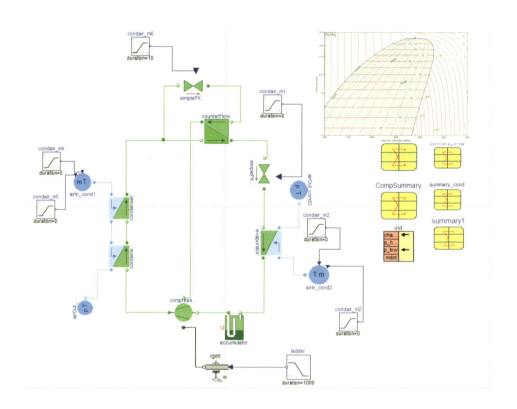

图 3-58　电动汽车用准二级压缩热泵系统仿真模型

图 3-59 所示为无喷射常规热泵和准二级热泵系统模拟结果与试验数据对比。对比工况:车外环境温度为 -20℃,车内进风温度为 -20 ~ 0℃,压缩机转速(n)为 5000r/min 和 8500r/min,对比参数包括排气压力、喷射压力、排气温度、压缩机排气量、制热量和 COP。从图 3-59 中可以看出,系统模型计算结果与相应工况的试验数据吻合较好。为了进一步验证该模型的准确性,又选取两个全新风运行工况和两个环境温度为 -20℃不同车内进风温度工况共四个典型工况进行对比,压力最大误差为 10%,比焓最大误差为 -6.7%、流量最大误差为 9.8%,制热量最大误差为 4.2%,COP 最大误差为 7.1%,模型计算的总体误差小于 ±10%,证明建立的系统模型能较为准确地模拟分析准二级压缩系统特性。

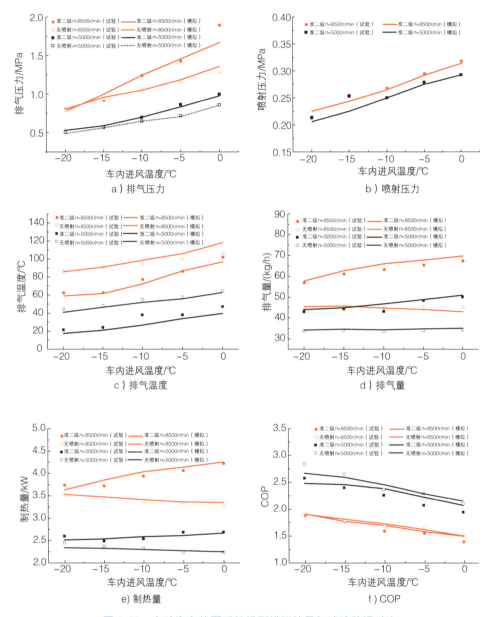

图 3-59 电动汽车热泵系统模型模拟结果与试验数据对比

(2) 性能模拟分析

喷射支路膨胀阀开度、主路膨胀阀开度及压缩机转速是电动汽车热泵系统的主要调节手段，而主路膨胀阀开度和压缩机转速的变化对热泵系统性能影响的相关研究较多，因此这里仅就喷射支路膨胀阀调节对准二级压缩热泵系统特性影响进行模拟分析。

图 3-60 所示为热泵系统制热量、压缩机输入功率和制热 COP 随喷射支路膨胀阀 EXV2 开度的变化模拟结果，模拟工况：车外环境温度为 -20℃，车内进风温度为 0℃，压缩机转速为 5000r/min，可以看出制热量和压缩机功率随着 EXV2 开度增大而升高。EXV2 开度为 0 时，即为无喷射的常规热泵系统，制热量为 2.30kW，EXV2 开度为 0.8 时的制热量为 2.64kW，比无喷射增加了 14.7%。制热 COP 则呈现先上升后下降的趋势，在无喷射常规热泵模型运行时，COP 为 2.2；开度为 0.2 附近，制热 COP 最大，为 2.28；当 EXV2 开度大于 0.4 后，随着压缩机输入功率的明显上升，制热 COP 也快速下降。开度为 0.8 时，COP 降至 1.93。

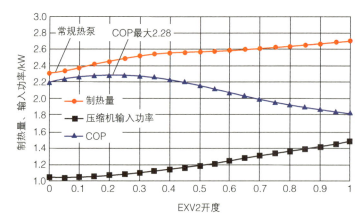

图 3-60　喷射支路膨胀阀 EXV2 开度调节对制热特性的影响

分析（冷凝器）制热量及其组成蒸发器吸热量和压缩机功耗随 EXV2 变化情况（图 3-61）。压缩机做功一直处于上升趋势，而蒸发器吸热量随 EXV2 的开启则呈现先增大后减小的趋势，其中最大值出现在 EXV2 开度为 0.35 附近。膨胀阀开度大于 0.35 后，制热量增加，制热量完全来源于压缩机功耗增加。当系统制热量增加的幅度小于压缩机功耗增加的幅度时，则增加制热量不如直接采用电加热更为有效。

图 3-62 和图 3-63 所示分别为不同喷射支路膨胀阀 EXV2 开度时系统压力（冷凝压力、喷射压力和蒸发压力）及制冷剂流量（吸气量、喷射量和排气量）的影响。蒸发压力和吸气量基本维持不变，随着 EXV2 的开启，喷射压力和喷射量均逐渐上升。喷射量基本为直线上升趋势，而喷射压力随着 EXV2 开度上升趋势逐渐趋缓。冷凝压力随着 EXV2 的开启呈现了先下降后上升的趋势。

图 3-64 给出了排气温度、排气焓和喷射制冷剂焓随喷射支路膨胀阀 EXV2 开度的变化。排气温度随 EXV2 的逐渐开启呈现先稳定后下降的趋势，排气温度和排气焓的变化趋势和喷射焓的趋势基本一致。当 EXV2 开度小于 0.4 时，

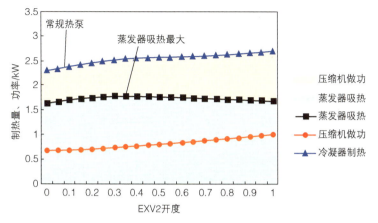

图 3-61　喷射支路膨胀阀 EXV2 开度调节对制热量及其组成蒸发器吸热量和压缩机功率的影响

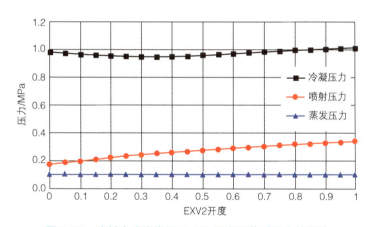

图 3-62　喷射支路膨胀阀 EXV2 开度调节对压力的影响

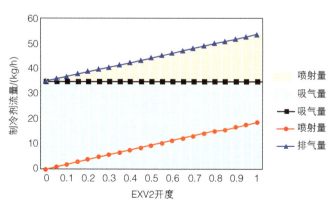

图 3-63　喷射支路膨胀阀 EXV2 开度调节对制冷剂流量的影响

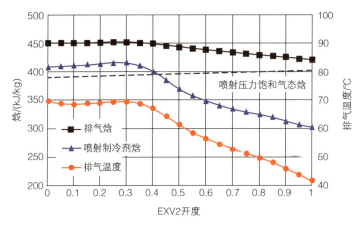

图 3-64 喷射支路膨胀阀 EXV2 开度调节对排气温度、排气焓和喷射制冷剂焓的影响

喷射焓大于饱和气体焓，且在开度等于 0.3 附近为最高值，此时为纯气态喷射过程；当开度大于 0.4 时，喷射焓小于饱和气体焓，此时为气液两相态喷射，且随着开度增大逐渐下降。气体喷射对降低排气温度的作用小，进入含液喷射后，由于喷射焓较低，与压缩腔内制冷剂混合后降低了排气焓，排气温度降低比较明显。

制冷剂喷射压力、喷射干度、相对喷射比（喷射量与吸气量之比）随喷射支路膨胀阀 EXV2 开度变化如图 3-65 所示。喷射压力随着 EXV2 的开启呈现上升的趋势，上升幅度有逐渐趋缓的态势。喷射制冷剂干度从 EXV2 开始开启到开度为 0.4 时，维持干度为 1，即气态喷射。随着 EXV2 开度加大，喷射干度快速下降，到开度为 0.8 时，喷射干度为 0.62。

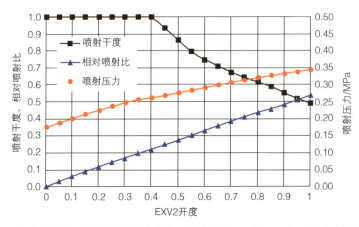

图 3-65 喷射支路膨胀阀 EXV2 开度调节对喷射压力、喷射干度、相对喷射比的影响

图 3-66 和图 3-67 所示分别为中间换热器主路和喷射支路制冷剂进出口焓和温度随喷射支路膨胀阀 EXV2 开度的变化。随着 EXV2 开启，中间换热器主路入口（冷凝器出口）焓逐渐上升后趋于稳定；而中间换热器主路出口焓（与蒸发器入口焓相等）在 EXV2 闭合时与主路入口焓相同，后随 EXV2 开启而下降，在开度为 0.35 附近达到最低值，对应的蒸发器入口焓最小，此时蒸发器吸热量最大；然后从最低值逐渐上升，且与主路入口焓的差相对比较稳定。从图 3-66 和图 3-67 中可以看出，主路进出口温度与焓的变化趋势相同。喷射支路入口温度变化趋势与喷射压力趋势相同，随 EXV2 开度加大而上升，并逐渐趋缓，当 EXV2 开度大于 0.35 后，主路出口温度与喷射支路入口温度非常接近，而喷射支路出口焓和温度有明显的变化。随着 EXV2 从闭合到开启，喷射支路出口焓（喷射焓）先略微增加，后快速减小，在开度为 0.3 附近达到最大值；喷射焓在 EXV2 开度大于 0.4 后，便小于喷射压力对应饱和气体焓，其干

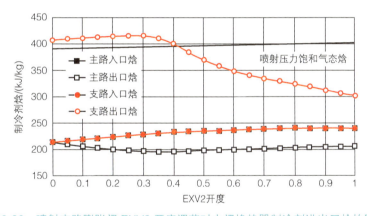

图 3-66 喷射支路膨胀阀 EXV2 开度调节对中间换热器制冷剂进出口焓的影响

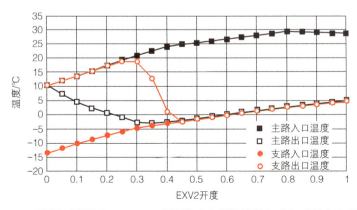

图 3-67 喷射支路膨胀阀 EXV2 开度调节对中间换热器主路和喷射支路制冷剂进出口温度的影响

度小于1。喷射支路出口温度（喷射温度）在EXV2开度较小时与主路入口温度接近，在开度为0.25～0.4之间快速下降；当EXV2开度大于0.4后，喷射干度小于1，喷射支路出口温度也降至喷射压力饱和温度，喷射支路进出口温度基本一致。

3.3.3 电动客车准二级压缩热泵[23-25]

1. 准二级压缩热泵及其试验系统

本研究设计的电动客车准二级压缩热泵系统如图3-68所示。采用了如图3-7所示的双换热器热泵系统，制冷与制热运行模式切换采用四通阀，体现了结构简单、成本低等优势；考虑到客车空调要求具有较好的防振性，且带中间换热器系统具有更宽的中间压力调节范围更能适应客车空调变工况的特性，仍然采用与轿车相同的中间换热器补气系统。整个系统包括三个部分：最右侧是车内侧部分，主要包括车内换热器、中间换热器、膨胀阀、干燥过滤器和车内送回风管道的接口；中间是压缩机部分，包括压缩机、气液分离器和四通阀；最左侧是车外侧部分，包括车外换热器及其风机。由于客车内部空间大，一般在车厢上部两边各设置一个送风道，每个送风道对应一组车内换热器，共两组相同的车内换热器。该系统可以实现制冷、常规制热、准二级压缩制热、车外换热器除霜等不同运行模式，以满足不同车外环境工况下的全年运行需求；其中冬季车外换热器除霜运行时，将制热模式通过四通阀切换成制冷模式，除霜结束后再切换成制热模式。制冷（除霜）与制热（常规制热、准二级压缩制热）运行模式下的系统流程如图3-69所示。

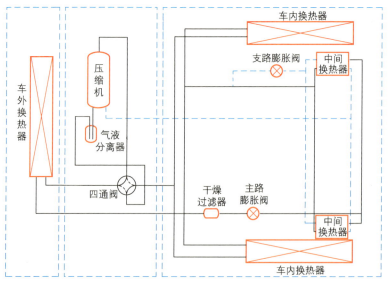

图3-68 电动客车准二级压缩热泵系统

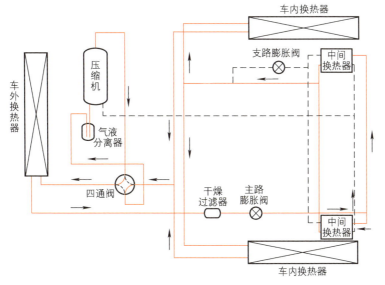

a) 制冷模式

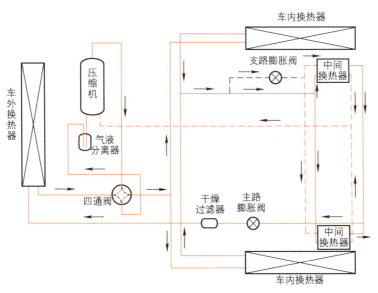

b) 制热模式

图 3-69 不同模式下的系统流程

针对 10～12m 的电动客车，选用 R410A 制冷剂，开发了准二级压缩热泵机组，并在焓差试验台对机组进行了多工况性能测试。测试过程中主路电子膨胀阀开度根据蒸发器过热度来控制，补气支路电子膨胀阀开度除了进行不同开度测试手动调节外，其他工况均根据补气过热度自动控制。在热泵机组各主要部件的进出口均布置了压力传感器和温度传感器，在车内换热器之后的主路和支路上分别布置了质量流量计，分别测量主路和补气支路制冷剂流量。各传感器测量误差同表3-6，由测试结果计算的制热量和COP的不确定度分别为±5.09%和±5.11%。

2. 准二级压缩热泵试验结果与分析

（1）车外环境温度的影响

图3-70所示为不同车外环境温度时中间补气系统和无补气系统的制热性能比较，试验工况：压缩机输入频率为80Hz，车内环境温度为20℃，车外环境温度从0℃降到-20℃。随着车外环境温度从0℃降到-20℃，中间补气系统和无补气循环的压缩机吸气流量分别减少了52.3%和46.5%，但是由于中间补气系统在压缩过程中从补气支路补入一部分制冷剂，因此其压缩机排气流量都高于无补气系统，在车外环境温度为-20℃时排气流量比无补气系统增加了34.2%。随着车外环境温度从0℃降到-20℃，热泵系统的排气温度不断升高，但是中间补气系统能够明显降低排气温度，其排气温度比无补气系统平均降低15℃左右。随着车外环境温度的降低，中间补气系统和无补气系统的制热量都有较大的衰减；与无补气系统相比，中间补气系统的制热量始终高于无补气系统，车外环境温度为0℃时其制热量为19.8kW，比无补气系统提升了11.1%，

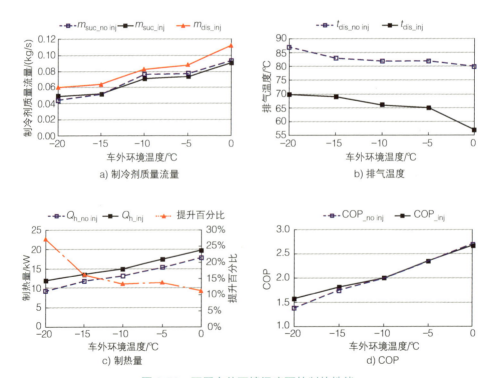

图3-70 不同车外环境温度下的制热性能

车外环境温度为-20℃时其制热量为11.9kW，比无补气系统提升了27.3%。中间补气系统和无补气系统的COP都随车外环境温度的降低而降低，在车外环境温度为0℃时无补气系统的COP略高于补气系统，在车外环境温度为-5℃和-10℃时两者基本相等，在车外环境温度低于-15℃时，补气系统的COP高于无补气系统；在车外环境温度为-20℃时，中间补气系统COP达到1.57，比无补气系统提升12.7%。可见，车外环境温度越低，中间补气系统的制热性能优势越明显。

（2）车内进风温度的影响

图3-71所示为不同车内进风温度下中间补气系统和无补气系统的制热性能比较，试验工况：压缩机输入频率为70Hz，车外环境温度为-5℃。车内送风温度和压缩机排气温度都随车内进风温度的下降而降低，这主要是由于冷凝压力会随着车内进风温度下降而降低引起的。在相同的车内进风温度下，补气系统的排气温度均低于无补气系统，而送风温度均高于无补气系统。补气系统的排气温度降低是由于在压缩过程中喷入了低温制冷剂，而送风温度的升高与补气系统制热量的增加有关。补气系统和无补气系统随着车内进风温度降低，其制热量提高；由于车内进风温度的降低造成冷凝压力降低，压缩机的功率也会随着降低，因此，COP随着车内进风温度的降低而增大。

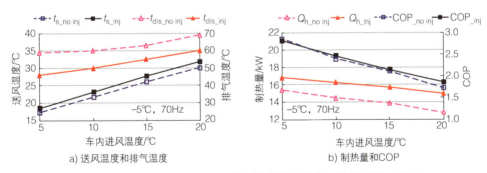

a) 送风温度和排气温度　　b) 制热量和COP

图3-71　不同车内进风温度下的制热性能（车外环境温度为-5℃）

图3-72表示了车外环境温度为-20℃时不同车内进风温度下中间补气系统和无补气系统的制热性能，与车外环境温度为-5℃时变化趋势相类似，但是定量变化有明显差异。在-5℃的车外环境温度下，车内进风温度为20℃和5℃时中间补气系统的制热量分别为15.0kW和16.8kW，比无补气系统分别提高了17.4%（20℃）和8.9%（5℃）；在-20℃的车外环境温度下，车内进风温度为20℃和5℃时中间补气系统的制热量分别为10.3kW和11.3kW，比无补气系统分别提高了23.0%（20℃）和12.4%（5℃）。对于COP，当车内进风温度较高时，补气系统高于无补气系统，而当车内进风温度较低时，补气系统低于无

补气系统。比如，在-20℃的车外环境温度下，车内进风温度20℃时补气系统COP为1.62，比无补气系统提高6.6%，而车内进风温度为5℃时COP为2.37，比无补气系统降低3.4%。补气系统在较高的车内进风温度下性能优势更明显，也反映出补气系统更适用于压比较大的情况。

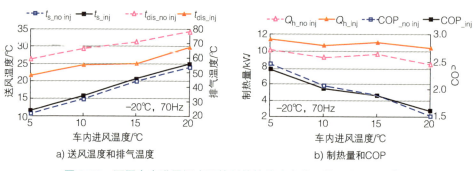

图 3-72　不同车内进风温度下的制热性能（车外环境温度为-20℃）

（3）压缩机转速的影响

图 3-73 和图 3-74 所示分别为不同压缩机转速（频率）下中间补气系统和无补气系统制热量和 COP 的变化情况，试验工况：车外环境温度为-20℃，车

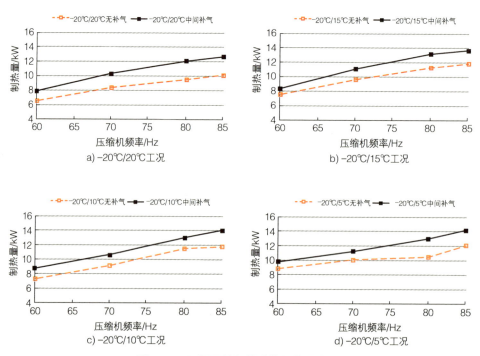

图 3-73　不同压缩机转速的制热量变化

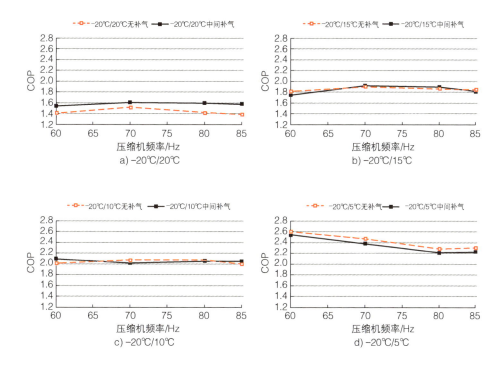

图 3-74 不同压缩机转速的 COP 变化

内进风温度分别为 20℃、15℃、10℃、5℃时,压缩机频率为 60Hz、70Hz、80Hz、85Hz。热泵系统制热量随着压缩机频率的增大而增加,在 -20℃/20℃ 工况下,85Hz 时的制热量比 60Hz 时的制热量提高了 60.4%,在 -20℃/5℃ 工况下制热量提高了 45.2%。在所有工况下,中间补气系统的制热量都高于无补气系统;其中 -20℃/20℃ 工况下,补气系统的制热量分别提升了 26.0% (85Hz) 和 22.0% (60Hz),-20℃/5℃ 工况下,补气系统的制热量分别提升了 18.1% (85Hz) 和 11.9% (60Hz)。

在不同工况下,COP 最大值对应的最优压缩机转速不同,对于较低的车内进风温度(5℃),压缩机转速越低 COP 越大。-20℃/20℃ 工况,四个压缩机转速下,中间补气系统的 COP 都高于无补气系统,85Hz 时补气系统的 COP 为 1.60,提升了 14.5%。-20℃/5℃ 工况,四个不同压缩机转速下,中间补气系统的 COP 均低于无补气系统,85Hz 时补气系统的 COP 为 2.22,降低了 2.9%。对于 -20℃/15℃ 和 -20℃/10℃ 工况,中间补气系统的 COP 和无补气系统非常接近。试验结果表明,在蒸发温度和冷凝温度的温差更大时,中间补气的准二级压缩热泵系统的优势更为突出。

（4）补气率的影响

在车外/车内环境温度为-5℃/15℃（约20%新风比）和-20℃/15℃（约12.5%新风比）工况下，压缩机频率为70Hz时，调节补气支路电子膨胀阀开度，来测试不同补气率对系统制热性能的影响。

图 3-75 和图 3-76 所示分别为车外/车内环境温度分别为-5℃/15℃和-20℃/15℃工况下时制热性能随不同补气率的变化。在车外环境温度为-5℃时，补气率从零（无补气）升高至0.22，压缩机排气温度 t_{dis} 由 63℃降到了 53℃，而车内送风温度 t_s 从 26.2℃上升到了 27.7℃。在环境温度为-20℃时，补气率从零升高至0.54，排气温度 t_{dis} 由 71℃降到 44℃，而送风温度 t_s 从 19.9℃上升到 21.1℃。排气温度随补气率的增大而明显降低，喷射进去的制冷剂流量越大，排气温度就越低。车内送风温度的提升则与热泵系统制热量的提升密切相关。系统制热量和压缩机输入功率都随补气率的增大而增加，在-5℃时制热量最大提升 12.7%，在-20℃时最大提升 25.4%。随着补气率的增大，COP 刚开始有一个下降，之后开始逐渐上升并达到一个最大值。COP 刚开始下降是由于补气率很小时压缩机容积效率较低，造成制热量的增长速度小于压缩机功率的增长速度；后来随着补气率的增大压缩机的容积效率逐渐增大，制热量的增长较快，COP 开始上升；当补气率增加到一定程度时，中间换热器主路出口温度开始受限于支路进口温度，蒸发器进口比焓开始上升，系统制热量增长变缓，而补气流量的增大造成压缩机功率快速增长，因此 COP 又开始下降。从 COP 的变化趋势来看，两个工况下系统都存在一个最大 COP 的最优补气率，-5℃/15℃ 和 -20℃/15℃ 工况下的最优补气率分别是 0.18 和 0.29。与无补气系统相比，车外环境温度为-5℃时最优补气率对应的制热量和 COP 分别为15.9kW 和 2.18，提高了 12.6% 和 1.3%；-20℃时制热量和 COP 分别为 11.4kW 和 1.92，提高了 19.3% 和 1.2%。

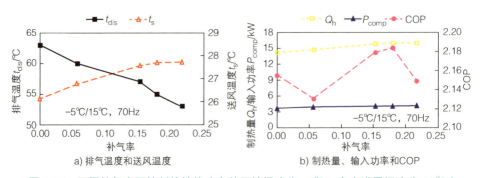

a）排气温度和送风温度　　b）制热量、输入功率和COP

图 3-75　不同补气率下的制热性能（车外环境温度为-5℃，车内进风温度为15℃）

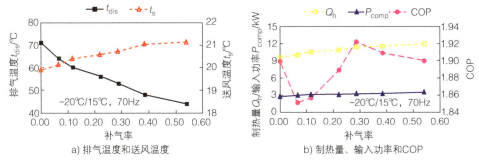

a) 排气温度和送风温度　　　　b) 制热量、输入功率和COP

图 3-76　不同补气率下的制热性能（车外环境温度为 -20℃，车内进风温度为 15℃）

3.4　本章小结

本章针对新能源汽车空调用冷热源，综述了单冷型冷热源、空气源热泵国内外最新技术进展，并在此基础上重点介绍了应用于电动轿车和电动客车的准二级压缩热泵系统近年来的研究进展，得出了如下主要结论：

1）单冷型制冷与 PTC 加热器加热的冷热源系统仅需在传统燃油车空调系统上进行略微调整即可应用，具有结构简单、成本较低、应用方便的优点，是纯电动汽车发展初期应用最普遍的冷热源方式；但是其热效率低（小于 1），导致电动汽车冬季续驶里程衰减严重。

2）空气源热泵在气候温和地区冬季供暖时具有较好的制热性能，是电动汽车冬季供热问题的有效解决方案。但是寒冷尤其是严寒地区，低温车外环境造成常规空气源热泵制热性能严重衰减，无法满足电动汽车低温环境下的供暖需求，需要采用 PTC 加热器加热进行补充。

3）相较于常规热泵系统，采用中间补气的准二级压缩热泵系统可提升制热量；在压比大于 8 时，准二级压缩系统对制热 COP 有提升作用；对于不同运行工况，准二级压缩热泵系统存在最佳补气率。

4）准二级压缩热泵系统可以拓展空气源热泵应用至车外环境温度 ≥ -20℃ 的寒冷地区。对于 R134a 轿车空调，受工质物性限制，无法在严寒地区热泵系统中应用，需要进一步研究其他合适工质（如 CO_2、R290）在低于 -20℃ 车外环境的热泵制热。对于 R410A 客车空调，虽然低温车外环境下制热性能优于 R134a 系统，但高 GWP 限制了其在未来的应用。

参 考 文 献

[1] UMEZU K，NOYAMA H. Air-conditioning system for electric vehicles（i-MiEV）[C]. SAE Automotive Alternate Refrigerant Systems Symposium，2010.

[2] 孙西峰，蔡文新，罗玉林. 电动汽车采暖系统设计与匹配[J]. 汽车科技，2014（6）：21-26.

[3] APFELBECK R，BARTHEL F. Heating comfort and range perfectly combined-heating systems for vehicles with alternative drive system. Prospects and challenges of biofuel-operated water and air heaters[C]. SAE Technical Paper，2013.

[4] CAP C，HAINZLMAIER C. Layer heater for electric vehicles[J]. ATZ Worldwide，2013，115：16-9.

[5] PARK M H，KIM S C. Effects of geometric parameters and operating conditions on the performance of a high-voltage PTC heater for an electric vehicle[J]. Applied Thermal Engineering，2018，143：1023-1033.

[6] 郭会聪，昃强. 燃油加热系统在电动汽车中的应用[J]. 汽车电器，2010（11）：25-28.

[7] MIMURO T，TAKANASHI H. Fuel operated heaters applied to electric vehicles[J]. International Journal Automation Technology，2014，8（5）：723-732.

[8] KOHLE U，PFISTER W，APFELBECK R. Bioethanol heater for the passenger compartments of electric cars[J]. ATZ Worldwide，2012，114（1）：36-41.

[9] PINO F J，MARCOS D，BORDONS C，et al. Car air-conditioning considerations on hydrogen consumption in fuel cell and driving limitations[J]. International Journal of Hydrogen Energy，2015，40（35）：11696-11703.

[10] 马洪涛，赵鹏程，李亚超，等. 燃料电池汽车空调系统制冷性能设计研究[J]. 上海汽车，2013（6）：21-24.

[11] 李丽，魏名山，彭发展，等. 电动汽车用热泵空调系统设计与实验[J]. 制冷学报，2013（3）：60-63.

[12] WANG Z X，WEI M S，PENG F Z，et al. Experimental evaluation of an integrated electric vehicle AC/HP system operating with R134a and R407C[J]. Applied Thermal Engineering，2016，100：1179-1188.

[13] 彭发展，魏名山，黄海圣，等. 环境温度对电动汽车热泵空调系统性能的影响[J]. 北京航空航天大学学报，2014，40（12）：1741-1746.

[14] LEE H-S，LEE M-Y. Steady state and start-up performance characteristics of air source heat pump for cabin heating in an electric passenger vehicle[J]. International Journal of Refrigeration，2016，69：232-242.

[15] IRITANI K，SUZUKI T. Air conditioning system for electric vehicle[J]. Society of Automotive Engineers of Japan Review，1996，17（4）：438.

[16] 严瑞东. 基于部件优化的电动汽车热泵系统性能提升研究[D]. 上海：上海交通大学，2015.

[17] QIN F，SHAO S Q，TIAN C Q，et al. Experimental investigation on heating performance of

heat pump for electric vehicles in low ambient temperature[J]. Energy Procedia, 2014, 61: 726-729.

[18] 颜允. 深度混合动力汽车热泵空调可行性研究[D]. 广州：华南理工大学, 2014.

[19] 秦菲. 电动汽车低温空气源热泵实验研究与模拟分析[D]. 北京：中国科学院大学, 2017.

[20] QIN F, SHAO S Q, TIAN C Q, et al. Model simplification of scroll compressor with vapor refrigerant injection[J]. International Journal of Green Energy, 2016, 13(8): 803-811.

[21] QIN F, ZHANG G Y, XUE Q F, et al. Experimental investigation and theoretical analysis of heat pump systems with two different injection portholes compressors for electric vehicles[J]. Applied Energy, 2017, 185(2): 2085-2093.

[22] QIN F, XUE Q F, ALBARRACIN VELEZ G M, et al. Experimental investigation on heating performance of heat pump for electric vehicles at −20℃ ambient temperature[J]. Energy Conversion and Management, 2015, 102: 39-49.

[23] 韩欣欣. 电动客车热泵系统制热性能提升研究[D]. 北京：中国科学院大学, 2019.

[24] HAN X X, ZOU H M, TIAN C Q, et al. Numerical study on the heating performance of a novel integrated thermal management system for the electric bus[J]. Energy, 2019, 186: 1-13.

[25] HAN X X, ZOU H M, XU H B, et al. Experimental study on vapor injection air source heat pump with internal heat exchanger for electric bus[J]. Energy Procedia, 2019, 158: 4147-4153.

Chapter 04

第 4 章
环保工质制冷 / 热泵系统

　　在工程热物理学科，工质是热力系统循环传输传递热量的媒介，在制冷或热泵系统中也称为制冷剂，其热物性是保证系统热力性能的关键因素，所以从 19 世纪机械制冷被发明起至今，制冷工质选择就一直备受重视。为满足不同制冷应用领域的热力性能需求，制冷工质的种类发展不断迭代更新，从乙醚到二氧化碳、氨等无机化合物，再到氯氟碳化物（CFCs）、氢氯氟烃（HCFCs）、氢氟碳化物（HFCs）等合成氟利昂类工质，制冷技术水平不断提高，应用也越来越广泛。

　　但随着制冷技术应用规模的不断攀升，氯氟碳化物（CFCs）类工质对于环境的不利影响也日益凸显，继 20 世纪 70 年代科学家们发现氯氟碳化物（CFCs）对臭氧层的影响后，联合国于 1987 年签订了《蒙特利尔议定书》对相关的氯氟碳化物（CFCs）及哈龙进行管控，并经过多次修正，通过氢氟化物（CFCs）工质的替代逐步改善对臭氧层的破坏。但到了 20 世纪 90 年代，科学家们进一步发现了全球变暖对地球的威胁，而大部分氢氟烃类工质都属于温室效应气体。2016 年 10 月，联合国通过了《〈关于消耗臭氧层物质的蒙特利尔议定书〉基加利修正案》，将氢氟碳化物（HFCs）纳入《蒙特利尔议定书》管控范围。2021 年我国正式宣布接受该议定书的修正案，为全球保护臭氧层与应对气候变化做出贡献。

　　氢氟碳化物（HFCs）的管控给制冷空调行业的技术革新带来了很大的挑战，对于汽车行业来说，我国正处于传统燃油车保有量与产销量稳步发展的同时新能源汽车攀升崛起的特定发展时期，环保工质替代选择时除了考虑传统燃油车制冷工质替代时需要满足的与现有系统零部件的匹配性、润滑油的兼容性、运行可靠性以及零 ODP（臭氧损耗潜值）、低 GWP（全球变暖潜值）和无毒无害等环保安全特性等要求外，还需重点考量替代工质在新能源汽车热系统的全气候综合性能。环保工质的替代选择已成为近年来汽车热系统行业的热点问题。

本章主要介绍汽车热系统尤其是新能源汽车热系统面临的制冷工质替代问题以及潜在的几种环保型制冷工质的技术发展。

4.1 汽车热系统工质发展概述

4.1.1 保护臭氧层汽车空调行动

20 世纪 80 年代以来，科学家们发现地球上空臭氧层因被严重破坏而不断变得稀薄，不仅在南极，甚至在其他地区上空也出现臭氧层空洞。由于臭氧层问题与每个人密切相关，成为全球关注的焦点。早在 1974 年，美国加利福尼亚的罗兰（Rowland）教授和莫莉娜（Molina）博士发表了他们关于氯氟碳化物（CFCs）的理论。这一理论指出，大量的 CFCs 类物质被释放后进入对流层，并以未分解的状态到达同温层。在同温层，由于太阳发出的强烈紫外线的照射，使得 CFCs 发生分解形成氯原子，氯原子（Cl）与臭氧分子（O_3）作用，使臭氧分子变成氧分子（O_2），而氯原子本身经历一系列中间反应后又变成氯原子，继续对臭氧分子作用，从而对臭氧层造成严重破坏，如图 4-1 所示。据估算，每一个氯原子可消耗 10 万个臭氧分子，这就使得臭氧含量不断下降，从而形成臭氧层空洞。汽车空调曾经广泛使用的制冷剂 R12，其 ODP = 1，是破坏臭氧层的主要制冷工质之一。

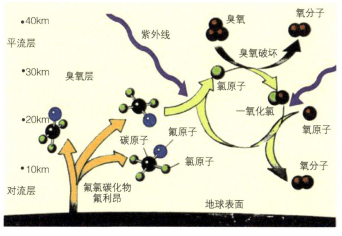

图 4-1 CFCs 破坏臭氧层反应机理

为了保护臭氧层,联合国环境规划署召开了多次国际会议,商议保护臭氧层的对策,签署了包括《保护臭氧层维也纳公约》《关于消耗臭氧层物质的蒙特利尔议定书》(及其修正案)等一系列国际公约,并建立了多边基金。中国政府1989年正式加入《保护臭氧层维也纳公约》,1991年加入《蒙特利尔议定书》,并积极参与《蒙特利尔议定书》修正工作。1992年编制了《中国消耗臭氧层物质逐步淘汰国家方案》(以下简称《国家方案》),1993年得到中国国务院与联合国保护臭氧层多边基金执行委员会的批准,1999年完成对《国家方案》的修订。

为了配合《国家方案》的实施,1994年我国汽车行业制订了《中国汽车空调行业R12淘汰战略》。为了推进全行业量大面广的R12淘汰工作,原国家环保总局和原国家机械工业局组织制订了《中国汽车空调行业R12整体淘汰计划》。按照该计划要求:①从2002年1月1日起,所有新生产的汽车必须停止装配以R12为工质的汽车空调;② 2002之后在用汽车可以采用原有制冷工质,在维修和报废拆解过程中应对R12制冷工质进行回收、再利用。

由于R134a具有优良的性能,被选作R12的替代工质。R134a的ODP为零,全球变暖潜值(GWP = 1430)比R12(GWP = 10600)低得多,并且R134a的安全性高,不易燃,不爆炸,无毒,无刺激性和腐蚀性;蒸发潜热高,比定压热容大,具有较好的制冷能力;黏度较低,流动性好;饱和蒸气压力与R12接近,这些特性使R134a顺利成为R12的替代物。

针对R134a替代R12,世界各国展开了大量的工作。欧、美、日等国在1995年底基本完成用R134a替代R12的转换工作,我国从1994年开始替代R12在汽车空调的使用,并在2001年完全淘汰R12在新车中的使用,R134a已经成为目前在汽车空调及热系统领域最广泛采用的制冷工质。

4.1.2 温室气体减排及汽车空调用低GWP制冷工质要求

在替代CFCs制冷工质的过程中,R134a成为汽车空调中应用最广泛的制冷工质。R134a虽然对臭氧层没有破坏作用,但其GWP高达1430,大量排放可能造成全球温度升高。由于HFCs具有较长的寿命和较高的GWP,被列入《京都议定书》的受控温室气体,每年举行的联合国气候变化大会和蒙特利尔议定书缔约方大会上都有有关限制R类物质使用的议案提出。

自2009年开始,小岛屿国家(密克罗尼西亚、毛里求斯),北美三国(美国、加拿大、墨西哥),印度,欧盟等相继提出将HFCs纳入《蒙特利尔议定书》进行管理的修正案提案,并连续在蒙特利尔议定书缔约方大会上大力推动并开展实质性谈判。

经过七年的艰辛谈判,2016年10月15日,在卢旺达首都基加利参加第28届蒙特利尔议定书缔约方大会的197个国家,最终通过了旨在减少HFCs排放的《蒙特利尔议定书》修正案。这一修正案是迄今为止为推动实现《巴黎协定》所商定的"到21世纪末将全球气温上升幅度控制在2℃以内"目标所做出的重要贡献。R134a 成为《蒙特利尔议定书》基加利修正案主要受控物质之一。表 4-1 列出了各个国家 HFCs 的限控时间。

表 4-1 各个国家 HFCs 的限控时间

国家类别	主要发达国家（美国、欧盟、日本、加拿大、澳大利亚等）	少部分发达国家（俄罗斯、白俄罗斯、哈萨克斯坦、塔吉克斯坦等）	主要发展中国家（中国等）	少部分发展中国家（印度、沙特、巴基斯坦等）
基线	100%HFCs 3 年均值（2011—2013）+15% HCFCs 基线	100%HFCs 3 年均值（2011—2013）+25% HCFCs 基线	100%HFCs 3 年均值（2020—2022）+65% HCFCs 基线	100%HFCs 3 年均值（2024—2026）+65% HCFCs 基线
削减进度	2019：10% 2024：40% 2029：70% 2034：80% 2036：85%	2020：5% 2025：35% 2029：70% 2034：80% 2036：85%	2024：冻结 2029：10% 2035：30% 2040：50% 2045：80%	2028：冻结 2032：10% 2037：20% 2042：30% 2047：85%

注：1. 均以 CO_2 当量进行计算。
2. 发达国家 HCFCs 基线 = 1989 年的 HCFCs+1989 年的 2.8%CFCs。
3. 发展中国家 HCFCs 基线 = 2009—2010 年的 HCFCs 均值。

美国等发达国家将在 2019 年开始逐步减少 HFCs 的生产和消费；包括中国在内的超过 100 个发展中国家，将自 2024 年起冻结 HFCs 的消费和生产；对于包括印度、巴基斯坦及一部分海湾国家在内的少数发展中国家，为了给予其经济增长提供更多的时间，准许其自 2028 年开始冻结 HFCs 的使用，并于 2032 年开始进行削减。

在汽车空调领域，欧盟在 2006 年 7 月 4 日颁布了关于汽车空调系统排放物的法规 DIRECTIVE 2006/40/EC，规定从 2011 年 1 月 1 日起，禁止新设计的车型采用 GWP 高于 150 的制冷工质，从 2017 年 1 月 1 日起，所有新生产的汽车禁止采用 GWP 高于 150 的制冷工质。但由于受到欧洲金融危机的影响，欧洲各汽车生产主机厂未能在 2011 年 1 月 1 日完成所选择替代制冷工质的商业化投放工作，该法规被迫延迟到了 2013 年 1 月 1 日才正式实施，即新设计车型不允许采用 GWP 高于 150 的制冷工质。2017 年以后在欧盟生产和销售的所有汽车都不能再使用 GWP 高于 150 的制冷工质，包括 R134a。

美国环保署 2015 年 7 月修订发布的最新版本的 SNAP（重大新替代物政策表）清单中，将 R134a 列入汽车空调的不可接受之替代品之中，规定自 2021 年起新生产车型禁用 R134a，自 2026 年起所有新生产的汽车禁用 R134a。另外，2010 年美国加州制定的第三代"低排放车"标准中规定，从 2017 年起，全部车型必须采用 GWP<150 的空调制冷工质。

2014 年，日本对《碳氟化合物回收与销毁法》又进行了修订，并更名为

《碳氟化合物合理使用和妥善管理法》，扩大了法律监管范围，从2023年开始对新生产十座或以下乘用车车型空调系统禁止使用R134a。全球范围内对汽车空调中广泛适用的R134a工质的替代工作已经迫在眉睫。

2021年6月，中国正式接受《〈关于消耗臭氧层物质的蒙特利尔议定书〉基加利修正案》，并于同年9月正式生效。10月26日生态环境部、商务部、海关总署共同修订了《中国进出口受控消耗臭氧层物质名录》，对R134a等工质进行了进出口许可证管理制度。在《中国含氢氯氟烃替代品推荐名录》中，对家用空调、商用与工业制冷领域的中小型制冷装置推荐了R290、R600a、R744等自然工质，对汽车行业的工质尚无明确推荐。汽车热系统的环保工质在行业的努力探索中，逐步形成了R1234yf、R744、R290及混合工质多种发展路线。

4.2 R1234yf工质及应用

4.2.1 R1234yf工质特性

R1234yf即四氟丙烯，分子式为$CF_3CF=CH_2$，是由美国杜邦公司和霍尼韦尔公司联合开发的，具有优异的环境参数，其ODP = 0，GWP = 4。由于其热力学性质与R134a非常类似（表4-2），对现有系统的可替代性最强，只需对当前广泛使用的R134a系统进行适当调整便可直接应用，R1234yf得到了美国通用汽车公司的积极响应，目前在欧盟销售的新设计车型大部分都采用了R1234yf为制冷工质。R1234yf被由美国环保署推出的SNAP和欧盟的"化学品注册、评估、许可和限制"（REACH）框架认定为轻微可燃制冷工质，由于是相对较新的制冷工质，其性能和稳定性还需进行广泛的测试验证，而且价格比较贵也成了制约其发展的重要因素。

表4-2 R1234yf和R134a的热物性与环保特性对比

制冷剂	R1234yf	R134a
沸点/℃	−29.4	−26.1
临界温度/℃	94.85	101.1
临界压力/MPa	3.38	4.059
0℃汽化潜热/(kJ/kg)	163.29	198.6
ODP	0	0
GWP	<1	1430
大气寿命/a	0.03	44
安全等级	A2L	A1

4.2.2 R1234yf 热泵系统

图 4-2 显示了传统燃油汽车空调系统采用 R1234yf 替代 R134a 的系统变化。压缩机润滑油采用改良的 PAG（聚亚烷基二醇）油，膨胀阀容量增加，增加了回热器（内部换热器）以增大膨胀阀前制冷剂过冷度从而提升制冷性能。

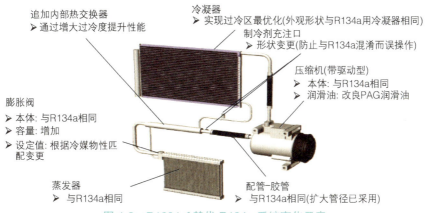

图 4-2　R1234yf 替代 R134a 系统变化示意

研究结果显示，当用 R1234yf 直接替代 R134a 时，系统性能会有所下降，根据实际运行条件的不同，下降值为 0～27%。国内外研究者对直接替代通过对系统或者部件进行微小调整，对 R1234yf 直接替代系统进行优化设计以达到与 R134a 系统基本相当的性能。Lee 等人[1]采用套管式蒸发器和冷凝器分别在夏季和冬季工况下对 R1234yf 制冷剂在传统的 R134a 系统中做了直接替代试验，研究结果表明：与原有系统相比，R1234yf 系统 COP 最多减少了 2.7%，制冷量最多下降了 4%，压缩机排气温度约降低 6.5℃，制冷剂充注量减少了约 10%。Jarall[2] 对 R1234yf 和 R134a 系统的理论循环在相同工况下进行了理论分析，分析结果发现，与 R134a 系统相比，R1234yf 系统循环压比和排气温度较低，但理论 COP 也低于 R134a 系统。在此基础上对直接替代系统进行了试验研究，结果表明 R1234yf 系统的制冷量最多下降了 13%，COP 下降最高达 11.8%，压缩机排气温度最多下降了 15℃。Navarro-Esbri 等人[3]同样做了 R1234yf 直接替代 R134a 的试验研究，试验结果发现相比于 134a，采用 R1234yf 作为制冷剂时系统制冷量降低 9%，试验结果显示压缩过程 R1234yf 的容积效率比 R134a 低 5% 左右并且压缩机效率受压缩机转速影响比较大，试验测试工况下系统制冷 COP 则是降低了 5%～30%。Zilio 等人[4]除了做了 R1234yf 的直接替代系统测试外，还通过数值模拟研究了改变蒸发器和冷凝器结构对系统性能的影响，模拟结果表明冷凝器和蒸发器迎风面积分别增大 20% 和 10% 时，替代系统可得到更高的 COP，该试验系统中采用了微通道平行流蒸发器和冷凝器。Pamela 等人[5]采用仿真模拟的方法分析比较了 R1234yf、R134a 和 R410A 这 3 种制冷剂系统的性能，模拟结果发现 R1234yf 系统与 R134a 系统性能非常接近，但两者在系统运行压力方面有一定的差异，系统设计时需重点考虑。Qi[6] 通过采用不同的蒸发器形式（层叠式、微通道）对比了直接替代系统和原有系统的性能，试验结果表明当采用层叠式蒸发器时，原有 R134a 系统可以获得更好的传热和流动性能，而微通道平行流蒸发器更适于 R1234yf 的直接替代系统。

进一步，系统中引入回热器也可以提升 R1234yf 的系统性能。回热器的作用是使冷凝器出口的高温高压制冷剂液体与蒸发器出口的低温低压制冷剂蒸气进行热量交换，以提高冷凝器出口制冷剂过冷度，改善系统制冷性能。Navarro-Esbri 等人[7] 在 R1234yf 直接替代系统中引入了螺旋槽结构的回热器，使得系统制冷量和 COP 均得到改善，基本上达到与原有 R134a 系统相当的性能，回热器的引入使得 R1234yf 直接替代系统的制冷量和 COP 损失减少了 2%~6%，几乎弥补了直接替代系统的性能损失。Cho 等人[8] 同样在直接替换系统中引入回热器，使得 COP 损失从 7% 下降至 2.9%。Seybold 等人[9] 针对回热器的结构优化设计进行了相关试验研究，研究表明，减小内部液体流通面积和气态制冷剂进出口压降并增强换热有助于提高回热器性能。

另外，由于 R1234yf 工质的安全等级是 A2L，具有弱可燃的安全风险，在新系统设计开发时，尤其是针对电动汽车热泵系统时，可通过车内二次换热的形式规避制冷工质泄漏带来的可燃风险，负荷侧二次换热的 R1234yf 热泵系统如图 4-3 所示。该系统包括制冷剂回路与载冷剂二次回路两部分，制冷剂回路包括压缩机、水冷冷凝器、车外换热器、蒸发器以及气液分离器；载冷剂回路包括液冷冷凝器、PTC 加热器、暖风芯体、电子水泵、膨胀阀等，可实现制冷/车外换热器除霜、制热、送风除湿除雾等运行功能。

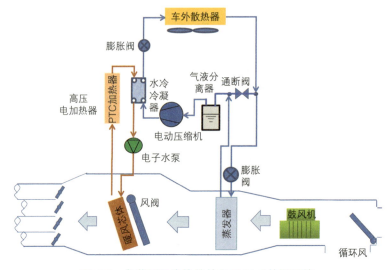

图 4-3　负荷侧二次换热的 R1234yf 热泵系统

4.2.3　R1234yf 与 R134a 系统性能对比

笔者针对图 4-3 所示系统流程建立了试验台架，在系统中分别充注 R134a 和 R1234yf 进行试验研究。图 4-4 显示了 R1234yf 和 R134a 系统在车外环境温度为 35℃、车内环境温度为 27℃/19℃工况下，车内风机风量为 420m³/h 时的制冷性能对比，可以看出两者的制冷性能在系统制冷量、运行 COP 方面相差不大，但 R1234yf 系统的制冷剂流量大于 R134a 系统。

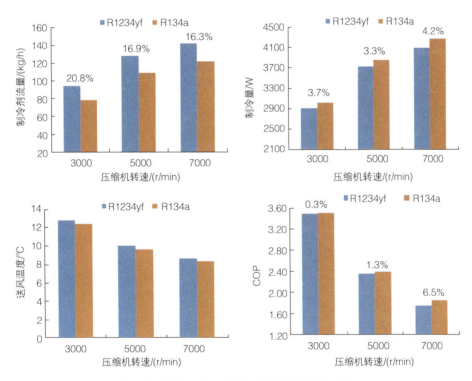

图 4-4　R1234yf 与 R134a 系统制冷性能对比

图 4-5 所示为上述工况压缩机转速为 5000r/min 时的压焓图对比，可以看到，R1234yf 系统循环的平均蒸发压力稍高于 R134a 系统，平均冷凝压力又低于 R134a 系统，即 R1234yf 热泵系统制冷循环的压比小于 R134a 系统，使得 R1234yf 系统的压缩比功要小一些，其压缩机容积效率也要高于 R134a 系统。由于两者的饱和液线极其接近，而 R134a 的饱和气线更偏向压焓图的右侧，使得 R134a 单位质量制冷量要大得多，即若要两者的制热量相等，R1234yf 系统的冷媒流量要大于 R134a 系统，又由于两者在相同的吸气状态点下，R1234yf 的吸气密度稍大一点，因此，对于相同的制冷负荷，R1234yf 系统需要配备排量更大的压缩机。

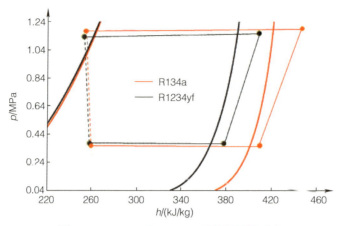

图 4-5　R1234yf 与 R134a 系统压焓图对比

图 4-6 显示了 R1234yf 和 R134a 系统在车外环境温度为 0℃、车内环境温度为 0℃工况下,车内风机风量为 380m³/h 时的制热性能对比。可以看到:压缩机转速一定时,R1234yf 的系统制热量和送风温度与 R134a 系统很接近,前者稍优于后者,但前者的运行 COP 和热力完善度整体上优于后者,这是由于相同条件下 R1234yf 系统的压缩机耗功要小于 R134a 系统,压缩机转速为 5000r/min 时,R1234yf 系统的 COP 和热力完善度比 R134a 分别提升 9.3% 和 27.7%,前者系统运行经济性要优于后者。

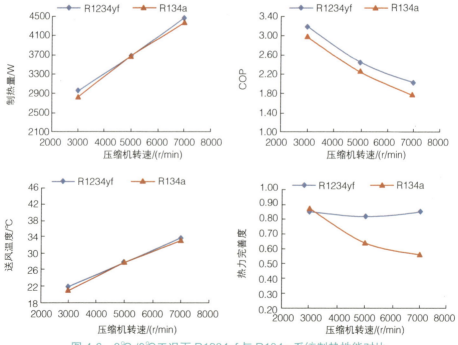

图 4-6　0℃ /0℃工况下 R1234yf 与 R134a 系统制热性能对比

4.2.4　R1234yf 制热性能分析

笔者针对图 4-3 所示系统流程的 R1234yf 热泵系统，试验研究了车内送风量、压缩机转速以及车内进风温度对系统制热性能的影响。

1. 车内送风量的影响

图 4-7 和图 4-8 所示分别为 0℃/0℃工况、压缩机转速为 5000r/min、不同风量下系统制热循环和制热性能的对比情况。车内风量为 260m³/h 时，系统制热量达 3256W，制冷剂流量约为 74.3kg/h，对应的系统运行 COP 和热力完善度分别为 2.09 和 0.383；车内风量为 380m³/h 时，制热量、制冷剂流量、COP 和热力完善度分别为 3671W、78.4kg/h、2.45 和 0.435，分别提升约 12.7%、5.5%、17.2% 和 13.6%，送风温度从 35.9℃降到 27.8℃，排气温度由 71.6℃降到 68.2℃。

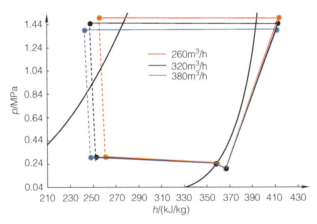

图 4-7　0℃/0℃工况不同风量下系统制热循环对比

车内风机送风量主要影响制冷剂在压缩机内的压缩过程和在板式冷凝器内的冷凝过程，而车外换热器的蒸发侧基本不受车内送风量的影响。随着车内送风量增加，压缩机吸气点状态基本保持一致，因此制冷剂流量基本相等，有微量的增加（图 4-8b），经过压缩机压缩过程后排气温度稍微有所降低。此外，随着风量增加，对流换热系数增大，同时冷凝器出口过冷度有显著提升，使得制冷剂冷凝过程的焓差增大，因此系统制热量增大，又由于压缩机耗功基本一致，使得系统运行 COP 增加。对于系统循环的热力完善度，风量增加时，冷凝温度有所降低，而平均蒸发温度基本一致，因此随着送风量增大逆卡诺循环的 COP 有少量的增加，而其增大幅度小于系统 COP，最终使得系统循环的热力完善度增大。

图 4-9 和图 4-10 分别显示了 -10℃/-10℃工况、压缩机转速为 5000r/min、不同风量下系统制热循环和制热性能的比较。该工况下三种风量的制热循环对

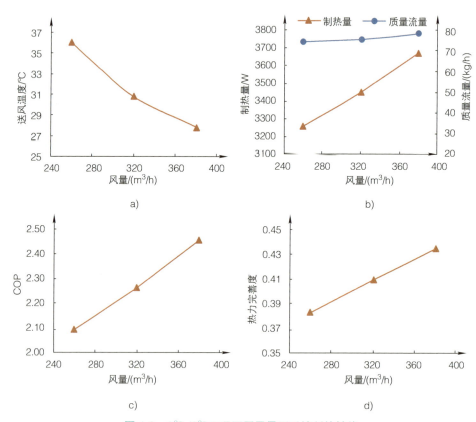

图 4-8 0℃/0℃工况不同风量下系统制热性能

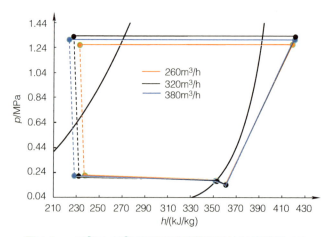

图 4-9 -10℃/-10℃工况不同风量下系统制热循环对比

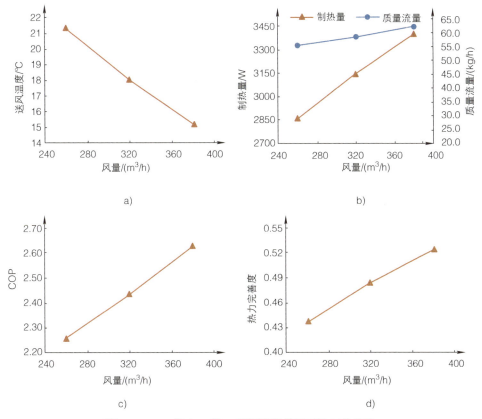

图 4-10 -10℃/-10℃工况不同风量下系统制热性能

比情况与 0℃/0℃ 工况基本一致，值得一提的是，制冷剂冷凝侧，风量为 260m³/h 对应的冷凝压力最低，与 0℃/0℃ 工况不同，这是因为 -10℃/-10℃ 工况下，送风量为 260m³/h 时，板式水冷冷凝器的进口水温低的缘故。-10℃/-10℃ 工况下：车内风量为 260m³/h 时，系统制热量达 2859W，制冷剂流量约为 55.4kg/h，系统运行 COP 和热力完善度分别为 2.26 和 0.436；风量为 380m³/h 时，制热量、制冷剂流量、COP 和热力完善度分别为 3401W、62.1kg/h、2.62 和 0.524，相比于 260m³/h 分别提升约 15.9%、12.1%、15.9% 和 13.9%，送风温度从 21.3℃降到 15.2℃。

基于上述分析，压缩机转速一定时，一定范围内提高车内风量，系统制热性能可以得到一定程度的提升，因此下面进一步研究最大车内风量情况（380m³/h）系统制热性能随压缩机转速的变化规律。

2. 压缩机转速的影响

图 4-11 和图 4-12 所示分别为 0℃/0℃ 工况下系统制热循环和制热性能的对比情况。与车内送风量对制热循环和制热性能的影响不同，压缩机转速对制冷

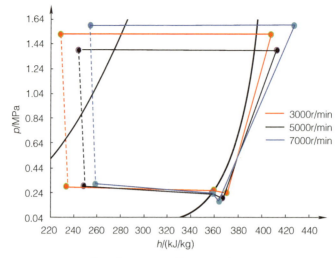

图 4-11 0℃/0℃工况不同转速下系统制热循环对比

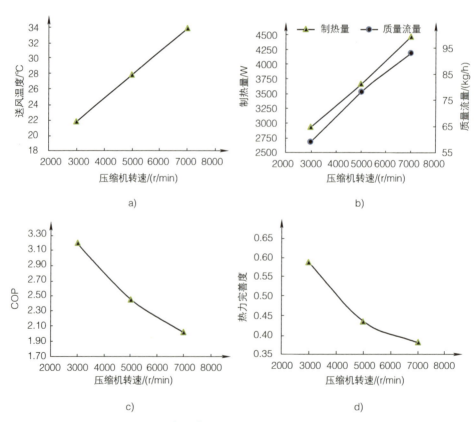

图 4-12 0℃/0℃工况不同转速下系统制热性能

剂的蒸发侧、冷凝侧和压缩过程均产生影响，尤其是对压缩过程影响较为显著。随着压缩机转速增加，制冷剂流量增大，系统内气液分离器的存在使得从车外换热器出口到压缩机吸气口之间的制冷剂压降也随之增大，吸气口制冷剂蒸气密度下降。转速从3000r/min增加到7000r/min时，制冷剂流量约增加57%，系统制热量增加52%，COP下降36.7%，热力完善度降低35.2%。送风温度从21.8℃增加到33.8℃，排气温度从66.2℃增加到88.3℃。

此外，压缩机转速增加使得制冷剂压缩过程的不可逆损失增大，容积效率下降，排气温度升高，耗功明显增大。比较实验中的三种不同转速，压缩机转速3000r/min时，板式冷凝器水侧进出口的平均温度最低，与冷凝温度温差最大，因此冷凝器出口制冷剂过冷度最大。三种风量下制冷剂经过冷凝器后焓差基本相等，而制冷剂流量随转速增加显著增大，所以系统制热量增加，又由于随转速增加，压缩机耗功增加的趋势比制热量增加要快，使得系统COP下降。另外，制冷剂流量的增大，使得车外换热器内制冷剂流速增加，最终导致车外换热器进出口的压降加大，不可逆损失增大。整个制热循环的不可逆损失环节主要存在于压缩过程，所以随着转速增加，制热循环的热力完善度下降。

图4-13和图4-14分别表示了-10℃/-10℃工况下、风量为380m³/h、不同转速时系统制热循环和制热性能的比较。与0℃/0℃工况下不同的是，当压缩机转速为7000r/min时，冷凝压力最低，相比低转速时下降了许多，这是由于试验过程中在7000r/min时调大了电子膨胀阀开度，虽然排气压力和压缩机功耗有所降低，但这也使得冷凝温度降低，与水侧传热温差减小，制冷剂换热不充分，一方面冷凝器出口制冷剂过冷度不足，可能导致冷媒在气液两相态时进入电子膨胀阀，不利于膨胀阀的稳定；另一方面单位质量制冷剂的制热量减小，

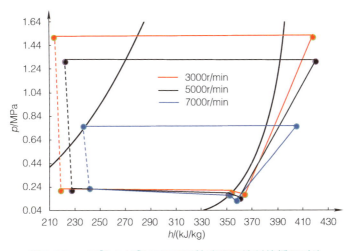

图4-13 -10℃/-10℃工况不同转速下系统制热循环对比

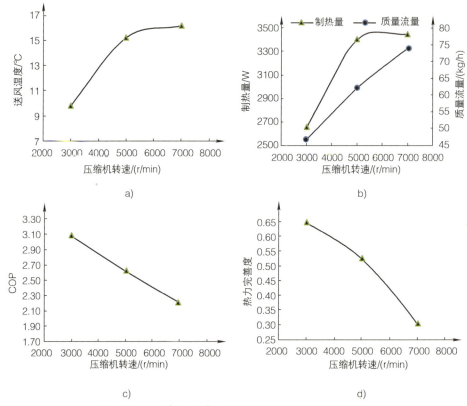

图 4-14 -10℃/-10℃工况不同转速下系统制热性能

虽然转速提高，制冷剂质量流量增加了，但总的制热量相比低转速时没有明显提升，转速从 5000r/min 增加到 7000r/min，制热量从 3401W 增加到 3447W，制热量几乎没有提高。

3. 车内进风温度的影响

除了车内风机送风量、压缩机转速之外，车内进风温度也会对系统性能产生较大影响。图 4-15 和图 4-16 所示分别为车外环境温度为 0℃ 和 -10℃ 工况下，压缩机转速为 5000r/min、风量为 380m³/h 时系统制热循环的比较。车内进风温度主要影响制冷剂的压缩过程，进风温度从 0℃ 提高到 20℃ 时，冷凝压力升高，蒸发压力基本不变，系统压比增大，压缩机功率明显提升，排气温度升高，压缩过程的不可逆损失增大，压缩机容积效率也大大降低，使得制冷剂流量减少，系统制热量降低，最终使得 COP 下降，压缩过程不可逆损失的增加使系统循环的热力完善度也随之下降，但进风温度的提升也使得送风温度提高。

分析 0℃/0℃、0℃/20℃ 工况下，转速为 5000r/min、风量为 380m³/h 时的数据表明，0℃/0℃ 工况时，制冷剂流量为 78.4kg/h，系统制热量为 3671W，运行 COP 为 2.45，循环的热力完善度达 43.5%；0℃/20℃工况下，制冷剂流量为 68.4kg/h，系统制热量为 3010W，运行 COP 为 1.69，循环的热力完善度达 34.8%，分别下降 12.8%、18%、31% 和 20%，送风温度从 27.8℃上升至 42.5℃，排气温度从 68.2℃上升到 86.7℃。

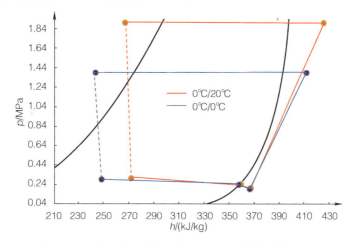

图 4-15　0℃/0℃、0℃/20℃工况下系统制热循环对比

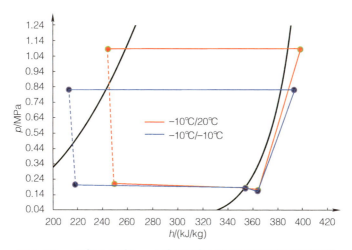

图 4-16　-10℃/-10℃、-10℃/20℃工况下系统制热循环对比

在 -10℃/-10℃、-10℃/20℃工况下，压缩机转速为 5000r/min、风量为 380m³/h 时系统制热循环的对比情况，其与 0℃/0℃、0℃/20℃工况下的对比情况一致。该工况下，制冷剂流量、系统制热量、运行 COP 和循环的热力完善度分别下降 35.9%、44.5%、33.2% 和 44.3%，送风温度从 9.8℃上升至 30.9℃，排气温度从 51.4℃上升到 75℃。可见，低温工况下，车内进风温度对系统制热性能的影响更大。

上述针对车内风机送风量、压缩机转速和车内进风温度等参数对 R1234yf 热泵系统制热性能的影响分析表明，随着送风量的增加，系统制冷剂流量和压缩机耗功基本不变，制热量有所增加，系统运行 COP 和热力完善度均有一定幅度的上升；压缩机转速对系统制热性能影响较大，随着转速增加，制冷剂流量增大，系统循环回路各个部件的压降增大，不可逆损失增加，压缩机效率降低，耗功增加，压缩过程的不可逆损失也加大，制热量虽然增加，但系统运行 COP 和循环的热力完善度均下降；室内进风温度升高会使冷凝压力提高，压缩机排气温度升高，压缩比增加，压缩机容积效率下降，从而使制冷剂流量减少，系统制热量下降，压缩机功耗增加，COP 和热力完善度均下降。

总体来说，R1234yf 系统的热泵工况性能与 R134a 系统类似，同样面临着低温工况性能衰减严重的问题，低温工况需要进行 PTC 加热器辅助加热或者是采用中间补气系统形式才能满足冬季供热需求。

4.3 R290 工质及应用

4.3.1 R290 工质特性

R290（丙烷，分子式为 $CH_3CH_2CH_3$）很早就存在于大气中，其 ODP = 0，GWP<20，是一种环境完全友好的自然工质，容易制取且价格低廉。表 4-3 所示为 R290 和 R134a 的特性比较，相比于制冷剂 R134a，R290 沸点低，汽化潜热更大，使得单位时间内降温速度更快，单位容积及质量的制冷量大，增强了换热器的换热效果，等熵压缩比做功小，减少了压缩耗功并延长了压缩机的使用寿命。R290 的相对分子质量更小，系统充注量小于 R134a 热泵，系统结构也更加紧凑。其饱和压力在现用制冷剂的范围内，且具有很好的兼容性，大大减少了初始设备的投资成本。

表 4-3 R290 和 R134a 的热物性与环保特性对比

制冷剂	R290	R134a
沸点 /℃	−42.2	−26.1
临界温度 /℃	96.7	101.1
临界压力 /MPa	4.25	4.059
0℃汽化潜热 /(kJ/kg)	374.87	198.6
ODP	0	0
GWP	3.3	1430
安全等级	A3	A1

图 4-17 所示为 R290 与 R134a 的饱和压力对比，可以看到 R290 的饱和压力高于 R134a，因此系统的高温高压区即压缩机出口与冷凝器处、冷凝器与热力膨胀阀连接部分，以及低压部分承压性需要着重考虑。

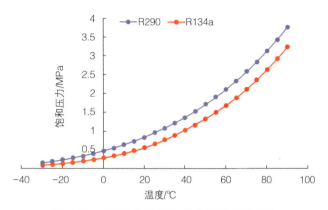

图 4-17　R290 与 R134a 饱和压力曲线对比

4.3.2　R290 热泵系统

R290 工质早期是在家用空调领域作为 R22 的替代品被广泛关注，在制冷性能、低温制热性能、部件性能匹配、充注量、小管径换热特性等方面开展了丰富的研究，尤其是在可燃性方面，制定了一系列的相关安全使用标准，为其在汽车领域的应用奠定了一定的基础。

在汽车空调领域，Vaghela[10] 在一套带回热器的电动汽车空调系统实验台分别进行了 R134a 和 R290 系统的性能测试，在制冷量为 4kW、蒸发温度为 7.2℃、冷凝温度为 55℃及吸气温度为 35℃的条件下，与 R134a 系统相比，R290 制冷系统的排气温度下降约 2.1%，压缩比降低约 17.9%，系统 COP 减少约 2.4%。研究表面，针对 R290 系统只有研发专用的压缩机、换热器、膨胀阀等部件，才能使得其性能达到与 R134a 系统相当的水平，并体现出较好的低温制热性能。Navarro 等人[11] 分别测试了 R290、R1234yf 与 R134a 制冷剂在开式活塞压缩机内的系统性能，对比分析了不同工况下压缩机效率、容积效率、热损失、润滑油与制冷剂的互溶性，结果表明：R290 和 R1234yf 可以很好地替代 R134a；R290 单位容积制冷 / 制热量远大于其他两种制冷剂，压缩机效率平均提高了 15% 左右，容积效率平均提高了 30% 左右；R1234yf 压缩机排气温度更低，但热损失更大。上海交通大学[12] 试验研究了制冷剂充注量对不同节流装置的 R290 空调系统性能的影响，结果表明在过充条件下，热力膨胀阀（TXV）或电子膨胀阀（EEV）的系统性能对制冷剂充注量的依赖性较小；而在充注量不足的情况下，除了节流装置前没有过冷的情况外，与 TXV 系统相比，EEV

系统对充注量的敏感性较低；因此考虑到 TXV 和 EEV 在空调中的应用，少量的过充可以在不牺牲系统短期性能的前提下，提高系统的长期性能。

在汽车空调系统中采用 R290 作为 R134a 的替代物，最大的优势是 R290 相对于 R134a 有较低的 GWP，而最主要的问题是 R290 作为烷烃存在燃烧的风险，在系统运行时有发生燃烧爆炸的隐患，安全系数低，需要对系统安全性进行改进，如构建二次循环等。

图 4-18 所示为环境侧与负载侧均为二次系统的原理，充注 R290 工质的制冷剂环路仅包括压缩机、冷凝器、蒸发器、储液罐、膨胀阀等基本部件，制冷剂循环与环境、负载的换热通过二次介质由蒸发器及冷凝器实现，如图 4-18a 所示。通过二次循环系统阀组的切换，实现车室的制冷和制热，电池冷却以及电机电控散热等热管理需求。为了进一步提高极冷或极热工况下的系统性能，也可以采用中间补气准二级压缩的热泵流程，如图 4-18b 所示，采用中间补气式 R290 压缩机配合两级膨胀阀，膨胀阀之间的储液罐兼作闪发罐，饱和气体进入压缩机补气口，从而提高系统的制冷和制热性能。双侧二次回路的 R290 热泵系统的主要优点是将 R290 制冷剂环路集成在一个封闭的箱体内，减少 R290 的充注量同时防止制冷剂泄漏带来的风险，同时通过二次介质循环有效实现车室、电池、电机电控等热量调度，提高热管理综合能效，但主要的不足在于二次换热的方式传热效率有一定的下降，尤其是不利于与环境的热交换。

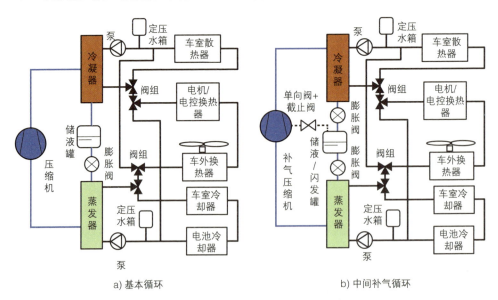

图 4-18 双侧二次回路的 R290 热泵系统原理

当从整车角度考虑 R290 的可燃性防范时，R290 热泵系统也可设计为负载侧单侧二次回路系统，原理如图 4-19 所示。该系统采用空气换热的车外换热器，并分别采用水冷冷凝器和水冷蒸发器通过二次介质循环和车内进行换热，也可以将压缩机、换热器等部件集成到一起，减少R290充注量的同时防止泄漏。

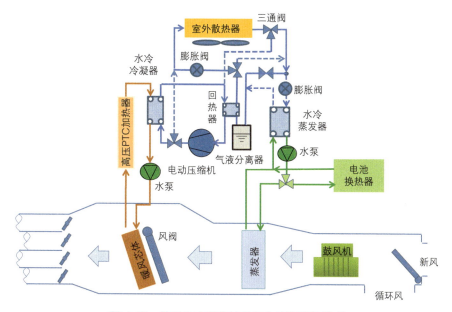

图 4-19　单侧二次回路的 R290 热泵系统原理

笔者针对图 4-19 所示系统搭建了试验台架并开展了试验研究[13]，采用了排量为 $25cm^3/r$ 的 R290 压缩机，图 4-20 所示为该系统的制冷性能和制热性能的测试结果。图 4-20a 所示为车内温度为 27℃时，压缩机转速与环境温度对系统制冷性能的影响；图 4-20b 所示为车内温度为 20℃时，压缩机转速与环境温度对系统制热性能的影响。

试验结果显示，35℃常规制冷工况，压缩机转速从 1800r/min 增加到 6600r/min，系统制冷能力从 1789W 提升至 4027W，系统 COP 从 3.65 下降至 1.82；45℃高温制冷工况，压缩机转速从 2700r/min 增加到 4500r/min，系统制冷能力从 1973W 提升至 3031W，系统 COP 从 2.10 下降至 1.88。-20℃/20℃低温工况、压缩机转速为 6000r/min，系统制热能力达到 2911W，对应的系统 COP 为 1.80；-25℃/20℃低温工况、压缩机转速为 3600r/min，系统制热量为 1658W，对应的系统 COP 为 2.16。

图 4-21 对 R290、R134a 和 R1234yf 三种工质的热泵系统制热性能进行了对比分析[14]。这三种工质的热泵系统均为二次介质换热的系统形式。其中，R134a 热泵系统和 R1234yf 热泵系统为同一套纯系电动汽车热泵空调统，压缩机排量为 27mL；R290 热泵系统为重新搭建的电动汽车热泵空调系统，压缩

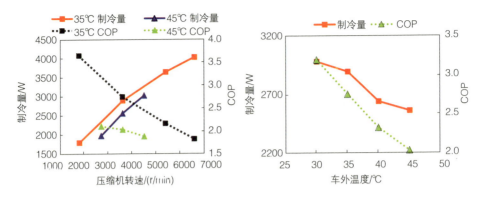

a) 车内27℃工况下的制冷性能

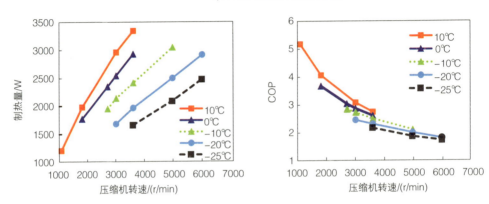

b) 车内20℃工况下的制热性能

图 4-20 单侧二次回路的 R290 热泵系统性能

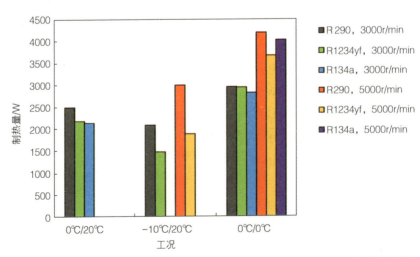

图 4-21 单侧二次回路的 R290 与 R134a 及 R1234yf 热泵系统的制热性能对比

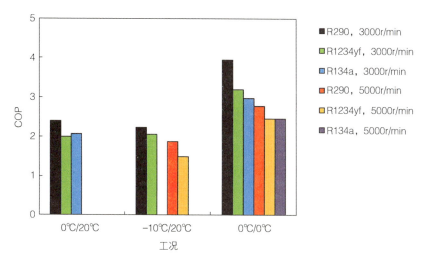

图 4-21 单侧二次回路的 R290 与 R134a 及 R1234yf 热泵系统的制热性能对比（续）

排量为 25mL。系统耗功均包含 150W 的水泵功率。与 R1234yf 和 R134a 热泵系统相比，R290 热泵系统在多个相同工况下的系统制热量、系统 COP 和送风温度均占优势，而系统制冷剂流量大大减少。

在 0℃/20℃工况、压缩机转速为 3000r/min 时，与 R1234yf 系统相比，R290 系统的制热量和 COP 分别提高了 14.4% 和 20.3%，送风温度为 44℃，上升了 7.8℃；同时，与 R134a 系统相比，R290 系统的制热量和 COP 分别提升 16.6% 和 16.2%，送风温度也上升了 7.8℃。

在 -10℃/20℃工况、压缩机转速为 3000r/min 时，与 R1234yf 热泵系统相比，R290 热泵系统的制热量为 2087W，增加了 41.7%；系统 COP 为 2.23，增加了 8.6%，送风温度为 40.1℃，比 R1234yf 系统增加 9.2℃。压缩机转速为 5000r/min 时，R290 与 R1234yf 热泵系统性能差距进一步增加，R290 热泵系统的制热量提高了 59.1%，系统 COP 提升了 25.4%，送风温度上升了 14.6℃。

此外，相同的工况下，R1234yf 热泵系统循环的平均蒸发压力稍高于 R134a 系统，平均冷凝压力又低于 R134a 系统，而 R290 热泵系统循环的平均蒸发压力和冷凝压力都高于两者。在相同的吸气状态下，R1234yf 热泵系统的吸气密度最大，其次是 R134a 热泵系统的，而 R290 热泵系统的吸气密度远小于两者，R290 热泵系统的制冷剂流量仅为 R1234yf 的 25%~50%、R134a 系统的 35%~50%，对于相同的制热负荷，R290 热泵系统配备的压缩机排量更小。

进一步地，笔者还将上述系统改进为中间补气式系统，通过闪发罐增加补气支路，同时闪发罐设置换热盘管，可对汽车热系统中的电机等余热进行利用，如图 4-22 所示，系统采用了排量为 30mL 的 R290 补气压缩机，并针对该系统进行了试验研究[15]。

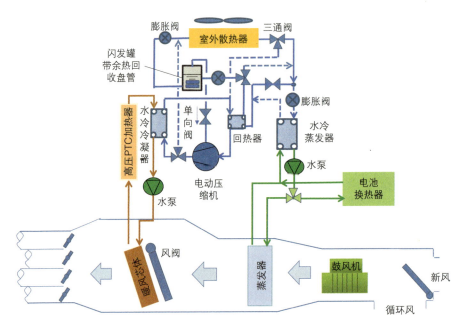

图 4-22 单侧二次回路的余热回收补气式 R290 热泵系统原理

试验通过压缩机补气支路单向阀的开关实现系统的补气与不补气模式的切换,图 4-23 所示为车内环境温度设置为 20℃时,系统补气与不补气时的制热性能对比。可以看出,在车外环境温度从 0℃下降到 -25℃的过程中,带补气的准二级循环系统制热量始终高于不补气的单级压缩循环系统,不补气循环系统的制热量下降了 803W,而补气循环系统的制热量下降了 725W。在车外环境温度为 -25℃,压缩机频率为 70Hz 时,准二级压缩补气循环的制热量为 2515W,相比于单级压缩不补气循环系统提高了 21.6%,从制热量提升百分比上可以看出,在车外环境温度越低时,带补气的准二级压缩循环系统相比于单级压缩循环系统制热量提升效果越好。

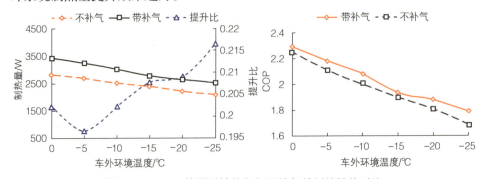

图 4-23 R290 热泵系统补气与不补气的制热性能对比

图 4-24 给出了车内环境温度设置为 20℃时，余热量对系统制热性能的影响。从制热量方面，在相同的车外环境温度条件下，热泵系统的制热量随着余热量的增大而增大，在车外环境温度为 0℃时，余热量从 0W 提升到 1500W 时，制热量从 3500W 增加到 5100W，提升了 45.7%，COP 从 2.25 增加到 2.64，提升了 17.7%；在车外环境温度为 -25℃时，余热量从 0W 提升到 1500W 时，制热量从 2700W 增加到 3760W，提升了 39.3%，COP 从 1.70 增加到 1.87，提升了 10.5%，受低温环境的影响，漏热量比 0℃工况有很大增加。余热量对于补气压力的影响较大，但随着环境温度的降低，余热量对补气压力的影响差异

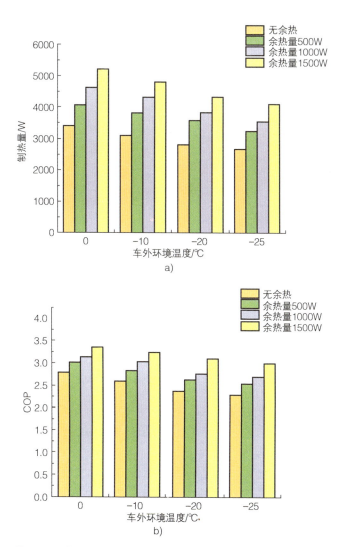

图 4-24 余热量对余热回收补气式 R290 热泵系统性能的影响

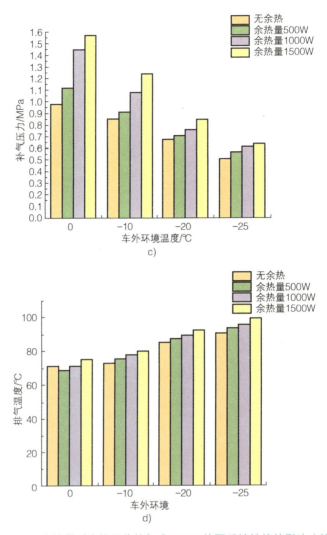

图 4-24 余热量对余热回收补气式 R290 热泵系统性能的影响（续）

减小。同样对于排气温度也有一定的影响，但由于补气对于压缩机排气有很好的降低作用，闪发罐内的余热量对于压缩机的排气温度影响为 3%～5%，余热量越大排气压力越高。

综上研究结果看，R290 工质在汽车热系统领域具有很好的应用潜力，但在实际应用推广层面还有待于行业的共同努力，开发适用于 R290 工质的汽车热系统专用压缩机、空调系统总成、换热器等相关部件，并与整车企业积极配合，探索车用 R290 热泵空调系统检漏及防爆新措施，从整车角度提升系统的安全与效能。

4.4 R744（CO_2）工质及应用

4.4.1 R744 工质特性

R744（CO_2）是地球大气层的重要组成物质之一，无毒无味、化学性质十分稳定、不可燃，ODP = 0，GWP = 1，环保性能优越，同时具有良好的流动传热特性，并且单位容积大，是一种优异的制冷工质。同时，R744 也是人类在蒸气压缩式制冷系统中最早使用的工质之一，其最早的使用历史可以追溯到 19 世纪 20~30 年代，后续逐渐被高效的人工合成工质替代。近年来随着人们对环境问题认识的提高和环保意识的增强，从 20 世纪末开始重新重视作为天然工质的 CO_2。R744 与 R134a 的热物性对比见表 4-4。

表 4-4 R744 与 R134a 热物性对比

制冷剂	CO_2	R134a
相对分子质量	44.01	102.03
ODP	0	0
GWP	1	1430
临界温度 /℃	31.1	101.7
临界压力 /MPa	7.377	4.055
标准沸点 /℃	−78.4	−26.2
0℃汽化潜热 /(kJ/kg)	230.89	198.6
0℃容积制冷量 /(kJ/m^3)	22600	2860
安全等级	A1	A1

CO_2 的临界温度低，仅为 31.1℃，在超临界区域工质的温度和压力是相互独立的参数，此区域 CO_2 的热物性参数均可表示成温度和压力的二元函数形式。基于物性计算软件 REFPROP 计算超临界区域 CO_2 的主要热物性参数，得到图 4-25 所示超临界区 CO_2 主要热物性参数随温度和压力的变化特征，可以看到，在相同压力下，CO_2 的定压比热容随温度变化非常明显，存在一个最大比热容，并且在这个最大比热容附近 CO_2 物性变化剧烈，这个点被称为 CO_2 的准临界点（quasicritical point），记为 t_{pc}。准临界点的特征类似于亚临界区域的饱和点，在准临界点附近，CO_2 的比热容变化剧烈。随着压力升高，超临界 CO_2 的准临界温度也随着升高，其规律同亚临界区域的饱和线一致。将不同压力下的准临界点连接成线，称为准临界温度线。

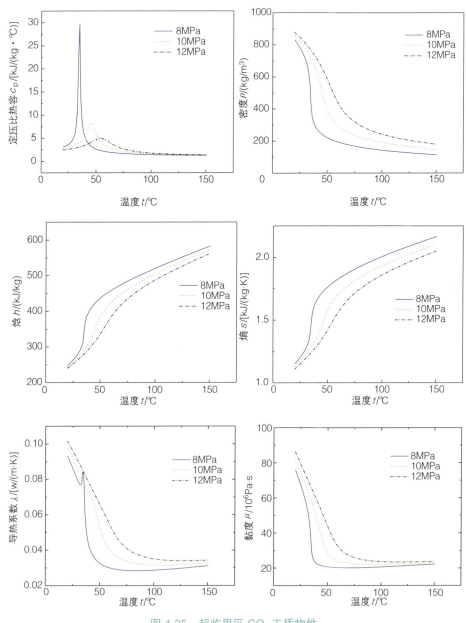

图 4-25 超临界区 CO_2 工质物性

准临界温度线将超临界区划分成两个相区：准临界温度线右侧称为超临界Ⅰ区，此区域 CO_2 的密度、黏度和导热系数较小，焓值和熵值较大，具有"类气体"性质；准临界温度线左侧称为超临界Ⅱ区，此区域 CO_2 的密度、黏度和导热系数明显大于同压力下超临界Ⅰ区，而焓值和熵值明显小于同压力下超临界Ⅰ区，具有"类液体"性质。

当温度偏离准临界温度较远时，超临界区域 CO_2 的热物性随温度变化平滑，此时其特性与常规的过热区或过冷区类似，因此可以认为，超临界效应对工质热物性的影响主要作用于准临界线附近。超临界区准临界线附近物性变化剧烈的区域称为准临界区，其范围大致为 $[0.7t_{pc}, 1.3t_{pc}]$，对不同压力下的准临界温度 t_{pc} 进行拟合，得到如下压力 p 与准临界温度 t_{pc} 的关联式：

$$t_{pc} = -22.632 + 8.7057p - 0.1938p^2 \quad (4-1)$$

准临界区域超临界 CO_2 的比热容较大，数倍于远离准临界点的其他区域，在准临界区域内发生热交换时，其特征与亚临界区域的相变换热过程类似。在设计跨临界热力循环时，应尽可能让气体冷却过程发生于准临界区域内。

4.4.2 R744 热泵系统

R744 凭借其优越的环保特性和热力性质成为汽车热系统领域极具发展潜力的环保工质之一，为便于表述，本文后续主要称之为 CO_2。自从 Lorenzen 和 Pettersen 提出 CO_2 跨临界循环并论证其在汽车空调领域的可行性以来，汽车用 CO_2 空调系统迅速成为行业内的研究热点。近年来，各大研究机构和相关车企纷纷加大在电动汽车 CO_2 热泵空调系统相关的理论研究和应用开发工作。

美国伊利诺伊大学的空调制冷中心从 20 世纪末开始逐步开展汽车用 CO_2 汽车空调系统相关研究工作[16]。Boewe 等人[17]通过试验测试比较了汽车空调用 R134a 系统和 CO_2 跨临界系统的制冷性能。研究发现，当环境温度较低时，CO_2 系统的性能略微占优；随着环境温度升高，CO_2 系统的性能衰减严重，其性能很快就不如 R134a 系统。而后通过在气冷器出口与压缩机吸气口前增设一个套管换热器[18]，CO_2 空调系统的性能提升 25% 左右，尤其是高温怠速工况。进一步地，设计了一种微通道式回热器[19]，用以替代传统的套管式换热器，计算结果表明耗材减少 50% 的同时换热器性能提升 10% 以上，为汽车空调用回热器提供了一种经济高效的解决方案。制热性能方面，Giannavola 等人[20]通过试验表明电动汽车 CO_2 热泵空调系统的压缩机容量较传统系统小，并且系统可以为汽车车室提供更多的制热量以及更高的制热 COP。

韩国汽车技术研究所针对汽车用 CO_2 空调系统开展了系列研究，证实了 CO_2 空调系统运用于汽车空调的可行性和有效性。2009 年，Kim 等人[21]研究了带轮驱动的 CO_2 汽车空调系统在不同运行工况下的性能特性，研究过程中，通过改变发动机转速和汽车行驶速度调节系统运行工况。结果显示，车辆怠速工况下，在最优排气压力工况下运行时，系统的制冷量超过 4.5kW，制冷 COP 超过 2.4；车辆行驶工况下，对应 35℃/45℃工况，在最优排气压力工况下运行时，系统制冷量和制冷 COP 分别达到 7.5kW 和 1.7。2012 年，Lee 等人[22]

设计了电驱动CO_2汽车空调系统，并测试了变工况下系统的制冷性能。结果显示，35℃工况下，当排气压力从9.2MPa提高到10.2MPa时，系统的制冷量提高到6.4kW，提升36.8%，对应COP提高到2.5，提升30.3%。当压缩机转速提升至4500r/min时，系统制冷量普遍超过5.0kW，超过夏季工况下汽车冷负荷，足以满足制冷需求。

国内上海交通大学率先开展相关研究。2000年，陈江平等人[23]在上海汽车工业科技发展基金的支持下开始开展传统燃油汽车用CO_2跨临界汽车空调系统研究开发工作。基于热力学优化方法对跨临界系统的排气压力和回热器容量等参数进行匹配优化，继而采用排量为22.5mL的斜盘式压缩机研制了国内首台车用CO_2跨临界汽车空调系统试验台架，27℃/35℃制冷工况下实测制冷量达到4.5kW。金纪峰[24]采用传热性能更佳的微通道换热器，设计了国内第一套平行流换热器式CO_2汽车空调系统，台架试验结果显示，当环境温度为25℃时，系统的制冷COP达2.83；继而开展的实车道路测试结果显示，受到实车安装时前端模块结构的影响，实测CO_2汽车空调系统的性能较台架试验差距较大，其降温速度较R134a系统的降温速度慢。

针对电动汽车，Wang等人[25, 26]测试了电动汽车CO_2热泵空调系统在典型工况下的性能，并与R134a系统进行对比。制冷工况下，CO_2热泵空调系统的制冷量与R134a系统基本相当，但是随着环境温度从27℃增大到45℃，其制冷COP从2.0衰减到1.3，较R134a系统低10%~26%。制热模式时，-20℃/20℃工况下，当压缩机频率为54Hz时，系统的最大COP达到1.7。Jiang等人[27]设计了一套动车用CO_2空调系统，并测试了不同环境温度下系统的制冷性能。测试结果显示，当环境温度从35℃升高到45℃时，CO_2空调系统的制冷COP急剧衰减，衰减比率高达37.7%。

在应用方面，大众率先将CO_2热泵系统应用于ID4.CROZZ车型，其原理如图4-26所示。

研究表明，CO_2热泵在低温工况下制热性能具有一定优势，但是在高环境温度下制冷性能有待提升，需要采取一定的措施对系统进行优化，弥补其高温制冷工况的性能劣势。研究学者从增设回热器、过冷冷却、喷射式循环、多级压缩等方式提高系统性能。

通过增设回热器实现蒸发器出口的低温制冷剂与气冷器出口的温度较高制冷剂进行冷却从而降低节流前温度目的，这是最简单且易实现的系统性能提升方式，CO_2跨临界系统的性能可以提升3%~25%，已经成为大部分情况下的必备部件，但是仅仅增设回热器无法让其达到和R134a系统相同的水平，同时增设回热器后导致的排气温度较高是不容忽视的问题[27]。

过冷冷却是在系统中增设一个子制冷系统，并用子系统的蒸发器冷却从主循环的气冷器中流出的制冷剂,从而降低节流前温度,在增大系统制冷量的同时还可以提升系统 COP。Llopis 等人[28]总结了跨临界系统中的过冷方式,结果显示采用经济器过冷、热电系统进行过冷和机械过冷分别可以获得 22%、25.6% 和 30.3% 的性能提升。过冷在提升系统制冷性能方面优势很大,但是由于需要配备足够的额外冷源,系统相对复杂。

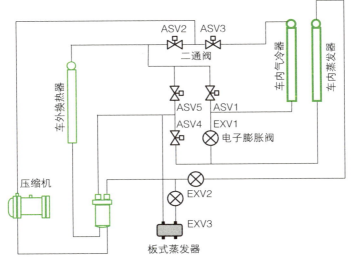

图 4-26　大众 CO_2 热泵系统原理

喷射式循环提升系统性能的原理是通过引入喷射器以等熵膨胀方式减小跨临界系统大压差节流过程的不可逆损失,喷射式循环原理如图 4-27 所示。笔者团队[29,30]理论分析了喷射式系统在电动汽车空调领域的可行性,获得汽车空调标准制冷工况和极限制冷工况下 CO_2 喷射式制冷系统的最佳排气压力分别为 9.0MPa 和 12.5MPa,并结合试验研究获得了喷射器结构设

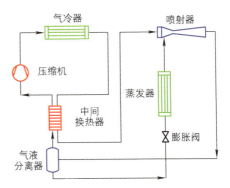

图 4-27　跨临界 CO_2 喷射式热泵循环原理

计的优化方法。李浩等人[31]研制了一套带喷射器的跨临界 CO_2 车用空调系统并试验比较了典型汽车空调工况下系统性能提升效果,结果显示在不同工况下喷射式系统的制冷 COP 较常规循环提升 2.69%~12.60%,但是对提升系统制冷量效果不明显。张振宇等人[32]比较了带喷射器的跨临界 CO_2 车用空调系统和常规循环的制冷性能,结果显示在 11.3MPa 的排气压力下,引入喷射器后系统的制冷量和制冷 COP 分别较常规循环提升了 6.6% 和 6.1%。进一步地分析了喷

射器结构参数喉部直径对系统性能的影响，发现 1.08mm 的喉部直径对应系统获得最优制冷性能。

多级压缩是指采用两个或多个压缩机将较大的压比分为两个或多个压比较小的压缩过程同时对每一级压缩过程的排气进行冷却，可以起到降低压缩机排气温度并提高压缩效率的目的。通常认为压缩过程的不可逆损失与压缩比呈负相关，即压比越大，压缩过程效率越低，不可逆损失越大。Cecchinato 等人[33]通过热力分析比较了双级压缩带额外气冷器进行中间冷却和基本循环的制冷性能，证明双级压缩系统的性能相较于基本循环提升约 16%。王洪利[34]试验分析了双气冷器式双级压缩系统的制冷性能，证实了中间冷却技术可以有效提升压缩机的效率从而提高系统性能，相较于基本循环，其制冷量和制冷 COP 分别提升 10% 和 6%。双级压缩技术可提升 CO_2 跨临界系统的制冷性能，而有效的中间冷却是其性能提升的保证，目前尚无在汽车空调领域的相关应用研究。笔者针对 CO_2 双转子式压缩机建立了中间冷却式 CO_2 热泵系统[35]，其原理如图 4-28 所示。

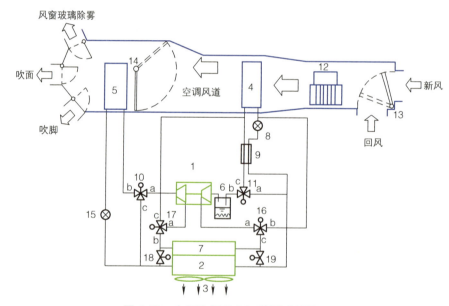

图 4-28　中间冷却式 CO_2 热泵系统原理

1—中间冷却式压缩机　2—车外换热器　3、12—电子风扇　4—车内蒸发器　5—车内气冷器
6—气液分离器　7—中间冷却器　8—制冷膨胀阀　9—回热器　10—高压三通阀　11—低压三通阀
13—新风风阀　14—模式切换风阀　15—制热膨胀阀　16、17—中压三通阀　18、19—截止阀

系统由中间冷却式压缩机、车外换热器、车内蒸发器、车内气冷器、中间冷却器、制冷膨胀阀、制热膨胀阀、电子风扇以及若干阀件构成。其中，中间冷却式压缩机用于对制冷剂进行双级压缩，制冷剂进行第一次压缩后排出压缩

机，待冷却后重新被吸入进行第二次压缩过程；车外换热器布置于车辆前端模块，制冷模式和制热模式分别充当气冷器和蒸发器；车内蒸发器布置在车室HVAC（供暖、通风与空气调节）风道内，制冷模式充当蒸发器，制热模式用于压缩机中间冷却；车内气冷器与车内蒸发器类似，布置于HVAC风道内，可以通过模式切换风阀调控其是否接入车室风系统；中间冷却器与车外换热器并排布置，安装在车外换热器前，同车外换热器共用一个电子风扇，制冷模式用于对经过中间冷却式压缩机第一级压缩后的气体进行中间冷却，制热模式并联接入车外换热器，一同充当蒸发器。

与基本型 CO_2 热泵系统相比，中间冷却式热泵系统的主要区别在于：①引入中间冷却式压缩机，制冷剂在压缩机中经历两个压缩过程；②引入中间冷却回路，制冷剂在中间冷却式压缩机中经历第一次压缩后在中间冷却回路中被冷却，夏季工况下中间冷却回路由布置于前端模块的中间冷却器构成，而冬季工况下中间冷却回路由车室HVAC风道内的车内蒸发器构成。

通过切换系统中的三通阀流通方向和截止阀的通断，系统可实现电动汽车的制冷、制热、除湿以及除霜功能，其模式切换策略见表4-5。

表4-5　系统模式切换策略

阀件	8	10	11	15	16	17	18	19
制冷模式	工作	ab	cb	关闭	ac	ba	关	关
制热模式	关闭	ac	ab	工作	ab	ca	开	开
除湿模式	工作	ab	cb	开启	ac	ba	关	关
除霜模式	工作	ab	cb	关闭	ac	ab	关	关

制冷模式下，低压制冷剂蒸气被吸入压缩机中，经历第一次压缩过程后中被压缩成中压气体，然后流经布置于前端模块的中间冷却器并被冷却。低温中压制冷剂在第二级压缩腔中经历第二次压缩过程后流向前端模块的车外换热器释放热量，而后经过回热器的进一步冷却后在制冷膨胀阀中被节流。低温低压的两相流体在布置于HVAC总成内的车内蒸发器中相变吸热，风道内的送风被冷却，从而为车室提供冷量，同时制冷剂蒸发成低温低压的过热蒸气重新流回压缩机，完成一个循环。

制热模式下，制冷剂经过第一级压缩后流入车内蒸发器中与HVAC风道内的车室送风进行换热，对制冷剂进行中间冷却的同时对车室送风进行预热。经中间冷却后的制冷剂在第二级压缩腔中被第二次压缩成高温高压的气体，而后流入HVAC风道内的车内气冷器中释放热量，制冷剂被冷却的同时经中间冷却过程预热的车室送风被进一步加热，达到送风温度要求后送入车室，为车室提供热量。被冷却的制冷剂经制热膨胀阀节流后流入前端模块中的车外换热器和中间冷却器中与车外空气进行换热，成为低压蒸气重新流回压缩机中，完成一个制热循环。制热模式时，平行布置于前端模块的车外换热器和中间冷却器并联接入系统中用作蒸发器以增大蒸发器换热面积，中间冷却过程的热量通过对车室送风预热的方式进行回收，从而提高系统的制热量。

制热时车外换热器时常会出现结霜，当霜层堆积到一定厚度时将导致系统制热性能急剧衰减甚至无法正常工作，此时需对蒸发器进行除霜处理。除霜模式下，系统的工作流程与制冷模式相同。压缩机第一级压缩后的中压高温气体在中间冷却器中被冷却的同时加热换热器表面，对中间冷却器进行除霜。压缩机第二级压缩后的高压高温气体在车外换热器中释放热量对车外换热器进行除霜。

当车辆行驶于高湿环境时（如阴雨天气等），需要对车室内空气进行除湿维持舒适的驾乘环境以及防止前风窗玻璃结雾。除湿模式下，节流后的低温制冷剂在车内蒸发器中相变吸热，换热器翅片处形成低温表面，车室内的高温高湿空气流经车内蒸发器表面时遇冷凝结成为低温饱和空气，送风的绝对含湿量降低。而后流向车内气冷器中同第二级压缩过程排除的高温高压制冷剂气体进行换热，经车内蒸发器降温除湿的低温饱和空气被加热至送风温度，同时空气的相对湿度降低，以满足舒适性要求。高温高湿的空气在HVAC风道内经过车内蒸发器的降温除湿（减小绝对含湿量）和车内气冷器的升温降湿（降低相对湿度）两个过程变成高温低湿的空气送往车室，从而到达除湿的目的。

针对该系统建立了试验台架，开展了系统的制冷制热性能研究[36, 37]，试验系统采用排量为4.5cm³/r的双转子二氧化碳压缩机，图4-29所示为中间冷却系统与基本回热系统的制冷性能对比。车外温度为35℃工况下，随着压比从2.01增大到2.86，中间冷却式系统的制冷量先从1856W提升到2353W，然后随着压比继续增大，系统制冷量略微下降，最大制冷量对应压比为2.66；对于基本回热式循环，随着压比增大，系统制冷量从1660W持续提升到2258W，受限于排气温度，压比仅在1.79~2.22之间调节，未出现制冷量拐点。COP方面，中间冷却式系统和基本循环表现出相同的趋势。随着压比增大，中间冷却式系统的COP先从1.82提升到2.01，然后衰减至1.81，其中最优COP对应的压比为2.24。对于基本循环，其COP随着压比增大先从1.83提升到2.01，然后开始下降，在压比为2.02时出现拐点。当压比较小时，随着压比增大，系统制冷量提升明显，因此COP增大；当压比增大到一定程度时，继续增大压比会引起压缩机耗功急剧上升，继而导致系统COP开始衰减。35℃制冷工况下，CO_2中间冷却式系统的最大制冷量较基本循环略高于基本循环，COP与基本循环大致相当；但是相同压比工况下，CO_2中间冷却式系统的制冷量和COP较基本循环略低。

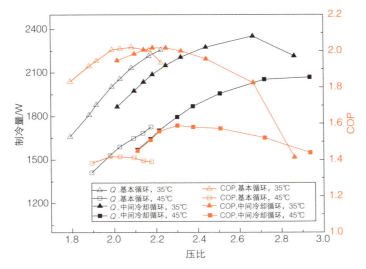

图 4-29　中间冷却式与基本回热式 CO_2 热泵系统的制冷性能对比

车外温度 45℃ 的高环境温度制冷工况下，中间冷却式系统优势明显。对于中间冷却式系统，随着压比增大，系统制冷量从 1568W 提升到 2068W，COP 先从 1.45 提升到 1.59，然后衰减至 1.44；当压比为 2.30 时，系统取得 1.59 的最优 COP，这一结果 R134a 系统相同工况下的性能基本相当。相较于基本循环，系统最大制冷量提升 19.8%，制冷 COP 提升 12.8%。随着环境温度从 35℃ 升高到 45℃，中间冷却式系统最大制冷量衰减 13.1%，最优 COP 衰减 20.9%，而基本循环的制冷量和 COP 衰减分别达 23.6% 和 29.4%。

图 4-30 给出了中间冷却式系统和基本回热式循环实际过程 $p\text{-}h$ 图。从结构的角度看，中间冷却式压缩机采用同轴式结构，其内部的两个压缩腔平行布置于压缩机机壳内；从原理的角度看，制冷剂蒸气在第一级压缩腔内经过压缩后先排往压缩机壳体，然后在压缩机外部被冷却后在第二级压缩腔中进行第二次压缩，整个壳体中充满第一级压缩过程的中压高温的气体。第一级压缩腔中的制冷剂温度低于其周围环境温度（壳体内气体温度），导致第一级压缩压缩过程被加热，从而引起第一级压缩过程更多的熵增，表现在 $p\text{-}h$ 图中即为第一级压缩过程的斜率明显较基本循环压缩过程的斜率小。第二级压缩过程的情况则反之，虽然经过中间冷却后的气体回到第二级压缩腔时的温度低于其环境温度，但是随着第二级压缩过程的进行，制冷剂温度逐渐升高，直至超过壳体内气体温度。当第二级压缩腔内气体温度高于其环境温度时，之后继续进行的压缩过程会被机壳内气体冷却，导致压缩过程的熵增减小，表现为第二级压缩过程的斜率相比于基本循环压缩过程的斜率有一定的增大，在 $p\text{-}h$ 图上表现为向左偏。

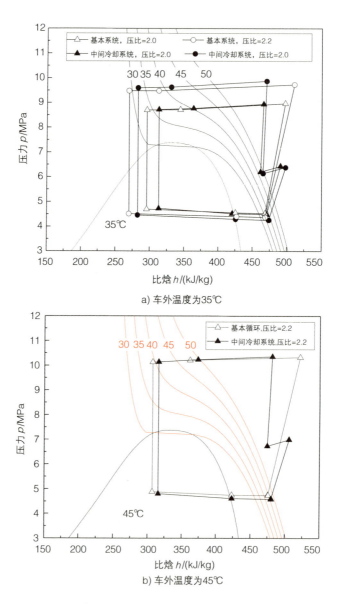

图 4-30 中间冷却式和基本回热循环系统 p-h 图比较

引入中间冷却后最直接的影响是压缩机的效率提升,表现为制冷剂循环流量较基本循环大。车外温度为35℃标准制冷工况下,当压比为2.0时,中间冷却式系统的制冷剂流量为 68.2kg/h,比相同工况下基本循环高 17.3%,流量增量导致中间冷却式系统的耗功较相同工况下基本循环略高。此外在前端模块中中间冷却器布置在车外换热器前并与车外换热器共用风扇,空气先经过中间冷却器被加热一次后再流经车外换热器，对于气冷器而言，相当于提高了环境温度，导致中间冷却式系统的气冷器出口温度较基本循环高，表现在 p-h 图上的特征为相同工况下中间冷却式系统的气冷器出口状态点较基本循环靠右，继而影响电子膨胀阀节流前的温度，导致节流后制冷剂干度较基本循环大，进而影响蒸发器中的换热情况和系统制冷量。中间冷却器前置对车外换热器中的气体冷却过程的换热恶化效果是导致35℃标准工况下相同压比时中间冷却式系统同基本循环相比处于劣势地位的主要原因。

车外温度为45℃高环境温度制冷工况下，系统运行在大压差和大压比状态下，中间冷却技术的优越性得以显现。一方面，双级压缩中间冷却式系统适用于大压比工况，这在亚临界循环中已经得到广泛验证和充分认可。另一方面，在超临界区域，CO_2 的大部分物性均随着温度和压力变化明显，其特征为越靠近 CO_2 的准临界点，物性变化越剧烈，包括比热容，比热容的变化表现在压焓图上为等温线的疏密程度不同。45℃高环境温度制冷工况下，系统的运行压力高，远离 CO_2 的假临界点，其运行区域的等温线较35℃工况时密集，此时中间冷却器前置对空气的预热作用对制冷剂状态点产生的影响较小，其对系统性能的影响较35℃工况小，宏观表现为45℃工况下中间冷却式系统的制冷性能较基本系统有显著提升效果。

制热性能试验是在压缩机频率固定为50Hz，室内换热器送风量维持400m³/h的条件下，通过调节电子膨胀阀开度以比较中间冷却式系统和基本循环对应工况下的最优COP。对于基本循环，选择满足排气温度不超过安全保护限制条件下的系统最大COP作为对应工况下的性能。图4-31所示为不同环境温度下中间冷却式系统和基本循环的排气状态比较，可以看到随着环境温度下降，系统的排气温度均上升明显。对于中间冷却式系统，当环境温度从0℃下降到−20℃时，压缩机排气温度升高到98.3℃，对应的排气压力为8.58MPa。−20℃工况下，当排气压力仅为5.8MPa时，压缩机排气温度即达115℃，排气温度过高的问题严重限制了基本循环的运行工况范围。相比之下，中间冷却式系统因降低排气温度的优势可大幅拓宽系统运行压力范围，低环境温度工况下其优势愈加显著。

车外温度为0℃工况下，中间冷却式系统的制热量为2892W，较基本循环的1928W提升了约50%，对应车室送风温度提高4℃；−20℃工况下，中间冷却式系统的制热量为2003W，较基本循环提升了132%，对应车室送风温度高6℃。受限于排气温度，−20℃工况下基本循环的排气压力仅为5.8MPa，对应的饱和温度为20.6℃，而室内侧气冷器中进风温度为20℃，两相区的换热温差过小，换热过程主要发生于过热区蒸气冷却。过热区 CO_2 的比热容明显小于超临界 CO_2，导致基本循环在低环境温度工况下制热量较小。

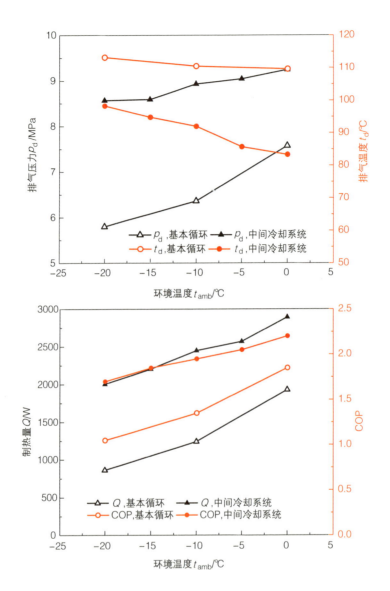

图 4-31 中间冷却式系统和基本回热循环系统在不同环境温度下制热性能对比

制热工况的压焓图如图 4-32 所示,压焓图循环揭示了中间冷却式系统和基本循环的制热 COP 随环境温度变化的演变规律,可以看到,0℃工况下,中间冷却式系统的 COP 为 2.20,相较于基本循环提升了 18.9%。中间冷却式系统的优势随着环境温度下降更加明显,当环境温度为 -20℃时,中间冷却式系统在制热 COP 方面的优势达到 61.9%。-20℃/20℃工况下,中间冷却式系统的 COP 为 1.70,其排气温度仅为 98.3℃,比同等水平的电动汽车用 CO_2 热泵系统降低了30~50℃。中间冷却式系统的另一个显著优势是其制热性能随环境温度衰减较为平缓。当环境温度从0℃下降到-20℃时，中间冷却使系统的制热COP从2.20下降到1.70，衰减29.4%，而基本循环的制热COP从1.85下降到1.05，衰减76.2%。

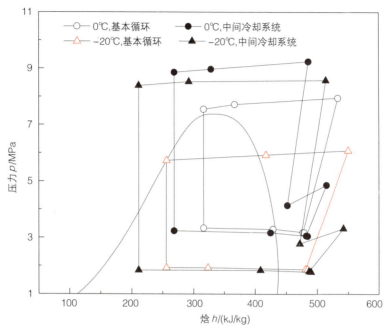

图4-32 制热工况下中间冷却式系统和基本回热循环系统 p-h 图对比

随着环境温度下降，基本循环的排气温度上升速度过快，电子膨胀阀开度只能维持在较大的水平，系统排气压力较低，甚至转为亚临界循环，由于CO_2的饱和温度较低，与车内气冷器的20℃进风之间的温差很小，导致系统制热量和制热COP衰减严重。对于中间冷却式热泵系统，得益于压缩机中间冷却技术在降低压缩机排气温度方面的突出贡献，电子膨胀阀可调节至较小开度直至最优COP对应的临界开度出现，此时排气温度仍处于安全范围之内，排气压力较高，系统始终维持跨临界运行，促成了中间冷却式系统在及低环境温度工况下的突出优势。

考虑驾乘人员的卫生要求，车室有一定新风量需求，但是若采用全新风模式势必引入大量的新风负荷，因而增加了系统制热量需求，为节约空调能耗，考虑车内送风为新风和回风按一定比例的混合空气来综合考虑新风要求和负荷之间的矛盾。回风比指供给车室的空气中回风占送风量的比例，即

$$\alpha = \frac{V_r}{V_s} = \frac{V_r}{V_r + V_f} \tag{4-2}$$

式中，α 为回风比；V_r 为回风风量（m³/h）；V_s 为送风风量（m³/h）；V_f 为新风风量（m³/h）。

图 4-33 所示为 0℃ 环境温度工况下不同回风比条件下中间冷却式热泵系统和基本循环的制热性能对比。通过调节车内送风温度为 0℃、6℃、10℃、14℃ 和 20℃ 分别模拟 0、0.3、0.5、0.7 和 1 五种不同的回风比工况。全新风模式下（$\alpha = 0$），基本循环的制热量为 2463W，对应 COP 为 2.95；相同工况下，中间冷却式系统的制热量为 3561W，对应 COP 达 3.33，较基本循环分别提升 44.2% 和 12.9%。全回风模式下（$\alpha = 1$），中间冷却式系统的制热量为 2953W，对应 COP 为 2.24，对比相同工况下基本循环分别提升了 75.8% 和 21.1%。随着回风比增大，中间冷却式系统和基本循环的制热量和制热 COP 均下降，但是中间冷却式系统的优势却反而更加显著。对于热泵系统，增大回风比相当于提高高温放热侧空气温度，即增大高低温热源间温差，大温差对应更高的系统运行压比，中间冷却技术优势更显著。

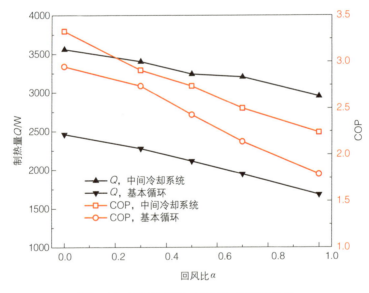

图 4-33　不同回风比工况下系统制热性能

上述制热工况研究结果表明，中间冷却式系统通过降低排气温度从而提升系统高压压力的方式提升系统拓宽系统运行范围，可以良好地适应极低环境温度工况和大回风比工况下运行。通过中间冷却热回收的方式可进一步提升系统制热性能，强化中间冷却式系统在制热性能方面的突出优势，满足更大的制热量需求，进一步提升电动汽车 CO_2 热泵系统的低环境温度工况适应性。

4.5 本章小结

在汽车行业，HFCs 的减排替代对汽车空调相关技术的创新和产品能效提升提供了机遇，特别是新能源汽车对热系统能效提升与技术创新提出了更高要求。R1234yf、R290 和 R744 三种替代方案均存在各自的优势和局限，未来的替代发展路线目前尚无法确定，建议充分发挥各种制冷剂自身优点，应用于各自的优势领域。

1）R1234yf 系统的低温制热性能受环境温度影响较大，典型的 27mL 排量的电动压缩机在转速为 5000r/min、风量为 380m^3/h 时系统试验结果显示，0℃/0℃工况时，制冷剂流量为 78.4kg/h，系统制热量为 3671W，运行 COP 为 2.45，循环的热力完善度为 43.5%；0℃/20℃工况下，制冷剂流量为 68.4kg/h，系统制热量为 3010W，运行 COP 为 1.69，循环的热力完善度为 34.8%，送风温度从 27.8℃上升至 42.5℃，排气温度从 68.2℃上升到 86.7℃；-10℃/-10℃工况下，制冷剂流量为 62.1kg/h，系统制热量为 3401W，运行 COP 为 2.62，循环的热力完善度为 52.4%；-10℃/20℃工况下，制冷剂流量为 52.19kg/h，系统制热量为 1882W，运行 COP 为 1.49，循环的热力完善度为 26.8%。

R1234yf 系统的制热量、运行能效以及循环的热力完善度与 R134a 系统总体上相差不大，但 R1234yf 系统的平均蒸发压力稍高于 R134a 系统，平均冷凝压力又要低一些，系统的制冷剂质量流量要高于 R134a 系统，需要配备更大排量的压缩机。总体来说 R1234yf 热泵几乎可以直接替代 R134a 系统，在新一轮低 GWP 制冷工质替代前期将占明显优势，但 R1234yf 居高不下的价格是制约其应用的主要因素，降低制冷剂成本才能促进其广泛应用。

2）R290 具有良好的制冷制热综合性能，-20℃/20℃低温工况、压缩机转速为 6000r/min 时，系统制热能力达到 2911W，对应的系统 COP 为 1.80；-25℃/20℃低温工况、压缩机转速为 3600r/min 对应的系统制热量为 1658W、系统 COP 为 2.16。在采用补气式系统循环以及有余热可利用的情况下，系统性能更佳，低温条件下补气系统可提高 20% 左右的制热性能。

同时，在确定工况下系统能效的主要影响因素是压缩机转速引起的效率差异，35℃常规制冷工况，压缩机转速从 1800r/min 增加到 6600r/min，系统制冷能力从 1789W 提升至 4027W，系统 COP 从 3.65 下降至 1.82；45℃高温制冷工况，压缩机转速从 2700r/min 增加到 4500r/min，系统制冷能力从 1973W 提升至 3031W，系统 COP 从 2.10 下降至 1.88。因而提高压缩机变转速下的效率是提高系统能效的关键。

另外，易燃易爆特性严重限制其在新能源汽车领域的使用，目前亟须建立健全相关可燃性工质安全应用法规，并从降低充注量或构建二次循环等角度入手提升其安全性能，R290才能在新能源汽车热管理领域迎来良好发展。

3）R744具有优异的低温制热性能，能完全满足汽车车室冬季供暖需求，是一种很好的替代方案，制冷性能提升以及零部件低成本化是促进其发展的关键。通过两级压缩中间冷却的方式可以有效提升系统的制冷性能。35℃工况下，CO_2中间冷却式系统的最大制冷量较基本循环略高于基本循环，COP与基本循环大致相当；但是相同压比工况下，CO_2中间冷却式系统的制冷量和COP较基本循环略低。45℃高环境温度制冷工况下，中间冷却式系统相较于基本循环系统，系统最大制冷量提升19.8%，制冷COP提升12.8%。

另外，中间冷却式系统有利于降低排气温度的优势可大幅拓宽系统运行压力范围，低环境温度工况下其优势愈加显著；0℃工况下，中间冷却式系统相较于基本循环性能提升了18.9%；-20℃工况下，系统的COP为1.70，相较0℃工况，衰减29.4%，远低于基本循环。发展中间冷却系统则还需进一步加强电动汽车用中间冷却双级压缩机的开发。

参考文献

[1] LEE Y, JUNG D. A brief performance comparison of R1234yf and R134a in a bench tester or automobile applications[J]. Applied Thermal Engineering, 2012, 35: 240-242.

[2] JARALL S. Study of refrigeration system with HFO-1234yf as a working fluid[J]. International Journal of Refrigeration, 2012, 35(6): 1668-1677.

[3] NAVARRO-ESBRI J, MENDOZA-MIRANDA J M, MOTA-BABILONI A, et al. Experimental analysis of R1234yf as a drop-in replacment for R134a in a vapor compression system[J]. International Journal of Refrigeration, 2013, 36(3): 870-880.

[4] ZILIO C, BROWN J S, SCHIOCHET G, et al. The refrigerant R1234yf in air conditioning systems[J]. Energy, 2011, 36(10): 6110-6120.

[5] PAMELA R, VIKRANT A, REINHARD R. Refrigerant R1234yf performance comparison investigation[C]. International Refrigeration and Air Conditioning Conference at Purdue, 2010.

[6] QI Z G. Experimental study on evaporator performance in mobile air conditioning system using HFO-1234yf as working fluid[J]. Applied Thermal Engineering, 2013, 53(1): 124-130.

[7] NAVARRO-ESBRI J, MOLES F, BARRAGAN-CERVERA A. Experimental analysis of the internal heat exchanger influence on a vapor compression system performance working with R1234yf as a drop-in replacement for R134a[J]. Applied Thermal Engineering, 2013, 59(1/2): 153-161.

[8] CHO H, LEE H, PARK C. Performance characteristics of an automobile air conditioning system with internal heat exchanger using refrigerant R1234yf [J]. Applied Thermal Engineering, 2013, 61(2): 563-569.

[9] SEYBOLD L, HILL W, ZIMMER C. Internal heat exchanger design performance criteria for R134a and HFO-1234yf[C]. SAE World Congress, 2010.

[10] VAGHELA J K. Comparative evaluation of an automobile air-conditioning system using R134a and its alternative refrigerants [J]. Energy Procedia, 2017, 109: 153-160.

[11] NAVARRO E, MARTÍNEZ-GALVAN I O, NOHALES J, et al. Comparative experimental study of an open piston compressor working with R-1234yf, R-134a and R-290[J]. International Journal of Refrigeration, 2013, 36(3): 768-775.

[12] LIU C C, WANG D D, SUN Z Y, et al. Effects of charge on the performance of R290 air conditioner with different expansion devices[J]. Applied Thermal Engineering, 2018, 140: 498-504.

[13] 黄广燕, 邹慧明, 唐明生, 等. R290电动汽车热泵空调性能实验研究 [J]. 制冷学报, 2020, 41(6): 40-46.

[14] 黄广燕. 基于环保工质R290的电动汽车热泵空调系统研究 [D]. 北京: 中国科学院大学, 2019.

[15] 张文超. 基于余热回收的R290电动汽车空调热泵系统研究 [D]. 上海: 上海海事大学, 2022.

[16] MCENANEY R P, BOEWE D E, YIN J M, et al. Experimental comparison of mobile A/C system when operated with transcritical CO_2 versus conventional R134a[C]. International Refrigeration Conference at Purdue, 1998.

[17] BOEWE D E, MCENANEY R P, Park Y C, et al. Comparative experimental study of subcritical R134a and transcritical R744 refrigeration system for mobile applications[J]. University of Illnois at Urbana-Champaign, 1999.

[18] BOEWE D E, Park Y C, YIN J M, et al. The role of a suction line heat exchanger in transcritical R744 mobile A/C systems[C]. SAE International Congress and Exposition, 1999.

[19] BOEWE D E, BULLARD C W, YIN J M, et al. Contribution of internal heat exchanger to transcritical R744 cycle performance[J]. HVAC&R Research, 2001, 7(2): 155-168.

[20] GIANNAVOLA M S, HRNJAK P S. Experimental study of system performance improvements in transcritical R744 system for mobile air-conditioning and heat pumping[J]. Statistics in Medicine, 2002, 18(15): 2041-2049.

[21] KIM S C, WON J P, KIM M S. Effects of operating parameters on the performance of a CO_2 air conditioning system for vehicles[J]. Applied Thermal Engineering, 2009, 29(11-12): 2408-2416.

[22] LEE M, LEE H, WON H. Characteristic evaluation on the cooling performance of an electrical air conditioning system using R744 for a fuel cell electric vehicle[J]. Energies, 2012, 5(5): 1371-1383.

[23] 陈江平, 穆景阳, 刘军朴, 等. 二氧化碳跨临界汽车空调系统开发 [J]. 制冷学报, 2002, 23(3): 14-17.

[24] 金纪峰. 采用微通道换热器的二氧化碳汽车空调系统研究 [D]. 上海：上海交通大学，2010.

[25] WANG D D, YU B B, SHI J Y, et al. Experimental and theoretical study on the cooling performance of a CO_2 mobile air conditioning system[J]. Energies, 2018, 11（8）: 1-13.

[26] WANG D D, YU B B, HU J C, et al. Heating performance characteristics of CO_2 heat pump system for electrical vehicle in a cold climate[J]. International Journal of Refrigeration, 2018, 85: 27-41.

[27] JIANG F Z, WANG Y F, YU B B, et al. Effects of various operating conditions on the performance of a CO_2 air conditioning system for trains[J]. International Journal of Refrigeration, 2019, 107: 105-113.

[28] LLOPIS R, NEBOT-ANDRÉS L, SÁNCHEZ D, et al. Subcooling methods for CO_2 refrigeration cycles: A review[J]. International Journal of Refrigeration, 2018, 93: 85-107.

[29] 黄碧涵. 基于多种流体为介质的喷射器及喷射制冷系统性能研究 [D]. 北京：中国科学院大学，2019.

[30] ZOU H M, YANG T Y, TANG M S, et al. Ejector optimization and performance analysis of electric vehicle CO_2 heat pump with dual ejectors[J]. Energy, 2022, 239（Part E）: 122452.1-122452.11.

[31] 李浩，张振宇，宋霞，等. 带喷射器的跨临界 CO_2 车用空调系统实验研究 [J]. 上海交通大学学报，2021, 55（2）: 179-187.

[32] 张振宇，王丹东，陈江平，等. 带喷射器的 CO_2 汽车空调系统性能研究 [J]. 制冷技术，2020, 40（5）: 33-40.

[33] CECCHINATO L, CHIARELLO M, CORRADI M, et al. Thermodynamic analysis of different two-stage transcritical carbon dioxide cycles[J]. International Journal of Refrigeration, 2009, 32（5）: 1058-1067.

[34] 王洪利. CO_2 跨临界双级循环理论分析与试验研究 [D]. 天津：天津大学，2008.

[35] 陈伊宇. 电动汽车 CO_2 热泵中间冷却式系统研究 [D]. 北京：中国科学院大学，2021.

[36] CHEN Y Y, ZOU H M, DONG J Q, et al. Experimental investigation on refrigeration performance of a CO_2 system with intermediate cooling for automobiles[J]. Applied Thermal Engineering, 2020, 174: 115267.

[37] CHEN Y Y, ZOU H M, DONG J Q, et al. Experimental investigation on the heating performance of a CO_2 heat pump system with intermediate cooling for electric vehicles[J]. Applied Thermal Engineering, 2021, 182: 116039.

Chapter 05

第 5 章
动力电池热管理技术

　　动力电池的热管理是根据动力电池的工作环境需求，通过冷却或加热的方式对电池系统进行温度控制。温度控制对动力电池的可靠高效工作具有重要作用，具体表现在：在电池温度较高时进行有效散热，防止产生热失控事件；在电池温度较低时进行预热，提升电池温度，确保低温下的充电、放电性能和安全性；减小电池组内的温度差异，抑制局部过热的现象，防止高温位置处的电池过快衰减，降低电池组整体寿命。温度不仅影响电池的循环寿命、行驶里程、充电时间，还影响电池系统的一致性、安全性及可靠性。动力电池热管理需要针对电池在温度过高或者过低情况下，解决热失控、不能深度放电的问题，提升电池整体性能。

　　本章首先分析动力电池的热管理需求，然后介绍现有动力电池的热管理技术，最后重点展现动力电池微热管阵列温控技术的研究工作。

5.1 动力电池对热管理的需求[1, 2]

5.1.1 动力电池的温控需求

　　动力电池作为电动汽车的关键零部件，是电动汽车的"心脏"，纯电动汽车的普及也对电池的安全性、可靠性提出了较高要求。作为电动汽车动力系统的核心零部件，动力电池的选择至关重要，其性能优劣直接影响电池系统的能量密度、循环寿命、汽车的安全性等关键指数。

新能源汽车热系统

我国新能源汽车产业正在加速发展,纯电动汽车正在走进千家万户。2020年10月27日,《节能与新能源汽车技术路线图2.0》正式发布。在这份路线图中,我国制定了分技术方向、分阶段、分车型规划的动力电池技术路线,将未来15年我国的动力电池发展分为2025年、2030年、2035年三个时间点(表5-1),以期实现2035年我国的动力电池技术国际领先,形成完整、自主、可控的动力电池产业链。动力电池比能量的进一步增大,保障了电动汽车动力充足,同时也增加了动力电池的热管理需求。

表5-1 我国未来15年的动力电池技术路线

动力电池类型		2025年	2030年	2035年
能量型电池	普及型	比能量>200W·h/kg 寿命>3000次/12年 成本<0.35元/(W·h)	比能量>250W·h/kg 寿命>3000次/12年 成本<0.32元/(W·h)	比能量>300W·h/kg 寿命>3000次/12年 成本<0.30元/(W·h)
	商用型	比能量>200W·h/kg 寿命>6000次/8年 成本<0.45元/(W·h)	比能量>225W·h/kg 寿命>6000次/8年 成本<0.40元/(W·h)	比能量>250W·h/kg 寿命>6000次/8年 成本<0.35元/(W·h)
	高端型	比能量>350W·h/kg 寿命>1500次/12年 成本<0.50元/(W·h)	比能量>400W·h/kg 寿命>1500次/12年 成本<0.45元/(W·h)	比能量>500W·h/kg 寿命>1500次/12年 成本<0.40元/(W·h)
能量动力兼顾型电池	兼顾型	比能量>250W·h/kg 寿命>5000次/12年 成本<0.60元/(W·h)	比能量>300W·h/kg 寿命>5000次/12年 成本<0.55元/(W·h)	比能量>325W·h/kg 寿命>5000次/12年 成本<0.50元/(W·h)
	快充型	比能量>225W·h/kg 寿命>3000次/10年 成本<0.70元/(W·h) 充电时间<15min	比能量>250W·h/kg 寿命>3000次/10年 成本<0.65元/(W·h) 充电时间<12min	比能量>275W·h/kg 寿命>3000次/10年 成本<0.60元/(W·h) 充电时间<10min
功率型电池	功率型	比能量>80W·h/kg 寿命>30万次/12年 成本<1.20元/(W·h)	比能量>100W·h/kg 寿命>30万次/12年 成本<1.00元/(W·h)	比能量>120W·h/kg 寿命>30万次/12年 成本<0.80元/(W·h)

动力电池在充放电过程中,内部发生着复杂的化学反应。以锂离子电池为例,电池在结构上主要由正极、负极、电解液(电解质)、隔膜、外壳与电极引线(电极极耳)等组成。充电时,电池正极生成锂离子,通过电解液运输,穿过中间隔膜到达负极,嵌入负极的碳层中;放电时,嵌在负极碳层中的锂离子脱出,再运动回到正极。因此,锂离子电池也被形象地称为"摇椅电池"。电池充电时内部的化学反应可以表示为如下形式:

正极反应

$$LiMO_2 \longrightarrow Li_{1-x}MO_2 + xLi^+ + xe^- \tag{5-1}$$

或

$$Li_{1+y}M_2O_4 \longrightarrow Li_{1+y-x}M_2O_4 + xLi^+ + xe^- \tag{5-2}$$

负极反应

$$nC + xLi^+ + xe^- \longrightarrow Li_xC_n \quad (5-3)$$

电池反应

$$LiMO_2 + nC \longrightarrow Li_{1-x}MO_2 + Li_xC_n \quad (5-4)$$

或

$$Li_{1+y}M_2O_4 + nC \longrightarrow Li_{1+y-x}M_2O_4 + Li_xC_n \quad (5-5)$$

式中，M 为 Co、Ni、Fe、Mn 等，正极化合物有 $LiCoO_2$、$LiNiO_2$、$LiMn_2O_4$、$LiFePO_4$ 等，负极化合物有 LiC_x、TiS_2、WO_3、NbS_2、V_2O_5 等。

电池充放电过程发生的化学反应往往伴随着热量的产生，尤其在高温环境下使用或者在大电流充放电时，化学反应剧烈，产生大量的热。如果电池的散热速率小于内部产热速率，电池温度升高，可能会引发热失控，出现漏液、放气、冒烟等现象，严重时电池发生剧烈燃烧甚至爆炸。表 5-2 是在一定温度范围内，锂离子电池内部能够发生的热行为，这些放热反应是导致电池不安全的因素。因此，降低锂离子电池温度对电池的热安全至关重要。

表 5-2 锂离子电池体系中的热行为

温度范围 /℃	化学反应	热量 /(J/g)	说明
110~150	Li_xC_{6+} 电解质	350	钝化膜破裂
130~180	PE（聚乙烯）隔膜熔化	-190	吸热
160~190	PP（聚丙烯）隔膜熔化	-90	吸热
180~500	$Li_{0.3}NiO_2$ 与电解质的分解	600	释氧温度 $T=200℃$
220~500	$Li_{0.45}COO_2$ 与电解质的分解	450	释氧温度 $T=230℃$
150~300	$Li_{0.1}MnO_4$ 与电解质的分解	450	释氧温度 $T=300℃$
130~220	溶剂与 $LiPF_6$	250	能量较低
240~350	Li_xC_6 与 PVDF（聚偏二氟乙烯）	1500	剧烈的链增长
660	铝的熔化	-395	吸热

注：电解质为 PC（碳酸丙烯酯）/EC（碳酸乙烯酯）/DMC（碳酸二甲酯）(1:1:3) + $LiPF_6$(1mol)。

典型动力电池的性能参数见表 5-3。

表 5-3 典型动力电池的性能参数

电池类型	铅酸电池	镍氢电池	锂离子电池
能量密度 /(W·h/kg)	30~50	30~100	100~250
快速充电时间 /h	8~16	2~4	2~4
电压 /V	2	1.25	2.5~4.5
自放电率（室温）(%)	5	30	5
运行温度范围 /℃	-30~60	-20~50	-20~60

相对于铅酸电池和镍氢电池，锂离子电池具有能量密度高、额定电压高（便于组成电池电源组）、自放电率低、使用寿命长、重量轻等优点，是目前电动乘用车主要使用的电池类型，所以本章仅针对锂离子电池。

当动力电池在安全的温度范围，即允许温度范围内运行时，温度过高或者过低都不利于动力电池的性能发挥。温度过高，电池内阻减小，电池效率提高，但同时又会加快电池内部有害化学反应速率，缩短其循环寿命。表 5-4 总结了目前锂离子电池的容量衰减与运行温度的关系。

表 5-4 锂离子电池容量衰减与运行温度的关系

材料	放电区间	循环速率	循环次数	循环温度/℃	容量衰减
C/LiFePO$_4$	3.6~2.0V	3C	600	45	25.6%
				25	14.3%
				0	15.5%
				−10	20.3%
C/LiFePO$_4$	90%DOD	C/2	757	60	20.1%
			2628	15	7.5%
MCMB/ LiFePO$_4$	3.8~2.7V	C/3	100	55	70%
				37	40%
				25	很小
C/LiNi$_{0.8}$Co$_{0.15}$Al$_{0.05}$O$_2$	100%DoD（放电深度）	C/2	140	60	65%
				25	4%
C/LiCoO$_2$	4.2~2.0V	C/9~C	300	55	26.7%
				25	10.1%
C/LiMn$_2$O$_4$	4.2~2.5V	C	500	45	51%
				21	28%

由表 5-4 可以看出，温度过低时（如低于 0℃），由于电解液受冻凝固等，电池的充放电能力都会下降。对于部分地区，冬季气温低于 −20℃时，电池基本不能放电或者放电深度较浅。一般来说，锂离子电池的最佳工作温度范围是 25~40℃。

5.1.2 电池温控负荷计算

1. 电池散热负荷[3, 4]

锂离子电池产生的热量主要由电化学反应热 Q_r、极化热 Q_p、焦耳热 Q_j 和副反应热 Q_s 四部分组成。

（1）反应热 Q_r

由于电池在充放电过程中会进行化学反应，在化学反应的过程中就会产生热量。一般来说，充电时，化学反应吸热，该值为负值，放电时放热为正值。反应热可以通过下式计算：

$$Q_r = \frac{Q_1 I}{nF} \tag{5-6}$$

式中，Q_r 为反应热（W）；Q_1 为电池的总反应热（J/mol）；I 为电池电流（A）；n 为反应级数，取 1 或 2；F 为法拉第常数，$F = 9.6485 \times 10^4$ C/mol。

（2）极化热 Q_p

电池因负载电流通过而产生极化现象，极化过程中产生的热量就是极化热，无论充电过程还是放电过程极化热均取正值。极化热可以通过下式计算：

$$Q_p = R_p I^2 \tag{5-7}$$

式中，Q_p 为极化热（W）；R_p 为电池极化内阻（Ω）；I 为电池电流（A）。

（3）焦耳热 Q_j

焦耳热是电池在充放电过程中由于电池的内阻在电流作用下产生的热量，电池内阻主要包括电子内阻（包括导电极耳、集流体、活性物质间的接触电阻）和电解质的离子内阻（含电极与隔膜），该部分热量在电池充放电过程中均为正值，是电池产热量的主要组成部分。焦耳热可以通过下式计算：

$$Q_j = R_e I^2 \tag{5-8}$$

式中，Q_j 为焦耳热（W）；R_e 为电池欧姆内阻（Ω）；I 为电池电流（A）。

（4）副反应热 Q_s

电池在充放电过程中存在着副反应，主要是电解液分解、固体电解质膜分解、自放电等，副反应的存在也会产生热量。副反应热的计算公式如下：

$$Q_s = \frac{Q_2 I}{nF} \tag{5-9}$$

式中，Q_s 为副反应热（W）；Q_2 为电池副反应热（J/mol）；I 为电池电流（A）；n 为反应级数，取 1 或 2；F 为法拉第常数，$F = 9.6485 \times 10^4$ C/mol。

实际中，副反应热的数值很小，在计算中可以忽略。

因此，一个锂离子电池的总产热率可以表示为

$$Q = Q_r + Q_p + Q_j + Q_s = \frac{Q_1 I}{nF} + (R_p + R_e) I^2 \tag{5-10}$$

目前常用的估算锂离子电池产热速率的方法主要有两种：一种是试验法，

即分别计算锂离子电池电化学反应热 Q_r、极化热 Q_p、焦耳热 Q_j、副反应热 Q_s 的值,然后相加得到;另一种是通过理论计算方法进行估算。理论计算方法中较常用的是由 Bernadi 提出的锂离子电池产热速率计算模型——Bemadi 模型,表达式如下:

$$Q = I(U-V) - IT\frac{dU}{dT} = I^2R - IT\frac{dU}{dT} \tag{5-11}$$

式中,U 为开路电压(V);V 为电池端电压(V);I 为电流(A);T 为温度(K)。

在 Bemadi 模型中,锂离子电池的产热量由两部分组成:$I(U-V)$ 指电池内阻生热,包括欧姆内阻热和极化内阻热;$-IT\dfrac{dU}{dT}$ 指电池的可逆反应热,其中 $\dfrac{dU}{dT}$ 被称为电池的温熵系数,不同类型锂离子电池引起工作电压差异,相应的温熵系数并不相同,但对于同种类的锂离子电池,其温熵系数值仅在一个小范围内变化。

极耳的生热量计算公式为

$$Q_z = I^2R_z, \quad Q_f = I^2R_f \tag{5-12}$$

式中,R_z 为正极极耳内阻(Ω);R_f 为负极极耳内阻(Ω);I 为电流(A)。

2. 电池预热负荷

在寒冷环境中,大多数电池在起动阶段的能量和功率都会降低,车辆性能严重衰退,因此,低温下实现电池组预热非常重要。电池预热量 Q_a(J)的大小可用下式计算:

$$Q_a = c_p m \Delta T \tag{5-13}$$

式中,c_p 为电池的比定压热容[J/(kg·℃)];m 为电池的质量(kg);ΔT 为电池温升(℃)。

电池的比定压热容可以用各组成材料的比定压热容根据质量加权平均来计算:

$$c_p = \frac{1}{m}\sum_{i=1}^{n} c_i m_i \tag{5-14}$$

式中,c_p 为单体电池的比定压热容(J/kg);c_i 为单体电池中第 i 种材料的比定压热容(J/kg);m_i 为单体电池中第 i 种材料的质量(kg);m 为单体电池的质量(kg)。

3. 动力电池产热数值模拟研究[5]

根据主流的电动汽车电池参数,选用某车用 $FePO_4$ 软包动力电池单体及电池模块（由 5 块单体电池并联而成）为研究参考对象，电池单体和电池极耳的主要参数分别见表 5-5、表 5-6。

表 5-5　$FePO_4$ 电池单体的规格参数

参　　数	数　　值
电池尺寸 /mm（长 × 宽 × 高）	187 × 105 × 10
标称容量 /A·h	20
标称电压 /V	3.2
充电上限电压 /V	3.6
放电终止电压 /V	2.5
最大持续充电电流 /A	30
最大持续放电电流 /A	40
内阻 /mΩ	≤ 7.5（常温）

表 5-6　$FePO_4$ 电池极耳的参数

项目	材料	尺寸 /mm（长 × 宽 × 高）	内阻 /mΩ
正极极耳	Al	30 × 30 × 0.26	0.102
负极极耳	Cu	30 × 30 × 0.26	0.065

对于电池单体的物性参数，正、负极极耳由于组成成分单一，可通过查询热工手册确定，而由于实际电池内核是由多种材料组成的，其热物性参数需要依据各种材料的物性参数通过公式计算得到。

（1）电池计算模型建立

1）计算模型。基于表 5-6 中的电池几何尺寸，利用 Ansys 软件中的 DM 模块对电池单体和模块进行建模，电池模块由五个紧密排布的电池单体组成。完成几何建模后利用 Mesh 模块对电池单体和模块划分网格，电池单体的几何模型与网格模型如图 5-1 所示，电池模块的几何模型与网格模型如图 5-2 所示。

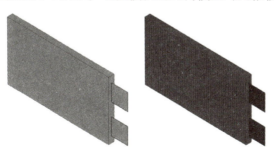

a) 单体几何模型　　　　b) 单体网格模型

图 5-1　电池单体的几何模型及网格模型

a) 模块几何模型　　　　　　b) 模块网格模型

图 5-2　电池模块的几何模型及网格模型

2）模型参数与基本假设。在建立电池计算模型的过程中，考虑到实际电池的结构比较复杂，为了对数值分析进行简化，在建模时做出如下假设：

① 电池内部的各个材料均各向同性，导热系数不随温度变化。
② 忽略电池内部的热对流及热辐射影响。
③ 热量在电池内部均匀产生。
④ 电池的比热容为常数。
⑤ 电池与空气间对流换热系数为定值。

$FePO_4$ 电池各部分的热物性参数见表 5-7。

表 5-7　$FePO_4$ 电池各部分的热物性参数

材料	密度 /（kg/m³）	比热容 /[J/（kg·K）]	导热系数 /[W/（m·K）]
正极（Al）	2710	902	236
负极（Cu）	8930	386	398
电池内核	2274	1071	$\lambda_x = \lambda_y = 23.5$，$\lambda_z = 0.785$

3）CFD（计算流体动力学）控制方程。对于电池产热和散热过程的数值分析，包括几种传热以及流体流动分析，都受到物理守恒定律的控制和支配，包括质量守恒定律、动量守恒定律和能量守恒定律，各方程的表达式如下。

质量守恒方程：

$$\frac{\partial \rho}{\partial t} + \frac{\partial}{\partial x_i}(\rho u_i) = 0 \quad (5\text{-}15)$$

式中，ρ 为密度（kg/m³）；t 为时间（s）；u_i 为速度矢量在 x_i（x、y、z）方向的分量（m/s）。

动量守恒方程：

$$\frac{\partial}{\partial t}(\rho u_i) + \frac{\partial}{\partial x_j}(\rho u_i u_j) = -\frac{\partial p}{\partial x_i} + \frac{\partial \tau_{ij}}{\partial x_j} + \rho g_i + F_i \quad (5\text{-}16)$$

式中，p 为静压（Pa）；τ_{ij} 为应力张量（Pa）；g_i 为重力体积力在 i 方向的分力（N/kg）；F_i 为外部体积力在 i 方向的分力（N/kg）。

应力张量由下式计算得到：

$$\tau_{ij} = \left[\mu\left(\frac{\partial u_i}{\partial x_j} + \frac{\partial u_j}{\partial x_i}\right)\right] - \frac{2}{3}\mu\frac{\partial u_i}{\partial x_i}\delta_{ij} \quad (5\text{-}17)$$

式中，μ 为动力黏度（N·s/m²）；δ_{ij} 为黏性应力张量。

能量守恒方程：

$$\frac{\partial(\rho T)}{\partial t} + \mathrm{div}(\rho u T) = \mathrm{div}\left(\frac{\lambda}{c_p}\mathrm{grad}T\right) + S_\mathrm{T} \quad (5\text{-}18)$$

式中，c_p 为比定压热容[J/(kg·K)]；T 为温度（K）；λ 为导热系数[W/(m·K)]；S_T 为黏性耗散项（W）。

4）湍流输运方程。流体流动分为层流和湍流两种状态，湍流在实际流体状态中较为普遍。在涉及湍流的数值分析中，要对湍流进行全面的分析后选择合适的湍流模型进行计算，Fluent 中的湍流模型有 Spalart-Allmaras 模型、k-ε 模型、RSM 模型、LES 模型等。经过大量的工程应用实践证明，k-ε 模型可以对比较复杂的湍流进行计算。常用的 k-ε 模型包括标准、RNG、可实现的 k-ε 模型，标准 k-ε 模型自从被提出之后，因其适用范围广、精度合理已经成为 Fluent 中工程流场计算的主要工具。k-ε 模型表达式如下：

$$\frac{\partial(\rho_f k)}{\partial t} + \frac{\partial(\rho_f k u_i)}{\partial x_i} = \frac{\partial}{\partial x_j}\left[\left(\mu + \frac{\mu_t}{\sigma_k}\right)\frac{\partial k}{\partial x_j}\right] + G_k + G_b - \rho_f \varepsilon - Y_M \quad (5\text{-}19)$$

$$\frac{\partial(\rho_f \varepsilon)}{\partial t} + \frac{\partial(\rho_f \varepsilon u_i)}{\partial x_i} = \frac{\partial}{\partial x_j}\left[\left(\mu + \frac{\mu_t}{\sigma_\varepsilon}\right)\frac{\partial \varepsilon}{\partial x_j}\right] + C_{1\varepsilon}\frac{\varepsilon}{k}(G_k + C_{3\varepsilon}G_b) - C_{2\varepsilon}\rho_f\frac{\varepsilon^2}{k} \quad (5\text{-}20)$$

式中，k 为湍动能；ε 为耗散率；G_k 为由平均速度梯度引起的 k 的产生项，$G_k = \mu_t\left(\frac{\partial u_i}{\partial x_j} + \frac{\partial u_j}{\partial x_i}\right)\left(\frac{\partial u_i}{\partial x_j}\right)$；$G_b$ 为由浮力引起的 k 的产生项；Y_M 为可压湍流中脉动扩张的贡献；μ_t 为湍动黏度，$\mu_t = C_\mu|f_\mu|\rho\frac{k^2}{\varepsilon}$；$C_{1\varepsilon} = 1.44$；$C_{2\varepsilon} = 1.92$；$C_{3\varepsilon} = 0.09$；$\sigma_k = 1.0$；$\sigma_\varepsilon = 1.3$。

5）传热模型及边界条件。根据电池的产热-散热特点，基于前面的基本假设，电池的三维瞬态传热模型建立如下：

$$\rho_{\mathrm{bat}} c_p \frac{\partial T}{\partial t} = \frac{\partial}{\partial x}\left(\lambda_x \frac{\partial T}{\partial x}\right) + \frac{\partial}{\partial y}\left(\lambda_y \frac{\partial T}{\partial y}\right) + \frac{\partial}{\partial z}\left(\lambda_z \frac{\partial T}{\partial z}\right) + q \quad (5\text{-}21)$$

式中，ρ_{bat} 为电池密度（kg/m³）；c_p 为电池比定压热容 [J/(kg·K)]；λ_x、λ_y、λ_z 为电池在 x、y、z 轴方向的导热系数 [W/(m·K)]；q 为电池单位体积的产热速率（W/m³）。

电池单位体积的产热速率可由式（5-11）和式（5-12）计算得到：

$$q = \frac{Q}{V_{bat}} \qquad (5-22)$$

式中，V_{bat} 为电池的体积（m³）。

根据电池的相关参数，计算得到电池各部分的产热速率见表 5-8。

表 5-8 电池各部分的产热速率

放电倍率	电池部位	产热速率 /(kW/m³)	产热量 /W	产热量合计 /W
0.5C（10A）	内核	5.554	1.233	1.250
	正极极耳	43.590	0.010	
	负极极耳	27.778	0.007	
1C（20A）	内核	17.712	3.933	4.000
	正极极耳	174.359	0.041	
	负极极耳	111.111	0.026	
2C（40A）	内核	61.842	13.733	14.000
	正极极耳	697.436	0.163	
	负极极耳	444.444	0.104	

在电池的产热模拟中，电池与周围空气通过自然对流换热，为第三类边界条件。数值模拟的计算条件为室温，空气自然对流的对流换热系数为 2~25W/(m²·K)，取 5W/(m²·K)。

6）计算程序与条件设置。将几何文件导入 Ansys 中的 Mesh 模块进行网格划分，之后将 mesh 文件导入 Fluent 软件中进行相关条件设置以完成计算，具体操作如下：

① 模型设置。进行模拟计算的目的是分析电池的温度场，涉及热源产热、传热过程，因此选择打开能量方程；在自然对流传热模拟中无须对湍流模型进行选择，在有流体流动的计算中，根据流态选择合适的流动模型。

② 材料设置。在流体材料设置中添加空气，电池内核、正极极耳、负极极耳不在 Fluent 自带固体材料库中，根据电池的材料参数在材料库中自定义添加新材料。

③ 计算域设置。对每一个计算域进行设置，匹配相应的材料，并根据上文中的计算结果对每一个热源设置对应的产热率数值。

④ 边界条件设置。电池与电池之间接触的面设置为 interface，电池与空气接触的面设置为 wall，自然对流换热系数为 5W/(m²·K)，空气温度设置为室温。

⑤ 求解器设置。选择压力-速度求解器，SIMPLE 算法，压力、动量、能量均为二阶迎风格式。

⑥ 计算设置。采用瞬态模型进行计算，计算的时间步长设置为 1s，电池在 0.5C、1C、2C 放电工况下的计算时间分别为 7200s、3600s、1800s。

（2）模型验证

为了验证数值模拟结果的可信度，设定与模拟工况一致的试验工况，将试验结果与数值模拟结果进行对比。试验中，以 1∶1 的比例设计了模拟热源来替代实物电池，设计采用的模拟热源内部填充导热油，利用加热棒提供热量，通过控制加热棒两端的电压控制加热量以模拟电池在不同倍率下放电时的发热，加热棒所需功率由稳压电源提供，温度测量采用铜-康铜 T 形热电偶（精度 ±0.5℃），温度信号的采集由 Agilent 34970A 完成并存储在计算机中。图 5-3 所示为电池单体和电池模块的温度测点布置。

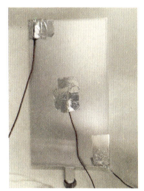

图 5-3　电池单体和电池模块的温度测点分布

图 5-4~图 5-6 所示是在环境温度为 20℃时电池单体与电池模块温度特性的对比。从图中可以看出，对于电池单体的温度场，模拟值总是略高于试验结果，包括最高温度和最大温差，而对于电池模块，则是试验值略高一些。这是因为在仿真过程中模型的换热过程被简化，电池与环境之间的实际换热过程更为复杂。实际中电池单体的散热条件较好，但由于热源叠加，电池模块的散热效果较差，图 5-6 也证实了这一结果。仿真结果表明，各电池单体的最高温度相差并不明显，但在实际测试中，电池模块中部电池单体的温度明显高于边缘电池单体的温度。

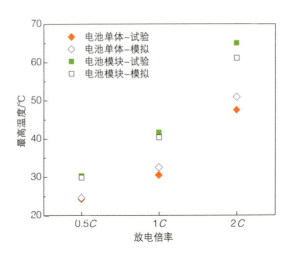

图 5-4　不同放电倍率下电池最高温度的模拟验证

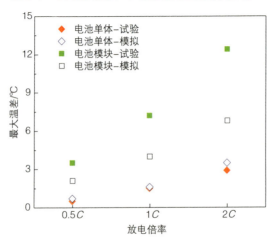

图 5-5　不同放电倍率下电池最大温差的模拟验证

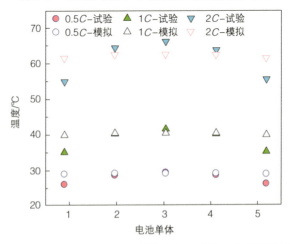

图 5-6　不同放电倍率下电池模块中电池单体温度的模拟验证

（3）电池单体产热模拟

基于以上电池模型和计算数据，对电池单体在室温条件下以 0.5C、1C、2C 放电倍率放电直至截止电压（即放电结束）的三维温度分布进行仿真模拟及对比，并且仿真分析了环境温度对电池单体温度的影响。

图 5-7 所示为电池单体在室温为 25℃时分别以 0.5C、1C、2C 放电倍率放电结束时的温度云图。如图 5-7 所示，电池单体在 0.5C、1C、2C 放电倍率放电截止时的最高温度分别为 29.35℃、37.34℃、55.90℃，温升分别为 4.35℃、12.34℃、30.90℃，电池表面的最大温差分别为 0.76℃、1.70℃、3.47℃。在相同的散热条件下，电池单体在不同的放电倍率下产热量有明显区别，温升随着产热量的增大而增大，从最终温度来看，电池单体的温度随着电池放电倍率的增加单调递增，在 1C 放电结束时电池温度已接近 40℃，在 2C 放电结束时更是达到 55.90℃，远远超过了锂离子电池推荐工作温度范围的上限 40℃。同时随着放电倍率的增加，电池本身的温度均匀性变差，温差也逐渐升高，最高温度出现在电池内核中心并偏向远离电池极耳的一端，最低温度分布在电池极耳。电池的高温和局部的温度差异性都将导致电池性能下降，同时安全性降低。

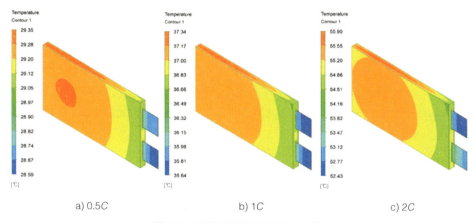

a) 0.5C　　　　b) 1C　　　　c) 2C

图 5-7　电池单体温度云图（25℃）

图 5-8 所示为电池单体在室温为 25℃时以 2C 放电倍率放电至不同时间时的温度分布云图，代表了电池单体在不同放电深度下的温度分布情况。随着放电深入，电池温度升高，温差也由 600s 时的 0.90℃增加到放电结束时的 3.47℃，电池温度最高点也发生偏移。在进行仿真分析时，根据电池的产热-散热特点，将电池内核、正极极耳、负极极耳设置为三个内热源，分别对每个内热源的产热量进行计算赋值。电池放电开始，所有内热源开始产热，电池在放电初期，由于电池正极极耳的产热速率较大，电池的散热效果不明显，热量来不及均匀分布，从而导致电池单体正极的最高温度最高，内核温度较低。并

且由于正、负极极耳材料不同，有内阻差异也导致负极极耳处温度较低。而随着放电过程的进行，由于极耳的散热作用，温度最高点转移至电池内核靠近电池底部的中心处。

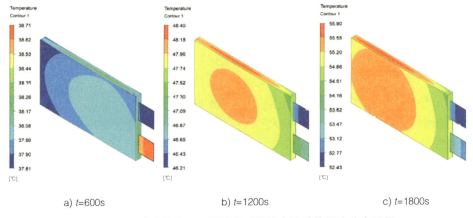

a) t=600s   b) t=1200s   c) t=1800s

图 5-8   2C 放电倍率下不同放电时间的电池单体温度分布云图

图 5-9 所示为电池在不同室温下以 2C 放电倍率放电结束时的最高温度与最大温差变化趋势。可以看出，同一放电倍率下，改变环境温度仅仅对电池的最高温度有影响，而不会影响电池的温差。这主要是由于电池在某一放电倍率下的产热速率是一定的，不会随环境温度改变，同时改变环境温度并没有改变电池与周围空气间的换热方式，仅仅是改变了冷却介质的温度，由于表征换热强度的对流换热系数大小没有改变，电池各部分之间依然会存在散热效果差异。

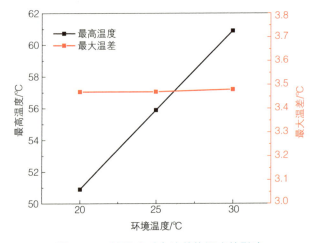

图 5-9   环境温度对电池单体温度的影响

（4）电池模块产热模拟

电池模块由五个并联的电池单体组成，在产热模拟中忽略电池之间的间隙，对电池模块在室温条件不同放电倍率下放电直至截止电压（即放电结束）的温度分布进行数值分析，图 5-10 所示为电池模块在室温 25℃时分别以 0.5C、1C、2C 放电倍率放电结束时的温度云图。电池模块在 0.5C、1C、2C 放电倍率放电截止时的最高温度分别为 34.74℃、45.40℃、66.11℃，温升分别为 9.74℃、20.40℃、41.11℃，电池表面的最大温差分别为 2.21℃、4.07℃、6.82℃。从电池模块的温度云图来看，其分布规律基本与电池单体一致，最高温度出现在中间电池远离极耳的一端。图 5-11 所示为 2C 放电倍率下放电结束时各个单体沿 Z 轴方向中心截面的温度分布，可以看出，由于两侧的电池换热条件是一样的，所以电池模块温度呈对称分布。随着放电倍率的增大，电池温升急剧增大，电池模块温度不均匀性进一步增加，电池热环境恶化。电池模块在 1C 放电结束时最高温度已超过 40℃，而到 2C 放电结束时，电池模块的最高温度已超过 65℃，远远超出了锂离子电池的最佳工作温度范围，此时的电池温差也已超出了 5℃的散热要求。

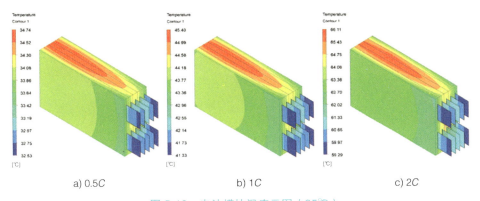

a) 0.5C　　　　　　　　b) 1C　　　　　　　　c) 2C

图 5-10　电池模块温度云图（25℃）

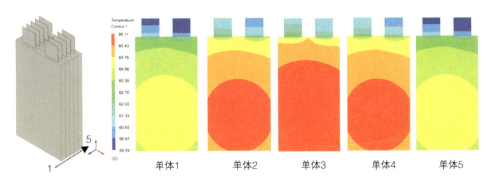

图 5-11　2C 放电倍率下电池模块中各单体温度分布

比较电池单体及模块的温度场可以发现,电池模块的温度分布与电池单体有较大差异,主要表现在相同的放电倍率下,电池模块的最高温度和温差都更大。这是由于热源堆积,导致中间热源热量散出难度增大,温度由模块中间向两边换热效果好的地方呈阶梯分布。由于高温和温度差异,对于电动汽车的大功率电池包,只有采取有效散热措施才能保证电池性能和使用寿命。

图 5-12 所示为电池模块在不同室温下以 2C 放电倍率放电结束时的最高温度与最大温差变化趋势。可以看出,同电池单体相似,同一放电倍率下,改变环境温度仅对电池的最高温度有影响,而不会影响电池的温差。

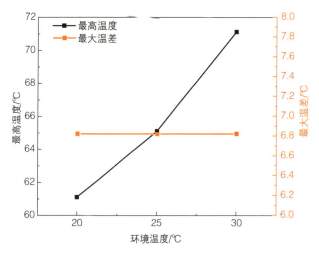

图 5-12 环境温度对电池模块温度的影响

5.2 动力电池冷却方式

电动汽车由于电池能量密度、使用环境、续驶里程的不同,通常使用不同的冷却方式对动力电池组进行散热。目前,根据传热介质的不同,主要有风冷、相变材料冷却、制冷剂直接冷却(直冷)、液冷以及热管冷却等方式。此外根据散热需求,还有耦合这几种冷却方式的复合冷却。对于大部分地区尤其是南方地区,电动汽车的电池热管理主要以冷却散热为主;对于北方地区,还需要考虑冬季气温低时电池的加热问题。

5.2.1 风冷 [6-9]

采用空气为介质的动力电池冷却系统,即利用空气所形成的气流横掠电池组,以带走热量,达到散热目的。风冷根据有无外加动力装置分为自然对流冷却和强迫空气对流冷却,如图 5-13 所示。自然对流冷却不消耗额外功率,属于被动冷却,整车行驶时,空气气流为汽车行驶时所形成的自然风,该方式简单易行,成本较低,但能散发的热量非常有限,同时电池组的散热效果取决于周围环境温度,所以在自然对流情况下不能满足产热量大的动力电池组散热要求。强迫空气对流利用蒸发器产生冷风,通过风扇与风机等送风,对电池组进行散热冷却,强迫对流冷却消耗额外功率,属于主动冷却。当前按照电池组的布置和安装方式,可将强制风冷方式分为串行通风和并行通风,如图 5-14 所示。

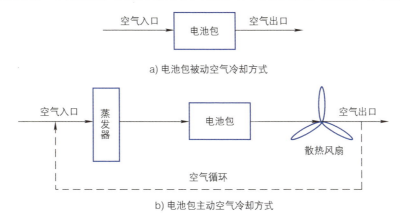

图 5-13　风冷电池包的被动冷却与主动冷却

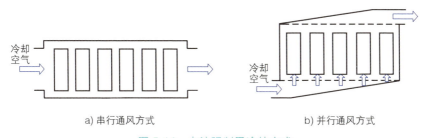

图 5-14　电池强制风冷的方式

风冷具有结构简单、可靠性高、技术成熟、价格低廉、无漏液、无污染等优点,但同时也有换热效率差、均温性差等缺点,需要通过不同措施强化电池组传热及改善电池温度的均匀性来改进空冷散热方式的散热性能,如空冷电池组冷却风道结构优化设计、电池优化排列、优化送风控制策略等。

风冷系统主要应用于一些续驶里程较短且主打性价比的车型上,而对于大规模锂离子电池组而言,由于电池热负荷较大,热传导的弛豫时间较长,空气冷却无法满足散热要求,还需要结合其他手段进行优化,如将空气冷却与空调耦合,这一方法已相继在丰田普锐斯、福特、本田等产品上应用。然而在不牺牲座舱热舒适性的情况下,保证电池在复杂运行条件下的热控制需求并确保电池热性能的综合要求,仍然是空气冷却与空调耦合亟待克服的难题。

5.2.2 相变材料冷却[10, 11]

相变材料（PCM）冷却就是利用材料在改变自身物理状态时存储能量的一种被动冷却方式。此外，由于 PCM 的储能特性，在低温环境下拥有很好的保温效果。因此，利用 PCM 在发生相变时可以储能与放能的特性达到对动力电池低温加热与高温散热的效果。在相变过程中，PCM 利用其巨大的相变潜热吸热，而 PCM 自身温度变化不大，从而可以将电池温度控制在一个最佳范围之内。图 5-15 所示为圆柱形电池用相变材料包裹的电池式结构。相变潜热和相变温度是选择 PCM 的两个重要参考指标。

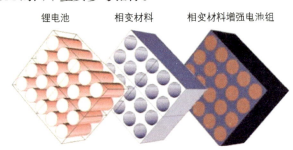

图 5-15 相变材料包裹的电池式结构

在电池热管理中应用的 PCM 主要包括无机相变材料（包括金属盐、水合物和共晶化合物）、有机相变材料、相变材料胶囊、混合相变材料等。目前，无机相变材料在电池热管理领域的应用还相对较少，未来可以将具有适当热物理性能的配合物作为 PCM 合成相应的水合物，用于锂离子电池的热管理。相变材料冷却具有体积变化小、相变潜热较大、相变温度恒定的优点，但也存在导热系数小、散热速度慢的缺点。为了改变 PCM 导热系数小的固有缺陷，人们向相变材料中填充一些金属材料，例如有些研究中将很薄的铝板填充到 PCM 中从而达到增大导热系数的目的。为了增大相变材料的导热系数，还有人提出了向相变材料中填充碳纤维、碳纳米管等。将 PCM 嵌入多孔介质（例如泡沫金属、膨胀石墨）中，尽管牺牲了部分 PCM 的潜热容量，但这种方式可以使导热系数从 $0.1 \sim 0.3 W/(m \cdot K)$ 增大到 $3 \sim 16 W/(m \cdot K)$，显著改善 PCM 的蓄热时间。

相变冷却系统由于结构较为复杂，密封性要求较高，目前在动力电池热管理实际应用较少。

5.2.3 直冷[12-14]

动力电池直冷即采用制冷剂直接冷却系统，利用制冷剂的相变制冷带走热量。直冷系统将电池热管理与舱内 HVAC（供暖、通风与空气调节）耦合于电动汽车热泵系统,动力电池通过直冷冷却板直接与制冷剂进行换热,冷却板相当于制冷系统的蒸发器,结构如图5-16所示。

图5-16 制冷剂直接冷却系统结构

1. 动力电池直冷冷却系统的优点

1)冷却效率高。相比于液冷,制冷剂直接冷却去除了中间冷却液,避免了二次传热造成的热损失,且制冷剂采用气液相变吸收电池里的产热,具有更好的冷却效果。

2)冷却温度均匀。由于制冷剂在冷却板内的换热是两相换热,温度和压力相关,在有效控制冷却板沿程压降和过热度的情况下,制冷剂直接冷却可以更好地控制电池冷却板的表面温度均匀性。

3)重量轻。相比于液冷系统,制冷系统没有水阀、水泵和水管等,且由于制冷剂处于两相传热过程,冷却板的重量和制冷剂的重量可以大大减轻。

4)安全性高。制冷剂是电绝缘流体,即使系统出现泄漏,将立即以气态蒸发,而冷却液泄漏可能会造成电池短路,因此相比于冷却液,制冷剂直接冷却具备更高的安全性。

2. 制冷剂直接冷却的一些技术难点

1)电池冷却温度过低。主要是由于制冷剂直接冷却板与空调蒸发器采用并联管路,而车内蒸发器的蒸发温度远低于电池冷却需要的冷却温度,造成电池的冷却温度过低。冷却板温度过低,有可能造成电池包内空气凝露,产生凝结水,导致电池短路。

2)控制不佳会造成电池均温性差。由于制冷剂直接冷却板内存在压降和过热度,造成电池冷却板的温度不均匀,因而影响电池包内的温度均匀性。同时,由于制冷剂在蒸发器和电池冷却板之间分配不合理,也会造成电池包内温度不均匀。

常规的电池直冷方案是在整车空调的冷凝器下游引出一路制冷剂为电池冷却系统提供冷却,空调系统与电池冷却系统耦合(图5-17a),这导致其系统变得复杂,控制难度增加,且空调与电池冷却两者相互干扰和影响。为了解决直冷系统蒸发温度过低和电池冷却温度不均的问题,有研究者研究了直冷板后二次节流对直冷板温度调节的有效性，研究结果表明：在直冷板后接入降压装置（固定节流孔装置或可调节开度压力调节阀，图 5-17b）可以改变直冷板的出口压力，减小直冷板出口过热度，从而提升直冷板的蒸发温度，并改善制冷剂直冷方式的均温性。进一步研究表明可变开度的降压装置可根据电池的运行热负荷将直冷板的蒸发压力调整到合适的目标值，既能避免直冷板的蒸发温度过低，又能改善直冷板的均温性，取得了较佳的电池冷却效果。

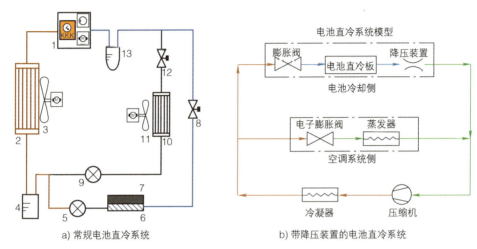

图 5-17　带电池直冷的空调系统原理

1—电动压缩机　2—舱外换热器　3、11—风机　4—储液器　5、9—电子膨胀阀　6—电池冷却板
7—模拟热源　8、12—电磁阀　10—舱内换热器　13—气液分离器

5.2.4　液冷 [15-23]

液冷是一种使用液体作为导热介质进行冷却的热管理方式。与空气相比，液体的比热容大、选择面广，液冷常用的冷却介质有水、乙二醇、乙二醇混合物、油或丙酮等。有研究者在传热系数、导热系数、黏度、密度和流体速度方面定性比较了空气和液体冷却：由于较低的比热容和导热系数，空气冷却系统的电池温度分布不均匀程度相对较大；使用油作为冷却介质，传热效率比使用空气高 1.5~3 倍；而使用水或水-乙二醇作为介质时的传热效率比空气高出 3 倍，也就是说，使用水或水-乙二醇作为介质，电池间温度的不均匀性将降至空气冷却的 1/3，可实现较好的温度均匀分布。与风冷系统相比，液冷系统中冷却工质的换热系数和比热容比空气大，换热效率高，可以得到更好的冷却效果。与相变冷却系统相比，液冷系统中冷却工质具有更高的导热系数，稳定性好，更适合冷却大规模电池组。液冷系统凭借其换热性能强、集成度高和工作时噪声小等优点得到业界和学者们的广泛关注。

液冷系统根据冷却工质与被冷却物的接触方式分为直接冷却和间接冷却两

类。直接冷却是利用冷却液直接接触电池包以带走热量，冷却效果较好，但要求冷却工质具备绝缘性好、无毒无害和不腐蚀被冷却对象等特性，对冷却工质要求较严苛。间接冷却的冷却液具有固定的管路，不与电池包直接接触，密封性较好，因此该方法对冷却工质的要求较低，只要液体管路密封性好，即可降低存在的漏液风险。有研究者比较了间接液冷和直接液冷两种冷却方式的优点和局限性。结果表明，直接液冷的冷却性能略优于间接液冷，但间接液冷的实用性更强，且系统的最大温升较小。考虑到安全和密封因素，现有的液冷方式基本上为间接冷却，冷却液与电池一般由冷却板或者管道隔开，不直接接触。图 5-18 所示为间接冷却式液冷系统原理，空调蒸发器和电池冷却器并联运行，电池冷却器中的制冷剂蒸发使冷却介质降温，利用电子泵循环进入电池包进行冷却。

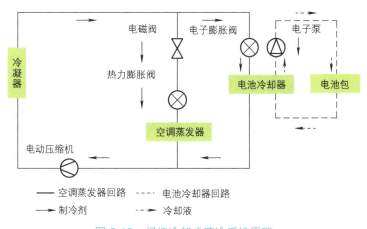

图 5-18　间接冷却式液冷系统原理

对于方形电池和软包电池，一般采用液冷板式散热，结构如图 5-19a 所示。液冷板插入两个电池模块之间，层叠式组装在一起。冷却液在进水集管内分成多个流道并行进入每个液冷板，然后在出水集管内汇合流出。对于圆柱形电池，可采用如图 5-19b 所示管带式液冷散热结构，液冷系统采用串行流道，液冷板安装于电池间隙，图 5-19c 所示为某型车使用的电池包液冷管路拆解图。液冷在使用时要考虑结构的安全性，避免导热介质泄漏带来的电池短路、电池热滥用等问题。液冷板流道结构设计、液冷板布置、冷却介质流速、温度等因素均会影响散热效果。

中国科学院理化技术研究所研究团队对电动汽车一体式热管理系统中的电池液冷散热进行了模拟分析[24]。在图 5-20 所示的一体化热管理系统（夏季制冷工况）中，车室空调和电池温控选择双蒸发器并联形式。车室蒸发器为车内人员提供冷风，电池蒸发器冷却乙二醇溶液，为电池组散热。每个支路有相应的

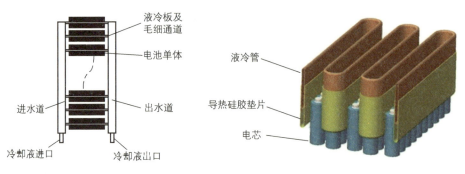

a) 板式　　　　　　　　　　　b) 管带式

c) 某型车电池包液冷管路拆解图

图 5-19　液冷散热器形式

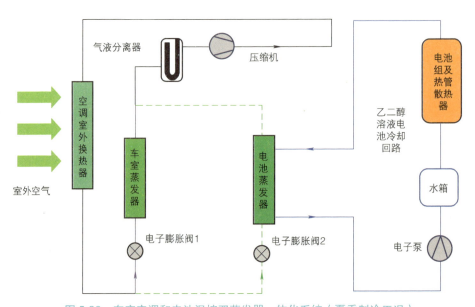

图 5-20　车室空调和电池温控双蒸发器一体化系统（夏季制冷工况）

电子膨胀阀，用来调节流量大小。电池乙二醇溶液回路上采用电子泵为溶液流动提供动力。

夏季车辆行驶过程中，电池组发热量除了受室外环境（天气、室外温湿度、太阳辐射强度）和乘车人员数量影响外，更多地受到车辆行驶状态的影响，车辆在快速加速、爬坡、停车等高低速间切换频繁，电池发热量不断发生变化，其散热需求（制冷量需求）也不断发生变化，相应地，并联双蒸发器系统就需要具备一定的制冷量调节和分配的能力。为此，在 Dymola 平台上搭建了车室空调/电池冷却双蒸发器制冷系统动态模型，如图 5-21 所示。电池循环回路简化为水泵模型、溶液体积模型和蒸发器 2# 散热模型，简化电池包散热模型，电池发热量直接加热溶液，根据电池的当量比热容和综合传热系数进一步计算电池组的平均温度。

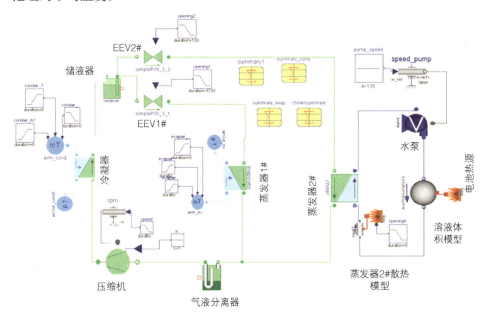

图 5-21 车室空调/电池冷却双蒸发器制冷系统动态模型

针对高温工况（45℃）车辆起动初始阶段双蒸发器膨胀阀开度的调节特性进行仿真。室外温度较高时，车辆起动后需要尽快对电池组降温，缩短电池高温运行的时间。利用 Dymola 双蒸发器动态模型，对室外温度为 45℃、压缩机转速为 8000r/min、EEV1# 开度为 1、不同 EEV2# 开度进行仿真，电池组平均温度降至 35℃时计算结束。EEV2# 开度分别为 0.5、0.7 和 0.9 时电池组平均温度如图 5-22 所示，三组开度的降温时间分别是 21min、13min 和 12min。EEV2# 开度越大，电池降温越迅速，同时对车室蒸发器制冷量影响越大。电池满足工作需求后，应减小膨胀阀开度。

针对EEV2#开度为0.9时，在电池组平均温度降至35℃时，减小其开度，直至电池组平均温度趋于平稳。降低后的EEV开度选择0.7、0.5、0.4和0.35，四组不同EEV2#开度降低时的电池平均温度如图5-23所示，最终稳定后的电池组平均温度分别为17.4℃、23.7℃、35.8℃和54.9℃。前三者均能满足电池工作的最佳温度范围，开度为0.35时电池已超出最佳工作温度范围，因此最佳的EEV2#调节开度组合是0.9到0.4。

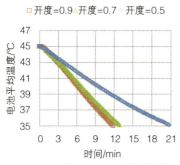

图 5-22　不同EEV2#开度时电池组平均温度变化

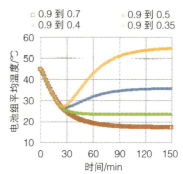

图 5-23　不同EEV2#开度时电池的温度

液冷散热是目前主流的冷却方式，其导热系数高、冷却效率高，可以满足大功率动力电池组的整体散热，并且能提高电池组温度一致性，但是液冷散热存在局部过热、结构复杂、大功率电池热安全等问题，因此仍需要对液冷结构优化、热安全等开展进一步研究。

5.2.5　热管冷却[25-32]

热管是依靠封闭管壳内工质相变来实现换热的高效换热元件，当前已被广泛应用于能源化工、航天航空、电子电力等领域，近年来热管在电动汽车动力电池热管理应用中倍受关注。在电池热管理中，热管在控制温差、提高电池寿命方面均具有较强优势。重力型热管、带毛细芯热管、脉动热管、平板环路热管等都在动力电池热管理中有应用。

重力型热管的特点是内部没有吸液芯，冷凝液从冷却端返回到蒸发端并不靠吸液芯产生的毛细力，而是通过冷凝液自身的重力，因此重力型热管结构简单、制造方便、价格低廉、工作稳定性较好。由于重力型热管的结构特性，工作具有方向性，蒸发段必须设置于冷凝段的下方，所以重力型热管在现阶段的应用还有一些局限性。图5-24所示为重力型热管式电池冷却系统。该系统选用丙酮为工质，以铝作为翅片材料，工质管道及壳层材料均为铜。相关研究表明，虽然热管制作工艺相对复杂，但由于所设计的系统结构相对比较紧凑，与相同电池模块的风冷、液冷方案相比较，该系统初始投资与传统风冷方式相当，比复杂的液冷系统更具优势;而且该系统具有换热效率高、冷却效果显著和寿命长等特点,这在一定程度上可降低用户对电池的维护和更换成本。

烧结式热管由于采用吸液芯结构,在毛细力作用下完成液态工质回流到蒸发段这一过程,而不依靠重力作用,这样就避免了在微重力条件下热管液态工质难以返回蒸发段这一问题。采用吸液芯结构后液态工质的循环过程更快,有利于热量的快速传递和扩散,提高了热管的传热效率。

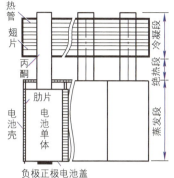

图 5-24 重力型热管式电池冷却系统

图 5-25 所示为烧结式热管电池冷却系统,由于不受重力方向限制,具有双向传热特性,所以这种电池冷却结构可以实现对电池组的散热和加热。相关研究表明,在稳态充/放电(0.5C、1C、2C 和 3C 放电倍率)和瞬态功率(FUDS 路况)输入的情况下,这种烧结热管结合强制对流可以有效降低由于电池的大幅度和高频率充/放电所产生的瞬时温升,同时缩小温度波动幅度。另外,当以电加热膜作为低温热源,在 180W 加热功率的情况下,将电池分别从 0℃、-10℃ 和 -20℃ 加热到 20℃ 时,采用电池直接加热方式的加热效率稍高于热管加热方式,但是两者加热时间差不超过 125s。这说明即使在长时间冷暴露(8h 以上)下该系统都能有效工作。

a) 铜-水烧结热管组

b) 铜-水烧结热管电池模组

图 5-25 烧结式热管电池冷却系统

目前烧结式热管所面临的主要问题是:热管的结构和材料难以满足高热流密度环境条件下的需求,特别是在烧结式热管传热过程中,蒸发端内液态工质沸腾汽化,真空腔厚度增加,吸液芯上部工质量减少,出现局部干涸现象。实际的相变传热面积减少,蒸发端热阻增加。当工质量较多时,吸液芯内充满液态工质,有效减缓了局部干涸现象。因此,合理地布置热管的结构,充注适量的工质,提高热管的传热效率仍是以后研究的重点。

脉动热管（pulsating heat pipe，PHP）又称振荡热管，其结构如图5-26所示，可分为闭合回路型和开放回路型。闭合回路型管束两端相接通形成一个回路，开放回路型热管则是单向流动不能形成回路。在闭合回路型脉动热管的管路中加一个或几个单向阀，就构成了一个带单向阀闭合回路结构的派生种类，单向阀用来控制热管内部介质的单向流动。脉动热管的外形通常为蛇形，在蛇形的管道中充有一定量的工作介质，脉动热管的两端分别为加热端和冷却端弯头，处于中间部分的则为绝热段。

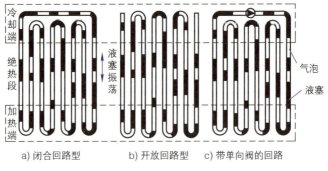

图5-26 脉动热管的结构

脉动热管的工作原理为：液态工质在一个由金属毛细管构成的蛇形密闭真空空间中，在一个低于常压的蒸发温度环境下受热蒸发从而产生气泡，气泡在毛细管内迅速膨胀和升压，在热管的一端形成了蒸发端，推动工质流向温度比较低的冷却端，气泡在冷却端由于温度的降低冷凝收缩并破裂，压力下降，工质回流。由于受热蒸发产生的蒸气和冷凝产生的液体在毛细力等作用下，在脉动热管的整个管内将形成气塞和液塞间隔随机分布的振荡状态。由于冷却端和加热端存在着压差以及相邻毛细管之间存在着压力的不平衡，工质以不同的状态在加热端和冷却端之间振荡流动，从而实现热量在脉动热管中传递。

图5-27所示为管板结构脉动热管电池散热器。脉动热管在电池组中放置时，其摆放角度会随着电动汽车实际运行的复杂工况而发生改变。与常规散热系统相比，脉动热管电池散热系统具有更好的适应性，特别是在汽车行驶坡度较大以及路面地形条件复杂的情况下仍能保持较高的散热效率。脉动热管的启动温度由电池散热的目

图5-27 管板结构脉动热管电池散热器

标温度与目标温差决定，要满足电池降温与热量分布均衡性的要求，脉动热管的启动温度必须低于目标温度，且不高于电池局部温差达到目标温差时所对应的电池最高温度。另外，当脉动热管水平放置时，在热管局部起振期间工质回流阻力较大，会出现局部烧干现象，导致电池表面局部温差略有增大，脉动热管竖直放置时可以避免这种现象。

平板微热管阵列外形呈平板状，内部由多个互相不连通的微通道形成的热管簇组成，是一种新型高效的传热元件。平板微热管阵列的断面结构如图5-28所示，每个微通道表面带有微槽群等强化传热结构。组成平板微热管阵列的每一个微通道即是一根单独的微热管，它们各自独立运行、互不干扰，即使一个微通道泄漏也不影响热管的整体，极大地提高了热管运行的稳定性和可靠性。且分割微通道的每一个竖肋，也都为热管整体的承压能力提供了强有力的支撑，能够有效增加热管强度。

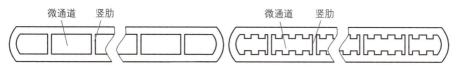

图 5-28 平板微热管阵列的断面结构

微热管具有热运输能力强、体积小、传热距离长等特点，但受限于单一微热管较小的热通量和热运输极限，无法在大功率散热中得到广泛应用，因此平板微热管阵列（FPMHPA）应运而生。它克服了单一微热管不能用于高强度传热的缺陷，相比圆热管也解决了接触面积小、接触热阻大的缺点，提高了热管的热运输能力。平板微热管阵列的外形是平板状，对于软包电池、方形电池等在电池散热中应用能够很好地适应电池外形，与换热面紧密贴合，缩小电池散热装置占用电池包的空间。同时平板微热管阵列在工作时内部工质发生相变，工质吸热汽化与遇冷凝结的交替过程使得热量快速排出，从而利用工质的相变潜热将电池组产生的热量从电池中吸收并高效传输，有效降低电池温度。平板状的外形也使得热管各部分与电池换热较为均匀，保证电池组的温度一致性，有利于保障电池包内各电池单体的容量与寿命不出现较大差异。

图 5-29 所示为中国科学院理化技术研

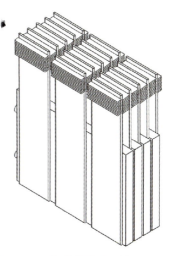

图 5-29 平板微热管阵列（FPMHPA）动力电池冷却装置

究所研究团队设计的基于 FPMHPA 的动力电池冷却装置[5]。平板微热管阵列作为传热元件应用于电池散热装置中,使得电池散热时响应迅速,即使面对复杂变化的行驶工况,也能够保证电池包的温度稳定性。关于平板微热管阵列动力电池温控技术将在 5.3 节重点介绍。

应该说,热管本身只是导热元件,当其应用于电池冷却系统中时,热管蒸发段吸收电池产生的热量传递到冷凝段,冷凝段的冷却需要借助其他如气冷、液冷或相变材料等方式冷却散热,热管与其他冷却方式耦合应用,在动力电池热管理中具有广阔应用前景。

5.3 平板微热管阵列在电池散热中的应用研究 [5, 32]

5.3.1 热管的选择

热管的选择主要是对热管工质的选择,选择热管工质时应该考虑以下几个原则:

1)工质应适应热管的工作温区,有适当的饱和蒸气压。
2)工质与壳体、吸液芯材料相容。
3)工质应不易分解,具有良好的热稳定性。
4)工质应具有良好的综合热物理性质,具有较高的传热能力。
5)工质的经济性、安全性、环境友好性等。

根据动力电池的工作温度,选用常温热管进行试验。常用的工质有水、乙烷、丙酮、R141b、甲醇、乙醇等,考虑与铝的相容性、安全性等因素,可选择的热管工质为丙酮、甲醇和 R141b。本节研究中选择的工质是 R141b。

5.3.2 动力电池模块散热数值模拟

1. 模型建立

采用铝平板微热管对 5 个电池单体并联组成的电池模块进行散热,根据热管不同布置,可以采用 12 根热管对称布置(图 5-30a),12 根热管分别插入 5 个电池单体两两之间的缝隙,每两个电池单体之间等距布置 3 根热管;也可以采用 18 根热管对称布置(图 5-30b),18 根热管以每排 3 个布置在两两电池单体之间与最外侧电池单体的表面。所采用平板微热管的扁平结构能够保证其紧密贴合在动力电池表面,每一根平板微热管插入电池之间的空隙中与电池形成三明治结构。

为了达到更好的散热效果,对散热系统进行优化设计,增加热管冷凝段长度,同时为配合试验中所采用模拟源尺寸,对模型中电池规格进行少许调整，优化模型中采用的电池尺寸为 187mm×125mm×12mm，热管尺寸为 225mm×50mm×2.4mm，蒸发段与冷凝段长度之比为 5∶4。此外，热管冷凝段采用强制对流散热的方案以强化系统散热能力，所建立的强制对流风冷散热辅助的热管散热系统几何模型如图 5-31 所示。

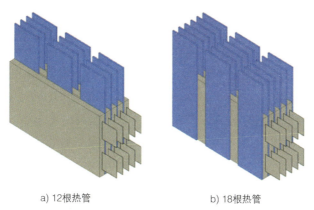

a) 12根热管　　　　　　　b) 18根热管

图 5-30　不同热管布置的三明治结构电池模块

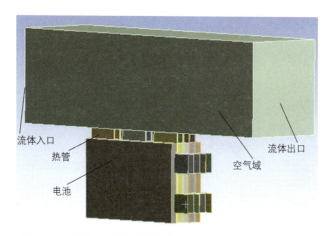

图 5-31　强制对流风冷散热辅助的热管散热系统几何模型

完成几何模型网格划分后导入 Fluent 软件进行以下相关设置：

1）模型设置：此模型中不仅涉及热源产热、传热过程，需要求解能量方程，同时根据初步计算空气流动形态为湍流，在强制对流条件的模拟中选用湍流计算中常用的湍流模型——$k\text{-}\varepsilon$ 模型。

2）边界条件设置：不同 part（部件）之间相互接触的面设置为 interface，与空气接触的面设置为 wall，其中流体域四周边界绝热，流体入口设置为速度入口 4m/s，入口温度为环境温度，出口为压力出口，其余不与流体域接触的固体表面为自然对流换热，对流换热系数为 5W/(m²·K)，温度设置为 20℃。

2. 模拟结果

基于上述模型，分别对热管冷凝段不同冷却方式、相同冷却方式下不同热管排布方式对电池模块的散热效果进行了模拟分析，通过温度云图中所体现的温度分布来评估不同散热方式的效果。

模拟时环境温度设定为20℃，图5-32所示为电池模块热管冷凝段依靠自然对流冷却、采用12根热管散热、不同放电倍率放电截止时的温度分布；图5-33所示为电池模块在热管冷凝段辅以空气强制对流散热、采用12根热管散热、不同放电倍率放电截止时的温度分布；图5-34所示为电池模块在热管冷凝段辅以空气强制对流、采用18根热管散热、不同放电倍率放电截止时的温度分布。表5-9为上述三种散热方式下电池模块的最高温度与最大温差比较。当采用同样的热管数量与排布方式时，与冷凝段仅依靠自然对流冷却相比，强制对流冷却措施的加入使得散热能力得到大大提升。采用12根热管辅以空气强制

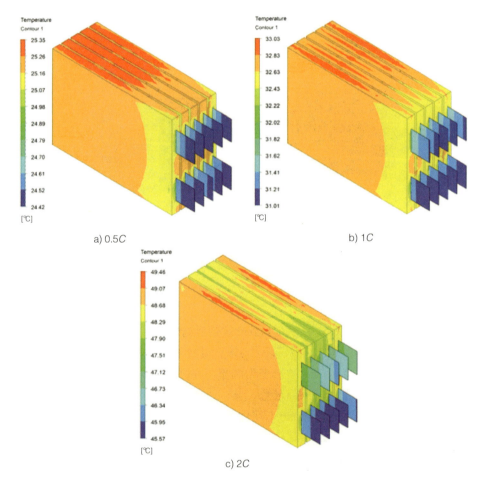

图5-32　12根热管对称布置下电池模块温度场（自然对流，环境温度为20℃）

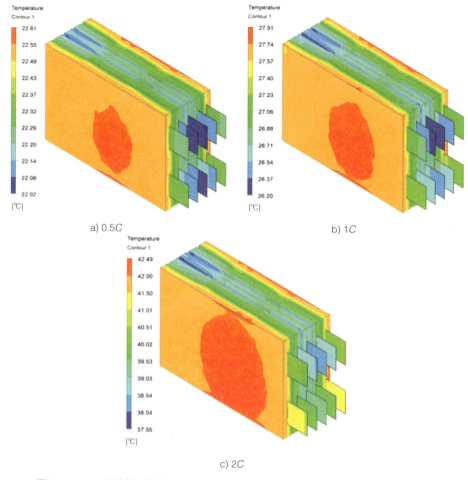

图 5-33 12 根热管对称布置下电池模块温度场（强制对流，环境温度为 20℃）

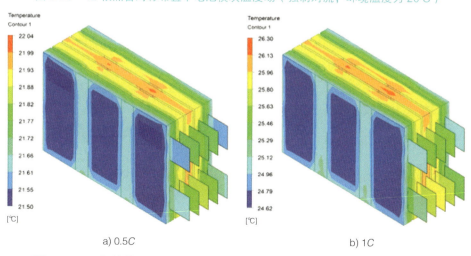

图 5-34 18 根热管对称布置下电池模块温度场（强制对流，环境温度为 20℃）

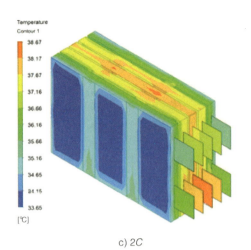

c) 2C

图 5-34 18 根热管对称布置下电池模块温度场（强制对流，环境温度为 20℃）（续）

表 5-9 不同散热方式下电池模块的最高温度和最大温差

比较项目	散热方式（环境温度为 20℃）	0.5C	1C	2C
最高温度 /℃	12 根热管对称布置，自然对流	25.36	33.03	49.46
	12 根热管对称布置，强制对流	22.61	27.91	42.49
	18 根热管对称布置，强制对流	22.04	26.30	38.67
最大温差 /℃	12 根热管对称布置，自然对流	0.93	2.02	3.89
	12 根热管对称布置，强制对流	0.59	1.71	4.94
	18 根热管对称布置，强制对流	0.54	1.68	5.02

对流进行散热时，在 2C 放电倍率下最终达到的最高温度为 42.49℃，电池模块的最大温差为 4.94℃，与自然对流相比虽然牺牲了部分温度均匀性，但明显降低了电池模块的温度。而同样采取冷凝段强制对流的情况下，随着热管数量的增加，各放电倍率下电池模块的最高温度均有所下降，采用 18 根热管强制对流散热时 2C 放电倍率下的最高温度仅为 38.67℃，温差略超 5℃。

由仿真结果可知，采用平板微热管耦合空气强制对流冷却方案进行动力电池冷却散热很有效。

5.3.3 基于平板微热管阵列的动力电池散热试验研究

根据模拟分析与试验结果对基于 FPMHPA 的动力电池散热系统进行优化，对于优化散热系统，试验研究了不同散热模式、送风温度、放电倍率下电池模块的温度场，试验结果验证了 FPMHPA 用于电池散热的可行性。

1. 试验系统

试验研究对象为由 5 个电池单体并联组成的电池模块，优化散热结构同前述模拟部分，增加热管冷凝段的长度能够达到更好的电池散热效果，设计蒸发段与冷凝段长度之比为 5∶4，相应的热管尺寸为 225mm×50mm×2.4mm，同时考虑空间限制，控制热管伸出的长度不能过长，将热管轴向与电池短边平行，增大冷凝段所占比例的同时缩短热管整体长度，减小纵向所占空间。根据前述模拟结果，电池模块中搭配 12 根热管与 18 根热管的形式对散热效果影响不大，故在试验中采用 12 根热管形式与电池模块形成形似"三明治"的结构。平板微热管阵列在与电池单体进行装配时，有翅片的一端在上，下端与电池边缘平齐，为减小接触热阻，在平板微热管与电池接触的表面涂有导热硅脂。FPMHPA 与电池模块的装配方式如图 5-35 所示。

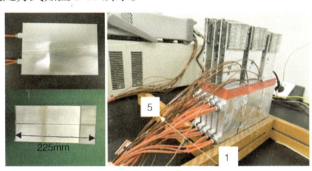

图 5-35　FPMHPA 与电池模块的装配方式

考虑试验安全性，采用等比例设计的铝加热块模拟真实电池发热。电池单体在 0.5*C*、1*C*、2*C* 放电倍率下的发热功率分别为 1.25W、4.00W、14.00W，对应地，并联模式下电池模块在 0.5*C*、1*C*、2*C* 放电倍率下的总加热功率分别为 6.25W、20.00W、70.00W，试验中通过调节热源的输入电压控制加热量。

对于 FPMHPA 工质和充液率的选择，根据电池工作温度及前期试验结果，考虑到单个电池的散热量较小，FPMHPA 主要在低加热功率下工作，且在动力电池的散热试验中对热管的冷却方式设计为自然冷却和风冷，故在动力电池的散热试验中选择 R141b 作为 FPMHPA 的工质，选择充液率为 20%。

图 5-36 所示为电池单体上温度测点位置示意图，同样采用 T 形热电偶对电池进行实时温度测量。根据采集的温度计算电池模块的最高温度 T_{max}、最大温差 ΔT 及温升 ΔT_r。为了使散热风扇吹风集中，设置风道，在风道的一端安装一个直径为 120mm 的散热风扇，风扇中心正对散热翅片中心。

在试验中主要用到的装置及仪器有模拟电池的铝加热块、进行功率调节的稳压电

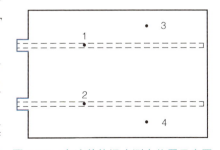

图 5-36　电池单体温度测点位置示意图

源、8720功率仪、Agilent 34970A数据采集仪、铜-康铜T形热电偶、散热风扇、充注完成的FPMHPA、计算机等。各装置与仪器的测量范围与精度见表5-10。

表5-10 各装置与仪器的测量范围与精度

物理量	设备	测量范围	精度
电压	KIKUSUI PCR500M	1~135V/2~270V	±（0.5%读数+0.3V/0.6V）
功率	8720功率仪	UI（U=0.1~600V，I=0.0005~40A）	±（0.1%读数+0.1%量程）
温度	T形热电偶	-100~400℃	±0.5℃

待测试的电池模块在室温下放置至温度一致后开始测试，分别模拟电池以 $0.5C$、$1C$、$2C$ 放电倍率放电至截止电压的过程。同样地，试验中，以模拟热源模块 6.25W 功率下加热 2h 来模拟电池以 $0.5C$ 放电至截止电压，以模拟热源模块 20.00W 功率下加热 1h 来模拟电池以 $1C$ 放电至截止电压，以模拟热源模块 70.00W 功率下加热 0.5h 来模拟电池以 $2C$ 放电至截止电压。

2. 试验结果

（1）电池的温升特性

在室温为25℃下对不同散热方式的电池模块进行放电过程模拟测试，包括无热管的自然对流、有热管的自然对流（FPMHPA-自然对流）、热管结合有风道/无风道的冷凝段强制对流（FPMHPA-强制对流、FPMHPA-无风道强制对流）。

图 5-37 所示为在无热管自然对流冷却散热模式下电池模块以 $0.5C$、$1C$、$2C$ 放电倍率放电过程按图 5-36 标识的 4 个测点的温度变化曲线。在 $0.5C$、$1C$、$2C$ 放电倍率放电结束时电池模块的最高温度分别为 34.0℃、42.7℃、61.9℃，最大温差分别为 2.9℃、5.2℃、8.0℃。不难看出，无主动散热措施下电池在高倍率放电时极易处于高温环境，尽管每个电池单体表面各测点的温度差异不是很明显，但整个电池模块中电池间温度差异随着放电倍率的增加进一步加大，电池热环境进一步恶化，影响电池性能。

图 5-38 所示为在带有翅片的热管结合自然对流冷却散热模式下电池模块以 $0.5C$、$1C$、$2C$ 放电倍率放电过程的温度变化曲线。很显然，相比无热管自然对流模式，电池模块的最高温度得到降低，热环境得到改善，在 $0.5C$、$1C$、$2C$ 放电倍率下放电结束时的最高温度分别为 30.7℃、37.9℃、53.1℃。从图 5-38 中可以看出，在动态的温度变化中，各测温点的温度曲线更加聚集，电池模块各单体间的温度差异显著缩小。FPMHPA 的结构特点使其本身就具有均温性能好的优良特性，而热管组在整体结构上的对称布置使该优点得以更好发挥。电池模块在 $0.5C$、$1C$、$2C$ 放电倍率下放电结束时的最大温差分别为 0.5℃、1.0℃、3.4℃。

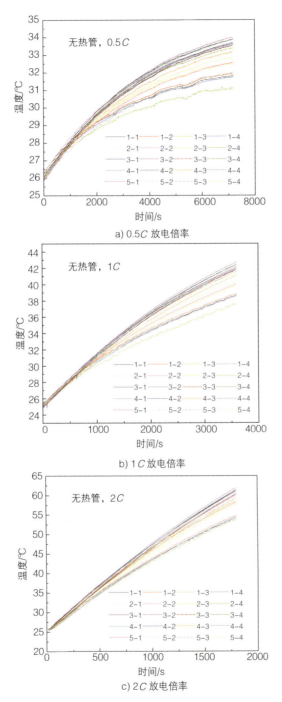

图 5-37 电池模块在无热管自然对流放电过程的温度变化

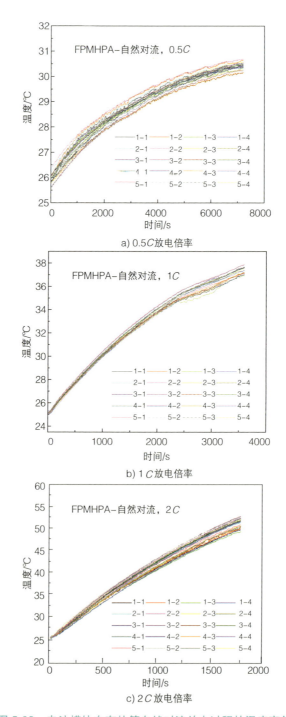

图 5-38 电池模块在有热管自然对流放电过程的温度变化

图 5-39 所示为在带有翅片的热管结合冷凝段强制对流冷却（有风道）散热模式下电池模块以 0.5C、1C、2C 放电倍率放电过程的温度变化曲线。从图 5-39a 中可以看出，对于 0.5C 放电倍率放电的电池模块，温升的幅度已经很小，此时电池温度受室温波动影响较为明显，由于室内温度为空调控制，有轻微的上下浮动，而在此过程中电池的实时温度也受到影响。在 0.5C、1C、2C 放电倍率下放电结束时的最高温度分别为 29.2℃、32.6℃、45.1℃，最大温差分别为 0.8℃、1.6℃、4.8℃。可以看出，虽然牺牲了少许温度均匀性，但是电池模块的最高温度得到进一步降低。

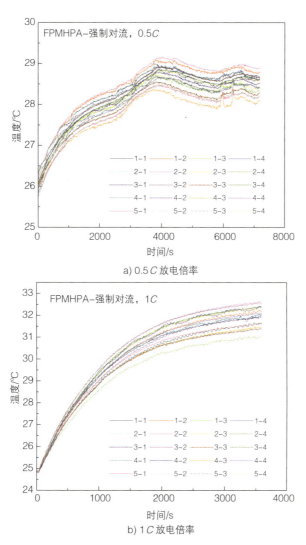

a) 0.5C 放电倍率

b) 1C 放电倍率

图 5-39 电池模块在热管结合冷凝段强制对流（有风道）放电过程的温度变化

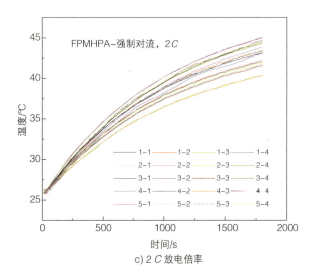

c) 2C 放电倍率

图 5-39 电池模块在热管结合冷凝段强制对流（有风道）放电过程的温度变化（续）

图 5-40 所示为电池模块在热管结合冷凝段强制对流冷却（无风道）散热模式下以 2C 放电倍率放电过程的温度变化曲线。放电结束时电池模块的最高温度为 44.5℃，最大温差为 6.2℃。与有风道相比，无风道情况下吹风分散，热管组换热速率不一致，导致电池模块的各部分散热速率不同，电池模块温差增大。

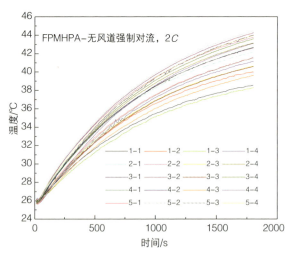

图 5-40 电池模块在热管结合冷凝段强制对流（无风道）放电过程的温度变化

（2）冷却方式对散热系统性能的影响

从上述各种冷却方式的电池温升特性可以看出，电池在放电过程中升温速率受冷却方式影响十分明显，在电池放电过程中，电池所达到的最高温度和最大温差因冷却方式不同也有较大差异。图 5-41 和图 5-42 所示分别是电池模块在室温为 25℃ 时在不同冷却方式下分别以不同放电倍率放电结束所达到的最高温度和最大温差。可以看出，无热管散热时，仅靠空气自然对流的散热效果是极差的，完全不能够满足电池正常工作的需求。在 2C 放电倍率下，FPMHPA-无风道强制对流情况下电池模块的最高温度略低于有风道情况，但由于热管组散热不均匀，相比有风道模式，其电池模块的温差较大。整体来看，电池模块在 FPMHPA-强制对流情况下放电结束达到的最高温度最低，而在 FPMHPA-自然对流情况下电池模块的温差最小，但同时在 FPMHPA-强制对流情况下电池模块的温差也满足温控要求，所以热管结合有风道冷凝段强制对流散热方式的综合散热效果最好。

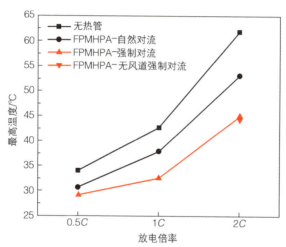

图 5-41　不同冷却方式下电池模块最高温度

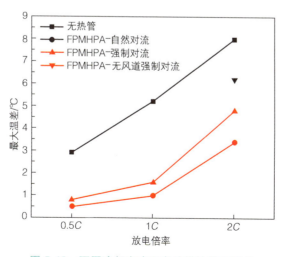

图 5-42　不同冷却方式下电池模块最大温差

试验还设计了双风机对置式交替送风散热方案,并对其散热性能进行测试。该方案在原来带风道方案单风机的基础上在风道的另一端增加布置一个散热风扇,两个风扇交替运行,每隔1min切换一次风扇。图5-43和图5-44所示分别为双风机交替送风、FPMHPA-强制对流、FPMHPA-自然对流以不同放电倍率放电结束电池模块所达到的最高温度和最大温差(室温为20℃)。从图中可以看出,在2C放电倍率下,采取双风机交替送风对热管冷凝段强制对流,与自然对流和单风机的强制对流散热方式相比,能够进一步降低电池模块的最高温度,但与单风机的强制对流冷却相比,在2C放电倍率下的电池最大温差并没有明显减小,可见对温度均匀性的改善并没有明显优势。

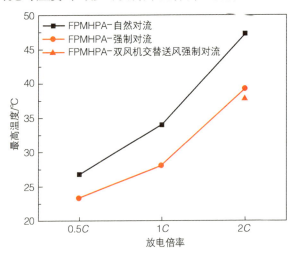

图 5-43　电池模块在不同冷却方式下的最高温度

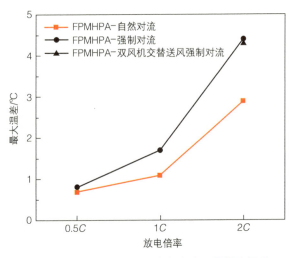

图 5-44　电池模块在不同冷却方式下的最大温差

（3）冷却风温对散热系统性能的影响

电池模块在工作中的环境是多变的，即使在同一散热模式下，送风温度不同，其散热效果也不同。为研究送风温度对动力电池散热系统散热效果的影响，对不同送风温度下电池模块以不同放电倍率放电过程的最高温度和最大温差进行测试。

图 5-45 所示为电池模块以热管结合自然对流散热模式散热时最高温度与最大温差受送风温度的影响。在热管冷凝段采用自然对流散热情况下，当送风温度由 25℃ 变化至 20℃ 时，电池模块的最高温度下降，在 0.5C、1C、2C 放电倍率下电池模块的最高温度分别下降了 3.9℃、3.9℃、5.8℃，电池模块的温差在 0.5C 和 1C 放电倍率下略有增加，但在 2C 放电倍率下减少了 0.5℃。图 5-46 所示为电池模块以热管结合强制对流散热模式散热时最高温度与最大温差受送风温度的影响。在热管冷凝段采用强制对流散热的情况下，当送风温度由 25℃ 变化至 20℃ 时，在 0.5C、1C、2C 放电倍率下电池模块的最高温度分别下降了 5.8℃、4.5℃、5.8℃，电池模块的温差在 2C 放电倍率下减少了 0.4℃。而对于 2C 放电倍率，当送风温度进一步降低至 18℃ 时，相比 20℃ 时，电池模块的最高温度进一步降低了 1.6℃，最大温差进一步减小了 1.7℃。结合图 5-45 和图 5-46 所显示的数据来看，当送风温度变化 5℃ 时，电池模块的最高温度变化基本在 5℃ 左右。而对于电池模块各部分的温度均匀性来讲，其影响并不是很明显，尤其是对于低放电倍率（0.5C、1C）下的电池模块其温差变化很小，这也是由于低倍率下电池模块本身温度均匀性就较好。而对于 2C 放电倍率下的电池模块，无论热管冷凝段的散热方式是自然对流还是强制对流，电池模块的温差随着送风温度的降低有所减小，电池模块的温度均匀性得到改善。综上可得，送风温度的变化对高放电倍率的电池模块温度场影响较大。

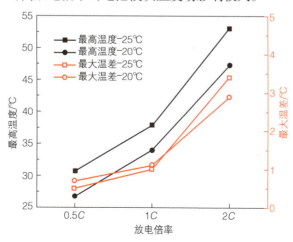

图 5-45　送风温度对电池模块在热管结合自然对流散热模式下散热性能的影响

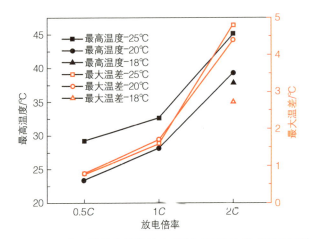

图 5-46　送风温度对电池模块在热管结合强制对流散热模式下散热性能的影响

3. 散热系统性能测试结果分析

（1）系统散热量占比计算

根据电池模拟热源的产热量和放电时间可以计算电池在模拟放电过程的总发热量，其次根据电池温升计算电池吸收热量的部分，即可计算得到散热系统散出热量所占比例，这也是可以用来评价散热系统性能的指标之一。

电池模块总的产热量

$$Q_z = Pt \tag{5-23}$$

式中，P 为电池产热功率（W）；t 为电池放电时间（s）。

电池模块温升吸收的热量

$$Q_b = m_{bat}c_b(T_2 - T_1) \tag{5-24}$$

式中，m_{bat} 为电池模块质量（kg）；c_b 为电池模块比热容 [J/(kg·K)]；T_2 为电池模块最高温度（K）；T_1 为电池模块起始温度（K）。

于是，动力电池散热系统的散热量所占比例为

$$\eta = \frac{Q_z - Q_b}{Q_s} \tag{5-25}$$

各种散热模式下散热系统散热量占比计算结果见表 5-11。由表 5-11 中的计算结果可知，电池模块在仅靠自然对流散热时只能散发很少一部分的热量，且随着放电倍率的增加，电池模块的散热量所占比例明显减小，更多的热量积聚在电池本身。在 25℃的送风温度时，在 0.5C、1C、2C 放电倍率的放电过程中，电池模块仅分别有 38.93%、27.93%、10.57% 的热量被自然对流散发到环境中，大部分热量被电池模块吸收造成其自身温升。电池模块采用 FPMHPA 散热后，其散热量占比明显提高，在 FPMHPA 冷凝段采用自然对流时，散热系统在电池

放电倍率为 0.5C、1C、2C 时的散热量占比分别可以达到 60%、40%、30% 以上；而在冷凝段采用强制对流散热时，放电倍率为 0.5C、1C、2C 时的散热量占比分别可以达到 70%、60%、50% 以上，2C 放电倍率的各种工况下散热系统散热量占比均能达到 50% 以上，证明基于 FPMHPA 的动力电池散热十分有效。

表 5-11　各种散热模式下散热系统散热量占比计算结果

工况设置			总产热量 /kJ	最高温度 /℃	电池模块吸收热量 /kJ	散热量占比 (%)
送风温度	散热模式	放电倍率				
25℃	无热管的自然对流	0.5C	45	34.0	27.48	38.93
		1C	72	42.7	54.05	24.93
		2C	126	61.9	112.68	10.57
	冷凝段自然对流	0.5C	45	30.7	17.41	61.32
		1C	72	37.9	39.39	45.29
		2C	126	53.1	85.81	31.90
	冷凝段强制对流	0.5C	45	29.2	12.83	71.50
		1C	72	32.6	23.21	67.77
		2C	126	45.1	61.38	51.29
	冷凝段强制对流（无风道）	2C	126	44.5	59.55	52.74
20℃	冷凝段自然对流	0.5C	45	26.8	20.77	53.86
		1C	72	34.0	42.75	40.62
		2C	126	47.3	83.37	33.84
	冷凝段强制对流	0.5C	45	23.4	10.38	76.93
		1C	72	28.1	24.73	65.65
		2C	126	39.3	58.94	53.23
	冷凝段双风扇交替送风	2C	126	37.8	54.36	56.86
18℃	冷凝段强制对流	2C	126	37.7	60.16	52.26

（2）各工况温度数据评价

前面对多种散热模式、不同送风温度下优化改进后的动力电池散热系统进行了试验，测试了电池模块的温度分布，并重点研究了电池模块在高放电倍率（2C）下运行的温度特性，检测各种工况下电池模块的最高温度、最大温差是否在锂离子电池推荐的最佳工作温度范围（25～40℃）和推荐控制温差（≤5℃）。优化散热系统各试验工况下电池模块的温度数据统计见表 5-12，可以看出在送风温度为 20℃时，基于 FPMHPA 的散热可以满足 0.5C～2C 放电倍率下的工作温度和控制温差；送风温度为 25℃时，基于 FPMHPA 的散热满足

0.5C 和 1C 放电倍率下的工作温度和控制温差,2C 放电倍率下绝大部分情况不满足。

表 5-12 优化散热系统各试验工况下电池模块的温度数据统计

工况设置			最高温度 /℃		最大温差 /℃	
送风温度	散热模式	放电倍率	测试值	∈ [25, 40]?	测试值	≤ 5?
25℃	无热管的自然对流	0.5C	34.0	是	2.9	是
		1C	42.7	否	5.2	否
		2C	61.9	否	8.0	否
	冷凝段自然对流	0.5C	30.7	是	0.5	是
		1C	37.9	是	1.0	是
		2C	53.1	否	3.4	是
	冷凝段强制对流	0.5C	29.2	是	0.8	是
		1C	32.6	是	1.6	是
		2C	45.1	否	4.8	是
20℃	冷凝段强制对流(无风道)	2C	44.5	否	6.2	否
	冷凝段自然对流	0.5C	26.8	是	0.7	是
		1C	34.0	是	1.1	是
		2C	47.3	否	2.9	是
	冷凝段强制对流	0.5C	23.4	是	0.8	是
		1C	28.1	是	1.7	是
		2C	39.3	是	4.4	是
	冷凝段双风扇交替送风	2C	37.8	是	4.3	是
18℃	冷凝段强制对流	2C	37.7	是	2.7	是

5.4 本章小结

1)对动力电池的热管理需求进行了分析。针对现在电动汽车大量应用的锂离子动力电池,建立了电池单体和电池模块的热分析模型,并采用试验测试结果进行了验证,建立模型进行了电池单体和电池模块产热数值模拟分析。在电池仅通过自然对流散热时,电池温度随着放电过程快速升高,尤其是在 2C 放电倍率下温升速度更快,并且电池模块中由于热源的密集排列,相对电池单体来讲温升和温差更大;对于电池单体,2C 放电倍率放电时电池最高温度可达 55.90℃,而对于电池模块在以 1C 放电倍率放电时的最高温度也超过 40℃,达到45.40℃，在2C放电倍率下更是达到66.11℃。分析结果表明，动力电池需要进行有效散热以保证充放电效率和使用安全。

2）梳理了目前动力电池的冷却方式，主要有风冷、相变材料冷却、制冷剂直接冷却（直冷）、液冷以及热管冷却等方式。其中，风冷系统具有低成本、系统结构简单、便于维护等优点，但难以满足大功率锂离子电池组散热要求；相变材料冷却具有体积变化小、相变潜热较大、相变温度恒定的优点，但导热系数小、散热速度慢、系统结构较为复杂、密封性要求较高，目前在实际应用中较少；动力电池直冷冷却系统的优点是冷却效率高、结构紧凑、没有液冷系统的液体泄漏风险，但同时也存在温度、压力、流量不易控制的缺点；液冷散热是目前主流的冷却方式，其导热系数大，冷却效率高，可以满足大功率动力电池组的整体散热，但也存在结构复杂、漏液安全性的问题，仍需进一步优化；热管作为一种高效传热元器件，可与其他冷却方式耦合应用，在动力电池热管理中有应用前景。

3）对平板微热管阵列在电池散热中的应用进行了研究。建立了基于FPMHPA散热的电池模块热分析模型，分别对热管冷凝段不同冷却方式、相同冷却方式下不同热管排布方式对电池模块的散热效果进行了模拟分析。建立了试验系统，对基于FPMHPA的动力电池优化散热结构，测试了不同散热模式、送风温度、放电倍率下电池模块的温度分布，分析了电池模块在不同散热模式下放电过程的温升特性、最高温度和最大温差。研究结果表明，采用FPMHPA散热，大大改善了电池模块散热效果，其散热量占比明显提高。在FPMHPA冷凝段采用自然对流时，散热系统在电池放电倍率为0.5C、1C、2C时的散热量占比分别可以达到60%、40%、30%以上；而在冷凝段采用强制对流散热时，放电倍率为0.5C、1C、2C时的散热量占比分别可以达到70%、60%、50%以上，温差小于5℃；送风温度为20℃时，基于FPMHPA的散热可以满足0.5C~2C放电倍率下的工作温度和控制温差。

参考文献

[1] 国务院办公厅. 新能源汽车产业发展规划（2021—2035年）[Z]. 2020.

[2] 武雅丽. 电动汽车风冷动力电池组的热特性研究[D]. 成都：西南交通大学，2020.

[3] BERNARDI D, PAWLIKOWSKI E, NEWMAN J. A general energy balance for battery systems[J]. Journal of the Electrochemical Society, 1984, 132（1）: 5-12.

[4] 杨凯，李大贺，陈实，等. 电动汽车动力电池的热效应模型[J]. 北京理工大学学报，2008，28（9）: 782-785.

[5] 杨露露. 基于平板微热管阵列的动力电池散热技术研究[D]. 北京：中国科学院大学，2021.

[6] 黄锡伟，朱隽隆，黄晓强，等.基于空气冷却技术的动力电池散热方式研究现状 [J].汽车零部件，2021（1）：102-106.

[7] PARK H. A design of air flow configuration for cooling lithium ion battery in hybrid electric vehicles [J]. Journal of Power Sources，2013，239：30-36.

[8] LIU Z M, WANG Y X, ZHANG J, et al. Shortcut computation for the thermal management of a large air-cooled battery pack[J]. Applied Thermal Engineering，2014，66（1-2）：445-452.

[9] 刘振军，林国发，秦大同，等.电动汽车锂电池组温度场研究及其结构优化 [J].汽车工程，2012，34（1）：80-84.

[10] 张丹枫.基于相变材料的圆柱形锂离子电池热管理系统研究 [D].合肥：中国科学技术大学，2020.

[11] 洪文华.相变材料在锂离子动力电池热管理中的应用研究 [D].杭州：浙江大学，2019.

[12] 张荣荣，邹江，孙祥立，等.降压装置对电动车动力电池制冷剂直接冷却系统的影响 [J].制冷学报，2021，42（3）：107-113；158.

[13] 陈杰，覃峰，黄国强.基于"制冷剂直接冷却"方案的独立式电池冷却模块设计与试验研究 [J].制冷与空调，2017，17（6）：40-44.

[14] 聂磊，王敏弛，赵耀，等.纯电动汽车冷媒直冷电池热管理系统的实验研究 [J].制冷学报，2020，41（4）：52-58.

[15] 毕祥宇.电动汽车电池圆管微通道液冷板换热性能研究 [D].杭州：浙江大学，2021.

[16] 张万良，陈祥，刘静，等.动力电池液冷系统管路设计及仿真分析 [J].电池工业，2022，26（1）：1-5.

[17] 任雪萍，连文磊，苏存要.动力电池组液冷散热仿真与实验研究 [J].机械制造与自动化，2021，50（6）：110-113.

[18] 温达旸.基于非均匀翅片液冷板的电池热管理设计与优化研究 [D].广州：华南理工大学，2021.

[19] 王明悦，林家源，刘新华，等.基于蛇形通道的电池组液冷方案设计与优化 [J].北京航空航天大学学报，2022，48（1）：166-173.

[20] 张威，何锋，王文亮.液冷锂电池组温度均衡性研究 [J].农业装备与车辆工程，2022，60（3）：20-24.

[21] 周贤杰.某电动汽车动力电池组液冷散热分析与优化 [D].重庆：重庆理工大学，2022.

[22] 郭豪琦.电动汽车用锂离子电池模组液冷热管理系统研究 [D].哈尔滨：哈尔滨理工大学，2020.

[23] 劳永春.液冷式锂离子电池热管理系统设计及优化研究 [D].重庆：重庆交通大学，2021.

[24] 张桂英.纯电动汽车一体式热管理及节能技术研究 [D].北京：中国科学院大学，2017.

[25] 张国庆，吴忠杰，饶中浩，等.动力电池热管冷却效果实验 [J].化工进展，2009，28（7）：1165-1168.

[26] 林梓荣，汪双凤，吴小辉.脉动热管技术研究进展 [J].化工进展，2008（10）：1526-

1532.
- [27] 雷波，冼海珍.基于热管技术的锂离子电池热管理研究进展[J].湖北电力，2021，45（6）：1-9.
- [28] 苏宏超.动力电池热管理用 U 型板式热管实验研究[D].北京：中国科学院大学，2019.
- [29] 周智程，魏爱博，屈健，等.管板结构脉动热管冷却动力电池的传热特性[J].化工进展，2020，39（10）：3916-3925.
- [30] 贾智康.基于热管的纯电动汽车用圆柱型锂离子电池组散热方案研究[D].镇江：江苏大学，2020.
- [31] YANG L L，XU H B，ZHANG H N，et al. Numerical and experimental investigation on the performance of battery thermal management system based on micro heat pipe array[J]. Journal of Thermal Science，2022（31）：1531-1541.
- [32] 杨露露，徐洪波，王惠惠，等.平板微热管阵列的研究现状与进展[J].制冷学报，2020，41（5）：1-11，22.

Chapter 06

第 6 章
新能源汽车一体式热管理系统

新能源汽车的热管理目标是基于汽车车室以及关键部件的工作环境需求，提供舒适的乘坐环境和适宜的部件工作环境。热管理技术作为新能源汽车的核心关键技术之一，是新能源汽车驾乘安全与舒适的重要保证，对新能源汽车的发展至关重要。与传统燃油汽车相比，动力系统的改变对新能源汽车热管理提出了新的要求[1]，主要包括：

1）可用于供暖的余热品位发生改变，新能源汽车热管理系统需要具有制热功能。

2）电池组（动力电池或燃料电池）的运行温度对其性能和使用寿命影响突出，为保证其高效安全运行，电池组的温度控制成为热管理系统的重要内容。

3）为保证电机及控制器的高效可靠运行，需对其进行有效温度控制。

随着新能源汽车技术的快速发展，高能量密度与高度集成化成为其发展的主要趋势。尤其在集成方面，新能源汽车的零部件及整车制造企业一直致力于产品的一体化与集约化发展，相继推出了二合一、三合一甚至多合一产品。热管理技术的发展一方面要适应高能量密度和高度集成带来的挑战，另一方面热管理系统自身的一体化发展也是重要的技术内容，这对于提高新能源汽车动力电池利用率、整车经济性、车室热舒适性以及运行安全可靠性具有重要的意义。

相对于其他形式的新能源汽车，纯电动汽车的整车热管理系统更具有代表性，因此本章主要针对纯电动汽车整车热管理系统的研究进行阐述。

6.1 整车热管理能量关系及系统架构

6.1.1 能量关系

由于太阳辐射、风霜雨雪等气候条件对车辆所处的环境有着最直接的影响，太阳能与空气能是车辆与环境进行热量交互的主要热源与热汇，车外空气温度通常在 -30 ~ 50℃范围，而空气的相对湿度通常覆盖到 20% ~ 90%。整车热管理的能量关系如图 6-1 所示。

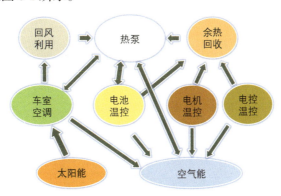

图 6-1 整车热管理的能量关系

对于车室来说，受太阳辐射和空气温度的影响，为保证驾乘人员的舒适性要求，通常温度控制范围为（20±10）℃。当环境温度较低，造成车室温度低于温控要求时，需要通过热管理系统向车室传输热量，通常是通过热泵空调制热、电加热或余热来实现；而当环境温度较高，造成车室温度高于温控要求时，则需要通过热管理系统向车室传输冷量，通常是通过热泵空调制冷来实现。另外还需要解决风窗玻璃的防雾或除雾问题，通常通过新回风比例条件配合车室温度控制来实现。

电池温控是新能源汽车整车热管理的关键目标，目前以锂离子电池为主的动力电池温度控制范围为（30±10）℃。电池温度变化主要取决于自身充放电过程产生的热量，与电池的工作状态密切相关。在电池工作前，当其处于较低的环境温度而造成自身温度较低时，通常需要进行预热，目前主要通过电加热、热泵加热或自预热的方式来实现；当电池进入工作状态后，输出电量的同时会产生一定的热量，当温度高于其适宜温控范围时，则需要进行余热回收或向外界进行散热，向外界散热方式取决于环境温度与电池产热量，当环境温度不太高时优先直接向空气中散热，当环境条件不满足电池自然散热需求的时候利用热泵系统制冷以提高冷量。

电机与电控的温控也是新能源汽车热管理的重要内容，电机与电控的温控要求受材料的影响，通常的温度控制范围为（90±10）℃，由于温控范围相对于环境温度较高，在低温环境中通常是优先进行余热回收为整车热管理提供热量，当热量无处利用时，则向空气散热。

6.1.2 系统架构

基于上述的整车热管理能量关系，结合整车实际的配置与运行特点进行热管理系统架构的设计与集成，而热管理系统的架构与集成受整车设计理念、经济成本、可靠性等多种因素影响，目前新能源汽车领域形成了不同形式的整车热管理架构。

图 6-2 所示为典型电动乘用车热管理系统架构原理图示例。图 6-2a 所示为热泵系统采用风冷冷凝器的热管理系统架构。车室空调的冷量来自于热泵系统的蒸发器芯体，车室空调的热量来自于热泵系统的风冷冷凝器及暖风芯体，而暖风芯体的热量来自于电池、电机及电控的余热或电加热。动力电池温控的冷量来自于热泵系统的板式蒸发器或向环境散热，电池温控的热量来自于自身加热器或电加热器。电机电控等温控主要是向环境散热或将余热量回收供应给车室空调的暖风芯体。

图 6-2b 所示为热泵系统采用水冷冷凝器的热管理系统架构。车室空调、动力电池及电机电控的温控冷热量关系和前述一样，不同的是车室空调的热量来自于暖风芯体，而暖风芯体的热量来自于热泵系统的水冷冷凝器、电机电控以及电池的余热或电加热。

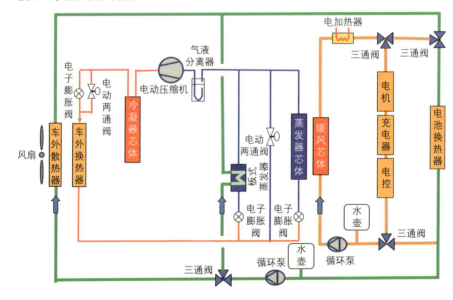

a) 热泵系统采用风冷冷凝器的热管理系统架构

图 6-2 电动乘用车热管理系统架构原理图示例

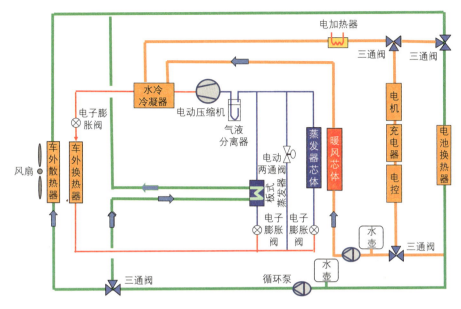

b) 热泵系统采用水冷冷凝器的热管理系统架构

图6-2 电动乘用车热管理系统架构原理图示例（续）

上述两种系统均有各自的特点，在此基础上，根据汽车产品定位及特点进行系统演变，从而形成不同特色的热管理系统架构。

图6-3所示为典型电动商用车（客车）热管理系统架构的补气式热泵系统原理图示例。系统采用补气式压缩机配合中间换热器形成由主路蒸发、支路补气的补气式热泵系统，在此基础上增加一个热管理换热器支路，用于将客车的电池、电机与电控的热量进行整合集中处理。系统左侧的制冷剂循环中采用四通换向阀进行切换，右侧的二次制冷剂循环中采用四通阀或多通路阀的切换来实现热管理工作模式的转换。

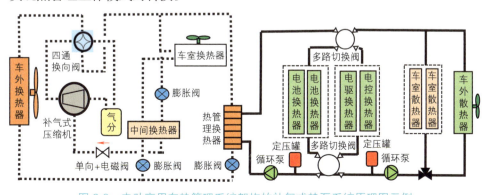

图6-3 电动商用车热管理系统架构的补气式热泵系统原理图示例

6.2 电动乘用车一体式热管理系统性能试验研究

从 6.1 节中的系统架构可以看出，热泵性能是热管理系统整体性能的关键，由于增加了动力电池、电机、电控等温控功能，热泵系统中通常有两个蒸发支路，而蒸发支路调节对一体式热管理系统性能影响尤为突出。笔者针对电动乘用车一体式热管理的双蒸发支路系统开展了试验研究[2-4]。

6.2.1 试验系统简介

试验建立了以 R134a 为制冷剂的双蒸发器并联热泵系统试验台架，系统架构原理如图 6-4 所示。主要部件参数见表 6-1，系统稳态工况及动态工况分别见表 6-2 和表 6-3，制冷工况送风量为 460m^3/h，制热工况送风量为 350m^3/h。

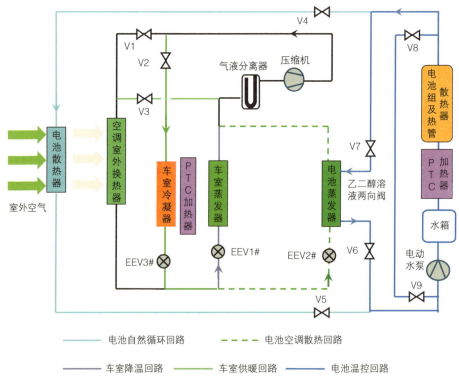

图 6-4 热管理系统架构原理

表 6-1 试验系统主要部件参数

部件名称	主要参数
压缩机	产品类型：电动涡旋压缩机 排气量：27cm^3/r
室外换热器	类型：平行流 几何尺寸：506mm × 390mm × 22mm

（续）

部件名称	主要参数
EVAP1#	类型：平行流 几何尺寸：176mm×150mm×36mm
EVAP2#	类型：板式换热器 几何尺寸：60mm×40mm×20mm
电子膨胀阀 1#	类型：电子膨胀阀 名义制冷量：3USRT（1USRT = 3.516kW）
电子膨胀阀 2#	类型：电子膨胀阀 名义制冷量：1.5USRT

表 6-2 稳态试验测试工况

测试工况	车内/外温度/℃	压缩机转速/(r/min)	膨胀阀开度	电池加热量/W
车室单冷	27/35、45/45	8000	0.83、0.63	—
车室与电池冷却	27/35、45/45	8000	0.83/0.3、0.63/0.4	240
冬季稳态运行	−20/−20、−20/20		1	—

表 6-3 动态试验测试工况

测试工况	车内/外温度/℃	压缩机转速/(r/min)	膨胀阀开度	电池加热量/W
动态测试	35	4500	1/（0.3，0.6，0.9）	240

试验中采用 30 块锂电池模拟电池包的热特性，其布置方式与模拟加热方式如图 6-5 所示，采用电加热膜模拟电池发热过程，试验中的模拟散热量为 240W，电池冷却循环泵流量为 6L/min。30 块锂电池以 5×6 排布在散热器内，电池组 1、3、6 列的电池上布置热电偶进行电池单体温度测量，如图 6-5 中红色圆所示，电池测温共布置 54 个热电偶。

图 6-5 试验系统的电池装置

6.2.2 制冷性能试验研究

针对额定制冷工况（35℃/27℃）和高温工况（45℃/45℃）两种工况开展了试验研究。稳态运行分车室单冷工况和车室、电池侧双蒸发器同时制冷的一体式运行工况，稳态测试结果分别见表6-4和表6-5。

表6-4 35℃/27℃制冷工况稳态测试结果

运行模式	制冷剂流量/(kg/h)	送风温度/℃	电池温度/℃	1#制冷量/kW	2#制冷量/kW	总制冷量/kW	压缩功率/kW	COP
车室单冷	135.16	3.90	—	5.24	—	5.24	2.44	2.15
双蒸发器	134.0, 25.36	4.45	25.07	5.19	1.09	6.28	2.46	2.55

表6-5 45℃/45℃制冷工况稳态测试结果

运行模式	制冷剂流量/(kg/h)	送风温度/℃	电池温度/℃	1#制冷量/kW	2#制冷量/kW	总制冷量/kW	压缩功率/kW	COP
车室单冷	192.01	17.41	—	7.22	—	7.22	3.13	2.31
双蒸发器	180.40, 63.96	18.57	23.05	6.61	2.31	8.92	3.19	2.80

以额定工况为例，开启电池支路后，车室侧制冷剂流量和制冷量略有降低，制冷量降低约0.9%，电池支路膨胀阀小开度稳定运行时，车室侧受到的影响可以忽略不计。该测试工况下，电池侧制冷量为1.09kW。系统总制冷量提升19.8%，压缩机输入功率增加0.8%，系统COP提升18.6%。电池侧支路开启后，制冷剂流动阻力下降，在对车室制冷效果影响忽略不计的条件下，系统整体性能有一定程度的提升。

车辆行驶过程中，车室空调制冷负荷主要受室外环境（天气、室外温湿度、太阳辐射强度）和乘车人员数量影响；电池组发热量除了这两方面的影响因素外，更多地受到车辆行驶状态的影响，车辆在快速加速、爬坡、停车等高低速状态下切换频繁，电池发热量不断发生变化，其散热需求（制冷量需求）也不断发生变化，相应地，并联双蒸发器系统就需要具备一定的制冷量调节和分配的能力。

在动态特性研究中，对不同室外温度、电池侧不同膨胀阀开度系统性能进行了测试。两支路的制冷剂流量、蒸发器出口过热度及蒸发器压降动态变化如图6-6所示（1#：车室侧支路；2#：电池侧支路；2# EEV开度分别为0.3、0.6、0.9），以2# EEV开度等于0.3和0.9为例进行分析。

2# EEV开度为0.3时，车室侧和电池侧平均制冷剂流量分别为110kg/h、41kg/h，电池支路制冷剂流量百分比为27.2%。车室侧制冷剂流量和蒸发器压降基本没有变化；车室侧蒸发器出口过热度一直小于2℃，车室侧制冷量充足。相应地，电池侧蒸发器出口持续18min左右过热，电池支路制冷量稍显不足。2# EEV 开度为 0.9 时，车室侧和电池侧平均制冷剂流量分别为 71kg/h、90kg/h，电池支路制冷剂流量百分比为 55.9%。车室侧蒸发器出口工况初始阶段尚无过热，随着制冷剂流量的持续降低，其出口过热度持续增加，车室侧蒸发器的压降也呈现增加趋势。相反地，在 2# EEV 三个不同开度工况下，电池侧蒸发器压降只随开度大小变化，一定膨胀阀开度时并没有随着蒸发器出口过热度的变化而发生明显的变化。蒸发器压降随各自出口过热度不同的变化趋势主要是由两个蒸发器本身的形式不同引起的。

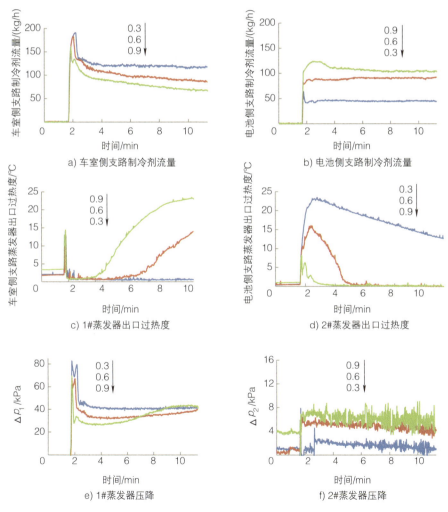

图 6-6　电池支路膨胀阀开度的影响

由于车室侧蒸发器为平行流型，为空气 - 制冷剂换热器；电池侧蒸发器为板式，为乙二醇溶液-制冷剂换热器。前者几何尺寸较大，制冷剂流程较长，压降较大；后者结构紧凑，制冷剂流程较短，压降较小，因此车室侧蒸发器的压降受制冷剂气体含量影响更明显。2#EEV一定开度时，电池侧蒸发器压降并没有随其出口过热度的变化而发生大的波动。

2# EEV 开度为 0.9 时，车室侧蒸发器初始阶段基本没有过热度，随着时间推进才出现一定过热，蒸发器压降逐渐上升，出现这个趋势主要是由于两个支路的并联关系，两个蒸发器进、出口压力变化如图6-7所示。不同于车室侧风的单向流动，室外新风经过蒸发器冷却后在车室内循环后排出车外，而电池侧乙二醇溶液是循环回路，在电池组处吸收电池组

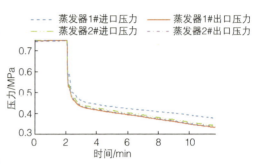

图 6-7　两个蒸发器进、出口压力变化
（2# EEV 开度为 0.9 时）

热量，在电池侧蒸发器处热量被制冷剂带走，并重新循环到电池组。因此电池侧蒸发器乙二醇溶液的进口温度是持续降低的过程，所以电池侧蒸发器出口制冷剂的压力持续降低，由于两个支路的并联关系，车室侧蒸发器出口压力也随之降低。该支路蒸发器出口压力、出口过热度、蒸发器压降与制冷剂流量之间的变化趋势以及测试过程中两个不同时刻两蒸发器进出口状态点如图6-8所示。在压焓图上可以看出，车室侧蒸发器出口压力降低且蒸发器进风状态不变时，其出口过热度会有微小的增加，过热度增加引起蒸发器压降的增加，由于压降增加，使得该支路的制冷剂质量流量降低，质量流量的降低反过来增加了蒸发器出口过热，三者的循环作用使得车室侧蒸发器出口过热度不断上升，制冷剂质量流量不断下降，制冷效果变差。

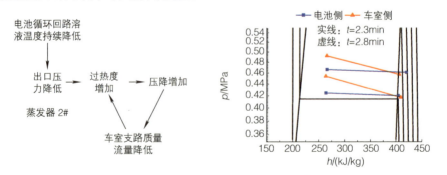

图 6-8　车室侧蒸发器受影响过程示意图

电池支路 EEV 开度变化时的车室空调送风温度和电池组平均温度如图6-9所示。据前分析，电池侧 EEV 小开度时，车室侧制冷剂流量大，电池组温度的

变化基本不会影响车室侧空调送风状态。电池侧 EEV 大开度时，车室侧制冷剂流量较小，电池组的持续降温会使得车室空调送风温度有一定程度的增加（图中开度为 0.6 和 0.9 时），其中 2# EEV 开度为 0.9 时，测试结束时的空调送风温度比降温过程中的最低风温增加了 3.82℃，增幅为 27%，对车内人员的热舒适性有较大的影响。

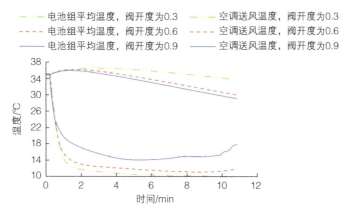

图 6-9　车室空调送风温度和电池组平均温度变化

试验对环境温度为 45℃、电池支路电子膨胀阀（EEV2#）开度等于 0.9 时进行了测试。电池组平均温度和电池侧蒸发器（EVAP2#）出口过热度如图 6-10 所示，虽然蒸发器 2# 出口过热度在 2min 内降至 0，但电池组平均温度从初始的 45℃ 降至 35℃ 则持续 13min，因此不能根据蒸发器 2# 出口过热度控制 EEV2# 的开度变化，且室外温度较高或者电池初始温度比较高时，需要较大的 EEV2# 开度尽快给电池降温。而试验测试经过 20min 时，电池温度已降至 30℃，已经不需要快速的降温速率，此时，车室也因制冷剂流量降低，制冷量减小，送风温度逐渐升高，从测试过程中最低值 18.6℃ 上升至工况结束时的 25.8℃，总上升值 7.2℃。因此需配合一定的控制调节，使两支路均能满足各自降温需求。

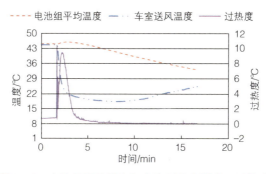

图 6-10　电池组平均温度和电池侧蒸发器出口过热度

根据上述测试结果，对于夏季双蒸发器系统，一方面电池组和乙二醇溶液比热容较大，电池侧支路电子膨胀阀开度较小时，降温缓慢，室外温度较高时，车辆起动时需要较大开度为电池组尽快降温；另一方面，电池侧膨胀阀大开度、车室侧蒸发器支路制冷剂流量较小时，逐渐降低的乙二醇溶液温度后期对车室侧制冷量影响较为明显，而此时电池组也已降温至较优温度区间内，无需大降温速率，保持一定温度就可以满足其工作需要，因此在应用中需要对电动汽车双蒸发器制冷系统的动态调节特性进行标定，以更好地通过控制来满足热管理需求。

6.2.3 制热性能试验研究

整车热管理系统在冬季运行时，电池热管理采取开机前进行预热的方式，预热至一定温度后车辆方可起动，电池需要散热时通过电池自然散热器散热并通过热泵系统回收余热，因此热泵系统与电池热管理基本独立运行。对室外-20℃全新风（-20℃/-20℃）和全回风（-20℃/20℃）工况、8000r/min 转速的工况进行了稳态测试，测试结果分别见表 6-6 和表 6-7。-20℃/-20℃全新风工况，冷凝器和蒸发器进风温度均为 -20℃；-20℃/20℃全回风工况蒸发器进风为室外 -20℃的空气，冷凝器进风为车内 20℃的循环空气，即内循环不考虑渗漏风的工况。

表 6-6 -20℃/-20℃制热工况稳态测试结果

测试项目	温度/℃	压力/MPa	过热度/过冷度/℃
冷凝	20.78	0.586	21.62
蒸发	-23.13	0.116	0.01
压缩机出口	61.24	0.610	—

出风温度/℃	制热量/kW	功率/kW	COP	制冷剂流量/(kg/h)
10.85	2.96	1.48	2.00	43.20

表 6-7 -20℃/20℃制热工况稳态测试结果

测试项目	温度/℃	压力/MPa	过热度/过冷度/℃
冷凝	58.00	1.603	9.45
蒸发	-19.58	0.135	1.37
压缩机出口	106.49	1.615	—

出风温度/℃	制热量/kW	功率/kW	COP	制冷剂流量/(kg/h)
51.60	2.75	2.04	1.35	47.56

-20℃/20℃工况运行稳定后,压缩机出口(即为室内冷凝器入口)平均压力为 1.615MPa,室内冷凝器出口平均压力为 1.592MPa,冷凝器压降为 0.024MPa,室外换热器进出口压力分别为 0.166MPa 和 0.104MPa,压降为 0.063MPa。相较于 -20℃/-20℃工况,由于进风温度上升引起空气平均温度明显提升,使得冷凝温度提升了 37.2℃,制热 COP 由 2.00 降低为 1.35,但全回风工况的出风温度比全新风出风温度高 40.75℃。

-20℃环境下进行了电池温控升温试验,试验采用 PTC 加热器加热电池循环水系统为电池供热,待电池温度升至 0℃时开启电池上的电加热膜,以模拟电池运行时的发热,试验过程中水温及电池温度变化如图 6-11 所示。试验开始时打开 PTC 加热器一定功率(42%,2.2kW)给电池加热,水泵平均流量为 9.99L/min,电池组进、出口水温温差为 1.96℃,电池平均预热量为 1.38kW。8min 后加热至 0℃时,打开电池的加热膜,模拟电池工作;12min 后电池温度升至 15℃,关闭 PTC 加热器功率;电池温度持续升高,最高升至 18.4℃;电池温度开始下降时,打开 PTC 加热器一定功率(13%,0.39kW),电池温度开始上升并逐渐维持稳定至试验结束,约为 18.3℃。

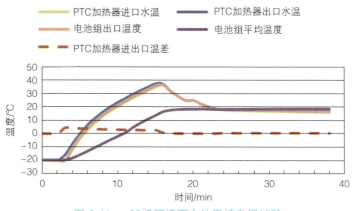

图 6-11 -20℃环境下电池温控升温试验

6.3 电动乘用车一体式热管理系统性能仿真研究

基于 Dymola 平台上分别搭建了双蒸发器并联的车室空调与电池温控一体式热管理系统模型,如图 6-12 所示。利用该模型分析夏季双蒸发器车室支路和电池支路的动态调节特性以及冬季电池余热回收时热泵系统的制热性能。

电池温控循环回路简化为水泵模型、溶液体积模型和蒸发器 2# 散热模型,简化电池包散热模型电池发热量直接加热溶液,根据电池的当量比热容和综合传热系数进一步计算电池组的平均温度。溶液体积模型包含的参数为环路内溶液的质量和溶液浓度。蒸发器 2# 散热模型根据传热系数和制冷剂进出口的平均温度计算散热量。

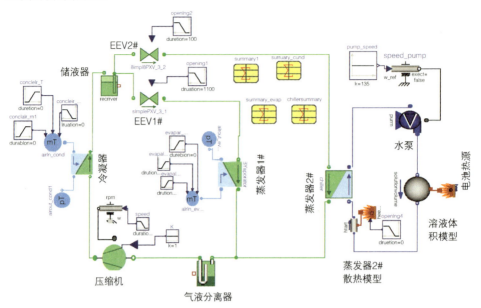

图 6-12 基于 Dymola 软件平台的热管理系统模型

6.3.1 模型验证

图 6-13 所示为采用试验测试动态结果对该模型验证图示，对比参数包括冷凝器进出口压力、蒸发器 1# 进出口压力、两支路制冷剂流量、两蒸发器出口过热度及蒸发器 2# 出口过热度，验证工况：室外温度为 35℃，EEV2# 开度为 0.4，压缩机转速为 4500r/min。各参数的平均绝对误差见表 6-8，各参数的平均绝对误差小于 12%，证明该模型有较好的模拟精度。

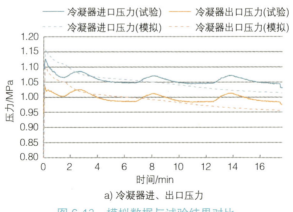

a) 冷凝器进、出口压力

图 6-13 模拟数据与试验结果对比

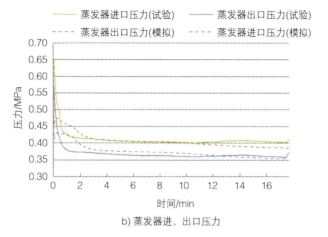

b) 蒸发器进、出口压力

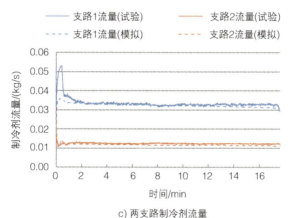

c) 两支路制冷剂流量

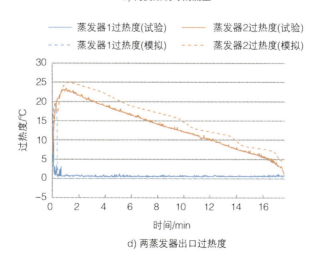

d) 两蒸发器出口过热度

图 6-13 模拟数据与试验结果对比（续）

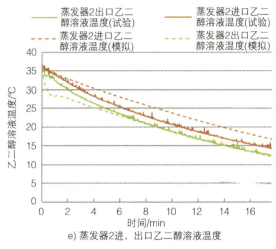

e) 蒸发器2进、出口乙二醇溶液温度

图 6-13 模拟数据与试验结果对比（续）

表 6-8 各验证参数平均绝对误差

验证参数	蒸发器1过热度	蒸发器2过热度	支路1流量	支路2流量	蒸发器2出口温度	蒸发器2进口温度	冷凝器进口压力	冷凝器出口压力	蒸发器进口压力	蒸发器出口压力
绝对误差（%）	0.3	0.9	3.3	6.7	3.4	11.8	2.0	2.2	2.7	3.1

6.3.2 制冷性能模拟分析

基于上述模型，针对高温工况（45℃）车辆起动初始阶段双蒸发器膨胀阀开度的调节特性进行仿真。室外温度较高时，车辆起动后需要尽快对电池组降温，缩短电池高温运行的时间。利用 Dymola 双蒸发器动态模型，对室外温度为 45℃、压缩机转速为 8000r/min、EEV1# 开度为 1、不同 EEV2# 开度进行仿真，电池组平均温度降至 35℃时计算结束。

图 6-14a 所示为 EEV2# 开度 OD 分别调节为 0.5、0.7 和 0.9 时电池组平均温度。三组开度下电池组的降温时间分别是 12min、13min 和 21min。图 6-14b 所示为车室蒸发器侧制冷量，EEV2# 开度越大，电池降温越迅速，同时对车室蒸发器制冷量影响越大。图 6-14c 所示为 EEV2# 开度调节后温度响应变化情况，EEV2# 开度为 0.9 时，在电池组平均温度降至 35℃时，减小其开度，直至电池组平均温度趋于平稳。0.7、0.5、0.4 和 0.35 四组 EEV2# 开度在最终稳定后的电池组平均温度分别为 17.4℃、23.7℃、35.8℃和 54.9℃。前三者均能满足电池工作的最佳温度范围，开度为 0.35 时电池已超出最佳工作温度范围，最佳的 EEV2# 开度组合是 0.9 到 0.4。图 6-14d 所示为电池蒸发器变化情

况,由于循环乙二醇溶液回路加热量不变,所以运行稳定时,电池蒸发器制冷量不变。但开度由大变小后重新达到稳定过程中,开度越小,电池蒸发器制冷量越小,不断循环吸热后的电池蒸发器出口溶液温度开始上升,电池组平均温度短时间快速下降,甚至高于电池组的平均温度,电池蒸发器制冷量达到稳定后,两者的温差逐渐缩小,直至平衡,工况稳定时,两者的温差基本为常数,为 2.1℃。因此,实际操作过程中,可通过控制电池蒸发器出口溶液温度来实现电池平均温度的控制。电池支路膨胀阀开度调节过程,虽然达到稳态时,电池蒸发器的制冷量并没有发生变化,但是由于降温速率和电池及溶液比热容的滞后影响,稳定后的电池组平均温度相差甚远,开度为 0.35 情况下,已超出电池组最佳工作温度区间。调节过程达到稳态后,电池蒸发器出口过热度、比焓及温度均随着调节后开度的降低而增加,也是溶液温度增加的原因之一,因此电池组降温特性与制冷系统的相互影响,是实际电池温控中需要考虑的影响因素。

图 6-14e、f 显示了车室支路的制冷剂流量和制冷量,EEV2# 大开度运行一段时间后,由于车室支路流量和蒸发器压降、出口过热度的综合作用,车室蒸发器制冷量下降,电池平均温度降至 35℃后,将电池支路膨胀阀开度调小,提升了车室支路的制冷剂流量,使降低的车室蒸发器侧制冷量得到回升。调节后,车室蒸发器支路制冷剂流量基本线性增加,但制冷量开始增加,0.9/0.35 开度组合时,制冷量提升百分比开始下降,稳态时的制冷量低于 0.9/0.5 和 0.9/0.4 的调节组合。调节过程中制冷剂流量不断增加,由于车室蒸发器本身换热能力有限,调节后开度为 0.4 和 0.35 时,车室蒸发器出口温度不再发生变化,从最初的过热状态逐渐变为气液两相态,出口比焓也逐渐降低,因此制冷量提升幅度下降。

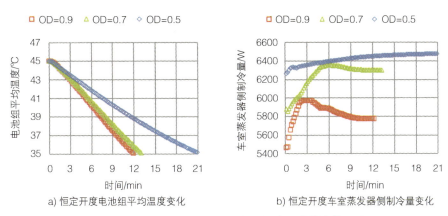

图 6-14 电子膨胀阀 EEV2# 开度变化的制冷性能模拟结果

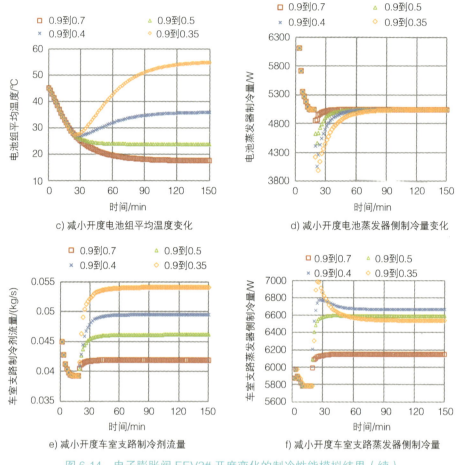

图 6-14 电子膨胀阀 EEV2# 开度变化的制冷性能模拟结果（续）

6.3.3 制热性能模拟分析

制热性能模拟分析中，将冬季电池组稳定运行温度设为 20℃，根据不同车速时电池发热量减去电池包向外界环境散热量，作为余热量被蒸发器回收，如图 6-15 所示。模拟计算工况：环境温度为 -20 ~ -15℃、车速为 90 ~ 120km/h。

系统 COP、制热量和压缩机功率见表 6-9。利用电池自然散热回路回收电池余热增加了热泵系统蒸发器侧进风温度，系统 COP 和制热量均有一定程度的提升。车速越高，可回收的热量及蒸发器侧进风风温越大，热泵系统制热量提升越明显。与不回收余热的热泵工况相比，室外 -15℃和室外 -20℃、120km/h 车速时分别可以节约电池电能 11.12% 和 5.17%。电池余热回收效率为 13% ~ 20%，回收利用效率较低，且车速越高、回收效率越低。由于蒸发器侧风量较大，电池余热预热空气后被大大分散，蒸发器侧空气温度提升并不明显，热泵制热性能只有小部分提升。但该热管理系统集合电池组散热和余热回收，在满足电池组全年热管理的基础上，无须对热管理系统做更改，系统简单，具有较大的应用潜力。

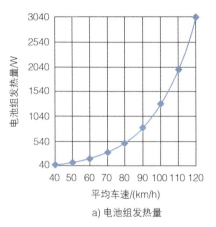
a) 电池组发热量

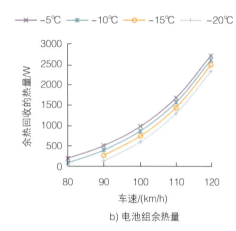
b) 电池组余热量

图 6-15　模拟分析中采用的电池发热量与余热量

表 6-9　电池余热回收热泵系统模拟结果

车速/(km/h)	冷凝器进风风温/℃	蒸发器进风风温/℃	系统COP	制热量/W	压缩机功率/W	T_{out}/℃	节能百分比(%)	余热回收效率(%)
—	−15	−15	1.90	4010	2108	15.6	—	—
90	−15	−14.7	1.95	4063	2087	16.1	2.26	20.48
110	−15	−13.6	2.04	4251	2087	17.5	8.12	16.82
120	−15	−12.8	2.06	4396	2136	18.6	11.12	15.54
—	−20	−20.0	2.10	3504	1667	6.8	—	—
90	−20	−19.9	2.11	3523	1669	6.9	0.42	16.96
110	−20	−18.8	2.15	3688	1713	8.2	3.43	14.27
120	−20	−17.9	2.16	3801	1756	9.2	5.17	12.72

由表 6-9 可以看出，室外 −20℃低温环境条件下，即使可回收部分电池余热，热泵系统制热量仍不能满足空调系统的制热需求。因此可以考虑在回收电池余热的基础上，利用车室空调的部分回风，减少新风负荷，可最大限度地减少电池组能耗。以利用 46% 回风为例，当室外温度高于 −15℃时，热泵系统的制热量就可以满足供暖需求。图 6-16 给出了室外 −20℃、46% 回风并同时回收电池余热的热泵系统 COP 与制热量随车速的变化趋势。与全新风相比，回收电池余热时，热泵系统 COP 和系统制热量均有小幅提升，车速越高，回收的热量越多，热泵系统性能提升越明显。相反地，利用回风时，热泵系统 COP 有一定

程度的降低，制热量变化较小，但增加电池余热回收后，会进一步提升热泵系统的性能。由于回风利用时，空调系统的加热负荷降低，因此电池余热回收+回风利用的节能效果需结合冬季汽车空调负荷计算结果进行分析。

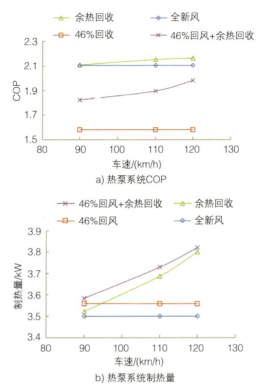

图 6-16　不同车速时余热回收+46%回风利用的热泵性能

进一步，表 6-10 给出了利用 46% 回风+电池余热回收时，冬季热泵+PTC 加热器加热系统的节能情况。结果显示，利用 46% 回风同时回收电池余热，与全新风系统相比，可节约大于 40% 的电池电能，车速为 120km/h，最多可节约 46.5% 的能耗，可大大提升纯电动汽车的冬季续驶里程。

表 6-10　利用 46% 回风+电池余热回收系统能耗

车速/ (km/h)	冷凝器 进风 温度 $T_{c\text{-in}}$/℃	蒸发器 进风 温度 $T_{e\text{-in}}$/℃	全新风 模式制 热量 Q_{af}/W	回风利 用模式 制热量 Q_{ra}/W	全新风 模式能 耗 W_{af}/W	回风利 用模式 能耗 W_{ra}/W	回风利 用+电池 余热回收 模式能耗 $W_{ra\text{-}wr}$/W	回风利 用模式 节能率 ES_{ra}(%)	回风利用+ 电池余热 回收模式 节能率 $ES_{ra\text{-}wr}$(%)
90	−5	−19.86	6054	4181	4349	2609	2593	40.0	40.4
110	−5	−18.75	6075	4201	4371	2629	2460	39.8	43.7
120	−5	−17.93	6084	4218	4381	2647	2343	39.6	46.5

6.4 电动乘用车一体式热管理系统控制策略

电动乘用车整车热管理的控制目标主要包括：①控制关键部件温度处于一定的安全裕度，保证安全与耐久性目标；②控制关键部件温度处于高效工作区间，保证动力性目标；③控制关键部件温控的能耗处于优化区间，节约能耗，保证续驶能力目标；④控制车室温、湿度与洁净度处于舒适区间，保证舒适性目标。其中，安全性为关键目标，动力性与续驶能力目标为次级目标，舒适性为三级目标。在控制策略设计过程中根据控制目标的重要性进行优先主次设定。

热泵系统为热管理系统提供冷热源，传统的控制方式是通过开关控制、PID（比例积分微分）控制等方法分别对各个独立的热管理对象与热管理执行机构进行控制，根据设定值与实际值的偏差，通过调节压缩机转速、膨胀阀开度、电加热器功率、循环泵功率、电子风扇风量等参数，使得各控制参数维持在设定的范围。但随着热管理一体化程度的加深，多支路耦合复杂热泵系统的控制方法是当前电动汽车热管理系统控制技术的研究重点。对于目前常用的基于热泵的车室空调和电池温控系统的控制思路，这里进行简要的示例介绍。

6.4.1 制冷模式

图 6-17 所示为制冷模式下双蒸发器式车室空调和电池热管理的控制思路示例。车辆起动时，比较送风温度（T_{vent}）和设定温度（$T_{vent-set}$）的大小关系并同时检测电池组温度（T_B），确定两者对应的压缩机转速并取两者的最大者起动。电池侧的温度控制通过 EEV2# 开度调节，给定两个 EEV2# 的开度（如 OD1 = 0.9，OD2 = 0.4）。起动前电池组平均温度高于设定温度，如 35℃时，EEV2# 开度为 OD1；运行至电池组平均温度低于设定温度 35℃时，调节 EEV2# 开度至 OD2；电池组平均温度低于 30℃时关闭 EEV2#，并同时开启自然散热回路；同时判断 EEV1# 是否关闭，EEV1# 关闭时，关闭压缩机。设定判定时间间隔，如 5min，车室侧制冷量不满足需求时，通过提高压缩机转速调节，设定每次增加压缩机一定转速，如 500r/min。当车室内制冷量偏高，需要降低车室侧制冷量时，需同时判断电池侧需求，通过判定 EEV2# 的开度来实现。当 EEV2# 开度为 OD1 时，此时电池侧需要大量散热，无法降低压缩机转速，选择 EEV1# 关闭调节；当 EEV2# 开度为 OD1 时，依次降低压缩机转速 500r/min，判断时间间隔为 5min，直至压缩机转速降至 3000r/min；当 EEV2# 关闭时，此时依次降低压缩机转速 500r/min，判断时间间隔为 5min，直至关闭压缩机。

上述控制思路中为便于表述，采用了比较简单的分档控制方式进行示例，在实际应用中，根据整车企业的控制理念，可以采用 PID 控制、模糊 PID 控制等算法进行更加精确的控制。

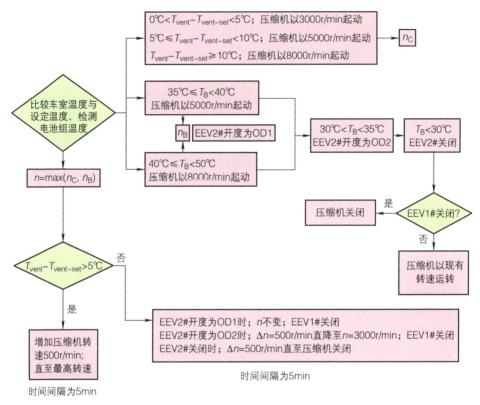

图 6-17 制冷模式下双蒸发器式车室空调和电池热管理的控制思路示例

6.4.2 制热模式

图 6-18 所示为制热模式下热泵空调加辅助电加热的参数测量、计算与控制思路。系统通过测量冷凝器的进、出口风温，根据采集的风机档位确定风机的送风量，计算热泵系统的制热量，根据采集的压缩机的输入功率，计算不同压缩机转速时的热泵系统 COP；测量 PTC 加热器的加热电压和电流，计算 PTC 加热器的加热功率；设定 PTC 加热器的加热效率，与热泵系统的 COP 进行比较；测量车室内温度并检测用户输入的车室设定温度。当车室内温度小于设定温度一定值时，压缩机以一定转速起动，同时判断空调送风温度，当送风温度低于一定温度（以 35℃ 为例）一定数值时，对应开启 PTC 加热器一定的加热功率；同时检测热泵系统 COP，并与设定的 PTC 加热器的加热效率进行比较，当大于后者时，热泵系统与 PTC 加热器同时运行；当小于后者时，则降低压缩机转速至大于后者的工况。PTC 加热器在使用过程中，为防止出现加热量过大的情况，需严格控制 PTC 加热器的加热功率。当车室内温度高于设定温度时，判定两者的差值，差值大于一定值时（以 5℃ 为例），降低对应的 PTC 加热器

的加热功率直至关闭；PTC 加热器关闭的情况下，车室温度仍高于设定温度时，则降低压缩机转速直至热泵系统关闭。

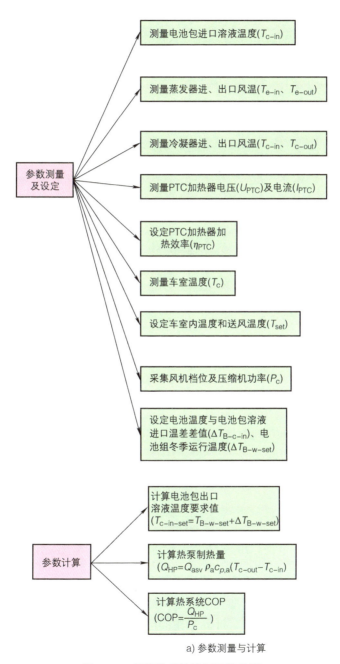

a) 参数测量与计算

图 6-18　制热模式的控制思路示例

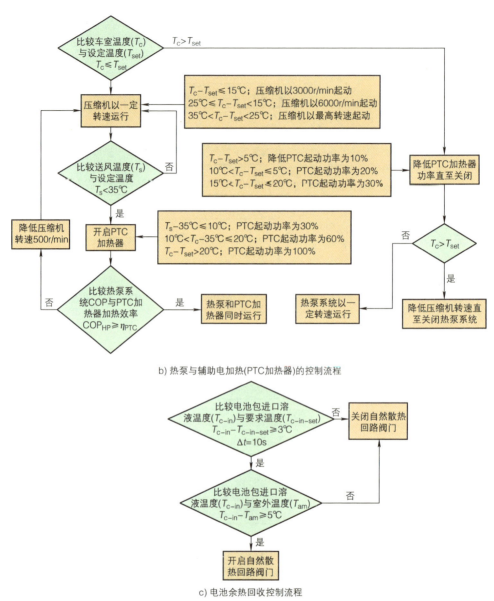

b) 热泵与辅助电加热(PTC加热器)的控制流程

c) 电池余热回收控制流程

图6-18 制热模式的控制思路示例（续）

  由于电池余热回收与热泵系统运行相互独立，电池余热回收的控制仅与电池温度相关，根据设定的电池包溶液进口温度与电池组平均温度的差值和设定的冬季电池组最佳运行温度，计算采集的电池包溶液进口温度与要求的电池包溶液进口温度的差值，当差值持续大于设定值超过一定时间（如10s）时，同时室外温度低于电池包进口溶液温度一定值时（如5℃），开启电池自然散热回路阀门利用自然冷源为电池组散热，否则关闭电池组自然散热回路的阀门。此时，如果根据人员热舒适需求开启热泵系统，则可以回收电池余热；如果热泵系统未开启，则电池组自然散热系统独立运行。

6.5 电动客车一体式热管理系统性能试验研究 [5-10]

对于电动客车来说，提高电动汽车动力电池的能源利用效率对延长行驶里程同样重要，将车室环境控制与电池、电机和控制设备的余热回收结合在一起综合考虑，可以提高能源的综合利用效率，增强电动汽车的续驶能力。本节在电动客车中间补气热泵系统基础上加入了余热回收装置，设计了带余热回收的中间补气热泵系统，冬季运行时通过回收车内余热来进一步提升热泵系统的制热性能，减少动力电池电能消耗，延长车辆行驶里程。

6.5.1 余热回收一体式热泵热管理系统构建

电动客车热泵系统应该具有高效、宽温区的特点，要能够适应全年不同的运行工况，在车外环境温度为 $-20 \sim 45$℃范围内都能够正常运行。因此，这里在准二级压缩中间补气热泵系统基础上来进行余热回收系统的设计，对余热换热器与准二级压缩系统的耦合形式进行分析。

图 6-19 所示为带余热回收的准二级压缩热泵系统流程。图 6-19a 所示为常规无余热回收的准二级压缩热泵系统，冷凝器出来之后的制冷剂分成两路，主路制冷剂直接进入中间换热器，中间补气支路制冷剂先经过支路膨胀阀节流降压再进入中间换热器，两股流体在中间换热器内充分换热后，吸热蒸发的支路制冷剂经补气口进入压缩机，主路制冷剂放热降温后经主路膨胀阀、蒸发器，进入压缩机吸气口。两股流体在压缩机内部混合压缩后从压缩机排气口排出，进入冷凝器，完成一个循环。图 6-19b 所示为带余热回收的并联式准二级压缩热泵循环，从中间换热器出来的主路制冷剂又分成两个支路，经过主路膨胀阀和并联膨胀阀分别进入蒸发器和余热换热器，从两个换热器出来的制冷剂混合后进入压缩机吸气口，补气支路制冷剂由补气口进入压缩机。整个循环系统共有三个环路，补气环路、蒸发器环路和余热换热器环路，各环路之间相互作用，系统形式和运行调节相对比较复杂。图 6-19c 所示为带余热回收的串联在吸气主路的准二级压缩热泵循环，余热换热器串联在蒸发器之后，中间换热器出来的主路制冷剂先进入蒸发器，再进入余热换热器，然后到达压缩机吸气口。该循环与常规准二级压缩循环一样只有两个环路，形式比较简单。图 6-19d 所示为带余热回收的串联在补气支路的准二级压缩热泵循环，余热换热器与补气支路的中间换热器串联，补气支路制冷剂先在余热换热器内吸热蒸发，然后进入中间换热器与主支路的制冷剂进行换热，之后再通过补气口进入压缩机内部。

这种系统形式也比较简单，且余热换热器内蒸发温度较高，能更好地与回收余热的冷却液温度匹配。由于并联式准二级压缩热泵系统中三个支路之间的耦合调节比较困难，本文仅研究两种串联式准二级压缩余热回收热泵系统。

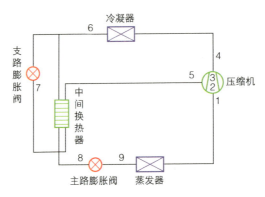

a) 准二级压缩无余热

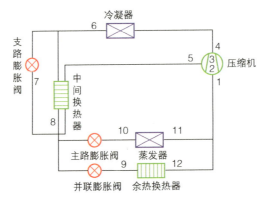

b) 准二级压缩余热并联

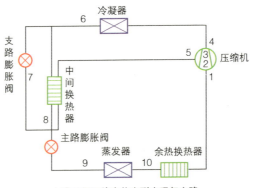

c) 准二级压缩余热串联在吸气主路

图 6-19　带余热回收的准二级压缩热泵系统流程

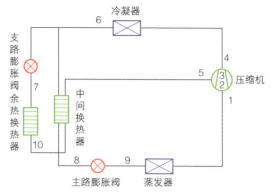

d) 准二级压缩余热串联在补气支路

图 6-19 带余热回收的准二级压缩热泵系统流程（续）

6.5.2 电动客车余热回收热泵热管理试验系统

电动客车余热回收热泵热管理系统的流程如图 6-20 所示。图 6-20a 所示为基本的中间补气运行模式，此时电子膨胀阀 EEV1 和 EEV2 开，球阀 V1 和 V4 开，其余阀关闭，余热换热器和泵不工作。从压缩机排气口出来的制冷剂经过四通换向阀后分两路分别进入两个车内换热器，出来汇合后的制冷剂又分成两路，主支路直接进入车内换热器，补气支路经过 EEV2 节流降压后经 V4 进入中间换热器，两路制冷剂在中间换热器内换热后，补气支路制冷剂通过压缩机补气口喷射进入压缩机，主路制冷剂经过 EEV1 节流降压进入车外换热器。在车外换热器内蒸发吸热后的制冷剂经四通阀、球阀 V1、气液分离器，进入压缩机吸气口，完成循环。

图 6-20b 所示为余热换热器串联在补气支路的中间补气运行模式，此时余热换热器与中间换热器串联，电子膨胀阀 EEV1 和 EEV2 开，球阀 V1、V5 和 V6 开启。与基本中间补气系统相比，不同之处在于补气支路。车内换热器出来的制冷剂分成两路，支路制冷剂经过 EEV2 节流降压后，经球阀 V5 进入余热换热器，出来后再经球阀 V6 进入中间换热器，然后通过补气口喷射进入压缩机。

图 6-20c 所示为余热换热器串联在吸气主路的中间补气运行模式，此时余热换热器串联在蒸发器后面，电子膨胀阀 EEV1 和 EEV2 开，球阀 V2、V3 和 V4 开，其余阀关闭，余热换热器和泵开启。串联流程与基本中间补气模式相比，不同之处在于车外换热器出来的制冷剂不是直接回吸气口，而是经过 V2 进入余热换热器，余热换热器出来后的制冷剂经 V3、气液分离器进入压缩机吸气口。此时两个蒸发器（车外换热器和余热换热器）串联在一起。

247

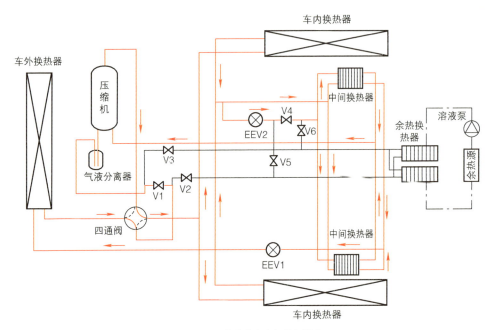

a) 无余热回收的基本中间补气模式

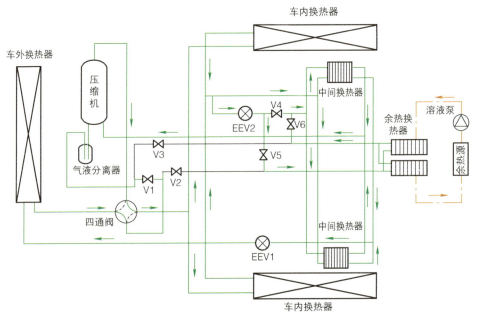

b) 余热换热器串联在补气支路的中间补气模式

图 6-20 电动客车余热回收热泵热管理系统流程

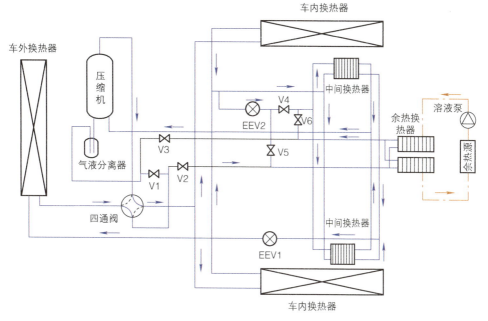

c) 余热换热器串联在吸气主路的中间补气模式

图 6-20 电动客车余热回收热泵热管理系统流程（续）

除了三种中间补气模式外，该系统通过关闭补气支路膨胀阀还可以转换成不补气的单级压缩模式，因此在制热时还可以实现单级压缩无余热回收和单级压缩余热换热器串联吸气两种不同模式。通过四通换向阀可转换成制冷模式，在制冷模式下如果需要对动力电池进行冷却还可以转换成电池冷却器与蒸发器（车内换热器）串联的系统形式，对车室和电池同时进行冷却。各种运行模式的切换方法见表 6-11，在实际运行过程中可以根据不同需求来进行各种模式之间的切换。

表 6-11 不同运行模式下余热回收热泵热管理系统中阀门的启闭状态

运行模式	无余热回收的基本中间补气	余热换热器串联在补气支路的中间补气	余热换热器串联在吸气主路的中间补气	无余热回收的单级压缩	余热换热器串联在吸气主路的单级压缩	单级压缩制冷	带电池散热的单级压缩制冷
四通阀	制热	制热	制热	制热	制热	制冷	制冷
EEV1	开	开	开	开	开	开	开
EEV2	开	开	开	关	关	关	关
V1	开	开	关	开	关	开	开
V2	关	关	开	关	开	关	开
V3	关	关	开	关	开	关	开

(续)

运行模式	无余热回收的基本中间补气	余热换热器串联在补气支路的中间补气	余热换热器串联在吸气主路的中间补气	无余热回收的单级压缩	余热换热器串联在吸气主路的单级压缩	单级压缩制冷	带电池散热的单级压缩制冷
V4	开	关	开	关	关	关	关
V5	关	开	关	关	关	关	关
V6	关	关	开	关	开	关	关
泵	关	开	开	关	开	关	开

图 6-21 显示了系统中温度、压力和流量的测点布置，主要部件的进出口都设有温度和压力传感器，两个流量测点分别设在中间换热器主路入口和支路电子膨胀阀前，分别测量吸气主路和补气支路的制冷剂流量。

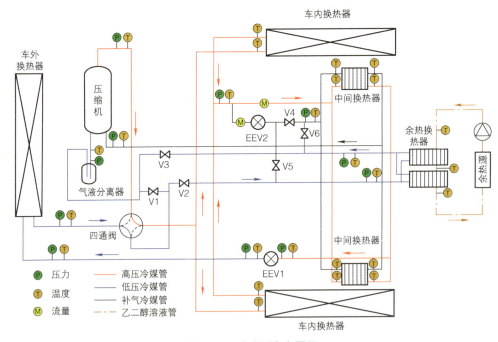

图 6-21　试验测点布置图

试验测试包括三种不同运行模式的制热性能测试：无余热回收的基本中间补气、余热换热器串联在补气支路的中间补气和余热换热器串联在吸气主路的中间补气。对每种运行模式都在四个不同的车外环境温度下进行了测试，具体的测试工况见表 6-12。对余热换热器串联在补气支路的系统，还在主阀和支阀开度都不变的情况下进行了余热量从 1～3.3kW 的试验。

表 6-12　余热回收热泵试验测试工况

车外干球温度 /℃	车内干球温度 /℃	余热量 /kW	车外侧风量 /（m³/h）	车内侧风量 /（m³/h）	压缩机频率 /Hz
7	20	0、1、2、3	7000	5000	50
0	20	0、1、2、3	7000	5000	60
-10	20	0、1、2、3	7000	5000	60
-20	20	0、1、2、3	7000	4000	60

6.5.3　余热换热器串联在补气支路的热力循环性能分析

为了对比分析余热换热器串联在补气支路的热泵循环（WHR_VI）与无余热回收的基本中间补气热泵循环（BVI），选取了车外环境温度为 -10℃，车内进风温度为 20℃的试验数据，绘制不同循环的压焓图，如图 6-22 和图 6-23 所示。图 6-22 中 WHR_VI_1 系统的主路和支路电子膨胀阀开度与 BVI 系统中相同，图 6-23 中 WHR_VI_2 系统调节了支路膨胀阀开度，使补气口制冷剂过热度与 BVI 系统接近，两个不同开度下的余热量均为 1kW。

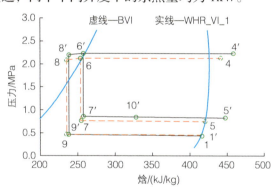

图 6-22　余热换热器串联在补气支路的热泵循环和无余热回收的基本中间补气热泵循环压焓图对比（支路膨胀阀开度无调节）

如图 6-22 所示，余热换热器串联在补气支路的热泵系统吸气压力和吸气焓与基本补气系统非常接近，略有降低。由于多了一个热源，补气支路制冷剂先在余热换热器中吸收余热源热量再与中间换热器的主路制冷剂换热，在余热源作用下其补气压力明显升高，从 0.718MPa 升至 0.775MPa，补气流量也有一定增加，但是由于支阀开度没有调节，补气流量的增量不是很大。对中间换热器来讲，其支路入口制冷剂干度（10′ 点）增大，由于支路制冷剂流量变化不是很大，支路出口（或补气口 5′ 点）制冷剂温度和过热度升高，根据这个工况的测试数据发现补气口制冷剂温度已经非常接近主路入口制冷剂温度，达到了最大极限值。由于支路受限，中间换热器主路制冷剂放热量受限，主路出口（8′点）制冷剂温度和焓都要高于基本补气系统，蒸发器入口焓也相应增大，系统从蒸发器的吸热量要小于基本补气系统。由于补气压力和补气焓的增大，压缩机排气压力和排气焓也明显提高，压力从 2.13MPa 升至 2.22MPa，焓从 442kJ/kg 增加至 459kJ/kg，这也反映出系统制热量得到提升。

图 6-23 所示为通过支阀开度调节，两个系统补气入口状态相近的循环压焓图比较。支阀开度增大后余热回收热泵循环的吸气压力有一定提升，与基本中间补气循环的吸气压力基本相同；补气压力进一步增大，从小开度的 0.775 MPa 升至 0.856 MPa，相应的补气流量也进一步增加。由于补气支路流量增加，余热回收量 1kW 不变，中间换热器入口（余热换热器出口）制冷剂干度（10′点）比支阀开度小时降低，中间换热器出口制冷剂温度和焓也明显降低，补气口过热度与基本补气循环非常接近。由于支路制冷剂流量的增大，中间换热器的换热量高于基本补气系统，主路出口（8′点）制冷剂焓更低，蒸发器入口焓也更低。由于补气口压力的升高和补气流量的增大，压缩机排气口压力升高，排气温度和焓变化不大，排气流量的增大使得系统制热量要高于基本中间补气系统。

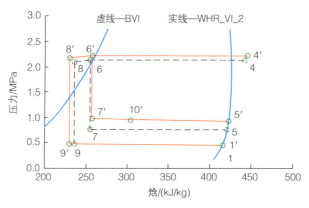

图 6-23　余热换热器串联在补气支路的热泵循环和无余热回收的基本中间补气热泵循环压焓图对比（支路膨胀阀开度调节）

图 6-24 比较了余热换热器串联在补气支路的热泵循环和基本中间补气循环的制热性能。图 6-24a 显示两种支阀开度下串联在补气支路的热泵循环补气流量比基本补气循环分别增加 16.49% 和 70.05%，吸气流量分别降低 5.65% 和 2.21%。吸气流量的降低主要是由于吸气压力和吸气密度的降低造成的。图 6-24b 显示两种支阀开度下串联在补气支路的热泵循环制热量比基本循环分别增大 10.32% 和 13.53%，由于制热量的增加同时也引起压缩机功率的增加，循环 COP 提升较小，分别提升了 2.55% 和 3.39%。

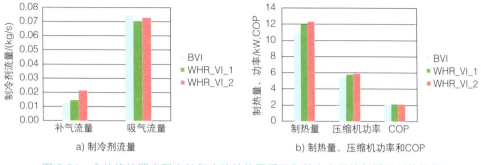

图 6-24　余热换热器串联在补气支路的热泵循环和基本中间补气循环制热性能

通过上述分析可以看出，同样开度条件下，余热量使得补气支路的压缩机补气入口过热度比无余热系统的补气入口过热度要高，补气密度更小，从而导致补气压力升高带来补气量增加的优势被减弱。当通过补气阀调节增加补气支路流量时，补气入口过热度逐步降低，补气支路流量增加后使得系统制热量更高，因而余热换热器串联在补气支路的热泵系统可以通过补气支路阀开度调节实现更优的制热性能。

图 6-25 比较了余热换热器串联在补气支路的热泵循环和基本中间补气循环中换热器的阻力。三个循环的蒸发器阻力、冷凝器阻力和中间换热器主路阻力变化较小，主要是由于制冷剂流量变化不大。冷凝器阻力远远小于蒸发器阻力是因为车内换热器面积小于车外换热器面积，且车内换热器采用 ϕ9.52mm 铜管而车外换热器是 ϕ7mm 铜管。余热换热器串联在补气支路的循环的中间换热器支路阻力明显增大，一是由于余热换热器串联在中间换热器之前，中间换热器支路入口干度增大，二是由于支路制冷剂流量增大，因此支路阻力增大。余热换热器串联在补气支路的系统中余热换热器阻力比中间换热器支路阻力要小，主要是由于余热换热器入口制冷剂干度较低，气相成分较少。虽然余热换热器串联在补气支路的循环中补气支路总阻力比基本补气循环增大了，但是由于余热源的加入使得补气支路入口压力提高了，且入口压力的提升量大于支路阻力的增加量，因此补气口压力升高，余热换热器阻力不会对系统性能造成太大影响。

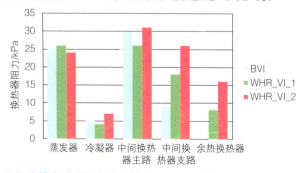

图 6-25　余热换热器串联在补气支路的热泵循环和基本中间补气循环阻力特性比较

6.5.4 余热量对余热换热器串联在补气支路系统性能影响

对余热换热器串联在补气支路的系统，开展余热量对系统特性影响的试验研究，测试工况：车外进风温度为 -10℃，车内进风温度为 20℃，压缩机频率为 60Hz。在主路和支路电子膨胀阀开度不变的情况下，调节乙二醇溶液环路电加热器的加热量，从 1.0kW 一直增加到 3.3kW。

图 6-26 所示为不同余热量下热泵系统制热量、压缩机输入功率和 COP 的变化。可以看出，随着余热量从 1.0kW 增到 3.3kW，系统制热量和输入功率分别增加了 12.59% 和 5.75%，制热量的增长速度高于功率的增长速度，因此 COP 也逐步增大。

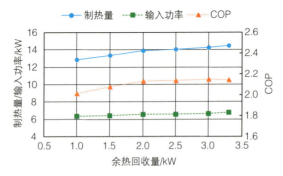

图 6-26 余热量对制热性能的影响

图 6-27 和图 6-28 所示分别为制冷剂压力和流量随余热量的变化。由于主路和支路膨胀阀的开度没有变化，压力和流量的变化很小，吸气压力几乎不变，补气压力和排气压力略有上升，在余热回收量为 3.0kW 之后上升较为明显。由于设置的支阀开度较大，补气流量比较大，相对补气率都在 0.43 左右，所以在余热回收量较小时，补气口的制冷剂为两相状态，到余热量升到 3.0kW 之后开始变为过热气体，此时补气压力和排气压力明显升高。

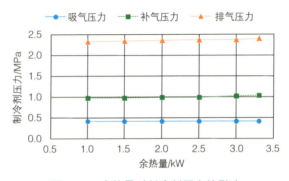

图 6-27 余热量对制冷剂压力的影响

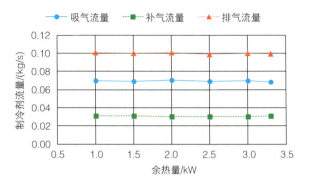

图 6-28 余热量对制冷剂流量的影响

图 6-29 所示为排气焓和排气温度随余热量的变化。随着余热量的增加，补气焓基本成线性增长，从 367.6kJ/kg 增至 437.0kJ/kg，这主要是由补气支路制冷剂的吸热量不断增大引起的。补气焓的增加直接导致排气焓和排气温度的提升，当余热量从 1.0kW 增到 3.3kW 时，排气焓从 447.2kJ/kg 增至 466.5kJ/kg，排气温度升高了 16℃。

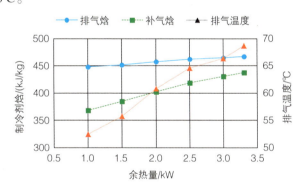

图 6-29 余热量对排气的影响

图 6-30 表示了换热器阻力随余热量的变化。随着余热量的不断增加，由于主路和支路制冷剂流量变化很小，蒸发器、冷凝器和中间换热器主路制冷剂流动阻力变化也很小，平均流动阻力分别是 20.8kPa、7kPa 和 22.2kPa。补气支路上的余热换热器和中间换热器支路的阻力随着余热量的增加而明显增大，3kW 时的阻力比 1kW 时分别提高了 52.38% 和 25.00%。由于补气流量变化很小，随着余热量的增加余热换热器出口和中间换热器出口制冷剂干度不断增大，两个换热器内制冷剂的含气量不断增加，扰动不断增大，阻力就不断增大。补气支路的总阻力增量要小于支路入口压力的提升量，因此补气压力仍有上涨。

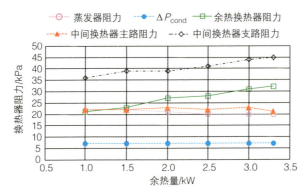

图 6-30 余热量对换热器阻力的影响

6.5.5 车外环境温度对余热换热器串联在补气支路系统性能影响

从余热回收热泵系统模拟的结果可以知道,余热换热器串联在补气支路的系统最优中间补气压力要比基本中间补气系统高,这里中间补气压力基本是按照相同过热度来调节的。

图 6-31 所示为车外环境温度分别为 7℃、0℃、-10℃和 -20℃时,余热量(WHR)为 1kW、2kW 和 3kW 的串联在补气支路上的余热回收系统(WHR_VI)与无回收基本中间补气系统(BVI)的热力循环参数比较,包括吸气压力、补气压力、排气压力、排气温度、吸气流量和相对补气率。

图 6-31a 所示为吸气压力的变化。随着车外环境温度降低,四个循环的吸气压力都不断降低,从 7℃的 0.7MPa 左右下降到 -20℃的 0.3MPa 左右。与基本中间补气系统相比,余热换热器串联在补气支路的系统吸气压力略有提升,在 -20℃余热量为 3kW 时最大提升了 7.98%。

图 6-31b 所示为补气压力的变化。由于吸气压力的降低,补气压力也随车外环境温度的降低不断减小。在不同环境温度下,串联在补气支路的系统补气压力都比基本中间补气系统高,且随余热回收量的增大而增大,这主要是因为补气支路上制冷剂的吸热量增大就需要更多的制冷剂来维持相同的补气过热度,而更多的制冷剂就需要更高的补气压力。

图 6-31c、d 所示为排气压力和排气温度的变化。在车外环境温度从 0℃降到 -20℃时,排气压力不断降低,而环境温度为 0℃和 7℃时的排气压力相差不大,主要是因为 7℃时压缩机频率为 50Hz,而其他环境温度时压缩机频率均为 60Hz。与基本中间补气系统相比,余热换热器串联在补气支路的系统排气压力在环境温度为 -10℃和 -20℃时明显提升,而在 0℃和 7℃时变化不大。整体上来看,串联在补气支路的系统排气温度比基本中间补气系统高,且随余热量的增大而逐渐升高。

图 6-31e、f 显示了吸气流量和相对补气率的变化。四个循环的吸气流量均随车外环境温度的降低而降低，这主要是因为吸气压力的降低引起压缩机吸气比体积增大造成的。环境温度从 7℃降到 -20℃时，基本中间补气系统和余热量为 3kW 的串联在补气支路的系统吸气流量分别降低了 42.25% 和 50.21%。四个循环的相对补气率均随车外环境温度的降低而增大，这主要是因为在低温环境下压缩机压比很大，需要更大的补气率来维持压缩机排气在合适的温度，使压缩机运行在较优的状态。与基本中间补气热泵系统相比，串联在补气支路的热泵系统的吸气流量略有降低，相对补气率则明显增大。

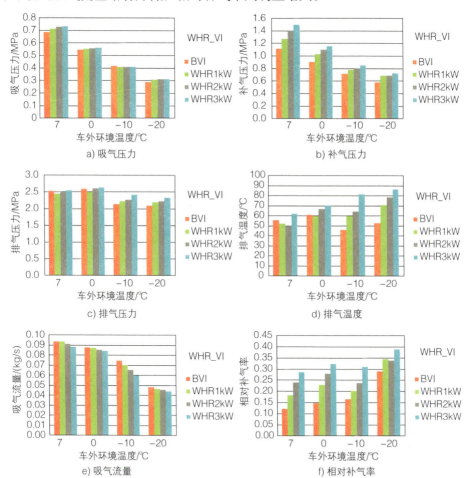

图 6-31 不同环境温度下余热回收系统与无回收基本中间补气系统的热力循环参数比较

图 6-32 所示为车外环境温度分别为 7℃、0℃、-10℃和 -20℃时，余热量为 1kW、2kW 和 3kW 的串联在补气支路上的余热回收系统与无回收基本中间补气系统的热泵性能参数比较，包括制热量、功率、COP 和余热换热器入口乙

二醇溶液温度。

图 6-32a 显示制热量随环境温度的降低而减小,车外环境温度从 7℃降到 -20℃时基本中间补气系统与余热量为 3kW 的串联在补气支路系统制热量分别衰减了 55.43% 和 43.40%。在车外环境温度分别为 7℃、0℃、-10℃和 -20℃时,余热量为 3kW 的串联在补气支路的系统比基本中间补气系统制热量分别提高了 7.06%、12.88%、29.54% 和 35.97%。

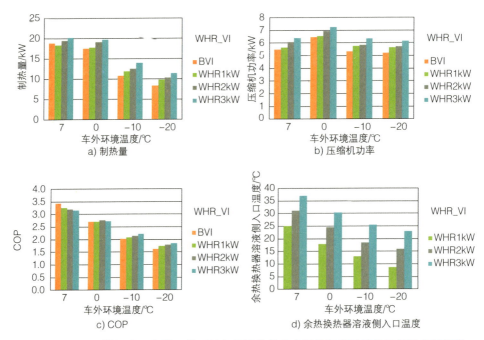

图 6-32 不同环境温度下余热回收系统与无回收基本中间补气系统的热泵性能参数比较

图 6-32b、c 所示为压缩机功率和 COP 的变化。压缩机功率的变化趋势和制热量的变化趋势相似,串联在补气支路的系统由于制冷剂流量增大输入功率也增大。COP 的变化是由制热量和压缩机功率共同影响的。车外环境温度从 7℃降到 -20℃时基本中间补气系统与余热量为 3kW 的系统 COP 分别衰减了 53.09% 和 41.31%。车外环境温度为 7℃时,串联在补气支路的系统 COP 低于基本中间补气系统,余热量为 3kW 的系统 COP 降低 7.73%。车外环境温度为 0℃时,串联在补气支路的系统与基本中间补气系统 COP 相差不大,车外环境温度为 -10℃和 -20℃时,串联在补气支路的系统 COP 则明显提升,余热量为 3kW 的系统 COP 分别提升 9.33% 和 15.45%。

图 6-32d 所示为余热换热器乙二醇溶液侧入口温度的变化。试验中所用的泵为定速水泵,溶液流量不变,余热换热器的换热量就与溶液入口温度成正比,

与制冷剂温度成反比。因此，在不同车外环境温度下，余热量增大时所需的溶液入口温度不断升高。当车外环境温度从7℃降到-20℃时，余热量为3kW的系统所需的溶液入口温度从36.9℃降到23.1℃，这主要是由于补气压力的降低导致余热换热器制冷剂侧温度不断降低引起的。不同环境温度下的溶液入口温度与电动客车可用的余热源（电池、电机散热）温度是比较匹配的。

综合来看，余热换热器串联在补气支路的热泵系统和基本中间补气热泵系统的制热性能都随车外环境温度的降低而衰减，但是余热换热器串联在补气支路的系统性能衰减要明显小于基本中间补气系统。在车外环境温度低于0℃时余热换热器串联在补气支路的系统优势更明显，车外环境温度为7℃时制热量虽然仍有提升，但COP已无优势。

6.5.6 余热换热器串联在吸气主路的热力循环分析

本研究对余热换热器串联在吸气主路上的余热回收热泵循环与无余热回收的基本中间补气循环进行试验比较，以车外环境温度为-10℃，车内进风温度为20℃，无余热回收和余热回收量分别为1kW和3kW的试验数据为基础绘制了热泵循环的压焓图。

图6-33a、b所示分别为余热量为1kW和3kW的余热换热器串联在吸气主路的循环与基本中间补气循环压焓图比较。由于余热回收系统中余热换热器和蒸发器一起串联在低压支路，整个低压支路的阻力增大。如图6-33a所示，虽然余热量为1kW的串联在吸气主路的系统蒸发器内制冷剂压力比无余热回收系统略有提高，但是由于余热换热器内部阻力较大，吸气压力由0.417MPa降为0.403MPa。吸气压力的降低导致补气压力和排气压力有一定下降，排气压力由2.131MPa变为2.093MPa，排气温度也降低了1℃，因此制热性能比无回收系统略有降低，制热量降低了0.07%，COP降低了3.33%。

图6-33b显示余热量为3kW的串联在吸气主路的系统蒸发器内制冷剂压力比无余热回收系统明显提升，虽然余热换热器内部阻力较大，压缩机吸气压力比无余热回收系统略有提升，由0.417MPa升为0.424MPa。吸气压力的升高引起排气压力明显提升，由2.131MPa变为2.175MPa，排气温度也升高了9℃，因此制热性能比无回收系统有所提升，制热量和COP分别提高了13.23%和6.64%。

图6-34所示为余热量为1kW和3kW的余热换热器串联在吸气主路的循环与基本中间补气循环的阻力特性比较。与基本中间补气循环相比，余热换热器串联在吸气主路的热泵循环中蒸发器阻力略有下降，但增加了余热换热器阻力，且余热换热器阻力较大，比蒸发器阻力还高，因此导致低压侧总阻力（蒸发器与余热换热器阻力之和）比基本中间补气循环增加了25kPa左右。与此同

时，余热换热器的加入使得低压侧入口即蒸发器入口压力提升了，因此余热换热器串联在吸气主路的系统中吸气压力也不一定会降低。对于余热量为1kW的系统，低压侧入口压力提升值小于总阻力增加值，吸气压力降低；但对于余热量为3kW的系统则相反，吸气压力略有提升。

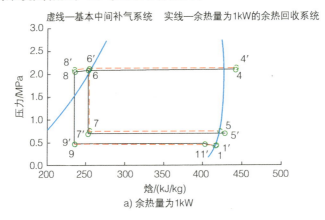

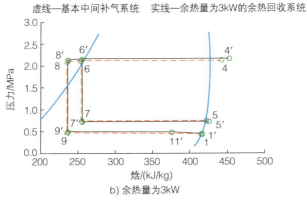

图6-33 余热换热器串联在吸气主路的系统循环和基本中间补气循环压焓图比较

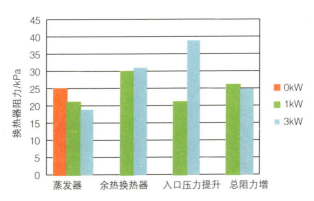

图6-34 余热换热器串联在吸气主路的系统循环和基本中间补气循环阻力特性比较

测试结果表明，余热换热器串联在吸气主路的系统制热性能是否提升与余热量和余热换热器阻力大小密切相关。由于余热换热器串联在吸气主路，制冷剂侧流量等于吸气流量，且余热换热器处于制冷剂干度比较大的区域，换热器阻力比串联在补气支路时要大很多。余热量的增大会提升余热换热器入口压力，进而提高吸气压力。与基本中间补气系统相比，吸气压力能否提升是余热换热器入口压力和换热器阻力综合作用的结果。

6.5.7 车外环境温度和余热量对余热换热器串联在吸气主路系统性能影响

本研究对余热换热器串联在吸气主路的热泵系统（WHR_main）与基本中间补气热泵系统（BVI），在车外环境温度为7℃、0℃、-10℃和-20℃，余热量为1kW、2kW和3kW时进行了试验研究，从而分析车外环境温度和余热量该两系统性能影响，试验时主路电子膨胀阀和支路电子膨胀阀开度保持相同。图6-35所示为该两系统热力循环参数的比较，包括吸气压力、补气压力、排气压力、排气温度、吸气流量和相对补气率。

图6-35a、b所示分别为吸气压力和补气压力的变化，两者的变化趋势相同。随着车外环境温度从7℃降到-20℃，四个循环的吸气压力和补气压力都不断降低，基本中间补气系统吸气压力从0.686MPa下降到0.288MPa，余热量为3kW的系统从0.720MPa降到0.310MPa。与基本中间补气系统相比，余热量为3kW的系统吸气压力和补气压力略有提升，在-20℃时吸气压力最大提升了7.63%；余热量较小时余热换热器串联在吸气主路的热泵系统的吸气压力有一点降低。串联在吸气主路的热泵系统吸气压力和补气压力随余热量的增大而增大，-20℃时余热量为3kW的系统吸气压力和补气压力比1kW的系统分别提高了6.88%和3.11%。

图6-35c、d所示分别为排气压力和排气温度的变化。在车外环境温度从0℃降到-20℃时，排气压力不断降低，环境温度为0℃和7℃时的排气压力相差不大是由压缩机运行频率不同造成的。随着车外环境温度的降低，排气温度并无明显的变化规律，主要是因为补气率对排气温度也有很大影响，而不同环境温度下的补气率有很大差异，因此排气温度随环境温度的变化不像单级压缩系统那么有规律。与基本中间补气系统相比，余热量为3kW的串联在吸气主路的系统排气压力略有提升，排气温度明显升高。在环境温度为7℃时排气压力提升2.85%，排气温度提高6.5℃；在环境温度为-20℃时排气压力提升2.69%，排气温度提高12.0℃。

图6-35e、f所示分别为吸气流量和相对补气率的变化。四个循环的吸气流量均随车外环境温度的降低而降低，这与吸气压力的降低是密切相关的。环境

温度从 7℃ 降到 -20℃ 时，基本中间补气系统和余热量为 3kW 的系统吸气流量分别降低了 48.55% 和 49.47%。四个循环的相对补气率均随车外环境温度的降低而整体上呈现增大趋势。与基本中间补气热泵系统相比，余热换热器串联在吸气主路的热泵系统的吸气流量略有增大，相对补气率则明显降低。

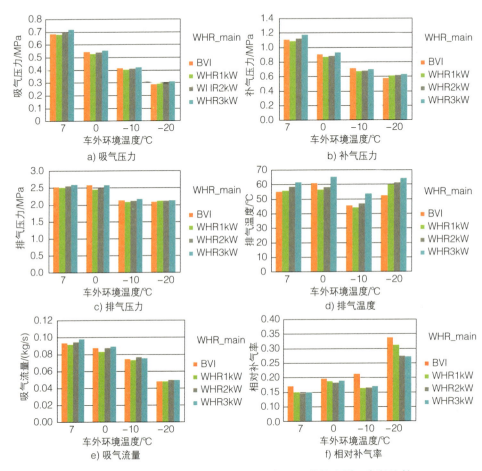

图 6-35　不同环境温度下 WHR_main 与 BVI 的热力循环参数比较

图 6-36 所示为车外环境温度分别为 7℃、0℃、-10℃ 和 -20℃ 时，余热量为 1kW、2kW 和 3kW 的余热换热器串联在吸气主路上的余热回收系统（WHR_main）与基本中间补气系统（BVI）的热泵性能参数比较，包括制热量、功率、COP 和余热换热器入口乙二醇溶液温度。

如图 6-36a 所示，制热量随环境温度的降低而减小，车外环境温度从 7℃ 降到 -20℃ 时基本中间补气系统与余热量为 3kW 的系统制热量分别衰减了 55.43% 和 51.81%。在车外环境温度分别为 7℃、0℃、-10℃ 和 -20℃ 时，余热量为

3kW 的系统比基本中间补气系统制热量分别提高了 4.81%、12.30%、13.23% 和 10.62%，比余热量为 1kW 的系统分别提高了 5.57%、10.23%、14.04% 和 8.93%。

图 6-36b、c 所示分别为压缩机功率和 COP 的变化。压缩机功率的变化趋势和制热量的变化趋势相似，随着余热量的增大功率不断增加，在车外环境温度分别为 7℃、0℃、-10℃和 -20℃时，余热量为 3kW 的系统比基本中间补气系统压缩机功率分别增加了 4.71%、1.29%、3.68% 和 8.70%。COP 的变化是由制热量和压缩机功率共同影响的，车外环境温度从 7℃降到 -20℃时基本中间补气系统与余热量为 3kW 的系统 COP 分别衰减了 53.09% 和 52.31%。车外环境温度为 7℃和 0℃时，余热换热器串联在吸气主路的系统 COP 不如基本中间补气系统。车外环境温度为 -10℃和 -20℃时，串联在吸气主路的系统 COP 则明显提升，余热量为 3kW 时系统 COP 分别提升 9.21% 和 1.76%。

图 6-36d 所示为余热换热器乙二醇溶液侧入口温度的变化。在不同车外环境温度下，余热量增大时所需的溶液入口温度不断升高。当车外环境温度从 7℃降到 -20℃时，余热量为 3kW 的系统所需的溶液入口温度从 11.0℃降到 -2.8℃，这主要是由于蒸发压力和蒸发温度不断降低引起的。与串联在补气支路上的系统相比，串联在吸气主路上的系统所需余热源温度更低，甚至低于 0℃，不太适合用于回收车内动力电池余热。

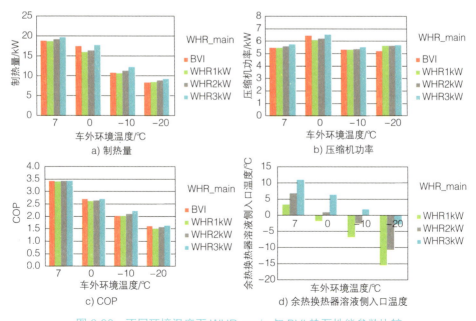

图 6-36 不同环境温度下 WHR_main 与 BVI 热泵性能参数比较

综上测试结果可以看出，余热换热器串联在吸气主路的热泵系统和基本中间补气热泵需要的制热性能都随车外环境温度的降低而衰减，但是余热换热器串联在吸气主路的系统性能衰减更小一些。在车外环境温度为 -10℃ 和 -20℃ 时，串联在吸气主路的系统制热量和 COP 比基本中间补气系统都更具优势，车外环境温度为 7℃ 和 0℃ 时则无明显优势。与余热换热器串联在补气支路的系统相比，在低温环境（-10℃ 和 -20℃）时，串联在吸气主路的系统制热性能提升较小。

6.5.8　余热换热器串联在吸气主路的换热器阻力特性影响

余热换热器串联在吸气主路的系统中蒸发器后面串联了一个余热换热器，余热换热器的阻力大小直接影响吸气压力，进而影响整个系统制热性能，因此本研究对换热器阻力特性进行试验研究。

图 6-37 所示为蒸发器（EVAP）和余热换热器（WHX）阻力随制冷剂流量和余热换热器入口干度的变化。系统运行工况：车外环境温度为 7℃、0℃、-10℃ 和 -20℃，车内进风温度为 20℃，余热量为 1kW、2kW 和 3kW。虽然余热换热器的尺寸和面积要比蒸发器小很多，但是在不同制冷剂流量下余热换热器的阻力都高于蒸发器，如图 6-37a 所示。制冷剂流量越大，换热器阻力越大，余热换热器和蒸发器的线性拟合公式显示阻力和流量的相关系数分别是 0.9335 和 0.9227，这反映换热器的阻力与制冷剂流量密切相关。图 6-37b 显示余热换热器制冷剂入口干度越大，换热器阻力越大。入口干度的变化主要是由于余热量的变化引起的，余热量越大，余热换热器入口干度越小，蒸发器吸热量越小。余热换热器和蒸发器的线性拟合公式显示相关系数分别为 0.78 和 0.83，反映入口制冷剂干度确实对阻力有重要影响。在不同入口干度下，余热换热器阻力比蒸发器阻力平均增加 0.10MPa，主要是由于蒸发器处于干度较低的流段，制冷剂液相比例高，而余热换热器处于干度高的流段，制冷剂气相比例高。

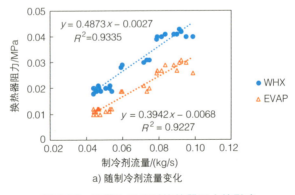

a）随制冷剂流量变化

图 6-37　流量和干度对换热器阻力的影响

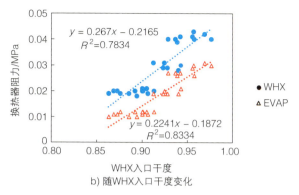

b) 随WHX入口干度变化

图 6-37 流量和干度对换热器阻力的影响（续）

图 6-38 所示为余热换热器串联在吸气主路的系统（WHR_main）和基本中间补气系统（BVI）换热器阻力特性的比较。图 6-38a、b 所示分别为蒸发器和余热换热器的阻力。余热量为 1kW、2kW 和 3kW 情况，串联在吸气主路的热泵系统中余热换热器阻力均大于蒸发器阻力，原因主要是入口干度的影响。随着环境温度降低，四个热泵循环的蒸发器阻力和余热换热器阻力均下降，主要是吸气压力和吸气流量的减小所造成的。余热换热器串联在吸气主路的系统中蒸发器阻力要明显低于基本中间补气系统中蒸发器阻力，因为低压侧增加了余热换热器，蒸发器出口干度降低了。随着余热量的增大，串联在吸气主路的热泵系统中余热换热器阻力整体呈下降趋势，但车外为 0℃ 和 -10℃ 时并不明显。余热换热器阻力受制冷剂流量和入口干度影响比较大，随着余热量的增大，制冷剂流量略增，入口干度下降，这两个因素对阻力的作用相反，因此最终阻力的变化取决于哪个因素占主导。

图 6-38c 所示为低压侧总阻力（蒸发器与余热换热器阻力之和）的增量，指的是串联在吸气主路的系统低压侧总阻力与基本中间补气系统的蒸发器阻力之差。虽然串联在吸气主路的系统中蒸发器阻力小于基本中间补气系统，其低压侧总阻力要远远高于基本中间补气系统。车外环境温度为 7℃、0℃、-10℃ 和 -20℃ 时，串联在吸气主路的系统低压侧总阻力分别平均增大了 0.034MPa、0.034MPa、0.026MPa 和 0.014MPa。

图 6-38d 所示为蒸发器入口压力提升值。与基本中间补气系统相比，串联在吸气主路的系统低压侧总阻力增大，但是由于余热源的作用使得蒸发器入口压力升高。蒸发器入口压力提升值为余热回收系统的蒸发器入口压力与基本中间补气系统的压力之差。可以看出，随着车外环境温度降低，蒸发器入口压力提升值降低；随着余热量增加，入口压力提升值增大。当余热量大于 2kW 时，不同环境温度下的蒸发器入口压力提升值均大于低压侧总阻力增量，压缩机吸气压力得到提升，有利于提高制热性能。

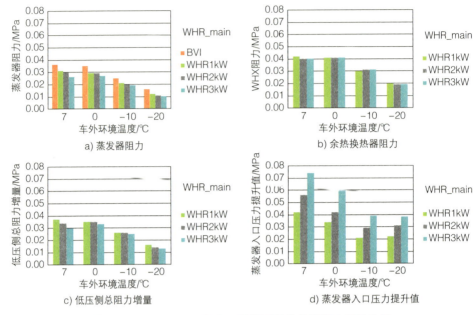

图 6-38 WHR_main 与 BVI 热泵系统换热器阻力特性比较

6.5.9 串联在补气支路与串联在吸气主路的余热回收系统制热性能比较

选取典型工况，对串联在补气支路与串联在吸气主路的余热回收系统制热性能测试结果进行比较分析，车外环境温度选择 -20℃ 和 7℃，余热回收量为 1kW、2kW 和 3kW。图 6-39 所示为车外环境温度为 -20℃ 时余热换热器串联在补气支路（WHR_VI）和串联在吸气主路（WHR_main）的两种余热回收热泵系统的热力循环参数比较。

图 6-39a 所示为吸气压力的比较。由于 WHR_main 系统中余热换热器串在吸气主路，随着余热量从 1kW 增加到 3kW，其吸气压力明显增大，提高了 6.89%，而 WHR_VI 系统的吸气压力变化很小，提高了 1.30%。在三个不同的余热量下，WHR_VI 系统的吸气压力都要高于 WHR_main 系统，主要是由于 WHR_main 系统中余热换热器阻力较大引起的。在余热量较小时 WHR_VI 系统的吸气压力提升较大，而在余热量较大时提升很小，余热量为 1kW 和 3kW 时，WHR_VI 系统的吸气压力比 WHR_main 分别提高 5.86% 和 0.32%。

图 6-39b 所示为补气压力的比较。由于 WHR_VI 系统中余热换热器串联在补气支路，随着余热量从 1kW 增加到 3kW，其补气压力明显升高，提高了 13.43%，而 WHR_main 系统的补气压力变化很小，提高了 3.11%。在三个不同的余热量下，WHR_VI 系统的补气压力都要高于 WHR_main 系统，且余热量越

大，补气压力提升越大，3kW 时提高了 15.23%。

图 6-39c 所示为排气压力的比较。排气压力的变化与补气压力相似，随着余热量从 1kW 增加到 3kW，WHR_VI 和 WHR_main 系统的排气压力分别提高 7.56% 和 0.94%。在三个不同的余热回收量下，WHR_VI 系统的排气压力都要高于 WHR_main 系统，3kW 时提高了 8.42%。

图 6-39d 所示为排气温度的比较。随着余热量的增大，WHR_VI 和 WHR_main 系统的排气温度分别升高了 14.3℃ 和 4.7℃，WHR_VI 系统排气温度的升高主要是由于补气过热度增大造成的。由于 WHR_VI 系统的补气过热度要高于 WHR_main 系统，其排气温度也高于 WHR_main 系统，3kW 时排气温度增加了 21.5℃。

图 6-39e、f 所示分别为吸气流量和补气流量的变化。随着余热量的增大，WHR_main 系统由于吸气压力明显提升，其吸气流量也明显增加，余热量从 1kW 增到 3kW 时吸气流量增加了 4.06%；WHR_VI 系统由于补气压力明显提升，其补气流量明显增加，余热量从 1kW 增到 3kW 时补气流量增加了 3.57%。由于系统的总流量变化不大，WHR_main 系统的补气流量随余热量增大而减小，WHR_VI 系统的吸气流量随余热量的增大而减小。与 WHR_main 系统相比，WHR_VI 系统在余热量为 1kW 时吸气流量略有提升，补气流量几乎一样；在余热量为 2kW 和 3kW 时由于补气流量明显提升，其吸气流量明显降低。

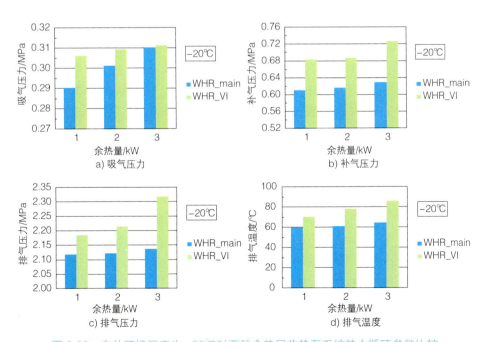

图 6-39 车外环境温度为 −20℃ 时两种余热回收热泵系统热力循环参数比较

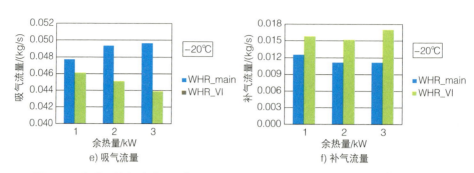

图 6-39　车外环境温度为 -20℃时两种余热回收热泵系统热力循环参数比较（续）

图 6-40 所示为车外环境温度为 -20℃时 WHR_VI 和 WHR_main 系统的制热性能比较。图 6-40a 显示两者的制热量都随余热量的增加而增加，WHR_VI 系统的增长速度要快于 WHR_main 系统。随着余热量从 1kW 增加到 3kW，WHR_VI 对于 WHR_main 的制热量提升率从 0.74% 升高到 18.65%，制热量的增加与补气流量的增加和排气温度的升高密切相关。

图 6-40b 显示了压缩机功率的变化。WHR_VI 系统的压缩机功率随余热量的增加而快速增长，主要是由于补气流量的增加和排气压力、排气温度的增大造成排气焓快速增长造成的。WHR_main 系统的压缩机功率随余热量的增加变化很小，是由于其排气流量和排气压力变化很小。与 WHR_main 系统相比，WHR_VI 系统在余热量为 1kW 时功率下降了 2.55%，而在 3kW 时提高了 7.7%，主要是由于余热量大时排气压力和排气焓较高引起的。

图 6-40c 显示了 COP 的变化。WHR_VI 和 WHR_main 系统的 COP 都随余热量的增加而增大。与 WHR_main 系统相比，WHR_VI 系统的 COP 提升率在 1kW、2kW 和 3kW 时分别为 5.54%、11.79% 和 11.86%。在余热量较大时 COP 提升率减缓，主要是由于压缩机功率增长太快引起的。

图 6-40d 比较了余热换热器溶液侧入口温度的变化。随着余热量从 1kW 增加到 3kW，WHR_VI 和 WHR_main 系统的溶液进口温度都提高了 12.6℃，但是由于 WHR_VI 系统中余热换热器串联在补气支路而 WHR_main 系统中串联在吸气主路，WHR_VI 系统的溶液进口温度要远远高于 WHR_main 系统，平均提高了 26℃。在低温环境下，WHR_VI 系统需要的溶液进口温度在 10 ~ 25℃，这与动力电池所需的最佳温度相匹配，因此采用这种系统形式来回收动力电池余热时不会对电池本身性能造成很大影响，而 WHR_main 系统的溶液进口温度在 -15 ~ 0℃，如果用来回收电池余热，将会对电池本身性能造成较大影响。

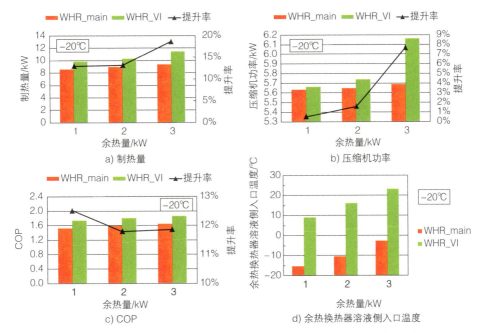

图 6-40 车外环境温度为 -20℃ 时两种余热回收系统制热性能参数比较

图 6-41 所示为车外环境温度为 7℃ 时串联在补气支路（WHR_VI）和串联在吸气主路（WHR_main）的两种余热回收热泵系统的热力循环参数比较。图 6-41a 所示为吸气压力的比较。WHR_VI 和 WHR_main 系统的吸气压力都随余热量增大而增大，余热量从 1kW 增加到 3kW，吸气压力分别提高了 2.66% 和 5.72%。在三个不同的余热量下，WHR_VI 系统的吸气压力都要高于 WHR_main 系统，余热量为 1kW 和 3kW 时，WHR_VI 系统的吸气压力比 WHR_main 系统分别提高 4.84% 和 1.80%。

图 6-41b 所示为补气压力的比较。由于 WHR_VI 系统中余热换热器串联在补气支路，随着余热量从 1kW 增加到 3kW，其补气压力明显升高，提高了 18.15%，而 WHR_main 系统的补气压力变化很小，提高了 7.88%。在三个不同的余热量下，WHR_VI 系统的补气压力都要高于 WHR_main 系统，且余热量越大，补气压力提升越大，3kW 时提高了 27.18%。

图 6-41c 所示为排气压力的比较。随着余热量从 1kW 增加到 3kW，WHR_VI 和 WHR_main 系统的排气压力分别提高 4.15% 和 3.10%。在三个不同的余热量下，WHR_VI 系统的排气压力都低于 WHR_main 系统，3kW 时降低了 2.20%。

图 6-41d 所示为排气温度的比较。随着余热量的增大，WHR_VI 和 WHR_main 系统的排气温度分别升高了 10.2℃ 和 5.9℃，WHR_VI 系统排气温度的升

高明显主要是由于补气过热度增大造成的。1kW 时 WHR_VI 系统的排气温度略低于 WHR_main 系统，3kW 时排气温度已经略高于 WHR_main 系统。

图 6-41e、f 显示了吸气流量和补气流量的变化。随着余热量从 1kW 增加到 3kW，WHR_main 系统的吸气流量增加 6.89%，WHR_VI 系统的补气流量增加 4.63%。由于系统的总流量变化不大，WHR_VI 系统的吸气流量随余热量的增大而减小。与 WHR_main 系统相比，WHR_VI 系统在 1kW 时吸气流量略有提升，2kW 和 3kW 时则明显降低，WHR_VI 系统的补气流量明显高于 WHR_main 系统。

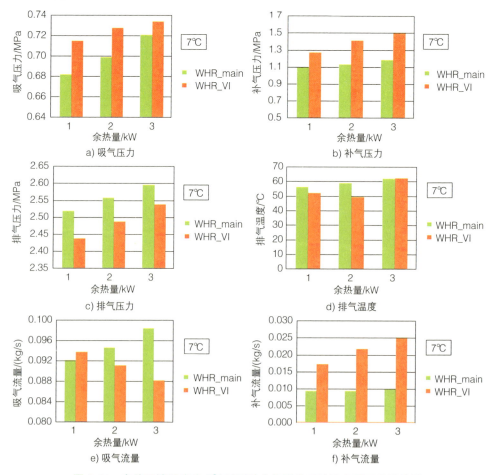

图 6-41　车外环境温度为 7℃时两种余热回收系统热力循环参数比较

图 6-42 所示为车外环境温度为 7℃时 WHR_VI 系统和 WHR_main 系统的制热性能比较。图 6-42a 显示两者的制热量都随余热量的增加而增加，WHR_VI 系统的增长速度要快于 WHR_main 系统。随余热量从 1kW 增加到 3kW，WHR_VI 系统对于 WHR_main 系统的制热量提升率从 -1.73% 升高到 2.10%，

在余热量为 1kW 时 WHR_VI 系统的制热量低于 WHR_main 系统是由于排气压力和排气温度都比较低造成的。

图 6-42b 显示了 WHR_VI 系统和 WHR_main 系统的压缩机功率变化。随着余热量的增加，WHR_VI 系统的压缩机功率增长速度要明显高于 WHR_main 系统，在 1kW、2kW 和 3kW 时 WHR_VI 系统的功率比 WHR_main 系统分别增加了 3.13%、7.87% 和 9.76%，功率的增加主要是由于补气流量的增大引起的。

图 6-42c 显示了 WHR_VI 系统和 WHR_main 系统的 COP 变化。随着余热量的增加，WHR_VI 系统由于制热量的增长速度小于压缩机功率的增长速度，其 COP 略有下降，WHR_main 系统压缩机功率增长速度较缓，COP 略有提升。在车外为 7℃时，WHR_VI 系统的 COP 已经没有优势。

图 6-42d 显示了车外环境温度为 7℃时 WHR_VI 系统和 WHR_main 系统溶液入口温度的变化，由于车外环境温度的升高，吸气压力提高，WHR_main 系统溶液入口温度明显上升，在 0~15℃之间；由于补气压力也跟着上升，WHR_VI 系统的溶液入口温度也明显升高，在 25~40℃之间。

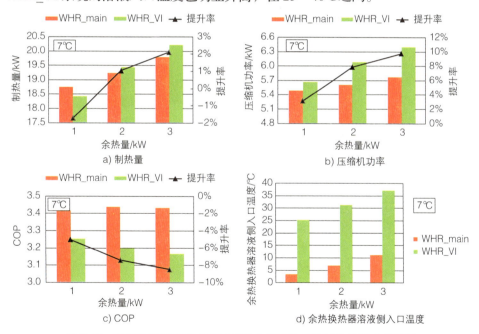

图 6-42 车外环境温度为 7℃时两种余热回收系统制热性能参数比较

综上比较分析可以看出，在低温环境下（-20℃），余热换热器串联在补气支路的余热回收系统比串联在吸气主路的系统具有明显的优势，主要是由于在维持相同补气过热度的情况下，串联在补气支路上的系统能够具有更高的补气压力和补气流量，因此提升排气流量和排气压力，进而提高制热量，由于压缩机功率同时也增加，因此COP的提升没有制热量的提升明显。串联在吸气主路上的系统虽然也能够通过提高吸气压力来增加吸气流量和排气流量，进而提高制热量，但是其对吸气压力和流量的提升没那么明显，因此制热性能提升没有串联在补气支路的系统大。

在相对较高的环境温度下（7℃），由于压缩机吸排气压比较小，补气系统的最优补气率较小，串联在补气支路的系统制热性能提升空间有限，而串联在吸气主路的系统能够更有效地提升吸气压力，因此，从制热量和COP综合来看，串联在吸气主路的系统制热性能更具优势。

6.6 本章小结

本章建立了电动汽车一体化整车热管理的能量关系与系统架构，采用试验与模拟分析的方法研究了电动乘用车一体化热管理系统制冷/制热性能，给出控制策略示例，最后试验研究了电动客车带余热回收中间补气热泵系统。

电动乘用车双蒸发器式热泵热管理系统的制冷工况试验与仿真研究表明：双蒸发器的两个支路制冷剂流量分配动态特性受两支路膨胀阀开度影响较大。电池侧支路膨胀阀开度较小时，车室侧制冷剂流量充足时，两个支路的制冷剂流量基本不随时间变化，但电池组降温缓慢；当增加电池侧支路膨胀阀开度时，电池组降温迅速，但车室侧支路制冷剂流量受影响，车室出风温度升高明显，因而两支路膨胀阀开度的优化调节是保证系统高效稳定运行的关键。进一步通过对两支路阀调节特性的仿真研究，获得了阀开度对系统性能的影响特点，在此基础上给出了双蒸发器系统制冷工况运行的控制思路。

电动乘用车双蒸发器式热泵热管理系统的制热工况试验与仿真研究表明：制热工况下，由于热泵制热性能在低温环境下衰减较大，需要考虑电池余热利用、回风利用和电辅助加热多项措施。利用电池自然散热回路回收电池余热量增加了热泵系统蒸发器侧进风温度，系统的COP和制热量均有一定程度的提升。车速越高，可回收的热量及蒸发器侧进风风温越大，热泵系统制热量提升越明显。当采用电辅助加热时，通过综合COP表征系统的整体制热性能，分析表明全新风及低回风比例时，压缩机转速运转在最高转速时，由于系统获得的制热量低于压缩机增加单位功率，会出现综合COP降低的情况，此时应避免压缩机最高转速运行。回风比例较高时，压缩机转速越高综合COP越高。

电动客车热泵热管理系统的研究，通过针对无余热回收的基本中间补气热泵系统、余热换热器串联在补气支路的热泵系统和余热换热器串联在吸气主路的热泵系统的试验研究，结果表明：

1）相比于基本中间补气系统，余热换热器串联在补气支路的热泵系统具有更高的中间补气压力和补气流量，从而有利于提高排气压力和制热性能。车外环境温度和余热量对系统性能有很大影响，当环境温度从7℃降到-20℃时串联在补气支路的系统制热性能衰减要明显小于基本中间补气系统，基本中间补气系统与余热量为3kW的串联在补气支路的系统制热量分别衰减了55.43%和43.40%，COP分别衰减了53.09%和41.31%。

2）余热换热器串联在吸气主路的系统由于低压侧阻力较大，制热性能不如串联在补气支路的系统。当车外环境温度从7℃降到-20℃时串联在吸气主路回收3kW余热的系统制热量和COP分别衰减了51.81%和51.14%。

3）串联在吸气主路的余热回收热泵系统低压侧阻力明显高于串联在补气支路的热泵系统，制冷剂流量越高，余热换热器入口干度越大，余热换热器阻力越大。串联在吸气主路的余热回收热泵系统吸气压力是否比无回收的基本中间补气系统高，取决于蒸发器入口压力的提升量和低压侧总阻力的增量。在余热量大于2kW时，串联在吸气主路的系统吸气压力高于无回收系统，余热换热器较高阻力对系统产生的负面影响几乎可以忽略。

4）与串联在吸气主路上的系统相比，串联在补气支路上的系统在车外环境温度为-20℃时，由于具有更高的补气压力和补气流量，制热性能更具优势。

参 考 文 献

[1] 中国制冷学会，中国汽车工程学会. 中国新能源汽车热管理技术发展 [M]. 北京：北京航空航天大学出版社，2022.

[2] 张桂英. 纯电动汽车一体式热管理及节能技术研究 [D]. 北京：中国科学院大学，2017.

[3] ZHANG G Y，QIN F，ZOU H M，et al. Experimental study on a dual-parallel-evaporator heat pump system for thermal management of electric vehicles[J]. Energy Procedia，2017，105：2390-2395.

[4] ZHANG G Y，ZOU H M，QIN F，et al. Investigation on an improved heat pump AC system with the view of return air utilization and anti-fogging for electric vehicles[J]. Applied Thermal Engineering，2017，115：726-735.

[5] 韩欣欣. 电动客车热泵系统制热性能提升研究 [D]. 北京：中国科学院大学，2019.

[6] HAN X X，ZOU H M，TIAN C Q，et al. Numerical study on the heating performance of a novel integrated thermal management system for the electric bus[J]. Energy，2019，186：1-13.

[7] HAN X X，ZOU H M，XU H B，et al. Experimental study on vapor injection air source heat pump with internal heat exchanger for electric bus[J]. Energy Procedia，2019，158：4147-4153.

[8] HAN X X，ZOU H M，WU J，et al. Investigation on the heating performance of the heat pump with waste heat recovery for the electric bus[J]. Renewable Energy，2020，152：835-848.

[9] HAN X X, ZOU H M, KANG W, et al. Experimental investigation on vapor injection ASHP for electric rail vehicles in cold region[J]. Applied Thermal Engineering, 2019, 153: 473-482.

[10] 顾潇, 邹慧明, 韩欣欣, 等. 基于余热回收的电动客车喷射补气热泵的制热性能[J]. 化工学报, 2021, 72（S1）: 326-335.

Chapter 07

第 7 章
新能源乘用车热系统设计

乘用车是指主要用于载运乘客及其随身行李或临时物品的汽车，涵盖了轿车、微型客车以及不超过 9 座的轻型客车。新能源乘用车主要包括纯电动、增程式、混合动力、燃料电池等驱动形式，由于现阶段我国新能源汽车主要以纯电动为主，因此本章重点针对纯电动乘用车的热系统进行阐述。

纯电动平台的整车开发是在汽车产品设计制造过程中，通过平台化实现更高集成度和零部件共用率，降低开发成本、缩短开发周期、减少零部件数量，共用工艺装备和流程。现阶段，纯电动乘用车开发平台的主要技术趋势包括：①高集成度、模块化动力总成以及高电压动力平台以实现动力资源的灵活配置与大功率快充需求；②动力电池系统的搭载空间优化，电池与车身集成设计以保证地板平整化的同时实现不同动力系统和不同续驶里程配置；③结合平整化底盘、下车体结构传力路径和短前后悬吸能空间的特征，进行整车传力路径重新分配优化，并满足碰撞安全要求；④为实现智能驾驶需求促进线控底盘系统的搭载应用；⑤采用车室空调、动力电池、驱动系统一体化集成热管理系统，通过智能热管理技术应用以提升整车环境适应性；⑥多种轻量化技术手段应用，钢铝耦合、全铝、铝制底盘结构件、镁铝合金轮毂等；⑦整车软硬件朝着逐步解耦的方向发展，机械模块化和软件数字化，提高硬件平台和软件功能复用与多需求组合。

对于热系统来说，设计过程主要包括热管理负荷计算、系统流程与架构设计、部件选型等。本章主要针对纯电动乘用车热系统中的车室空调、动力电池温控和电机电控散热，阐述其主要设计方法。

7.1 乘用车热系统的设计需求

7.1.1 车室热湿环境设计要求

车室是驾乘人员在旅途过程中的生活空间，车室环境主要包括车室内热湿环境、照明环境、色彩环境、噪声与振动环境，进行热系统设计时，主要考虑车室内的热湿环境。乘用车辆的热湿环境设计技术标准见表 7-1。

表 7-1 乘用车车内的热湿环境设计技术标准[1]

项目	夏季	冬季
车内温度 /℃	24 ~ 28	18 ~ 20
车内相对湿度（%）	40 ~ 65	> 30
车内气流速度 /（m/s）	0.3 ~ 0.4	0.2 ~ 0.3
新风量 /（m³/h）	20 ~ 25	15 ~ 20

空调系统的其他性能指标：

1）空调的能效性和经济性：包括能效比、季节能效比、制冷量、制热量、循环风量、除湿量、输入功率、使用寿命。

2）车内噪声：降低噪声是改善舒适性的重要措施，车内的最大噪声应控制在 50dB 以下。

3）车内温度场分布：温度在竖直方向的不均匀度最好控制在 2℃ 左右，这是由人体各部位对同一温度的感觉不同决定的；而在水平方向的空气温度不均匀度最好控制在 1.5℃ 以内，这是根据汽车空调试验结构综合考虑后决定的。

4）风口布置位置及风口风速差值：不舒适感与空气的流动方向和吹风的部位有关，后面吹来的气流比前面吹来的气流更让人感到不适。风口的布置位置应尽量避免直吹令人感到不舒服的位置。各出风口的风速差不宜超过 2m/s，否则会引起车内温度场、速度场分布不均匀，出现气流涡旋。

5）车内新鲜空气换气量：为防止人体缺氧，产生疲劳、头疼、恶心等症状，车内每位乘客所需新鲜空气量为 20 ~ 30m³/h，二氧化碳浓度（体积分数）应保持在 0.1% 以下。

7.1.2 车窗除霜防雾设计要求

车室环境是驾乘人员安全与舒适的重要保证，由于车身保温性能的局限性，车室环境受风霜雪雨等气候影响和季节变换影响很大，"内热外冷"时室内外温差会造成前风窗玻璃窗内表面结雾，严重影响风窗玻璃可视性进而危及驾乘人员生命安全。对于电动汽车，如果沿用传统燃油汽车全新风除雾思路，采用以高压电加热或热泵为热源的除雾系统，在易结雾天气将车外低温空气加热至除雾热风，能耗较高，将会大幅减小车辆的续航能力。因此，电动汽车在充分保证前风窗玻璃防雾的条件下，应尽量采用回风系统，这也对电动汽车除霜防雾提出了更高要求。电动汽车应设置前风窗玻璃除霜（雾）系统[2]，能够确保在寒冷（潮湿）天气条件下恢复风窗玻璃的能见度。

除霜试验开始后 20min 至少将 A 区 80% 面积的霜除净；试验开始后 25min，至少将 A′ 区 80% 面积的霜除净；试验开始后 40min，至少将 B 区 90% 面积的霜除净，A、B 和 A′ 区的确定如图 7-1 所示。

除雾试验开始后 10min，至少应将 A 区 90% 面积和 B 区 80% 面积上的雾除净。

除霜（雾）出口气流速度为 5~8m/s，停车时仅除霜（雾）系统满负荷工作时驾驶人头部位置噪声不大于 65dB（A）。

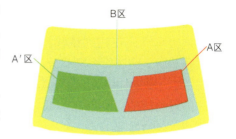

图 7-1 电动汽车前风窗玻璃 A 区、B 区和 A′ 区的确定

7.1.3 制冷测试条件及性能要求

汽车空调的制冷性能主要通过汽车车室的降温试验确定。制冷性能降温试验的测试条件要求见表 7-2，空调系统全负荷降温目标参考值见表 7-3。

表 7-2 制冷性能降温试验的测试条件要求[3]

项目	室内	室外静态	室外行驶
试验环境温度	38℃ ± 1.0℃	≥ 35℃	≥ 35℃
相对湿度	50% ± 5%	40%~75%	—
太阳辐射强度	1000W/m² ± 25W/m²	≥ 800W/m²	≥ 800W/m²
风速	—	≤ 2m/s	≤ 5m/s
路况	—	—	平坦硬实的公路；路面纵坡不大于 1%，长度不少于 40km

表 7-3 空调系统全负荷降温目标参考值

项目	规定时间 /min	温度指标 /℃
怠速	30	≤ 24
车速 40km/h	45	≤ 23
车速 60km/h	20	≤ 22
车速 100km/h	20	≤ 21

7.1.4 供暖测试条件及性能要求

在环境温度（-25±3）℃下试验进行到 40min 和 60min 时，汽车供暖性能应达到以下要求[4]：

（1）对于 M_1 和 N 类试验样车

1）驾驶人、副驾驶人足部温度不小于 15℃。

2）乘客足部温度不小于 12℃。

（2）对于 M_2 和 M_3 类样车

试验车辆应在达到试验温度的环境预置至少 10h，期间保持车门、车窗、通风孔开启，使试验车辆充分冷浸。如果温度确知已稳定并在 1h 内温度变动小于 ±1℃，浸车时间可缩短。

供暖测试的温度测点的布置如图 7-2 所示。测温点 A 为头部测点，B 为膝部测点，C 为足部测点。M_1 和 N 类汽车每个乘员座必测。M_2 和 M_3 类汽车，驾驶人座、副驾驶人座、乘客区最前排、中排、门后位置和最后排座位靠近侧壁座椅必测。可根据图 7-2 中测点 C 的位置在其周围布置多个足部测温点。

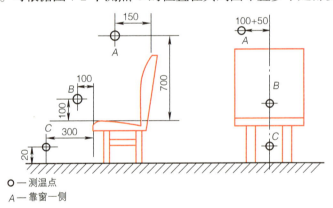

图 7-2 供暖测温点布置要求

7.2 车室空调负荷

7.2.1 冷负荷

汽车空调的设计冷负荷可以通过车室得热量的理论计算或者经验估算获得[5]，理论计算中汽车空调的总得热量 Q_c 主要由车身（车顶、侧壁、玻璃、地板等）导热得热 Q_{cc}、玻璃日照辐射得热 Q_{rc}、乘客人体散热 Q_{pc}、车内仪器设备发热 Q_{ec}、新风负荷 Q_{fc} 等构成，其计算公式为

$$Q_c = Q_{cc} + Q_{rc} + Q_{pc} + Q_{ec} + Q_{fc} \qquad (7\text{-}1)$$

1. 理论计算法

由于汽车车身围护结构具有厚度小、重量轻、蓄热系数小的特点，外界环境变化时，车厢内表面的热响应较快。不同材料的导热系数相差较大，导热系数大的钢骨架在连接车厢内外表面的同时，在两者之间直接传递热量，形成"热桥"。汽车运动与静止两种状态差别较大，运动时车厢壁外表面空气对流换热系数成倍增大，导致车厢壁动态传热系数大于静态传热系数，车厢壁内外侧空气压力不平衡程度加剧，空气泄漏增加。这些热工特性使其得热量转化为冷负荷过程中，存在着衰减和延迟现象。计算汽车空调冷负荷时，宜考虑围护结构的吸热、蓄热和放热效应。目前理论计算主要采用冷负荷系数法或谐波反应法。冷负荷系数法对于车身、车顶、底盘和车窗的传导得热引起的冷负荷，通过逐时冷负荷温差使计算简化；对于车窗日射得热和照明、人体及设备得热引起的冷负荷，通过冷负荷系数使计算简化；逐时冷负荷温差和冷负荷系数等参数都是通过查取经验值来确定的。谐波反应法以谐波法为基础，将车外空气综合温度视为一周期性外扰，考虑温度的衰减和相位的延迟，可以体现温度和传热的动态变化。这里简要介绍谐波反应法计算空调冷负荷。

1) 室外空气综合温度 $T_e(t)$ 可表示为周期性函数：

$$T_e(t) = \overline{T_e} + T_e'(t) = \overline{T_e} + \sum_{n=1}^{m} A_n \cos(\omega_n t - \varphi_n) \qquad (7\text{-}2)$$

车内空气温度平均值为 T_a，车外空气温度波动引起的车内空气温度波动 $\Delta T_n(t)$ 为

$$\Delta T_n(t) = \sum_{n=1}^{m} \frac{\Delta T_{e-n}}{v_n} \cos(\omega_n t - \varphi_n - \varepsilon_n) \qquad (7\text{-}3)$$

车身导热量 Q_{cc} 包括车内外温差形成的稳定传热量 Q_{ccs} 和由于外扰温度波动值引起的车内表面温度波动而产生的附加不稳定传热量 Q_{ccw}，即

$$Q_{cc} = Q_{ccs} + Q_{ccw} = K(\overline{T_e} - T_a) + a_n \sum_{n=1}^{m} \frac{T_{e-n}}{v_n} \cos(\omega_n t - \varphi_n - \varepsilon_n) \qquad (7\text{-}4)$$

式中，$\overline{T_e}$ 为综合温度的平均值（℃）；$\Delta T_e(t)$ 为温度波动值（℃）；n 为谐波阶数；A_n 为第 n 阶扰量的波幅；ω_n 为第 n 阶扰量的波动频率；φ_n 为第 n 阶扰量的相对延滞；v_n 为第 n 阶扰量的衰减度；ε_n 为第 n 阶扰量的相对延滞；K 为传热系数 [W/(m·K)]；a_n 为换热系数 [W/(m²·K)]。

注意：利用谐波法计算通过车身围护结构的得热量只需取 3~4 阶谐波即可达到较高的计算精度。谐波的阶数越多，计算精度越高。

2）阳光辐射包含直射辐射和散射辐射两部分。太阳光透过大气层直接辐射强度 I_{dh} 为

$$I_{dh} = I_0 P \csc\beta \tag{7-5}$$

与正南向夹角为竖直面上的直接日射强度 I_{dv} 为

$$I_{dv} = I_{dh} \cos\beta\cos(\alpha - \varepsilon) \tag{7-6}$$

式中，I_0 为太阳常数，为 $1353W/m^2$；P 为大气透射率，一般取 $0.65 \sim 0.75$；β 为太阳高度角（°）；α 为太阳方位角（°）；ε 为玻璃窗方位角（°），即玻璃墙面偏离南向的角度。

倾斜角为 Ψ 的斜面直接日射强度 I_Ψ 为

$$I_\Psi = I_{dh}(\sin\beta\cos\Psi + \cos\beta\sin\Psi) \tag{7-7}$$

水平面上太阳散射强度 I_{sh} 为

$$I_{sh} = 0.5 I_0 \sin\beta \frac{1 - P^{\csc\beta}}{1 - 1.4\ln P} \tag{7-8}$$

斜面上太阳散射强度 $I_{s\Phi}$ 为

$$I_{s\Phi} = \cos^2\frac{\Phi}{2} I_{sh} \tag{7-9}$$

式中，Φ 为斜面与水平面的夹角（°）。

玻璃辐射热量

$$Q_{rc} = CAu(\tau_d I_d + \tau_s I_s) \tag{7-10}$$

式中，A 为车窗玻璃面积（m^2）；C 为玻璃窗遮阳系数，$C = 0.06$；u 为单层校正系数，$u = 1$；τ_d 为透过玻璃的太阳直射投射率，$\tau_d = 0.84$；τ_s 为透过玻璃窗的太阳散射投射率，$\tau_s = 0.08$。

3）乘客人体散热 Q_{pc} 为

$$Q_{pc} = Q_{dr} + 116nn' \tag{7-11}$$

式中，Q_{dr} 为驾驶人人体散热量，一般取 $170W$；n 为乘员数；n' 为群集系数，取 0.89。

4）车内设备负荷 Q_{ec} 根据车内设备的功率确定或取经验数据，经验值的热负荷为

$$Q_{ec} = (0.6 \sim 0.7) Q_{经} \tag{7-12}$$

式中，$Q_{经}$ 为经验值，取 $100W$。

5）新风负荷 Q_{fc} 为

$$Q_{fc} = L_f \rho(h_{out} - h_{in}) \tag{7-13}$$

式中，L_f 为新风量（m³/h）；ρ 为空气密度（kg/m³）；h_{in} 为车内空气焓（J/kg）；h_{out} 为车外空气焓（J/kg）。

按人体卫生要求，一般每位乘员所需要的新风标准为 20～25m³/h。车辆行驶过程中，在门、窗等密封位置会产生漏风现象，漏风会带走部分车内空气，同时外界的新风会补充进车内，成为车内的热负荷来源。漏风量可视为一部分新风补充量。

2. 经验估算法

实际过程中，常采用一些经验估算的方法简化计算车室负荷。

1）乘员估算法是根据汽车所乘坐乘员的额定人数来确定汽车空调的制冷量。换句话说，就是在知道汽车所乘坐乘员的额定人数条件下，确定该人数在表 7-4 中相对应的每人所需制冷量，最后将该值与额定乘员数相乘得到汽车空调的制冷量。这种方法在对轿车、客车车型的空调选型中应用较广。

表 7-4 乘员人数与制冷量的关系[6]

乘员人数（人）	每人所需制冷量 /W
<9	850
9～15	750
16～30	600
31～37	575
38～47	550
48～55	515
56～65	500

2）车型估算法是根据不同的车型，在选择汽车空调时，参考表 7-5 所列车型制冷量的数值，估算出所选车型所需的制冷量。

表 7-5 不同车型制冷量参考[6]

车型	制冷量 /kW
轿车	3.0～9.3
货车	3.5～6.0
微型客车	7.0～10
轻型客车	12～14
中型客车	18～24
大型客车	26～40

实际上在空调选型过程中，可以对同一车辆采用乘员估算法和车型估算法分别进行估算，从而得到一个比较准确的估算值。

7.2.2 热负荷

冬季工况下，为保证车室内适宜的温度环境，需要向车室提供充足的热量。为保证车室温度维持在设定温度所需提供的热量，称为热负荷。电动汽车由于没有发动机余热可供利用，多采用 PTC 加热器加热 / 热泵加热的方式为车室供热，车室热负荷计算为车室供热系统供热容量提供依据。

电动汽车空调的设计计算热负荷可以通过稳态条件下的理论计算或者经验估算获得，理论计算中热负荷 Q_h 主要由车身（车顶、侧壁、玻璃、地板等）传热耗热量 Q_{ch}、冷风渗透耗热量 Q_{oh}、新风负荷 Q_{fh}（包含前风窗玻璃除霜除雾耗热量 Q_{mh}）、乘客人体散热 Q_{ph}、车内仪器设备发热 Q_{eh} 等构成，其计算公式为

$$Q_h = Q_{ch} + Q_{oh} + Q_{fh} + Q_{ph} + Q_{eh} \quad (7\text{-}14)$$

1. 车身传热耗热量 Q_{ch}

在对车室内温度变化要求不严格的情况下，车身导热按一维稳态传热过程进行计算，即假设在计算的时间内，车内、外空气温度和其他传热过程参数都不算时间变化。基本计算公式为

$$Q_{ch} = KF\Delta T \quad (7\text{-}15)$$

式中，K 为车身围护结构的传热系数 [W/(m²·K)]，各部分车身围护结构主要是由多层均质材料组成，车身围护结构可拆分为若干部分，每部分分别按多层平壁传热计算；F 为车身围护结构的传热面积（m²）；ΔT 为车室内外传热温差（℃）。

其中，车室内外传热温差 ΔT 为

$$\Delta T = t_{wi} - t_{wo} \quad (7\text{-}16)$$

式中，t_{wi} 为冬季空调车室内空气计算温度（℃）；t_{wo} 为冬季空调车室外空气计算温度（℃），参考各地冬季供暖室外空气计算温度，取历年平均不保证 5 天的日平均温度。

其中，传热系数 K 由下式确定：

$$K = \cfrac{1}{\cfrac{1}{\alpha_i} + \sum \cfrac{\delta_i}{\lambda_i} + \cfrac{1}{\alpha_o}} \quad (7\text{-}17)$$

式中，α_i 为车厢内侧表面的对流放热系数 [W/(m²·K)]；α_o 为车厢外侧表面的对流放热系数 [W/(m²·K)]；$\sum \cfrac{\delta_i}{\lambda_i}$ 为车身围护结构各层材料的导热热阻之和（m²·K/W）；δ_i 为第 i 层车身材料的厚度（m）；λ_i 为第 i 层车身材料的导热系数 [W/(m·K)]。

当车室内的风速为 0.25～0.3m/s 时，车厢内侧表面的对流传热系数 α_i 可以按照以下公式计算：

当 $\Delta t_b \leqslant 5℃$ 时，

$$\alpha_i = 3.49 + 0.093\Delta t_b \tag{7-18}$$

当 $\Delta t_b > 5℃$ 时，

$$\alpha_i = b\Delta t_b^{0.25} \tag{7-19}$$

式中，Δt_b 为车厢内表面温度与车室内的空气温度差（℃）；b 为常数，其值与车内空气流动和温差有关，当自然循环时，b 取 2.67～3.26。此外，车室内风速大于 0.5m/s 且小于 3.0m/s 时，α_i 可取 8.7～29W/（m²·K）。

车厢外表面与室外空气之间的表面对流换热系数 α_o 的大小与汽车行驶速度、风速、风向等因素有关。由于汽车行驶速度变化范围比较大，车厢外壁面的流场不稳定，因此很难精确计算。一般 α_o 按照以下公式计算：

$$\alpha_o = 1.163(4 + 12\sqrt{v}) \tag{7-20}$$

式中，v 为汽车车速与风速的叠加速度沿车厢外壁面方向的分量（m/s）。

由式（7-20）可知，汽车车速越高，车厢外侧表面换热系数 α_o 值就越大。计算时，可取汽车车速为 40km/h。

2. 冷风渗透耗热量 Q_{oh}

计算冷风渗透耗热量的常用方法有缝隙法、换气次数法和百分数法，这里采用换气次数法，其计算公式为

$$Q_{oh} = 0.278 n_k V_n \rho (h_{in} - h_{out}) \tag{7-21}$$

式中，Q_{oh} 为预加热门窗缝隙渗入的冷空气耗热量（W）；n_k 为车室的换气次数（次/h），取值范围为 0.5～1.0；V_n 为车室的内部体积（m³）；ρ 为空气密度（kg/m³）；h_{in} 为车内空气焓（J/kg）；h_{out} 为车外空气焓（J/kg）。

3. 新风负荷 Q_{fh}

其计算公式为

$$Q_{fh} = L_f \rho (h_{in} - h_{out}) \tag{7-22}$$

式中，L_f 为新风量（m³/h）；ρ 为空气密度（kg/m³）；h_{in} 和 h_{out} 的含义同上。

按人体卫生要求，一般每位乘员所需要的新风标准为 15～20m³/h；车窗玻璃除霜除雾所需风量占总风量的 10%～15%；L_f 取两者中的较大值。

4. 乘客人体散热 Q_{ph}

冬季乘车人员作为高温热源，向车内散发热量，但一般散热量不大，且不稳定，为了简化计算，可取 $Q_{ph} = 0$W。

5. 车内仪器设备发热 Q_{eh}

Q_{eh} 可忽略不计，或根据车内设备的功率确定，也可取经验值，经验值的热负荷计算公式为

$$Q_{eh} = -(0.6 \sim 0.7)Q_{经} \tag{7-23}$$

式中，$Q_{经}$为经验值，取 100W。

7.3 电机与电控散热负荷

动力电池散热与预热的温控负荷详见第 5 章，本节主要阐述电机与电控的散热负荷。

7.3.1 电机散热负荷

电机在驱动与回收能量工作过程中，电机的定子铁心、定子绕组在运动过程中都会产生损耗，这些损耗以热量的形式向外发散，因此就需要有效的冷却介质及冷却方式来带走热量，保证电机在一个稳定的冷热循环平衡的通风系统中安全可靠运行。而电机散热的好坏，将直接影响电机的安全运行和使用寿命。

以三相无刷永磁同步电机为例，其原理如图 7-3 所示，其中，I_{sA}、I_{sB}、I_{sC} 分别是 U、V、W 三相电流。经过式（7-24）的坐标变换得到励磁电流 I_{sd} 和转矩电流 I_{sq}，其中 θ 是电角度。

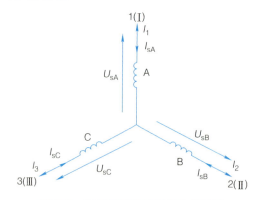

图 7-3 三相无刷永磁同步电机原理

$$\begin{bmatrix} I_{sA} \\ I_{sB} \\ I_{sC} \end{bmatrix} = \sqrt{\frac{2}{3}} \begin{bmatrix} \cos\theta & -\sin\theta \\ \cos\left(\theta - \frac{2}{3}\pi\right) & -\sin\left(\theta - \frac{2}{3}\pi\right) \\ \cos\left(\theta + \frac{2}{3}\pi\right) & -\sin\left(\theta + \frac{2}{3}\pi\right) \end{bmatrix} \times \begin{bmatrix} I_{sd} \\ I_{sq} \end{bmatrix} \tag{7-24}$$

电机散发的热量为

$$Q_s = \int (R_s I_{sd}^2 + R_s I_{sq}^2) dt \quad (7\text{-}25)$$

式中，R_s 是电机的绕组电阻，是一个温度函数：

$$R_s = R_{s0}[1 + \psi(T - T_0)] \quad (7\text{-}26)$$

式中，R_{s0} 为电机额定绕组电阻（Ω）；ψ 为定子线圈电阻修正系数；T 为电机绕组温度（℃）；T_0 为参照温度（℃）。

通常为了简化计算，电机散发热量还可根据电机效率简化估算，估算公式为

$$Q_s = P_e(1 - \eta_e)X \quad (7\text{-}27)$$

式中，P_e 为电机的额定功率（W）；η_e 为电机的效率；X 为电机的负载系数。

7.3.2 电控散热负荷

电控系统的散热负荷主要体现在逆变器等部件，逆变器主要由绝缘栅双极型晶体管（IGBT）和反向串联的二极管（Diode）组成。两者主要工作于开关状态，周期性地经历各种动、静态过程，从而产生损耗，将这些损耗相加，就是开关器件的总损耗。总损耗主要包括导通过程中的导通损耗和开关损耗，这里进行简要介绍。

IGBT 的导通损耗主要为导通后的能耗，与导通压降、电流、占空比以及结温有关，可表示为

$$P_{\text{con\_IGBT}} = \frac{1}{T} \int_0^T V_1(t) I_1(t) D_1(t) dt \quad (7\text{-}28)$$

IGBT 的开关损耗主要为导通与关闭动作消耗的能耗，它与开关频率、电流、直流母线电压、门极驱动电阻以及结温有关，可表示为

$$P_{\text{sw\_IGBT}} = \frac{f_{\text{sw}}}{T} \int_0^T [E_{\text{on}}(t) + E_{\text{off}}(t)] dt \quad (7\text{-}29)$$

式（7-28）和式（7-29）中，$P_{\text{con\_IGBT}}$ 为 IGBT 导通损耗；V_1 为 IGBT 导通压降；I_1 为流过 IGBT 的电流；D_1 为 IGBT 的占空比；T 为调制波周期；$P_{\text{sw\_IGBT}}$ 为 IGBT 的开关损耗；f_{sw} 为开关频率；E_{on} 为导通一次的能耗；E_{off} 为关断一次的能耗。这些参数可以根据 IGBT 的规格书进行计算。

二极管的导通损耗与导通压降、电流、占空比以及结温有关，可表示为

$$P_{\text{con\_Diode}} = \frac{1}{T}\int_0^T V_D(t)I_D(t)D_D(t)\mathrm{d}t \quad (7\text{-}30)$$

二极管的关断损耗要比导通损耗大得多，在损耗计算过程中主要关注二极管关断引起的反向恢复损耗。二极管的反向恢复损耗与开关频率、电流、直流母线电压、门极开通电阻以及结温有关，可表示为

$$P_{\text{sw\_Diode}} = \frac{f_{\text{sw}}}{T}\int_0^T E_{\text{rec}}(t)\mathrm{d}t \quad (7\text{-}31)$$

式（7-30）和式（7-31）中，$P_{\text{con\_Diode}}$ 为二极管导通损耗；V_D 为二极管导通压降；I_D 为流过二极管的电流；D_D 为二极管的导通时间；T 为调制波周期；$P_{\text{sw\_Diode}}$ 为二极管的反向恢复损耗；f_{sw} 为开关频率；E_{rec} 为门极电阻反向恢复能耗。这些参数可以根据二极管的规格书进行计算。

逆变器（Inverter）由三个桥臂组成，每个桥臂上下有两个功率开关，每个功率开关包括一个 IGBT 和一个 Diode，因此逆变器的损耗 P_{Inverter} 为

$$P_{\text{Inverter}} = 6(P_{\text{con\_IGBT}} + P_{\text{sw\_IGBT}} + P_{\text{con\_Diode}} + P_{\text{sw\_Diode}}) \quad (7\text{-}32)$$

通常情况下，这些损耗以热量的形式耗散，因此散热负荷可根据上述损耗公式进行计算。

7.4 热系统设计

在进行热系统设计时，首先根据汽车实际运行情况选择合适的系统形式，进而对系统进行参数匹配设计计算，确定系统关键部件的相关参数，最后根据参数匹配结果对系统关键部件进行选型。这里以电动乘用车为例，分别介绍热泵空调系统、电池温控系统、电机及控制器散热系统的设计流程。

7.4.1 热泵空调系统设计

热泵空调系统由压缩机、车外换热器、车内换热器和节流元件等构成。根据电动汽车冬季制热方式可将其分为单制冷加电加热系统、蒸气压缩式热泵系统、准二级压缩（喷射补气）热泵系统等形式。表 7-6 所示为常用电动汽车空调系统性能对比，在进行系统设计时，应综合考虑车型结构、能效要求、主要营运地区以及生产成本等因素选择合适的系统形式。

表 7-6 常用电动汽车空调系统性能对比

系统形式	优点	缺点
单制冷加电加热系统	制热性能稳定，适用温度范围广	能效比较低（略低于1）
蒸气压缩热泵系统	能效比较高，制冷和制热采用同一系统，不需要做大幅度改进	制热性能随环境温度降低而衰减
准二级压缩热泵系统	制热效果较好，适用于低温环境	结构相对较复杂，控制要求高

在制冷技术中常用压焓图来表示制冷剂的热力循环过程中气液两相状态制冷剂的变化过程，在压焓图中包括一个临界状态点、两条状态分界线、三个区域和六组等参数线等信息，利用压焓图可确定系统循环中四个重要工作点的状态：压缩机吸气状态、压缩机排气状态、冷凝器出口状态和蒸发器入口状态。这里以电动乘用车车外温度为35℃的制冷工况和车外温度为0℃的制热工况为例，设计工况参数示例见表7-7。

表 7-7 设计工况参数示例

参数	制冷工况	制热工况
车外换热器进风	额定：干球温度35℃ 最大：干球温度50℃	干球温度为0℃ 进风口风速为4.5m/s
车内换热器进风	额定：干球温度27℃，湿球温度19.5℃； 最大：干球温度32.5℃，湿球温度26℃； 风量：420m³/h	干球温度为20℃ 相对湿度为30%
设计冷凝温度	55℃	55℃
设计蒸发温度	-1℃	-10℃
乘员数	5人	5人
最小新风量	人均新风量25m³/h	人均新风量15m³/h
散湿量	285g/h	185g/h

对于一体式热管理系统，需根据车室空调、电池温控、电机及控制器散热等能量综合利用情况，兼顾冷负荷与热负荷需求，选取其中较大者作为负荷计算值，即

$$Q_a = KQ_c + Q_b + Q_s \tag{7-33}$$

式中，Q_a 为实际选用的系统负荷（W）；Q_c 为计算出的车室平均负荷，计算过程参照 7.2.1 节；K 为修正系数，$K = 1.05 \sim 1.15$；Q_b 为计算出的电池温控负荷（W）；Q_s 为计算出的电机及控制器散热负荷（W）。

单位制冷剂制冷制热能力 q（W/kg）：

$$\begin{cases} q = h_1 - h_2 & （制冷工况） \\ q = h_{2's} - h_3 & （制热工况） \end{cases} \quad (7\text{-}34)$$

制冷剂流量 G（kg/s）：

$$G = Q_a / q \quad (7\text{-}35)$$

单位压缩功 W（kJ/kg）：

$$W = h_{2's} - h_{1'} \quad (7\text{-}36)$$

压缩机压缩功率 P（kW）：

$$P = WG \quad (7\text{-}37)$$

压缩机轴功率 P_e（kW）：

$$P_e = P / \eta_e \quad (7\text{-}38)$$

车外换热器单位换热量 q_o（kJ/kg）：

$$\begin{cases} q_o = h_{2's} - h_3 & （制冷工况） \\ q_o = h_{1'} - h_3 & （制热工况） \end{cases} \quad (7\text{-}39)$$

车内换热器热负荷 Q_{hi}（kW）：

$$Q_{hi} = Gq \quad (7\text{-}40)$$

车外换热器热负荷 Q_{ho}（kW）：

$$Q_{ho} = Gq_o \quad (7\text{-}41)$$

在确定系统循环中工况点的参数后，计算电动压缩机所需排量：

$$V_h = 1.67 \times 10^4 \frac{Qv_{1'}}{qn\lambda} \quad (7\text{-}42)$$

式中，V_h 为压缩机排量（cm³）；Q 为实际选用的冷、热负荷（W）；$v_{1'}$ 为吸气状态点的比体积 [J/(kg·K)]；q 为单位制冷/热量（W/kg）；n 为压缩机转速（r/min）；λ 为输气系数。

根据上述方法，这里分别采用 R134a 和 R1234yf 制冷剂分别进行设计初算，见表 7-8。

表 7-8 热力循环参数计算

工况	制冷工况		制热工况	
制冷剂	R1234yf	R134a	R1234yf	R134a
负荷 /kW	6	6	4	4
冷凝温度 /℃	63	63	55	55
过冷温度 /℃	58	58	45	45
冷凝压力 /MPa	1.7557	1.804	1.3023	1.4915
冷凝器出口焓 /(kJ/kg)	282.13	284.13	262.23	256.35
蒸发温度 /℃	−1	−1	−10	−10
蒸发压力 /MPa	0.305	0.282	0.222	0.2
吸气温度 /℃	9	9	0	0
吸气焓 /(kJ/kg)	371.95	406.9	365.61	401.19
吸气比体积 /(kg/m^3)	16.07	13.24	11.97	9.54
压缩机排气焓 /(kJ/kg)	404.36	447.7	398.7	445.46
压缩机出口温度 /℃	68.17	78.45	55.365	71.65
蒸发焓差 /(kJ/kg)	81.55	114.5	103.38	144.84
冷凝焓差 /(kJ/kg)	122.23	163.57	129.41	189.11
压缩焓差 /(kJ/kg)	32.41	40.8	33.09	44.27
理论 COP	2.52	2.81	3.91	4.27
理论制冷流量 /(kg/s)	0.0613	0.0437	0.0309	0.0212
理论体积流量 /(cm^3/s)	3815	3298	2582	2217
7000r/min 理论压缩机容量 /(cm^3/r)	39	34	26	22
车外换热器换热量 /W	8993	8571	3195	3064

1. 电动压缩机

目前电动汽车空调系统广泛采用电动涡旋式压缩机。它由动、静涡旋盘偏置180°啮合形成若干对月牙形压缩腔。在吸气、压缩、排气工作过程中，静涡旋盘固定在机架上，动涡旋盘由偏心轴驱动并由防自转机构制约，围绕静涡旋盘基圆中心做偏心平动，待压缩的制冷剂气体通过过滤芯吸入静涡旋盘的外围，随着偏心轴旋转，气体在压缩腔内被逐步压缩后由静涡旋盘部位的轴向孔连续排出。喷射涡旋压缩机则是在普通涡旋压缩机的基础上增加了喷射口。

通常用容积效率、等熵效率和机械效率三个参数来描述制冷剂气体在压缩机的性能，这三个参数的定义分别如下：

$$\eta_{\mathrm{vol}} = 60 \frac{q_{\mathrm{m\text{-}suc}} v_{\mathrm{suc}}}{V_{\mathrm{suc}} n} \tag{7-43}$$

式中，η_{vol} 为压缩机的容积效率；$q_{m\text{-suc}}$ 为吸气流量（kg/s）；v_{suc} 为吸气比体积（m³/kg）；V_{suc} 为有效压缩容积（m³）；n 为转速（r/min）。

$$\eta_{is} = \frac{h_{is\text{-com}} - h_{in\text{-com}}}{h_{out\text{-com}} - h_{in\text{-com}}} \tag{7-44}$$

式中，η_{is} 为压缩机的等熵效率；$h_{in\text{-com}}$ 为压缩机入口焓（J/kg）；$h_{is\text{-com}}$、$h_{out\text{-com}}$ 分别为理想过程和实际过程的压缩机出口焓（J/kg）。

$$\eta_{\text{mech\&mot}} = \frac{W_{\text{com-ei}}}{W_{\text{com-in}}} = \frac{q_m(h_{out\text{-com}} - h_{in\text{-com}})}{UI} \tag{7-45}$$

式中，$\eta_{\text{mech\&mot}}$ 为压缩机的机械效率；$W_{\text{com-ei}}$ 为压缩机的机械功率（W）；$W_{\text{com-in}}$ 为压缩机输入的电功率（W）；$h_{out\text{-com}}$、$h_{in\text{-com}}$ 的含义同上；U 为压缩机的输入电压（V）；I 为压缩机的输入电流（A）。

涡旋压缩机制冷剂质量流量为

$$q_r = \eta_{vol} \frac{V_h n}{60 v_s} \tag{7-46}$$

式中，q_r 为压缩机制冷剂质量流量（kg/s）；V_h 为压缩机的理论排气量（m³/s）；v_s 为压缩机的吸气口制冷剂比体积（m³/kg）。

排气温度为

$$T_{dis} = T_{suc}\left(\frac{p_{dis}}{p_{suc}}\right)^{\frac{n-1}{n}} \tag{7-47}$$

式中，T_{dis} 为排气温度（K）；T_{suc} 为吸气温度（K）；p_{dis} 为排气压力（Pa）；p_{suc} 为吸气压力（Pa）；n 为多变指数。

压缩机功率为

$$P = q_r(h_{out\text{-com}} - h_{in\text{-com}}) \tag{7-48}$$

式中，P 为压缩机功率（W）。

表7-9给出了典型电动汽车空调用压缩机的型号参数，供参考。

2. 制冷剂-空气换热器

乘用车热泵系统换热器通常分为车外换热器、车内蒸发器和车内冷凝器三项。目前汽车热系统常用的换热器形式为层叠式和平行流式，层叠式多应用于蒸发器，如图7-4所示，由铝扁管作为制冷剂通道，扁管之间夹有波浪形铝翅片作为散热带。

表 7-9　典型电动汽车空调用压缩机的型号参数

规格	EVS16	EVS24	EVS27	EVS34	EVS36
制冷剂	R134a，R1234yf				
排量 /(cm^3/r)	16	24	27	34	36
电压	DC（150~450V）或 DC（350~750V）				
通信协议	CAN 2.0 或 LIN				
环境温度 /℃	-40~80				
转速范围 /(r/min)	1500~6000				
制冷量 /W	660~2670	990~4010	1110~4510	1460~5820	1550~6170
压缩机总长 /mm	253	275	280	282	282
质量 /kg	6.0	7.0	7.1	7.2	7.3

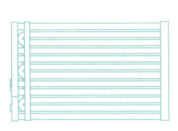

图 7-4　层叠式蒸发器

平行流式换热器以其高效的传热性能和紧凑的结构形式已经成为汽车空调换热器的主流结构形式，如图 7-5 所示。它是由多根多孔扁管和铝箔百叶窗翅片焊接成的整体，扁管两端分别插入左右集流管的压槽内，根据集流管上是否有隔板，分为单元和多元两种形式；单元平行流换热器集流管上无隔板，制冷剂从一端直接平行流向另一端；多元平行流换热器集流管由隔板分开，每个分段槽数不一样。

（1）制冷剂蒸发过程的传热和压降

当换热器作为蒸发器使用时，制冷剂状态变化从两相进入过热区。对于两相区中流动沸腾换热，很多学者通过试验以及仿真手段总结出沸腾换热系数的关联式，但所用试验工质及通道结构尺寸往往有很大不同。不同的关联式，其适用范围不同，在进行换热器模拟计算时要根据实际情况如制冷剂种类、微通道水力直径等因素对换热及流动关联式进行选择。不同研究人员得出的管内流动沸腾传热关联式见表 7-10。

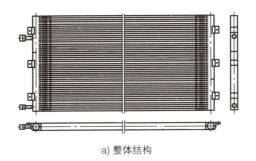

a) 整体结构

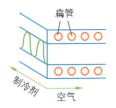 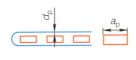 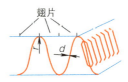

b) 扁管和翅片结构

图 7-5 平行流式换热器

表 7-10 管内流动沸腾传热关联式

研究人员	工质	水力直径 /mm	关联式	注释
Lazarek 和 Black[7]，1982 年	R113	3.15	$h_{tp} = 30Re_{lo}^{0.857}Bo^{0.714}\dfrac{\lambda_l}{D_h}$ $Re_{lo} = \dfrac{G_r D_h}{\mu_l}$，$Bo = \dfrac{q}{G_r h_{fg}}$	提出成核沸腾控制壁面传热过程，认为热流密度的影响可忽略
Liu 和 Winterton[8]，1991 年	空气-水	1.6	$h_{tp} = \sqrt{(Eh_{sp})^2 + (Sh_{nb})^2}$	用 Kutateladze 平方根的方法
Kandlikar[9]，1990 年	R12	2.6	$h_{tp} = \max(E, S)h_{sp}$ $E = 0.6683Co^{-0.2}f(Fr_l) + 1058Bo^{0.7}$ $S = 1.136Co^{-0.9}f(Fr_l) + 667.2Bo^{0.7}$ $Co = \left(\dfrac{1-x}{x}\right)^{0.2}\left(\dfrac{\rho_v}{\rho_l}\right)^{0.5}$，$Fr_l = \dfrac{G^2}{\rho_l^2 gD_h}$	Co 表示对流特数，Fr 表示流体运动中重力作用与惯性力作用相对大小的量纲为 1 的量
Chen[10]，1966 年	氮气-水	1.0~1.5	$h_{tp} = Eh_{sp} + Sh_{nb}$ $h_{sp} = 0.023Re_l^{0.8}Pr_l^{0.4}\dfrac{\lambda_l}{D_h}$， $Re_l = \dfrac{G(1-x)D_h}{\mu_l}$ $h_{nb} = 0.00122\left(\dfrac{\lambda_l^{0.79}c_{pl}^{0.45}\rho_l^{0.49}}{\sigma^{0.5}\mu_l^{0.29}h_{lg}^{0.24}\rho_g^{0.24}}\right)\Delta T_{sat}^{0.24}\Delta P_{sat}^{0.75}$	该方法目前对竖直向上或向下的情况计算精确度比较好

（续）

研究人员	工质	水力直径/mm	关联式	注释
Kew 和 Cornwell[11], 1997 年	R141b	3.69 2.87	$h_{tp} = 30Re_{lo}^{0.857} Bo^{0.714}(1-x)^{-0.143} \lambda_l / D_h$	对 Lazarek 和 Black 提出的关联式的修正，考虑了蒸气干度对传热系数的影响
Yu，2002 年	R12	6 1.36	$h_{tp} = 840000 Bo^{0.60} We_l^{0.3}(1-x)^{-0.143}(\rho_l/\rho_g)^{-0.4}$	用 We 数代替 Re 数预测，We 数表示惯性力和表面张力效应之比
Warrier, 2002 年	FC-84	2.63 4.25	$h_{tp} = \left[1 + 6Bo^{1/16} + f(Bo)x^{0.65}\right]h_{sp}$ $f(Bo) = -5.3(1-855Bo)$	矩形微小通道，FC-84 作为工质，以 Bo 数和蒸气干度 x 作为参变量
Pamitran, 2007 年	R410A	0.5	$S = 9.4626(\phi_l^2)^{-0.2747} Bo^{0.1285}$ $E = 0.062\phi_l^2 + 0.938$	对 Chen 提出的关联式中的强化因子与抑制因子进行新的定义

对于 R134a、R1234yf 工质的两相区模型，有研究人员推荐采用 Kew-Cornwell 关联式：

$$h_{tp} = 30Re_{lo}^{0.857} Bo^{0.714}(1-x)^{-0.143} \lambda_l / D_h \tag{7-49}$$

式中，$Re_{lo} = \dfrac{G_r D_h}{\mu_l}$，$G_r$ 为制冷剂质量流量（kg/s），D_h 为水力直径（m），μ_l 为液相动力黏度；$Bo = \dfrac{q}{G_r h_{fg}}$，$Bo$ 表征相变过程中气化潜热对换热系数的影响，h_{fg} 为汽化潜热。

也有研究人员推荐采用 Gungor 和 Winterton 的关联式[12]：

$$\alpha_r = \psi \alpha_l \tag{7-50}$$

式中，

$$\alpha_l = 0.023 Re_l^{0.8} Pr_l^{0.4} \frac{\lambda_l}{D_r} \tag{7-51}$$

$$Re_l = \frac{M_r(1-x)D_r}{\mu_l} \tag{7-52}$$

$$\psi = 1 + 3000 Bo^{0.86} + 1.12\left(\frac{x}{1-x}\right)^{0.75}\left(\frac{\rho_{rl}}{\rho_{rv}}\right)^{0.41} \tag{7-53}$$

$$Bo = \frac{q}{M_r h_{fv}} \quad (7\text{-}54)$$

式中，Ψ 为两相传热修正系数；α_l 为纯液体对流换热系数 [W/(m²·K)]；Bo 为沸腾数；q 为热流量（W）；h_{fv} 为汽化潜热（J/kg）。

关于两相区摩擦阻力损失，Yang 和 Webb[13] 推荐的关联式：

$$f = 0.435 Re_{eq}^{0.12} f_l \quad (7\text{-}55)$$

$$\Delta P = 4f \frac{L}{D_{h,r}^3} \frac{Re_{eq}^2 f_l}{2\rho_l} \quad (7\text{-}56)$$

式中，f_l 为单相摩擦系数。

Chang 和 Wang 推荐的关联式[14]：

$$\Delta P_r = \Delta P_{r,lo} \phi_{lo}^2 \quad (7\text{-}57)$$

式中，

$$\phi_{lo}^2 = (1-x)^2 + 2.87x^2 \left(\frac{p_{sat}}{p_c}\right)^{-1} + 1.68x^{0.8}(1-x)^{0.25}\left(\frac{p_{sat}}{p_c}\right)^{-1.64} \quad (7\text{-}58)$$

$$\Delta P_{r,lo} = 2f_{lo}\frac{M_r^2 L}{D_r \rho_l} \quad (7\text{-}59)$$

$$\begin{cases} f_{lo} = \dfrac{16}{Re_l}, & Re_l \leq 2100 \\ f_{lo} = \dfrac{0.25}{\left(0.86859\ln\dfrac{Re_l}{1.964Re_{lo}-3.82}\right)^2}, & Re_l > 2100 \end{cases} \quad (7\text{-}60)$$

式中，ϕ_{lo} 为两相压降修正系数；$\Delta P_{r,lo}$ 为全液体压降（Pa）；p_{sat} 为饱和压力（Pa）；p_c 为制冷剂临界压力（Pa）；f_{lo} 为全液体摩擦因子。

对于 R134a、R1234yf 工质的过热区模型，有研究人员[15, 16] 采用 Ditus-Boeleter 关联式：

$$Nu = \frac{h_r D_{h,r}}{\lambda_r} = 0.023 Re^{0.8} Pr^{0.3}, \quad 10^4 < Re < 1.2 \times 10^5 \quad (7\text{-}61)$$

式中，Nu 为努塞尔数；Re 为当量雷诺数，$Re = \rho_r v_r D_{h,r}/\mu_r$；$h_r$ 为制冷剂侧对流换热系数 [W/(m²·K)]；λ_r 为制冷剂导热系数 [W/(m·K)]；$D_{h,r}$ 为微通道水力直径（m）。

关于过热区摩擦阻力损失推荐 Blasius 关联式：

$$\Delta P = 4f_1 \frac{L}{D_{h,r}} \frac{\rho_r v_r^2}{2} \quad (7\text{-}62)$$

$$f_1 = \begin{cases} 16/Re, & 0 < Re \leqslant 2500 \\ 0.079Re^{-0.25}, & 2500 < Re \leqslant 20000 \\ 0.46Re^{-0.2}, & Re > 20000 \end{cases} \quad (7\text{-}63)$$

式中，f_1 为摩擦因子；L 为扁管长度（m）；ρ_r 为制冷剂密度（kg/m³）；v_r 为制冷剂流速（m/s）。

对于 CO_2（R744）工质的两相区模型，由于 CO_2 的热物理参数与常规制冷剂存在较大区别，而大多数工程上适用的两相流动沸腾关联式都是基于常规制冷剂发展而来的，近年来，相关学者在常规制冷剂的基础上进行修正，获得了 CO_2 流动沸腾传热关联式，汇总并对比了应用较为广泛的几种亚临界 CO_2 流动沸腾传热关联式，见表 7-11。

表 7-11 亚临界 CO_2 流动沸腾传热关联式

关联式	关联式特点	适用范围
Hwang（1997 年）[17]	基于叠加原理，修正核态沸腾换热系数	水平光管
Yoon（2004 年）[18]	考虑干涸的影响，对干涸前和干涸后分别修正得到对应的关联式	水平光管
Thome（2004 年）[19]	根据 5 家不同机构的试验数据，对 Kattam-Thome-Favrat 模型进行修正	—
Cheng（2008 年）[20, 21]	对 CO_2 管内流动沸腾换热的流型图进行完善，基于新流型图更新了干涸区域的换热模型	适用所有流型
Ducoulombier（2011 年）[22]	根据 Bo 将换热过程划分成几个阶段	水平管，直径 0.529mm
Fang（2013 年）[23]	分析了 13 个研究机构的 2956 个试验数据，归纳出适用范围更广的沸腾换热模型	—

比较上述几种 CO_2 流动沸腾传热关联式，选择适用范围较广的 Fang 关联式：

$$h_{tp} = \frac{Nu\lambda_1}{D_h} \quad (7\text{-}64)$$

$$Nu = \frac{0.00061(S+F)Re_1 Fa^{0.11} Pr^{0.4}}{\ln(1.024\mu_{l,f}/\mu_{l,w})} \quad (7\text{-}65)$$

$$S = 41000Bo^{1.13} - 0.275 \quad (7\text{-}66)$$

$$F = \left(\frac{x}{1-x}\right)^a \left(\frac{\rho_l}{p_v}\right)^{0.4} \quad (7\text{-}67)$$

$$a = \begin{cases} 0.48 + 0.00524(Re_lFa^{0.11})^{0.85} - 5.9\mathrm{e}^{-6}(Re_lFa^{0.11})^{1.85}, & Re_lFa^{0.11} < 600 \\ 0.87, & 600 \leqslant Re_lFa^{0.11} \leqslant 6000 \\ \dfrac{160.8}{(Re_lFa^{0.11})^{0.68}}, & Re_lFa^{0.11} > 6000 \end{cases}$$

$$(7\text{-}68)$$

$$Fa = \frac{(\rho_l - \rho_v)\sigma}{G^2 D_h} \quad (7\text{-}69)$$

$$Re = \frac{\rho U D_h}{\mu} \quad (7\text{-}70)$$

$$Pr = \frac{\mu c_p}{\lambda} \quad (7\text{-}71)$$

$$Bo = \frac{q}{G L_{lv}} \quad (7\text{-}72)$$

式中：h_{tp} 为传热系数 [W/(m·K)]；λ 为导热系数 [W/(m·K)]；D_h 为水力直径（m）；μ 为流体动力黏度（Pa·s）；σ 为表面张力（Pa·m）；G 为质量流率 [kg/(m·s)]；U 为流速（m/s）；c_p 为比定压热容 [J/(kg·℃)]；q 为热流密度（W/m²）；L_{lv} 为汽化潜热（J/kg）；l、v 分别表示液相、气相；f、w 分别表示流体和壁面。

气液两相流动的压降 Δp 主要由摩擦阻力压降 Δp_f、加速阻力压降 Δp_a、局部阻力压降 Δp_L 以及静液柱阻力压降 Δp_g 四个部分组成，其计算公式为

$$\Delta p = \Delta p_f + \Delta p_a + \Delta p_L + \Delta p_g \quad (7\text{-}73)$$

摩擦阻力压降是由于壁面摩擦力外延至流体而产生的，亚临界 CO_2 流动沸腾过程的摩擦阻力损失可采用分相压降模型进行计算，采用 Kim 和 Bullard[24] 基于微通道换热器建立的修正模型：

$$\Delta p_f = \phi_L^2 \Delta p_l \quad (7\text{-}74)$$

$$\phi_L^2 = 1 + (4.3\Gamma^2 - 1)[Nx^{0.875}(1-x)^{0.875} + x^{1.75}] \quad (7\text{-}75)$$

$$\Gamma = \left(\frac{\rho_v}{\rho_l}\right)^{0.5} \left(\frac{\mu_v}{\mu_l}\right)^{0.125} \quad (7\text{-}76)$$

$$N = \frac{1}{D_h}\left[\frac{\sigma}{g(\rho_1 - \rho_v)}\right]^{0.5} \quad (7\text{-}77)$$

$$\Delta p_1 = \frac{2f_1 G^2 L}{D_h \rho_1} \quad (7\text{-}78)$$

$$f_1 = (1.82\ln Re_1 - 1.64)^{-2} \quad (7\text{-}79)$$

式中，ϕ_L^2 为液相压差修正因子；Δp_1 为液相摩擦阻力压降（Pa）；f_1 为液相摩擦阻力因子。

加速阻力压降是指随着相变的进行，工质的干度发生变化，由于气液两相流体密度差异巨大，对应流体的动量发生变化而导致的压力损失，根据下式[25]进行计算：

$$\Delta p_a = G^2\left\{\left[\frac{x_{out}^2}{\rho_v a_{out}} + \frac{(1-x_{out})^2}{\rho_1(1-a_{out})}\right] - \left[\frac{x_{in}^2}{\rho_v a_{in}} + \frac{(1-x_{in})^2}{\rho_1(1-a_{in})}\right]\right\} \quad (7\text{-}80)$$

$$a = \left(1 + \frac{1}{F_t} + X_{tt}\right)^{-0.321} \quad (7\text{-}81)$$

$$F_t = \left[\frac{G^2 x^3}{(1-x)\rho_v^2 g D_h}\right]^{0.5} \quad (7\text{-}82)$$

$$X_{tt} = \left(\frac{1-x}{x}\right)^{0.9}\left(\frac{\rho_v}{\rho_1}\right)^{0.5}\left(\frac{\mu_1}{\mu_v}\right)^{0.1} \quad (7\text{-}83)$$

式中，a 为空泡系数；X_{tt} 为马蒂内利数。

局部阻力压降是由流通面积或流动方向突然变化导致的，根据下式[26]进行计算：

$$\Delta p_L = \frac{G^2}{\rho_1}\left[1 - A_r^2 + \left(\frac{1}{C_c} - 1\right)^2\right]\psi_H \quad (7\text{-}84)$$

$$C_c = \frac{1}{0.639(1-A_r)^{0.5} + 1} \quad (7\text{-}85)$$

$$\psi_H = 1 + \left(\frac{\rho_1}{\rho_v} - 1\right)x \quad (7\text{-}86)$$

式中，A_r 为面积变化时小流通面积与大流通面积之比；C_c 为收缩系数；ψ_H 为均相流动乘子。

当控制体进出口之间存在高度差时，进出口的重力势能不同，这个压力差称为静液柱阻力压降。当通道进出口存在高度差时，由于重力做功导致的流体动量变化，根据下式进行计算：

$$\Delta p_{\mathrm{g}} = \rho g H \quad (7\text{-}87)$$

式中，H 为通道进出口高度差（m）。

对于 CO_2（R744）工质的过热区模型，采用应用最广泛的 Gnielinski[27] 关联式计算：

$$Nu = \frac{(f/8)(Re-1000)Pr}{1+12.7\sqrt{(f/8)}(Pr^{2/3}-1)} \quad (7\text{-}88)$$

式中，f 为摩擦因子。

CO_2 过热蒸气换热过程的摩擦阻力压降、加速阻力压降根据 Fang[28] 推荐的关联式进行计算：

$$\Delta p_{\mathrm{a}} = G^2 \left(\frac{1}{\rho_{\mathrm{in}}} - \frac{1}{\rho_{\mathrm{out}}} \right) \quad (7\text{-}89)$$

过热区的局部阻力压降根据流体力学推荐的关联式进行计算：

$$\Delta p_{\mathrm{L}} = \xi \rho U^2 / 2 \quad (7\text{-}90)$$

$$\xi = \left[0.131 + 1.847 \left(\frac{r}{R} \right)^{0.35} \right] \frac{\theta_{\mathrm{L}}}{90} \quad (7\text{-}91)$$

式中，ξ 为局部阻力系数；R、r 为局部流道直径（m）；θ_{L} 为局部流向变化角度（°）。

（2）制冷剂冷凝或冷却过程的传热和压降

当换热器作为冷凝器使用时，制冷剂从过热区进入两相区再进入过冷区。

对于 R134a、R1234yf 工质的两相区模型，推荐采用的是 Akers[29] 的换热关联式：

$$Nu = 0.0265 Re_{\mathrm{eq}}^{0.8} Pr_{\mathrm{l}}^{1/3} \quad (7\text{-}92)$$

$$Re_{\mathrm{eq}} = \frac{G_{\mathrm{eq}} d_{\mathrm{e}}}{\mu_{\mathrm{l}}} \quad (7\text{-}93)$$

$$G_{\mathrm{eq}} = G_{\mathrm{r}} \left[(1-x) + x \left(\frac{\rho_{\mathrm{l}}}{\rho_{\mathrm{v}}} \right)^{0.5} \right] \quad (7\text{-}94)$$

式中，Re_{eq} 为两相区当量雷诺数；G_{eq} 为两相区当量质量流量（kg/s）；d_{e} 为微通道当量直径（m）；μ_{l} 为液相制冷剂动力黏度（N·s/m²）；ρ_{l} 为两相区液体制冷剂密度（kg/m³）；ρ_{v} 为两相区气体制冷剂密度（kg/m³）。

两相区压力损失主要由摩擦阻力组成，减速和重力引起的压降可以忽略，由下式所示：

$$\Delta P = f \frac{l}{d_e} \frac{G^2}{2\rho} \quad (7\text{-}95)$$

$$f = 498.3 Re_{eq}^{-1.074} \quad (7\text{-}96)$$

式中，f 为沿程阻力系数；l 为扁管长度（m）；ρ 为单相区制冷剂密度（kg/m³）。

对于 R134a、R1234yf 工质的过热区和过冷区的单相模型，推荐采用 Gnielinski[27] 换热关联式：

$$Nu = \left[\frac{(f_F/2)(Re-1000)Pr}{1+12.7\sqrt{f_F/2}(Pr^{2/3}-1)} \right] \left[\left(\frac{D}{L}\right)^{2/3} + 1 \right] \left(\frac{Pr}{Pr_w} \right)^{0.11} \quad (7\text{-}97)$$

$$4f_F = (1.82 \lg Re - 1.64)^{-2} \quad (7\text{-}98)$$

式中，Pr_w 为管壁温度下的制冷剂普朗特数；f_F 为范宁摩擦系数；D 为当量直径（m）；L 为管长（m）。

单相区制冷剂在冷凝过程中压降主要考虑由沿程阻力引起的压力损失：

$$\Delta P = f \frac{l}{d_e} \frac{G^2}{2\rho} \quad (7\text{-}99)$$

$$f = \begin{cases} 64/Re, & Re \leq 2300 \\ 0.3164 Re^{-0.25}, & Re > 2300 \end{cases} \quad (7\text{-}100)$$

对于 CO_2（R744）工质的亚临界流动冷凝过程的两相区模型，推荐采用 Yang 和 Webb[13] 针对传统工质开发的管内冷凝传热关联式进行计算：

$$h = \frac{Nu\lambda}{D_h} \frac{(1-x)^{0.8} + 3.8x^{0.76}(1-x)^{0.04}}{Pr^{0.38}} \quad (7\text{-}101)$$

$$Nu = 0.0265 Re^{0.8} Pr^{1/3} \quad (7\text{-}102)$$

亚临界 CO_2 流动冷凝过程摩擦阻力压降根据 Yang 和 Webb[13] 关联式进行计算：

$$f = 0.435 Re^{0.12} f_1 \quad (7\text{-}103)$$

亚临界 CO_2 流动冷凝过程计算压降、局部阻力损失压降和静液柱高度差压降参考 CO_2 流动沸腾过程相关关联式进行计算。

对于 CO_2（R744）工质的超临界冷却，在准临界点附近，CO_2 的热物性变化剧烈，传统基于定常物性建立的传热模型在这一区域的适应性较差。表 7-12

总结了超临界 CO_2 管内冷却传热关联式。

表 7-12 超临界 CO_2 管内冷却传热关联式

关联式	特点	适用范围
Petrov 和 Popov（1985 年）[31]	在 Gnielinski（1976 年）关联式的基础上，采用管壁温度流体平均温度计算流体热物性参数	不适用于准临界区域
Petrov 和 Popov（1988 年）[32]	在 Petrov 和 Popov（1985 年）关联式的基础上，以平均 Pr 代替流体 Pr，并考虑加速阻力压降的影响	—
Fang（1999 年）[33]	对 Petrov 和 Popov（1985 年）关联式中的常数"1"进行了修正	—
Pital（2002 年）[34]	在 Gnielinski（1976 年）关联式的基础上，通过计算流体温度和壁面温度对应的 Nu 的平均数进行修正	可适用于准临界区
Yoon（2003 年）[35]	以准临界温度为界分成两个区，对两个区分别拟合	—
Dang（2004 年）[36]	在 Gnielinski（1976 年）关联式的基础上，以流体温度和壁面温度的平均温度作为定性温度	—
Fang（2011 年）[37]	在 Petrov 和 Popov（1988 年）关联式的基础上，引入非等温单相摩擦系数和加速摩擦系数修正摩擦因子	—

电动汽车热泵工况下，气冷器工作温度和压力变化范围较大，选择普适性较强的 Pital（2002 年）关联式计算超临界 CO_2 冷却过程的传热系数：

$$Nu = \left(\frac{Nu_w + Nu_f}{2}\right)\frac{\lambda_w}{\lambda_f} \quad (7\text{-}104)$$

式中，Nu_w 为以壁面温度为定性温度计算得到的努塞尔数；Nu_f 为以流体温度为定性温度计算得到的努塞尔数；λ_w 为壁面温度对应的 CO_2 导热系数 [W/(m·K)]；λ_f 为流体温度对应的 CO_2 导热系数 [W/(m·K)]。

超临界 CO_2 流动过程摩擦阻力压降计算采用 Fang 推荐的关联式：

$$f = f_{iso}\left(\frac{\mu_w}{\mu_f}\right)^{0.49\left(\frac{\rho_f}{\rho_{pc}}\right)^{1.31}} \quad (7\text{-}105)$$

$$f_{iso} = 1.613\left\{\ln\left[0.234\left(\frac{\varepsilon}{D}\right)^{1.1007} - \frac{60.525}{Re^{1.1105}} + \frac{56.291}{Re^{1.0712}}\right]\right\}^{-2} \quad (7\text{-}106)$$

式中，f_{iso} 为等熵条件下摩擦因子；ρ_{pc} 为临界点 CO_2 密度（kg/m^3）。

超临界 CO_2 流动过程加速阻力压降、局部阻力损失压降和静液柱高度差压降参考过热区对应关联式进行计算。

（3）空气的传热和压降

空气侧换热过程可能出现干工况（被加热或被冷却）、湿工况以及结霜工况三种。

1）干工况。当翅片表面温度高于空气露点温度时，空气侧换热过程仅发生显热交换，称为干工况，此时传热系数根据下式[38]计算：

$$\alpha_a = jc_p G_{amax} \rho Pr^{-2/3} \quad (7\text{-}107)$$

$$j = Re^{-0.49}\left(\frac{\theta}{90}\right)^{0.27}\left(\frac{F_p}{L_p}\right)^{-0.14}\left(\frac{F_1}{L_p}\right)^{-0.29}\left(\frac{T_d}{L_p}\right)^{-0.23}\left(\frac{L_1}{L_p}\right)^{0.68}\left(\frac{T_p}{L_p}\right)^{-0.28}\left(\frac{\delta_f}{L_p}\right)^{-0.05} \quad (7\text{-}108)$$

$$G_{amax} = G_a \frac{A_y}{A_c} \quad (7\text{-}109)$$

式中，α_a 为空气侧传热系数 [W/(m²·K)]；j 为百叶窗翅片空气侧传热因子；G_{amax} 为最大空气质量流速（kg/s）；θ 为翅片开窗角度（°）；L_p 为百叶窗间距（m）；F_p 为翅片间距（m）；L_1 为百叶窗长度（m）；T_p 为扁管间距（m）；δ_f 为翅片厚度（m）。

空气侧摩擦阻力压降根据下式[38]计算：

$$\Delta p = \frac{f}{2}\frac{F_1}{D_a}\rho_m V_{a,max}^2 \quad (7\text{-}110)$$

$$f = 3.208 Re^{-0.384}\left(\frac{L_p}{F_p}\right)^{-0.196} \quad (7\text{-}111)$$

$$D_a = \frac{2F_p F_h}{F_p + 2\sqrt{F_p^2/4 + F_h^2}} \quad (7\text{-}112)$$

式中，D_a 为空气侧流道当量直径（m）；F_h 为翅片高度（m）。

2）湿工况。若翅片表面温度低于换热的湿空气露点温度，则掠过翅片表面空气中的水蒸气会在翅片表面发生冷凝相变，此时空气与换热表面间既有显热交换，也有潜热交换，称为湿工况。湿工况下凝结在翅片表面小水滴会对流动换热过程产生影响，需采用适合湿工况的传热关联式[38]：

$$j = Re^{-0.512}\left(\frac{\theta}{90}\right)^{0.25}\left(\frac{F_p}{L_p}\right)^{-0.171}\left(\frac{F_1}{L_p}\right)^{-0.29}\left(\frac{T_d}{L_p}\right)^{-0.248}\left(\frac{L_1}{L_p}\right)^{0.68}\left(\frac{T_h+F_h}{L_p}\right)^{-0.28}\left(\frac{\delta_f}{L_p}\right)^{-0.05}$$

$$(7\text{-}113)$$

空气侧摩擦因子根据 Kim 和 Bullard[38] 提出的关联式计算：

$$j = Re^{-0.798}\left(\frac{\theta}{90}\right)^{0.395}\left(\frac{F_p}{L_p}\right)^{-2.635}\left(\frac{F_1}{L_p}\right)^{-1.22}\left(\frac{T_d}{L_p}\right)^{0.832}\left(\frac{L_1}{L_p}\right)^{1.97} \quad (7\text{-}114)$$

3）结霜工况。当翅片表面温度低于换热湿空气的露点温度同时也低于水冰点时，空气中水蒸气会在翅片表面发生凝华相变，称为结霜工况。随着换热过程持续进行，翅片表面积累的霜层越来越厚，会增加翅片表面的热阻，对空气侧换热系数影响较大，此时应考虑修正。结霜工况的传热因子根据下式[39]计算：

$$j = (1 - 3.02\varGamma + 2.719\varGamma^2)j_0 \qquad (7\text{-}115)$$

式中，j_0 为根据干工况得到的传热因子；$\varGamma$ 为双层量纲为 1 的厚度。实际过程中 $\varGamma$ 一般在 0~0.3 之间，考虑到结霜过程为动态过程，而建立的换热器模型为稳态模型，建模时考虑取平均值。

（4）蒸发器换热量

蒸发器冷却空气时，湿空气与水膜表面之间进行能量交换，既有显热交换，又有潜热交换。

蒸发器的总换热量与显热换热量之比，称为析湿系数 ξ，即

$$\xi = \frac{\phi}{\phi_s} = \frac{h_1 - h_2}{c_p(t_1 - t_2)} \qquad (7\text{-}116)$$

式中，ϕ、ϕ_s 分别为总换热量（W）和显热换热量（W）；c_p 为空气的比定压热容 [J/(kg·K)]；t_1、t_2 分别为空气进出口温度（℃）；h_1、h_2 分别为空气进出口焓（J/kg）。

蒸发器换热量计算式为

$$\phi = K_e A \Delta t_m \qquad (7\text{-}117)$$

式中，K_e 为传热系数 [W/(m²·K)]；Δt_m 为传热平均温差（℃）；A 为换热面积（m²）。

平均传热温差：

$$\Delta t_m = \frac{t_2 - t_1}{\ln \dfrac{t_k - t_1}{t_k - t_2}} \qquad (7\text{-}118)$$

式中，Δt_m 为对数平均温差（℃）；t_k 为冷凝温度（℃）；t_1、t_2 分别为工质进、出口温度（℃）。

通常蒸发温度比被冷却的空气出口温度低 6~8℃，平均传热温差为 11~13℃[40]。传热系数 K_e 的计算公式为

$$K_e = \left(\frac{1}{\alpha_{a,e}} + R_f + \frac{\tau}{\alpha_r} \right)^{-1} \qquad (7\text{-}119)$$

式中，$\alpha_{a,e}$ 为湿工况下空气侧当量换热系数 [W/(m²·K)]，$\alpha_{a,e} = \xi\alpha_a$；$R_f$ 为外表面污垢热阻（m²·K/W）；α_r 为制冷剂侧换热系数 [W/(m²·K)]；τ 为肋化系数，肋管的外表面积和管内面积之比。

（5）冷凝器/气冷器换热量

冷凝器/气冷器加热空气时，换热量的传热计算公式为

$$\phi_c = K_c A \Delta t_m \tag{7-120}$$

一般地，对于风冷式冷凝器，冷凝器温度与空气进口温度差值取 10~16℃，空气进、出口温差不宜大于 8℃。

传热系数 K_c 的计算公式为

$$K_c = \left[\frac{1}{\alpha_a} + (R_c + R_p)\frac{A_o}{\bar{A}} + \frac{\tau}{\alpha_r}\right]^{-1} \tag{7-121}$$

式中，K_c 为翅片管总传热系数 [W/(m²·K)]；α_a、α_r 分别为空气侧和制冷剂侧对流换热系数 [W/(m²·K)]；A_o 为肋管总外表面面积（m²）；$\bar{A}$ 为基管平均表面积（m²）；τ 为肋化系数。

一般情况下，换热器厂商根据用户需求的制冷剂类型、换热量以及流动阻力限制等参数进行结构设计，为了更好地进行结构优化，通常会借助换热器设计软件进行性能计算。常用的汽车热系统软件有 Dymola、Amesim 等。

表 7-13~表 7-15 为典型以 R134a 为工质的电动乘用车热泵用换热器的性能参数示例。

表 7-13 车外换热器性能参数示例

示意图	参数	制冷工况（冷凝器）	制热工况（蒸发器）
扁管、翅片、进口、右上支架、左上支架、集液管、隔板、右下支架、左下支架、堵帽、出口、边板	进口风速/(m/s)	4	3.5
	进口干球温度/℃	38	-5
	相对湿度（%）	50	40
	制冷剂进口压力/MPa	1.5	0.082
	过冷（热）度/℃	8	3
	换热量/kW	15	2.55
外形尺寸：722mm×405mm×25mm	风阻/Pa	95	78
迎风面积：0.262m²	制冷剂流阻/kPa	75	49

表7-14 车内冷凝器性能参数示例

示意图	参数	数值
(图：压板、边板、扁管、翅片、主板、腔室)	进口风速/(m/s)	3.5
	进口干球温度/℃	30
	相对湿度(%)	50
	制冷剂进口压力/MPa	1.52
	进口过热度/℃	25
	出口过冷度/℃	5
	换热量/kW	4.5
外形尺寸：227mm×157mm×34mm	风阻/Pa	172
迎风面积：0.0316m²	制冷剂流阻/kPa	18

表7-15 车内蒸发器性能参数示例

示意图	参数	数值
(图：管路、压板、边板、扁管、翅片、集流管)	进口风速/(m/s)	1.9
	进口干球温度/℃	27
	相对湿度(%)	50
	制冷剂进口压力/MPa	1.52
	阀前过冷度/℃	5
	出口过热度/℃	5
	换热量/kW	4.55
外形尺寸：279mm×283mm×40mm	风阻/Pa	90
迎风面积：0.0654m²	制冷剂流阻/kPa	71

3. 板式换热器

板式换热器是一种高效、紧凑的换热形式。热交换板片堆叠在一起构成流体通道，冷热流体之间在紧凑空间下发生间壁式换热。主要包括构成换热通道的通道板、端板、底板以及安装在端板或者底板上的接管。这种技术最早由英国换热器公司APV在1929年开发，并逐渐被应用到食品、工业、暖通、交通、能源等众多领域。特别是20世纪70年代，瑞典公司Alfa Laval发明了钎焊式板式换热器，产品的工作压力、生产率、产品质量等方面有了显著提高。钎焊式板式换热器（BPHE）通过在流道板等表面设置钎焊材料，通过钎焊的方式实现密封和承压。还有一些情况下，流道板会通过激光焊等方式对全部流道或者部分流道进行焊接，这种板式换热器分别被称为全焊式板式换热器和半焊式板式换热器。

（1）板式蒸发器

电池冷却蒸发器是板式蒸发器常见的应用形式，通过真空钎焊的方式将铝合金板片堆叠在一起，在结构形式上，电池冷却器受到管路安装及与膨胀阀集成影响，会分为制冷剂进出口设置在流道板长边的 I 型流道，和制冷剂进出口设置在流道短板的 U 型流道。I 型流道和 U 型流道分别对应流体通过流道板内的流动路径形式。作为支撑产品流道强度和实现强化换热的主要换热单元形式包括点波、人字波和错位翅片等。

电池冷却蒸发器与电子膨胀阀或热力膨胀阀集成为一体，形成集成组件，如图 7-6 所示，这样不仅节省了系统管路与空间，而且更有利于控制由于管路配置引起板式换热器制冷剂分配不均问题。

图 7-6 板式蒸发器集成膨胀阀

对于板式蒸发器两相区换热，可采用下面的平均对流换热系数计算[41]：

$$Nu = 1.926 Re^{0.5} Pr^{1/3} Bo^{0.3} \left[(1-x_m) + x_m \left(\frac{\rho_l}{\rho_g} \right)^{0.5} \right] \quad (7\text{-}122)$$

两相区压降可以采用以下关联式计算[41]：

$$\Delta p = 2 f_{tp} v_m L G^2 / D_h \quad (7\text{-}123)$$

$$\begin{cases} f_{tp} = 6.947 \times 10^5 Re_{eq}^{-1.109} Re^{-0.5}, & Re_{eq} \leq 6000 \\ f_{tp} = 31.21 Re_{eq}^{0.04557} Re^{-0.5}, & Re_{eq} > 6000 \end{cases} \quad (7\text{-}124)$$

$$\begin{cases} Re = G D_h / \mu \\ Re_{eq} = G_{eq} D_h / \mu \end{cases} \quad (7\text{-}125)$$

$$G_{eq} = G \left[(1-x_m) + x_m \left(\frac{\rho_l}{\rho_g} \right)^{0.5} \right] \quad (7\text{-}126)$$

对于板式蒸发器过热区，可以用下式计算平均对流换热系数：

$$Nu = C Re^n Pr^m \left(\frac{\mu_f}{\mu_w} \right)^z \quad (7\text{-}127)$$

式中，$C = 0.15 \sim 0.4$；$n = 0.65 \sim 0.85$；$m = 0.3 \sim 0.45$；$z = 0.05 \sim 0.2$。

过热区压降可以按单相流动压降关联式来计算：

$$\Delta p_r = 2f\rho v^2 m\left(\frac{\mu_f}{\mu_w}\right)^{-0.17} \qquad (7\text{-}128)$$

$$f = \begin{cases} 64/Re, & Re \leqslant 2300 \\ 0.3164Re^{-0.25}, & Re > 2300 \end{cases} \qquad (7\text{-}129)$$

式中，x_m 为平均干度；ρ_l 和 ρ_g 分别为液相和气相密度；μ_f 和 μ_w 分别为流体和壁面动力黏度；f 为摩擦系数；L 为流动长度（平面长度乘以波纹展开系数）；v 为制冷剂流速。

（2）板式冷凝器

板式冷凝器用于为动力电池预热或车室供暖等提供热水，与电池冷却器不同的是，板式冷凝器对产品可靠性有着更高的要求，以产品爆破压力的技术要求为例，为 9MPa 左右，甚至更高。构成产品主体结构的流道板形式，通常以错位翅片和人字波的形式为主。在很多应用工况下，为了获得较好的换热效果，制冷剂侧流道，通常采用多回程设计。板式冷凝器与储液 - 干燥过滤器组件也是该部件的一个重要发展路线，这样既节省了系统管路和安装空间，降低了成本，也可优化简化系统，如图 7-7 所示。

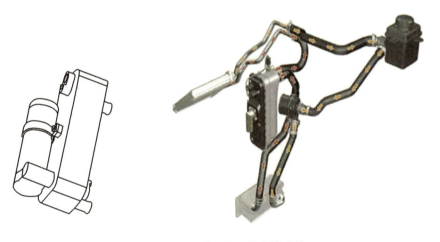

图 7-7　板式冷凝器及管路等附件

当系统中存在不凝性气体时，由于制冷剂蒸气在冷凝器表面冷凝，此时不凝性气体将会积聚在冷凝表面附近阻挡蒸气凝结，因此在使用板式冷凝器系统中，即使存在少量不凝性气体，也会使传热系数大大降低，所以需要特别注意消除不凝性气体。此外，板式冷凝器的内容积很小，冷凝后的制冷剂液体若不及时排出，将会淹没部分传热面积，因此系统必须装设储液器。由于板式冷凝器使用温度较高，需要提高水质以防结垢。

对于板式冷凝器两相区，可以用下式计算平均对流换热系数[42]：

$$\begin{cases} h_\mathrm{r} = 0.943\varphi\left[\dfrac{\lambda_\mathrm{l}^3\rho_\mathrm{l}^3 g\gamma}{\mu_\mathrm{l}L(T_\mathrm{sat}-T_\mathrm{wall})}\right]^{0.25}, & Re_\mathrm{eq}<1600 \\ h_\mathrm{r} = h_\mathrm{sat} + \left(\dfrac{T-T_\mathrm{sat}}{T_\mathrm{sat}-T_\mathrm{wall}}\right)\left(h_\mathrm{l}+\dfrac{c_p q}{\gamma}\right), & Re_\mathrm{eq}\geq 1600 \end{cases} \quad (7\text{-}130)$$

$$h_\mathrm{sat} = 1.875\varphi\left(\dfrac{\lambda_\mathrm{l}}{D_\mathrm{h}}\right)Re_\mathrm{eq}^{0.445}Pr_\mathrm{l}^{1/3} \quad (7\text{-}131)$$

$$h_\mathrm{l} = 0.2267\left(\dfrac{\lambda_\mathrm{l}}{D_\mathrm{h}}\right)Re_\mathrm{v}^{0.631}Pr_\mathrm{l}^{1/3} \quad (7\text{-}132)$$

对于板式冷凝器两相区，可以用下式计算压力降[43]：

$$\Delta p_\mathrm{r} = \dfrac{2f_\mathrm{r}LG^2}{\rho_\mathrm{m}D_\mathrm{h}} + \dfrac{0.75v_\mathrm{m}^2}{\rho_\mathrm{m}} - G^2\dfrac{x_\mathrm{in}-x_\mathrm{out}}{\rho_\mathrm{in}-\rho_\mathrm{out}} + \dfrac{gL}{x_\mathrm{m}/\rho_\mathrm{g}+(1-x_\mathrm{m})/\rho_\mathrm{l}} \quad (7\text{-}133)$$

$$f_\mathrm{r} = 0.215\times 10^5 Re_\mathrm{eq}^{-1.14}\left(\dfrac{q}{G\gamma}\right)^{-0.085} \quad (7\text{-}134)$$

对于板式冷凝器单相区的传热与压降计算可参考板式换热器模型。

板式换热器的水侧换热系数及压降的计算：

$$Nu = 0.2121Re^{0.703}Pr^{1/3}\lambda_\mathrm{w}/D_\mathrm{h} \quad (7\text{-}135)$$

$$\Delta p_\mathrm{w} = \dfrac{2f_\mathrm{w}LG^2}{\rho_\mathrm{w}D_\mathrm{h}} + 0.75\rho_\mathrm{m}v_\mathrm{m}^2 \quad (7\text{-}136)$$

$$f_\mathrm{w} = 2.917 - 0.1277\beta + 2.016\times 10^{-3}\beta(5.474-19.02\varphi+5.341\varphi^3)Re^{-\{0.2+0.0557\sin[(\pi\beta/45)+2.1]\}} \quad (7\text{-}137)$$

在进行板式换热器设计时，通常是根据工况及换热量情况来选择板片面积。以人字形波纹板片为例，通常可以从厂家产品规格查得以下参数，如板间距s、流道宽b、板厚δ、板片导热系数λ以及单片有效传热面积A_p等，根据这些参数获得两侧流体换热与压降性能：

$$Nu_\mathrm{f} = CRe_\mathrm{f}^n Pr_\mathrm{f}^m(\mu_\mathrm{f}/\mu_\mathrm{w})^z \quad (7\text{-}138)$$

$$\Delta p = aRe^d\rho v^2 \quad (7\text{-}139)$$

式中，a、C、d、m、n、z均为经验常数，可从厂家样本可得，从而获得两侧流体的对流换热系数h_r和h_f。

然后设定流程组合，假定两侧流体的流程数 m_1、m_2 和通道数 n_1、n_2，由通道数与流程数计算板片数 N'_t：$N'_t = m_1 n_1 + m_2 n_2 + 1$。制冷剂侧流程组合 n_1 需要使计算得到的流速控制在 0.3~0.8m/s 内，以使流体在板间流动时处于充分湍流状态，增强换热。

计算对数平均温差 Δt_m：

$$\Delta t_m = \frac{(t_k - t'_2) - (t_k - t''_2)}{\ln \frac{t_k - t'_2}{t_k - t''_2}} \tag{7-140}$$

选定污垢热阻 r，计算 K 值：

$$K = \frac{1}{\frac{1}{\alpha_1} + \frac{\delta}{\lambda} + r + \frac{1}{\alpha_2}} \tag{7-141}$$

计算所需传热面积 A 和所需总板片数 N''_t：

$$A = Q_k / (K \Delta t_m) \tag{7-142}$$

$$N''_t = A / A_p + 2 \tag{7-143}$$

若板片数 N''_t 与 N'_t 数值接近，则满足传热要求，否则需重新设定流程组合或者重新选择板片型号重新计算。

最后计算压降 Δp，分别计算 Δp_1、Δp_2，再与 $\Delta p_允$ 比较，制冷剂侧压降一般应不高于 0.04MPa。

4. 节流装置

热泵系统的主要装置还包括节流装置，常用节流装置的分类及特点见表 7-16。

表 7-16　常用节流装置的分类及特点[44]

分类	特点	备注
热力膨胀阀	利用制冷剂温度升高或降低时压力的变化，实现制冷剂流量的自动控制	按照工作方式和结构分为内平衡式膨胀阀、外平衡式膨胀阀、H 形膨胀阀，在制冷系统中广泛应用
电子膨胀阀	由电子控制器依据压力、温度变化信号输出控制指令，实现制冷剂流量自动调节，其对过热度控制的精确性和灵敏性较高	按照驱动方式分为电磁式膨胀阀、电动式膨胀阀，是膨胀阀未来的发展方向
节流孔管	节流孔口固定的节流装置，不能对制冷剂流量进行调节和控制	结构简单、成本低，因此在制冷系统有应用

图 7-8a 所示为内平衡式热力膨胀阀工作原理，通过蒸发器出口气态制冷剂的过热度控制膨胀阀开度。感温包放置在蒸发器出口管道上，感温包和膜片上

部通过毛细管相连，感受蒸发器出口制冷剂温度，膜片下面感受蒸发器入口压力。如果空调负荷增加，液态制冷剂在蒸发器提前蒸发完毕，则蒸发器出口制冷剂温度将升高，膜片上压力增大，推动阀杆使膨胀阀开度增大，进入蒸发器中制冷剂流量增加，制冷量增大；如果空调负荷减小，则蒸发器出口制冷剂温度减小，以同样的作用原理减小阀开度，从而控制制冷剂流量。内平衡式热力膨胀阀适用于制冷剂压力损失不太的蒸发器。

图7-8b所示为外平衡式热力膨胀阀工作原理，其原理与内平衡式相同，区别在于内平衡式膨胀阀膜片下面感受的是蒸发器入口压力，而外平衡式膨胀阀膜片下面是蒸发器出口压力。外平衡式热力膨胀阀适用于制冷剂流动阻力较大的蒸发器。

图7-8c所示为H形膨胀阀，其内部通道呈现"H"形，有四个接口与制冷系统连接，其中两个接口与普通热力膨胀阀相同，一个连接储液干燥器，一个连接蒸发器进口；另外两个接口，一个连接蒸发器出口，一个连接压缩机进口。感温包直接处在蒸发器出口的制冷剂气流中。该膨胀阀由于取消了F形热力膨胀阀中的感温包、毛细管和外平衡接管，提高了调节灵敏度，结构紧凑，抗振可靠。

图7-8d所示为电子膨胀阀，利用被调节参数产生的电信号，控制施加于膨胀阀上的电压或电流，进而达到调节供液量的目的。

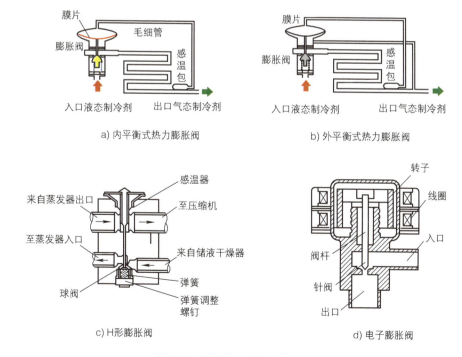

a) 内平衡式热力膨胀阀

b) 外平衡式热力膨胀阀

c) H形膨胀阀

d) 电子膨胀阀

图7-8 膨胀阀工作原理与结构

制冷剂在膨胀阀节流前后的制冷剂焓相等，即

$$h_{out} = h_{in} \quad (7-144)$$

式中，h_{out}、h_{in}分别为膨胀阀出口和进口焓（J/kg）。

膨胀阀的流量特性：

$$q_m = C_D A \sqrt{2\rho_{in} \Delta p} \quad (7-145)$$

式中，q_m为通过膨胀阀的质量流量（kg/s）；C_D为膨胀阀的流量系数；A为膨胀阀流通面积（m²）；ρ_{in}为膨胀阀入口流体密度（kg/m³）；Δp为膨胀阀前后压差（Pa）。

在膨胀阀设计过程中，主要通过设计工况的流量、压降参数来确定流通面积，也可以从厂家提供的参数表中进行选型。表7-17是某一典型电子膨胀阀选型参考。电子膨胀阀主要的结构参数为通径，主要根据制冷剂种类、额定制冷量等进行选型。

表7-17 某电子膨胀阀选型参考

通径/mm	名义制冷量(R134a)/kW	名义制冷量(R410A)/kW	最高工作压力/MPa	工作环境温度/℃	工作介质温度/℃	驱动电压/V	最大动作压差/MPa
1.3	2.7	4.0	4.2	−40~+125	−40~+80	DC 9~16	3.5
1.6	4.2	6.2					
1.8	5.6	8.3					
2.0	7.0	10.4					

5. 其他部件

整车热管理系统通常还包括电磁阀和电子水泵等配件。电磁阀用于车用空调或热管理系统的制冷剂回路，主要功能为实现系统流路的自动通断控制，改变介质流向。电子水泵主要用于二次冷却回路，其功能在于提高液体介质的工作压力，克服系统阻力，促进介质的不断循环，并可根据系统需求进行流量调节，满足系统实时冷却需求。表7-18是某电磁阀选型参考，其主要选型参数为口径和K_v值。表7-19是某车用电子水泵选型参考，其主要选型参数为扬程和流量。

表7-18 某电磁阀选型参考

口径/mm	K_v值	最高工作压力/MPa	工作介质温度/℃	驱动电压/V	最大动作压差/MPa
10	1.4	4.2	−40~+80	DC 12/24	3.5
6	0.54				

表 7-19 某车用电子水泵选型参考

额定功率 /W	额定电压 /V	工作电压范围 /V	最大扬程 /m	最大流量 /(L/min)
17	12	6~14	2.5	25
37	12	9~16	7	30
55	12	9~16	8	35
80	12	9~16	10	50
120	24	18~30	13	55

7.4.2 电池温控系统设计

目前常见的循环液式电池温控系统原理如图 7-9 所示，其温控方式为：当电池温度低于其正常工作温度范围时，进入预热模式；当电池温度介于其正常工作温度范围时，不需要预加热也不需要冷却；当电池温度高于其正常工作温度范围时，进入散热模式，当车外环境温度低于电池温度一定范围时，采用电池散热器向车外环境直接散热，当车外环境温度较高时，利用制冷系统的电池蒸发器散热。

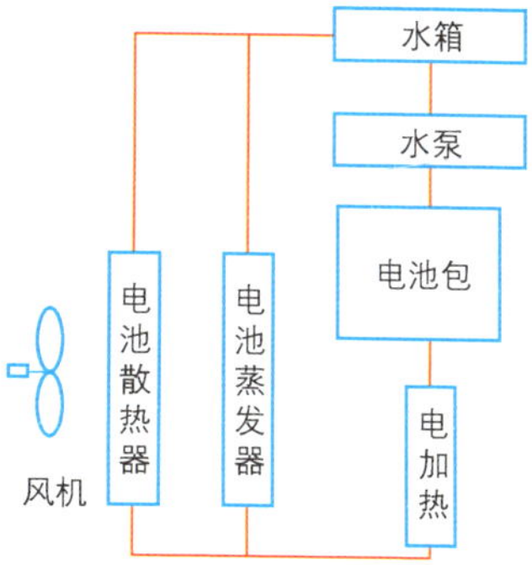

1. 电池温控系统设计

电池温控系统的设计过程如下：

（1）冷却回路流量计算

图 7-9 常见的循环液式电池温控系统原理

电池散热器的作用是通过冷却介质循环将动力电池工作过程中产生的热量带走，使电池保持正常的工作温度范围。

由于电动汽车常用工况是在平直路面行驶以及爬坡，加速过程功率大但是时间较短，所以按照平直路面行驶以及持续爬坡过程动力电池的产热量来计算电池散热器冷却回路的流量 m，计算公式如下：

$$m = \frac{Q_b}{c(T_1 - T_2)} \quad (7\text{-}146)$$

式中，Q_b 为电池包散热负荷（W）；c 为冷却介质的比热容 [J/（kg·℃）]；T_1、T_2 分别为进、出口水温（℃）。

（2）水泵扬程计算

扬程是水泵在工作过程中所提供的资用压力，用以克服回路中换热器、管路各处的流动阻力。

冷却回路水泵所需扬程：

$$H_p = h_f + h_d + h_m + h_b + h_s \qquad (7\text{-}147)$$

式中，H_p 为水泵扬程（mH_2O）（$1mH_2O = 9806.65Pa$）；h_f 为冷却水管路系统总沿程阻力（mH_2O）；h_d 为冷却水管路系统总局部阻力（mH_2O）；h_m 为换热器阻力（mH_2O），取电池散热器和电池蒸发器中阻力较大者，由换热器厂家提供；h_b 为电池包内换热器阻力（mH_2O），由电池包厂家提供；h_s 为安全余量（mH_2O）。

冷却水管路系统沿程阻力：

$$h_f = \sum \lambda \frac{l}{d} \frac{v^2}{2g} \qquad (7\text{-}148)$$

式中，l 为管长（m）；d 为管径（m）；v 为断面平均流速（m/s）；g 为重力加速度（m/s^2），取 $9.8m/s^2$；λ 为沿程阻力系数，与管内粗糙度和流动状态有关。

冷却水管路局部阻力是流体在某些局部地方，由于管径的改变（突扩、突缩等）、流动方向的改变（弯管）以及流经阀件而产生的额外能量损失。局部阻力按下式计算：

$$h_d = \sum \xi \frac{v^2}{2g} \qquad (7\text{-}149)$$

式中，ξ 为局部阻力系数，可查水力计算相关表格获得。

（3）预加热回路加热功率计算

当冷启动或充电过程时，电池产热量较小甚至不产热，这时如果外界环境温度过低会导致电池温度低于正常工作温度范围，则需要对电池组进行预加热。由于电动汽车电池组温度低于 0℃ 时电池无法工作，所以冷启动或充电时动力电池的预加热通常需要外接电源来实现。

所需预加热源功率 P_h 与预加热时间有关，可用下式进行计算：

$$P_h = \frac{Q_a}{\eta t_h} \qquad (7\text{-}150)$$

式中，t_h 为预加热时间；η 为预加热膜热量吸收率；Q_a 为电池预热负荷。

2. 系统部件选型

电池温控系统主要部件有水泵、电池散热器、电池蒸发器和预加热器、膨胀水壶（水箱）等，上述部件选型流程如下：

（1）泵选型

根据泵的工作环境、工作条件、正常运行必需的性能参数，以及被输送介质的物理、化学性能，全面考虑其技术性能指标、泵材质选用、电机匹配、密封可靠性及节能、使用维护等综合经济指标要求，电池温控回路冷却液常采用乙二醇溶液，泵过流零部件和轴封等应耐乙二醇腐蚀性要求，在泵产品中选择出合适泵类型与型号规格。工艺要求给出泵的额定、最小、最大三种流量，则选泵时应以最大流量为依据；在没有给出最大流量时，通常以额定流量的1.1倍作为依据。选泵用的扬程值应注意最低吸入液面和最高送液高度，同时留有余量；一般选泵的额定扬程为装置所需扬程的1.05~1.1倍。在给出工艺过程中泵进口介质的额定、最低和最高温度时，应以最高温度为依据。根据工艺特点及装置设备布置要求，提出泵必需汽蚀余量初值。再根据选定泵的汽蚀曲线确定其必需汽蚀余量值及设备安装高度，再计算出装置汽蚀余量。

（2）换热器选型

根据电池散热负荷，对电池散热器和电池蒸发器进行选型。其中电池散热器多为平行流换热器，电池蒸发器多为板式换热器，根据换热量以及流动阻力要求选择合适尺寸的换热器。

（3）电加热器选型

根据计算得到的预加热功率，选择电加热器。

（4）膨胀水壶选型

膨胀水壶根据系统循环液最大膨胀量来选择容量。

7.4.3 电机及控制器散热系统设计

电机及控制器散热循环液强制对流散热的方式如图7-10所示。电机及控制器散热器的作用是通过冷却循环将电机及控制器工作过程中产生的热量带走，使电机及控制器保持正常的工作温度范围。

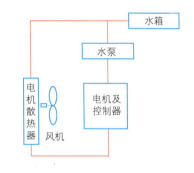

图 7-10 电机及控制器散热循环液强制对流散热的方式

按照平直路面行驶以及持续爬坡过程电机及控制器的产热量来计算电机散热器冷却回路的流量 m，计算公式如下：

$$m = \frac{\phi_s}{c(T_1 - T_2)} \quad (7\text{-}151)$$

式中，ϕ_s 为电机及控制器散热负荷（W）；c 为冷却介质的比热容[J/(kg·K)]；T_1、T_2 为进、出口水温（℃）。

电机及控制器温控主要部件有水泵、电机散热器、风机、膨胀水壶（水箱）等，这些零部件的设计及选型方式同前述电池温控系统。

7.5 本章小结

本章针对纯电动乘用车热系统的设计需求、设计负荷与系统设计方法进行阐述。

1)设计需求方面,需要考虑车室热湿环境与玻璃除霜防雾的设计要求,以及制冷与供暖测试条件与性能要求,可结合国家标准、行业标准与企业标准进行确定。

2)设计负荷计算方面,给出了车室空调的冷热负荷的理论计算法或经验估算法,其中冷负荷计算介绍了谐波反应法,以适应车身结构的吸热、蓄热和放热效应。

3)系统设计方面,给出了热泵空调、电池温控与电机电控散热三大主要系统的设计方法。热泵空调主要采用制冷循环的设计方法,包括压缩机、蒸发器、冷凝器、板式换热器、膨胀阀等关键部件设计与选型,电池温控与电机电控散热主要为二次载冷剂循环的设计方法,包括循环泵与管路的设计与选型。

由于热系统及主要部件相关的传热、压降等模型相对比较复杂,在实际工程应用中通常需要借助计算机辅助设计,汽车热系统部件及系统设计与仿真软件的开发与改进对于该技术发展具有不可或缺的作用。同时随着新能源汽车热系统领域环保工质替代的迫切需求,深入发展新型环保工质流动与传热的理论模型以更好满足工程应用需求,是未来的重要任务之一。

参考文献

[1] 环境保护部.乘用车内空气质量评价指南:GB 27630—2011[S].北京:中国环境科学出版社,2012.

[2] 全国汽车标准化技术委员会.电动汽车风窗玻璃除霜除雾系统的性能要求及试验方法:GB/T 24552—2009[S].北京:中国标准出版社,2010.

[3] 全国汽车标准化技术委员会.汽车空调制冷系统性能道路试验方法:QC/T 658—2009[S].北京:中国计划出版社,2010.

[4] 全国汽车标准化技术委员会.汽车采暖性能要求和试验方法:GB/T 12782—2007[S].北京:中国标准出版社,2007.

[5] 林程.电动汽车工程设计手册:第一卷 纯电动汽车整车设计[M].北京:机械工业出版社,2019.

[6] 方贵银,李辉.汽车空调技术[M].北京:机械工业出版社,2002.

[7] LAZAREK G M, BLACK S H. Evaporative heat transfer pressure drop and critical heat flux in a small vertical tube with R-113 [J]. International Journal of Heat and Mass Transfer, 1982, 25(7): 945-960.

[8] LIU Z, WINTERTON R H S. A general correlation for saturated and subcooled flow boiling

in tubes and annuli based on a nucleate pool boiling equation[J]. International Journal of Heat and Mass Transfer, 1991, 34: 2759-2766.

[9] KANDLIKAR S G. A general correlation for saturated two-phase flow boiling heat transfer inside horizontal and vertical tubes [J]. Journal of Heat Transfer, 1990, 112: 219-228.

[10] CHEN J C. Correlation for boiling heat-transfer to saturated fluids in convective flow[J]. Industrial Engineering Chemistry Process Design and Development, 1966, 5（2）: 322-329.

[11] KEW P A, CORNWELL K. Correlations for the prediction of boiling heat transfer in small-diameter channels[J]. Applied Thermal Engineering, 1997, 17: 705-715.

[12] GUNGOR K E, WINTERTON R H S. Simplified general correlation for saturated flow boiling and comparisons of correlations with data[J]. Chemical Engineering Research and Design, 1987, 65（2）: 148-156.

[13] YANG C Y, WEBB R L. Friction pressure drop of R-12 in small hydraulic diameter extruded aluminum tubes with and without micro-fins[J]. International Journal of Heat and Mass Transfer, 1996, 39（4）: 801-809.

[14] CHANG Y J, WANG C C. A generalized heat transfer correlation for louver fin geometry [J]. International Journal of Heat and Mass Transfer, 1997, 40（3）: 533-544.

[15] 胡浩茫, 陈焕新, 王彦忠, 等. 基于两相流流型的平行流冷凝器整体仿真模型与实验验证 [J]. 化工学报, 2012, 63（3）: 806-811.

[16] 韩艳辉. 车用微小通道蒸发器流动及换热特性研究 [D]. 长春: 吉林大学, 2013.

[17] HWANG Y, KIM B H, RADERMACHER R. Boiling heat transfer correlation for carbon dioxide[C]. International Conference on Heat Transfer Issues in Natural Refrigerant, College Park, 1997: 44-57.

[18] YOON S H, CHO E S, HWANG Y W, et al. Characteristics of evaporative heat transfer and pressure drop of carbon dioxide and correlation development[J]. International Journal of Refrigeration, 2004, 27（2）: 111-119.

[19] THOME J R, HAJAL J E. Flow boiling heat transfer to carbon dioxide: general prediction method[J]. International Journal of Refrigeration, 2004, 27（3）: 294-301.

[20] CHENG L X, RIBATSKI G, QUIBEN J M, et al. New prediction methods for CO_2 evaporation inside tubes: Part I – A two-phase flow pattern map and a flow pattern based phenomenological model for two-phase flow frictional pressure drops[J]. International Journal of Heat and Mass Transfer, 2008, 51（1-2）: 111-124.

[21] CHENG L, RIBATSKI G, THOME J R, et al. New prediction methods for CO_2 evaporation inside tubes: Part II—An updated general flow boiling heat transfer model based on flow patterns[J]. International Journal of Heat and Mass Transfer, 2008, 51（1-2）: 125-135.

[22] DUCOULOMBIER M, COLASSON S, BONJOUR J, et al. Carbon dioxide flow boiling in a single microchannel – Part II: Heat transfer[J]. Experimental Thermal and Fluid Science,

2011, 35(4): 597-611.

[23] FANG X D. A new correlation of flow boiling heat transfer coefficients for carbon dioxide[J]. International Journal of Heat and Mass Transfer, 2013, 64(9): 802-807.

[24] KIM M, BULLARD C W. Development of a microchannel evaporator model for a CO_2 air-conditioning system[J]. Energy, 2001, 26(10): 931-948.

[25] CAREY V. Liquid-vapor phase-change pheomena[M]. New York: Hemisphere, 1992.

[26] HEWITT G, SHIRES G, BOTT T. Process heat transfer[M]. New York: CRC Press, 1994.

[27] GNIELINSKI V. New equations for heat and mass transfer in turbulent pipe and channel flow[J]. International Chemical Engineering, 1976, 16(2): 359-368.

[28] FANG X D, XU Y, SU X H, et al. Pressure drop and friction factor correlations of supercritical flow[J]. Nuclear Engineering and Design, 2012, 242: 323-330.

[29] AKERS W W, DEANS H A, CROSSER O. Condensation heat transfer within horizontal tubes[J]. Chemical Engineering Progress Symposium Series, 1959, 55(29): 171-176.

[30] GNIELINSKI V. New equations for heat and mass transfer in turbulent pipe and channel flow[J]. International Chemical Engineering, 1976, 39(16): 359-368.

[31] PETROV N E, POPOV V N. Heat transfer and resistance of carbon dioxide being cooled in the supercritical region[J]. Thermal Engineering, 1985, 32(3): 131-134.

[32] PETROV N E, POPOV V N. Heat transfer and hydraulic resistance with turbulent flow in a tube of water at supercritical parameters of state[J]. Thermal Engineering, 1988, 35(10): 577-580.

[33] FANG X D. Modeling and analysis of gas coolers[D]. Illinois: University of Illinois at Urbana-Champaign, 1999.

[34] PITAL S S, GROLL E A, RAMADHYANI S. New correlation to predict the heat transfer coefficient during in-tube cooling of turbulent supercritical CO_2[J]. International Journal of Refrigeration, 2002, 25(7): 887-895.

[35] YOON S H, KIM J H, HWANG Y W, et al. Heat transfer and pressure drop characteristics during the in-tube cooling process of carbon dioxide in the supercritical region[J]. International Journal of Refrigeration, 2003, 26(8): 857-864.

[36] DANG C B, HIHARA E. In-tube cooling heat transfer of supercritical carbon dioxide Part 1: Experimental measurement[J]. International Journal of Refrigeration, 2004, 27(7): 736-747.

[37] FANG X D, XU Y. Modified heat transfer equation for in-tube supercritical CO_2 cooling[J]. Applied Thermal Engineering, 2001, 31(14): 3036-3042.

[38] KIM M H, BULLARD C W. Air-side performance of brazed aluminum heat exchangers under dehumidifying conditions[J]. International Journal of Refrigeration, 2002, 25(7): 924-934.

[39] XIA Y, ZHONG Y, HRNJAK P S, et al. Frost, defrost, and refrost and its impact on

the air-side thermal-hydraulic performance of louvered-fin, flat-tube heat exchangers[J]. International Journal of Refrigeration，2006，29：1066-1079.

[40] 石文星，田长青，王宝龙. 空气调节用制冷技术 [M]. 5 版. 北京：中国建筑工业出版社，2016.

[41] YAN Y Y，LIN T F，YANG B C . Evaporation Heat Transfer and Pressure Drop of Refrigerant R134a in a Plate Heat Exchanger[C]. ASME Turbo Asia Conference，American Society of Mechanical Engineers，1997.

[42] LONGO G A，RIGHETTI G，ZILIO C. A new computational procedure for refrigerant condensation inside herringbone-type Brazed Plate Heat Exchangers[J]. International Journal of Heat and Mass Transfer，2015，82:530-536.

[43] KUO W S，LIE Y M，HSIEH Y Y，et al. Condensation heat transfer and pressure drop of refrigerant R-410A flow in a vertical plate heat exchanger[J]. International Journal of Heat and Mass Transfer，2005，48（25-26）: 5205-5220.

[44] 朱亮亮，丁亚东，段少勇. 汽车空调膨胀阀常见故障分析与排除 [J]. 制冷与空调，2017，31（1）: 81-85.

Chapter 08

第 8 章
新能源商用车热系统设计

商用车在设计和技术特征上指用于运送人员和货物的汽车,包含了所有的载货汽车和 9 座以上的客车。商用车按照产品类别分为货车类、客车类产品,其中货车类产品包括轻型货车、中重型货车,客车类产品包括轻型客车(含改装类)、大中型客车(含改装类)。作为生产资料,商用车的商品力是最主要的考量因素。近年,国内商用车市场总销量逐渐稳定在 450 万辆左右,2021 年新能源商用车销量 16.8 万辆,同比增长 49.4%,渗透率为 3.5%。目前新能源产品场景主要集中在城市配送、城市服务、铁路货场、港口等封闭区域内[1]。

在国家"双碳"目标下,商用车的减碳降碳也成为行业关注的重点,推动新能源商用车的应用加速落地。在新能源客车方面我国已取得了一系列的技术与应用成果,在新能源货车方面应用相对广泛的是在短途封闭场景,长途货车的新能源应用推进相对缓慢。对于热系统而言,新能源货车的热系统与新能源乘用车类似,其系统设计及性能分析可参考本书第 7 章等相关内容。同时,现阶段我国新能源客车则主要以纯电动为主,燃料电池新能源客车因燃料电池存在大余热量可供冬季车室供暖使用,更多地需要关注夏季车室制冷和电池散热问题,其空调系统与传统燃油车空调系统基本一致,相对纯电动客车热系统形式更为简单,因此本章重点针对纯电动客车的热系统进行阐述。

8.1 电动客车热系统的设计需求

随着我国国民经济的发展与人民生活水平的提高,客车及客车空调的技术也在不断进步。其发展历程根据客车空调系统布置方式可将其分为三代,如

图 8-1 所示[2]。第一代客车空调为分体式空调机组;第二代客车空调产品将空调系统全部顶置,电控模块底置;第三代客车空调产品应用了变频卧式涡旋压缩机,变频驱动模块同压缩机一起集成到了顶部模块的中腔部分。

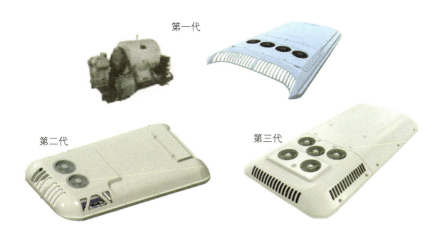

图 8-1 客车空调系统布置方式变化发展历程[2]

当前,应用最为广泛的客车空调形式主要为整体式系统。整个系统由压缩机、室外换热器、室内换热器和节流元件集成为空调机组,通过风道对驾驶室和乘客舱送风。出于成本考虑,蒸发器和冷凝器多采用翅片管式换热器,压缩机则多采用电动涡旋压缩机。

8.1.1 车室环境设计要求

客车热系统的主要功能之一是调节车室的热湿环境,营造相对舒适的汽车内部空间,提升乘客的乘车体验,降低驾驶人的疲劳感。对车室热舒适性的调节一般包括进行制冷、换气、加热、温度均匀性、噪声以及净化过滤等功能调控,因此客车空调系统性能要求主要有:

1)空调的能效性和经济性方面,技术指标要求类似新能源乘用车空调系统,包括制冷量、制热量、循环风量、除湿量、输入功率、能效比、季节能效比、使用寿命。

2)车内噪声方面,JT/T 216—2020《客车空调系统技术条件》对营运客车和公共汽车具体噪声水平分别做了规定。降低噪声可有效改善驾乘人员舒适性体验,建议最大噪声控制在 65dB 以下。

3)车内温度场分布方面,温度在竖直方向的不均匀度建议控制在 2℃左右,水平方向的空气温度不均匀度建议控制在 3℃左右。

4)车内新风量需求方面,为防止人体缺氧,产生疲劳、头疼、恶心等症状，规定车内每位乘客所需新鲜空气量为 20～30m³/h，二氧化碳浓度（体积分数）建议保持在 0.15% 以下。

5）风口布置位置及风口风速差方面，风口的布置位置应尽量避免直吹令人感到不舒服的位置，各出风口的风速差不宜超过 2m/s，否则会引起车内温度场、速度场分布不均匀，出现气流涡旋。

表 8-1 根据 JT/T 216—2020《客车空调系统技术条件》总结了商用车车内环境设计技术标准。

表 8-1 商用车车内环境设计技术标准

项目	单位	基本条件	夏季	冬季
车内温度	℃	—	24～28	14～20
车内温度分布	℃	前、中、后部走道地板上方 1m 高处最大温差	2～3	3～5
		乘员头部与足部温差	2～5	2～5
车内相对湿度（%）	—	—	40～70	>30
车内气流速度	m/s	—	0.3～0.4	0.2～0.3
额定乘员数人均制冷（热）量	kW	不小于	0.56	0.56
人均送风量	m³/h	不小于	80	20
新风量	m³/h	不小于	20～25	15～20
出口风速	m/s	不大于	6	4
噪声	dB（A）	停驶，不大于	64～68	65～72
		行车 50km/h，不大于	68～70	
二氧化碳浓度（%）		容积浓度不大于	0.15	0.15
含尘量	mg/m³	不大于	2.0	2.0

8.1.2 车窗除霜防雾设计要求

客车乘员舱环境由于"内热外冷"时室内外温差会造成前风窗玻璃内表面结雾，严重影响风窗玻璃可视性进而危害驾乘人员生命安全。对于电动客车，与电动乘用车类似，沿用传统燃油汽车全新风除雾思路。在易结雾的冬季，除霜防雾高能耗，将会大幅减小车辆的续驶能力，因此，电动客车在充分保证前风窗玻璃防雾的条件下，也应尽量采用回风系统，确保电动客车保证驾驶人观察车外后视镜时满足前风窗玻璃区域的除霜防雾要求。

除霜系统性能具体要包括：除霜试验开始后 20min 至少将 A 区 80% 面积的霜除净；试验开始后 25min，至少将 A′区 80% 面积的霜除净；试验开始后

40min，至少将 B 区 95% 面积的霜除净，A、B 和 A′ 区域的确定如图 7-1 所示，对于 M_2、M_3 类客车具有不同的 A、B、A′ 区域，具体修正可查看 JT/T 216—2020《客车空调系统技术条件》。除霜（雾）出风口建议气流速度为 5～8m/s，停车情况下，空调系统仅除霜装置（供暖系统）满负荷工作时，驾驶人头部位置噪声应建议控制在 68dB（A）以内。

8.1.3 制冷性能要求及测试条件

客车空调制冷系统性能工作要求见表 8-2。客车空调的制冷性能主要通过降温试验确定，空调系统目标降温性能参考值可参见表 7-3。制冷性能降温试验的测试条件可参照 QC/T 658—2009《汽车空调制冷系统性能道路试验方法》，具体见表 7-2[4]。电动客车试验前动力蓄电池和辅助蓄电池都应处于完全充满电的状态。降温性能试验时应乘坐额定乘员，也可根据试验仪器安装情况适当减少乘员数，但不应少于额定乘员数的 1/2，且不应以装载相等质量的物体代替；双层客车的上下层和铰接客车的前后节车厢乘员同样不应少于额定乘员数的 1/2。

表 8-2 客车空调制冷系统性能工作要求 [3]

项目	单位	营运客车				公共汽车			
		基本条件	性能要求			基本条件	性能要求		
			高二级（含）以上	高一级	中级		高二级	高一级	普通级
制冷量	kJ/h	设备额定制冷量，人均不小于	2000	1900	1800	设备额定制冷量，每立方米客舱容积不小于	1880		
送风量	m³/h	设备额定送风量，人均不小于	80	60		设备额定送风量，每立方米客舱容积不小于	80	60	50
车内外温差	℃	外接温度不低于 35℃，车速 50km/h，制冷系统运行，行驶 30min 时，不小于	10	9	8	外接温度不低于 35℃，车速 50km/h，制冷系统运行，行驶 30min 时，不小于	8	7	
供乘员使用的出风口风向、风速	m/s	—	可自由调节风向；出风口最大风速不大于 6			—	各出风口最大风速不大于 5		
车厢内温度分布	℃	前、中、后走道地板上方 1m 高出最大温差，不大于	2	3		前、中、后走道地板上方 1m 高出最大温差，不大于	3	4	
		乘员头部、足部温差	头部低于足部 2~5			乘员头部、足部温差	头部低于足部 2~5		

（续）

项目		单位	营运客车				公共汽车			
			基本条件	性能要求			基本条件	性能要求		
				高二级（含）以上	高一级	中级		高二级	高一级	普通级
车内噪声	怠速停车状态	dB(A)	驾驶人区噪声，不大于	64	66	69	驾驶人区噪声，不大于	66	69	71
			乘客区噪声，不大于	66	68	71	乘客区噪声，不大于	68	71	73
	50km/h行驶		驾驶人区噪声，不大于	68	71	74	驾驶人区噪声，不大于	68	72	76
			乘客区噪声，不大于	70	73	76	乘客区噪声，不大于	70	74	78

注：1. 公共汽车的"供乘员使用的出风口风向、风速"指乘客舱出风口风向、风速。
2. 公共汽车的车内噪声适用于纯电动公共汽车。

试验前将客车停放在阴凉处，门窗全开，人员下车，使车内外温度平衡。试验过程，试验人员进入车内，关闭门窗，车辆起步行驶。当车速稳定在 50km/h±2km/h 时，记录各测点的初始温度。打开制冷装置，压缩机转速稳定在额定转速，风机开最高档，所有冷风出风口处于最大出风位置，通风换气装置开最高档。开始计时，测量回风口、座椅处、温差测温点等测点温度，30min 内每隔 5min 测量 1 次。测点布置如图 8-2 所示，出风口测温点布置于制冷装置出风口表面中心处。回风口测温点布置在距离制冷装置回风口平面

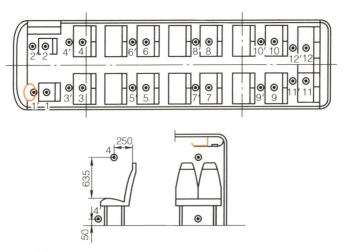

说明：
◉ — 座椅处测温点

图 8-2 客车温度测点布置示意图

100mm±10mm 处；座椅处测温点，每处测温点分上、下两个，上部测点设在距座垫表面 R 点上方 635mm，水平方向距靠背 250mm 处；下部测点位于座椅前沿，距地板高度 50mm 处。两种测点均设于单人或双人座椅横向中心，多人座椅均布两点。

8.1.4 供暖性能要求及测试条件

客车空调供暖系统性能工作要求见表 8-3。其试验测试条件设定环境温度为 -18℃±3℃，风速不大于 3m/s，选择平坦、硬实、无积雪、车流少的公路作为测试道路。在试验开始前，动力电池温度保持在正常范围，供暖系统试验时车内驾驶人和测试人员的总人数不大于 3 人。试验前，人员下车，打开客车所有门窗，使车内外温度平衡。记录各测点的初始温度。然后关闭客车门窗，起动暖风装置，将暖风调节到最大效果位置（除霜装置正常工作），通风换气装置开最高档，汽车起步，开始计时。车辆采用直接档（无直接档，用速比接近 1 的档位），以 50km/h±2km/h 的速度稳定行驶。每隔 5min 测量一次座椅处、测温点温差的温度，有回风口的散热装置增加回风口温度测点。

表 8-3 客车空调供暖系统性能工作要求[3]

项目	单位	营运客车				公共汽车			
		基本条件	性能要求			基本条件	性能要求		
			高二级（含）以上	高一级	中级		高二级	高一级	普通级
供暖量	kJ/h	设备额定制热量，人均不小于	2000	1900	1800	设备额定制热量，每立方米客舱容积不小于	1670		
送风量	m³/h	设备额定送风量，人均不小于	20		15	设备额定送风量，每立方米客舱容积不小于	40		35
暖风装置供乘员使用的出风口风速（采用车内分散式热交换器或供热装置）	m/s	所有出风口	风量均匀，风速不大于 4			所有出风口	风量均匀，风速不大于 4		
车厢内温度	℃	外界温度 -18℃±3℃，车速 50km/h，座椅下部测温点，35min 内到达，不小于	18	15	12	外界温度 -18℃±3℃，车速 50km/h，座椅下部测温点，35min 内到达，不小于	12		

(续)

项目	单位	营运客车				公共汽车			
		基本条件	性能要求			基本条件	性能要求		
			高二级（含）以上	高一级	中级		高二级	高一级	普通级
车厢内温度分布	℃	前、中、后走道地板上方1m高出最大温差，不大于	3	4		前、中、后走道地板上方1m高出最大温差，不大于	3		5
		乘员头部、足部温差	头部低于足部2~5			乘员头部、足部温差	头部低于足部2~5		
车内噪声	dB(A)	客车停驶，仅供暖和通风换气装置满负荷工作（对水暖式暖风装置，发动机怠速运行），不大于	65	70	72	客车停驶，仅供暖和通风换气装置满负荷工作（对水暖式暖风装置，发动机怠速运行），不大于	66	71	73

注：1. 送风量要求仅适用与车内散热装置采用强制送风时，对公共汽车，送风量仅供参考。
2. 采用电驱动空调供暖时，乘员头部、足部温差不做要求。
3. 公共汽车的"暖风装置供乘员使用的出风口风速"指暖风装置向乘客舱送风的出风口风速。
4. 公共汽车的车内噪声适用于纯电动公共汽车。

8.2 系统设计

对于热系统功能需求，纯电动客车与新能源纯电动乘用车类似，可参见第7章进行车室空调制冷及供暖负荷、电池散热量及预热量、电机散热量计算。首先根据客车实际运行情况，综合考虑车型结构、能效要求、主要营运地区气候条件以及生产成本等因素确定热系统适合的系统形式，然后根据计算得到的制冷与供热负荷，进行空调系统循环热力学计算，进而确定系统关键部件的选型参数，最后根据参数匹配完成关键零部件的设计及选型。

对于热系统的冷热源，常用电动客车与纯电动乘用车相似，按冬季制热方式可将其分为单冷型制冷加电加热系统、常规蒸气压缩式热泵系统、准二级压缩（喷射补气）热泵系统等形式，它们之间的优缺点在第7章表7-6中已经阐述。与乘用车不同之处在于，电动客车空调热泵系统采用四通换向阀实现空调系统制冷与制热模式的切换，同时由于客车车室内部空间较乘用车大，客车空调一般采用两组车内换热器，并由两个送风道为车室送风，保证车室温度均匀性。

8.2.1 系统流程及原理

图 8-3 所示为电动客车热泵空调系统原理及循环压焓图。系统通过四通换向阀的转换将原来的单冷系统变成可以同时制冷和制热的热泵系统，制热时车外换热器作为蒸发器，车内换热器作为冷凝器，通过从环境吸热来给车室供热；制冷时则相反，车外换热器作为冷凝器，车内换热器作为蒸发器。

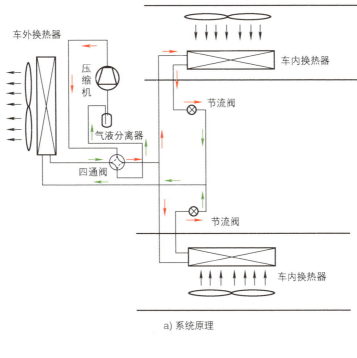

a) 系统原理

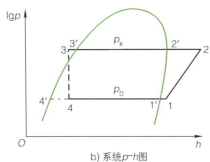

b) 系统 $p-h$ 图

图 8-3 电动客车热泵空调系统原理及循环压焓图

普通单级压缩热泵系统在车外环境温度低于 -5℃ 时，制热性能和系统稳定性变差。一方面是随着车外环境温度降低，蒸发压力降低，造成压缩机吸气流量减小，另一方面压比的增大造成压缩机排气温度上升，耗功量大大增加，因此制热量和COP都急剧降低。如何提高能热泵系统的低温适应性是众多学者关注的焦点。准二级压缩中间补气系统由于系统简单，结构紧凑，占用空间少，更适合用于车辆空调。准二级压缩循环，通过向压缩机内部喷射液态或气态制冷剂可以实现用一台压缩机完成两级压缩的过程。通过中间补气可以提高压缩机的排气量，增加制热量，还能够减小排气温度，提高压缩机效率。考虑到车辆空调对振动性要求较高，电动客车准二级压缩机热泵空调系统通常采用带经济器的准二级压缩系统，如图8-4所示。

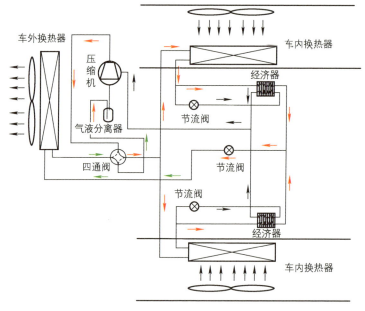

a) 系统原理

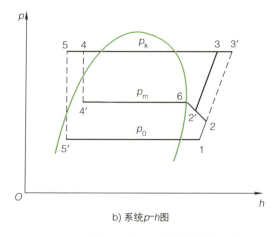

b) 系统 $p-h$ 图

图 8-4 带经济器的准二级压缩热泵系统

在电动客车热泵系统研究方面，中原工学院与笔者团队合作，研究了包括低压补气和中压补气热泵系统电动客车热泵系统性能，结果表明在车外环境温度分别为-10℃和-20℃时低压补气系统比不补气系统制热量和制热COP均可以提高[5,6]。笔者所在研究团队采用带经济器的准二级压缩原理开发了电动客车热泵机组，可以实现制冷、常规制热、低温制热三种不同运行模式[7,8]，相比于不补气系统，补气系统的制热量在环境温度为0℃时提升了11.7%，在环境温度为-20℃时提升了27.3%，在室外环境温度为-20℃时，补气系统COP比不补气系统提升了12.7%。

随着纯电动客车在极严寒地区使用需求的提升以及一体式热管理系统技术的发展，利用汽车余热进一步改善冬季低环境温度情形下热泵系统性能是一个有效途径。对于纯电动客车电池、变频器、电机具有一定的发热量，因而成为热泵供暖的余热源的考虑对象。根据推算，装有610块电池的纯电动客车，其发热量可达到2~7kW[9]。王业琴对纯电动客车额定功率为100kW的三相异步电机进行了热平衡实车测试，电机温度达到75℃±5℃，根据产品的参数，大功率的电机效率为92%~94.5%，则电机的产热量预计为5.5~8kW[10]。

对于单级压缩，余热换热器与热泵系统的耦合可以采用并联或串联的形式，如图8-5所示。并联热泵系统中有两个低压侧支路，余热换热器与蒸发器并联在一起，且各自有一个单独的膨胀阀，两个支路的制冷剂在压缩机吸气口前汇合。串联热泵系统中只有一个环路，低压侧余热换热器和蒸发器串联在一起，制冷剂先流过蒸发器，再进入余热换热器，之后从吸气口进入压缩机。目前关于电动汽车余热回收热泵和综合热管理系统的研究中，大部分采用并联的系统形式，其实串联系统和并联系统各有优缺点，表8-4对其进行了比较。并联系统的余热回收支路可以根据余热量单独调节，比较灵活，在没有余热时还可以完全关闭该支路，且换热器阻力也较小，但是两个支路会相互影响，调节时相对比较复杂，如果再与准二级压缩机结合在一起会更加复杂。

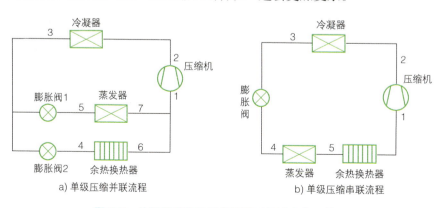

图8-5 单级压缩余热回收热泵系统流程和压焓图

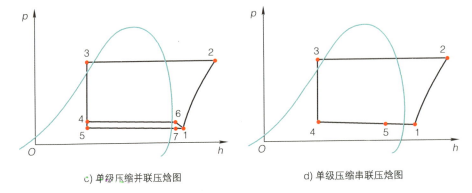

c) 单级压缩并联压焓图   d) 单级压缩串联压焓图

图 8-5 单级压缩余热回收热泵系统流程和压焓图（续）

表 8-4 并联与串联余热回收热泵系统比较

并联系统	串联系统
两个膨胀阀，两个环路，控制调节相对复杂	一个膨胀阀，系统简单，控制方便
两个并联的低压支路混合时存在能量损失，尤其是两个换热器出口制冷剂状态相差比较大时	没有混合过程的能量损失
余热换热器支路单独调节，无余热时可完全关闭	无余热时制冷剂也必须流经余热换热器，除非加上旁通支路
余热换热器入口制冷剂干度低，流量小，阻力小	余热换热器入口制冷剂干度高，流量大，阻力较大
与准二级压缩系统耦合非常复杂	很容易与准二级压缩系统耦合

为进一步提升电动客车热泵系统在极严寒地区系统性能，在车外环境温度为 -30 ~ 50℃时都能够正常运行，需要在准二级压缩中间补气热泵系统基础上来进行余热回收系统的设计。

图 8-6 所示为带余热回收的准二级压缩热泵系统流程和系统循环压焓图。图 8-6a 所示为带余热回收的并联式准二级压缩热泵循环，从中间换热器出来的主路制冷剂又分成两个支路，经过主路膨胀阀和并联膨胀阀分别进入蒸发器和余热换热器，从两个换热器出来的制冷剂混合后进入压缩机吸气口，补气支路制冷剂由补气口进入压缩机。整个循环系统共有三个环路，补气环路、蒸发器环路和余热换热器环路，各环路之间相互作用，系统形式和运行调节相对比较复杂。图 8-6b 所示为带余热回收的串联在吸气主路的准二级压缩热泵循环，余热换热器串联在蒸发器之后，中间换热器出来的主路制冷剂先进入蒸发器，再进入余热换热器，然后到达压缩机吸气口。该循环与常规准二级压缩循环一样只有两个环路，形式比较简单。

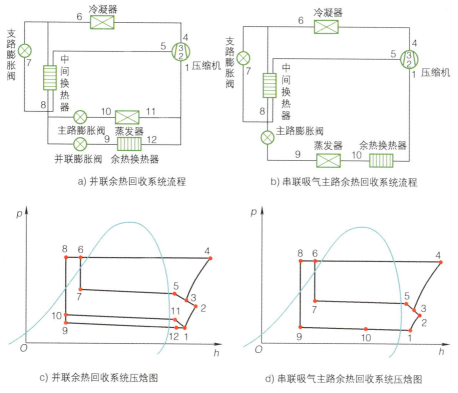

图 8-6 带余热回收的准二级压缩热泵系统流程及系统循环压焓图

在串联吸气主路余热回收形式整车热管理一体化系统流程分析基础上,中科院理化所团队进一步通过对余热回收样机管路流程改进,提出了补气支路串联热回收形式热管理系统基础流程[7],如图 8-7 所示。串联补气支路余热回收的准二级压缩热泵循环,余热换热器与补气支路的中间换热器串联,补气支路制冷剂先在余热换热器内吸热蒸发,然后进入中间换热器与主支路的制冷剂进

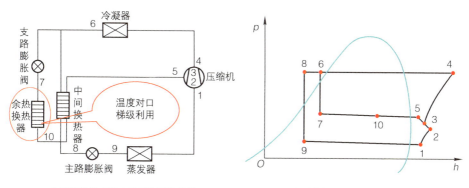

图 8-7 串联补气支路余热回收系统流程和压焓图

行换热,之后通过补气口进入压缩机内部。这种系统形式也比较简单,且余热换热器内蒸发温度较高,能更好地与回收余热的冷却液温度匹配。通过将余热回收换热器布置在补气支路,相比串联吸气主路余热回收热管理样机,理论上可以实现系统的温度匹配和能源的梯级利用,其原理如图 8-7 所示。

8.2.2 零部件设计与选型

纯电动客车热系统的热泵机组主要部件包括压缩机、车外换热器、车内换热器、中间换热器(可参照板式蒸发器)、主路膨胀阀、支路膨胀阀、气液分离器、四通换向阀、干燥过滤器、电池冷却器。对于商用客车空调系统的主要部件与乘用车基本相同,其设计选型方法可参考第 7 章相关内容,对有余热回收的空调热系统,余热换热器选型设计与电池冷却器相同,本章主要阐述客车空调热系统特有零部件设计。

1. 换热器

电动客车空调车内及车外换热器方面,翅片管式换热器是目前客车空调系统中运用最为广泛的一种结构。图 8-8 所示为翅片管式换热器示意图。制冷剂在铜管内蒸发(或冷凝)相变,吸收(或释放)热量,从而冷却(或加热)翅片侧空气。常用的换热管为铜管,常用管外径有 $\phi 9.52mm$、$\phi 7.94mm$、$\phi 7mm$ 和 $\phi 5mm$。与常规管径相比,小管径直接蒸发式空气冷却器金属重量相同的情况下,换热面积更大,所以其换热性能更好,结构方面更加紧凑,有利于空气冷却器整体结构的小型化。

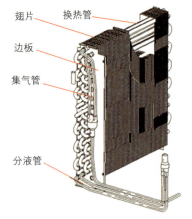

图 8-8 翅片管式换热器示意图

换热管内表面结构的不同大致有光滑管、内螺纹管和多孔管三种,多孔管的换热性能最好,内螺纹管次之,光管的传热效果最差,目前在空气冷却器中使用最多的是内螺纹管。内螺纹管的肋型多种多样,如交叉齿、细高齿、高低齿以及三维内微肋等。

换热翅片通常由厚度为 0.095 ~ 0.15mm 的铝箔制成。铝箔按表面性质的不同可分为光箔(表面无涂层)、亲水性涂层铝箔(亲水铝箔)、憎水性涂层铝箔(憎水铝箔)。亲水铝箔表面有 1 ~ 2μm 厚的亲水涂层,水滴在亲水涂层上的初期接触角小于 10°,因此易于形成水膜。亲水铝箔翅片上出现凝露时,不至于在翅片间形成液桥(会增加风阻)或者液滴随气流飞出的现象。考虑低噪声的要求,目前翅片管换热器广泛采用有较好传热强化效果的开缝翅片(百叶窗翅片、条缝翅片)。一般,翅片间距减小(扩展表面积随着增加)有利于提高空气侧传热性能。但是，在发生凝露时，翅片间易形成液桥从而增加风阻，另外噪声也会有所增加。因此实际选用翅片间距时需要综合考虑以上因素并通过试验确定。

当换热器的换热管及翅片形式选定后，可以通过优化管排及流路布置方式从而使换热器充分发挥出其能力。换热器管排布置原则：迎风方向管排数不宜多于四排；多排管时应采用错排布置。换热器流路布置原则：利用浮升力作用原则，走管采用"下进液上出气"方式；"少进多出"原则，这样可以提高制冷剂流速；利用制冷剂流向与空气流向逆流原则，当进出口温差较大时，逆流布置效果更明显；分路数不宜多，每路质量流速控制在一定范围内，要尽量改善分流均匀性。经过换热器空气流速的增加，有利于空气与换热器的热交换。迎面风速可在 0.5~1.5m/s 之间选取，在噪声允许的情况下，可提高迎面风速，以提高换热性能。

（1）管翅式蒸发器的设计计算

1）蒸发器热负荷。蒸发器热负荷参照 7.2.1 节计算空调系统冷负荷计算。

2）蒸发温度 t_0 与平均传热温差 Δt_m。翅片管式蒸发器由于空气侧换热系数低，通常取较大的传热温差。通常蒸发温度比被冷却的空气出口温度低 6~8℃，平均传热温差为 11~13℃。以外肋表面为基准的热流密度为 450~500W/m²。

由于受静液柱高度和流动阻力的影响，蒸发温度通常并不是定值。

3）直接蒸发式空气冷却器的冷却效率。直接蒸发式空气冷却器，湿空气与水膜表面之间进行能量交换，既有显热交换，又有潜热交换。

蒸发器的总换热量与显热换热量之比，称为析湿系数 ξ，即

$$\xi = \frac{\phi}{\phi_s} = \frac{h_1 - h_2}{c_p(t_1 - t_2)} \tag{8-1}$$

湿空气通过直接蒸发式空气冷却器时，其热湿交换进行的程度，可以用冷却效率表示，冷却效率的定义式为

$$\eta = \frac{h_1 - h_2}{h_1 - h_s} \tag{8-2}$$

式中，ϕ、ϕ_s 分别为显热换热量（W）和总换热量（W）；c_p 为空气的比定压热容 [J/(kg·K)]；t_1、t_2 分别为空气进出口温度（℃）；h_1、h_2、h_s 分别为空气进出口和空气冷却器外表面饱和空气层的状态焓（J/kg）。

每排肋管外表面积与迎风面积之比，称为肋通系数 a，即

$$a = \frac{A/N}{f_a} = \frac{A}{Nf_a} \tag{8-3}$$

这样可得

$$\eta = 1 - \exp\left(-\frac{\alpha_a a N}{c_p \rho v_a}\right) \quad (8-4)$$

式中，v_a 为迎面风速（m/s）；A 为空气冷却器的总外表面积（m²）；N 为空气冷却器的肋管排数；f_a 为空气冷却器的迎风面积（m²）；α_a 为空气侧对流换热系数[W/(m²·K)]。

4）传热系数。若忽略管壁热阻与管内垢层热阻，蒸发器总传热系数 K 可表示为

$$K = \left(\frac{1}{\alpha_{a,e}} + R_f + \frac{\tau}{\alpha_r}\right)^{-1} \quad (8-5)$$

式中，$\alpha_{a,e}$ 为湿工况下空气侧当量换热系数[W/(m²·K)]，$\alpha_{a,e} = \xi \alpha_a$；$R_f$ 为外表面污垢热阻（m²·K/W），可取 0.0003m²·K/W；α_r 为制冷剂侧换热系数[W/(m²·K)]；τ 为肋化系数，为肋片管总外表面与基管内表面之比。

（2）管翅式冷凝器的设计计算[11]

1）冷凝器热负荷。冷凝器热负荷参照 7.2.2 节计算，或对于采用全封闭式压缩机的制冷系统的冷凝器热负荷根据下式进行计算：

$$\phi_k = \phi_0(A + B t_k) \quad (8-6)$$

式中，ϕ_k 为冷凝器负荷（W）；ϕ_0 为蒸发器负荷（W）；t_k 为冷凝温度，适用范围为 28℃ ≤ t_k ≤ 54℃；A、B 为修正系数，与制冷剂种类相关。

2）传热平均温差 Δt_m 与冷凝温度 t_k。制冷剂进入冷凝器的换热分为三个区域：过热蒸气冷却、饱和蒸气冷凝和冷凝液体过冷。由于过热区和过冷区的换热量都比较小，为简化计算，可以认为制冷剂的温度等于冷凝温度 t_k。冷凝器中制冷剂与冷却介质的平均传热温差为

$$\Delta t_m = \frac{t_2 - t_1}{\ln \dfrac{t_k - t_1}{t_k - t_2}} \quad (8-7)$$

式中，Δt_m 为对数平均温差（K）；t_1、t_2 分别为冷却剂进、出口温度（K）。

一般，对于风冷式冷凝器，冷凝器温度与空气进口温度差值取 10~16℃，空气进、出口温差不宜大于 8℃。

3）传热系数。换热器的传热面为肋片管，总传热系数为

$$K = \left[\frac{1}{\alpha_{a,e}} + (R_c + R_p)\frac{A_o}{A} + \frac{\tau}{\alpha_r}\right]^{-1} \quad (8-8)$$

式中，K 为翅片管总传热系数 [W/(m²·K)]；$\alpha_{a,e}$、α_r 分别为空气侧和制冷剂侧对流换热系数 [W/(m²·K)]；A_o 为肋管总外表面面积（m²）；$\bar{A}$ 为基管平均表面积（m²）；τ 为肋化系数，为肋片管总外表面与基管内表面之比。

（3）换热器制冷剂侧对流换热系数与压降的计算

1）蒸发过程。在蒸发器中，制冷剂从两相进入过热区，对于过热区制冷剂侧对流换热系数采用 Ditus-Boelter 公式计算[12]：

$$\alpha_r = 0.023 Re_r^{0.8} Pr_r^{0.3}\left(\frac{\lambda_r}{D_r}\right), \quad 10^4 < Re_r < 1.2 \times 10^5 \qquad (8\text{-}9)$$

式中，$Re_r = D_r M_r / \mu_r$；α_r 为制冷剂侧传热系数 [W/(m²·K)]；Pr_r 为制冷剂普朗特数；λ_r 为制冷剂导热系数 [W/(m·K)]；D_r 为制冷剂侧当量直径（m）；M_r 为制冷剂质量流量（kg/s）；μ_r 为制冷剂黏度（Pa·s）。

蒸发器中制冷剂两相传热系数由 Gungor 和 Winterton 的关联式计算[13]：

$$\alpha_r = \psi \alpha_l \qquad (8\text{-}10)$$

$$\alpha_l = 0.023 Re_l^{0.8} Pr_l^{0.4} \frac{\lambda_l}{D_r} \qquad (8\text{-}11)$$

$$Re_l = \frac{M_r(1-x)D_r}{\mu_l} \qquad (8\text{-}12)$$

$$\psi = 1 + 3000 Bo^{0.86} + 1.12 \left(\frac{x}{1-x}\right)^{0.75}\left(\frac{\rho_{rl}}{\rho_{rv}}\right) \qquad (8\text{-}13)$$

$$Bo = \frac{q}{M_r h_{fv}} \qquad (8\text{-}14)$$

式中，ψ 为两相传热修正系数；α_l 为纯液体对流换热系数 [W/(m²·K)]；Bo 为沸腾数；q 为热流量（W）；h_{fv} 为汽化潜热（J/kg）。

水平管内平均沸腾换热系数也可以按下式计算：

$$\alpha_b = A \frac{v_m^{0.4} \psi^{0.4}}{d_i^{0.6}} \qquad (8\text{-}15)$$

式中，A 为物性系数，$A = 0.00573 \lambda_l \mu_l^{-0.8}$；$v_m$ 为质量流速 [kg/(m²·s)]；d_i 为管内径（m）。

2）冷凝过程。冷凝器中，制冷剂在管内经过过热、两相、过冷三个相态。

过热时制冷剂侧传热系数采用 Ditus-Boelter 公式（8-9）计算。

两相区制冷剂侧冷凝传热系数采用 Yang 和 Webb 的关联式计算[16]：

$$\alpha_r = \frac{Nu_r \lambda_r}{D_r} \frac{(1-x)^{0.8} + 3.8 x^{0.76}(1-x)^{0.04}}{Pr_r^{0.38}} \quad (8\text{-}16)$$

$$Nu_r = 0.0265 Re_r^{0.8} Pr_r^{1/3} \quad (8\text{-}17)$$

$$Re_r = \frac{D_r M_r}{\mu_r}\left[(1-x) + x\left(\frac{\rho_{rl}}{\rho_{rv}}\right)^{0.5}\right] \quad (8\text{-}18)$$

式中，Nu_r 为制冷剂侧努赛尔数，$Nu_r = \dfrac{\alpha_r D_r}{\lambda_r}$；$x$ 为干度；ρ_{rl}、ρ_{rv} 分别为制冷剂饱和液体和蒸气的密度（kg/m³）。

过冷区内制冷剂传热系数采用 Petukhov-Popov 试验关联式计算[12]：

$$Nu_r = \frac{Re_r Pr_r (f_r/8)}{1.07 + 12.7(f_r/8)^{1/2}(Pr_r^{2/3}-1)} \quad (8\text{-}19)$$

$$(10^4 < Re_r < 5\times 10^6, 0.5 < Pr_r < 2000)$$

式中，$f_r = (1.82 \lg Re_r - 1.64)^{-2}$。

换热器中制冷剂流经管内的沸腾（或冷凝），处于两相流动状态，计算压降时除考虑摩擦阻力和局部阻力以外，还应计入由于相态变化而引起的动能变化。沸腾（或冷凝）状态下管内压降 Δp 可按下式近似计算[11]：

$$\Delta p = \left[f\frac{l}{d_i} + n(\zeta_1 + \zeta_2) + \frac{2(x_2 - x_1)}{\bar{x}} \right]\frac{\bar{v}v_m^2}{2} \quad (8\text{-}20)$$

式中，f 为两相流动的阻力系数，含油小于 6% 时，$f = 0.037\left(\dfrac{K'}{Re}\right)^{0.25}$，$K'$ 为沸腾准则数，$K' = \dfrac{4\psi}{d_i v_m g}$，$Re$ 为雷诺数，$Re = \dfrac{v_m d_i}{\mu}$，$v_m$ 为质量流速 [kg/(m²·s)]，μ 为蒸发温度下制冷剂饱和液的动力黏度（N·s/m²）；$\bar{v}$ 为制冷剂的平均比体积（m³/kg）；x_1、x_2、$\bar{x}$ 分别为进口、出口和平均制冷剂的干度；l 为传热管直管段长度（m）；ζ_1 为弯头的局部阻力系数，无油时，$\zeta = 0.8 \sim 1.0$；ζ_2 为弯头的摩擦阻力系数，无油时，$\zeta_2 = 0.094 \dfrac{R}{d_i}$，$R$ 是曲率半径；n 为弯头数目。

换热器初步设计时可采用式（8-20）进行压降计算，若要进一步将换热过程压降计算细化，蒸发器换热板中单相区压降由沿程压降可采用 Blasius 关联式计算[14]：

$$\begin{cases} f = \dfrac{16}{Re_r}, \quad 0 < Re_r < 2500 \\ f = 0.079 Re_r^{-0.25}, \quad 2500 < Re_r < 20000 \\ f = 0.046 Re_r^{-0.2}, \quad Re_r > 20000 \end{cases} \quad (8\text{-}21)$$

$$\Delta p_{rf} = 4f \dfrac{L}{D_r} \dfrac{\rho_r v_r^2}{2} \quad (8\text{-}22)$$

两相区摩擦阻力损失可由 Zhang 和 Webb 的关联式计算[15]：

$$\Delta p_r = \Delta p_{r,lo} \phi_{lo}^2 \quad (8\text{-}23)$$

$$\phi_{lo}^2 = (1-x)^2 + 2.87 x^2 \left(\dfrac{p_{sat}}{p_c}\right)^{-1} + 1.68 x^{0.8} (1-x)^{0.25} \left(\dfrac{p_{sat}}{p_c}\right)^{-1.64} \quad (8\text{-}24)$$

$$\Delta p_{r,lo} = 2 f_{lo} \dfrac{M_r^2 L}{D_r \rho_l} \quad (8\text{-}25)$$

$$\begin{cases} f_{lo} = \dfrac{16}{Re_l}, \quad Re_l < 2100 \\ f_{lo} = \dfrac{0.25}{\left(0.86859 \ln \dfrac{Re_l}{1.964 Re_{lo} - 3.82}\right)^2}, \quad Re_l > 2100 \end{cases} \quad (8\text{-}26)$$

式中，ϕ_{lo} 为两相压降修正系数；$\Delta p_{r,lo}$ 为全液体压降（Pa）；p_{sat} 为饱和压力（Pa）；p_c 为制冷剂临界压力（Pa）；f_{lo} 为全液体摩擦因子。

冷凝器在客车中一般是水平放置，可忽略重力压降。过热区和过冷区仅考虑沿程摩擦压降。管中沿程压降可采用 Blasius 关联式（8-22）计算。

两相区管中摩擦压降可采用 Yang 和 Webb 的摩擦因子关联式[16]：

$$f = 0.435 Re_r^{0.12} f_l \quad (8\text{-}27)$$

$$\Delta p_{rf} = 4f \dfrac{L}{D_r^3} \dfrac{Re_r^2 \mu_{rl}^2}{2 \rho_{rl}} \quad (8\text{-}28)$$

式中，f_l 为按照单相区摩擦因子计算公式计算得到的制冷剂液态摩擦因子。

集流管中局部压降：

$$\Delta p_{rf} = \xi \dfrac{M_r^2}{2 \rho_r} \quad (8\text{-}29)$$

式中，ξ 为局部阻力系数。

（4）换热器空气侧对流换热系数的计算

由于管外侧对流换热系数很小，故在管外装设肋片进行强化换热，空气以一定流速从换热管的肋片间掠过，将热量传给管内流动的制冷剂，温度降低。车外换热器和车内换热器一般为多排换热器，翅片形式多为铝箔平片。

对于整体平直肋片，管外对流换热系数可采用果戈林提出的公式计算[11]：

$$\alpha_a = C_1 C_2 \left(\frac{\lambda_a}{d_a}\right)\left(\frac{L}{d_a}\right)^n Re_a^m \quad (8-30)$$

式中，d_a 为空气通道断面的当量直径（m），$d_a = \dfrac{2(s_1 - d_o)(e-\delta)}{(s_1 - d_o)+(e-\delta)}$，$s_1$ 为管间距（m），e 为翅片节距（m），d_o 为铜管外径（m），δ 为翅片厚度（m）；Re_a 为空气侧雷诺数；n 为系数，$n = -0.28 + 8\times 10^{-5} Re_a$；$m$ 为系数，$m = 0.45 + 0.0066\dfrac{L}{d_a}$；$C_1$ 为与气流状况有关的系数，$C_1 = 1.36 - 0.00024 Re_a$；$C_2$ 为与结构尺寸有关的系数，$C_2 = 0.518 - 2.315\times 10^{-2}\left(\dfrac{L}{d_a}\right) + 4.25\times 10^{-4}\left(\dfrac{L}{d_a}\right)^2 - 3\times 10^{-6}\left(\dfrac{L}{d_a}\right)^3$；$L$ 为沿气流方向肋片长度（m）；λ_a 为空气平均导热系数 [W/(m·K)]。

式（8-30）适用于顺排管束，对于错排列时应乘以 1.1~1.15 的修正系数。

考虑翅片肋片管效率后，作为冷凝器肋片管外对流换热系数为

$$\alpha_{ae} = \eta_{fb} \alpha_a \quad (8-31)$$

式中，η_{fb} 为肋片管效率，$\eta_{fb} = \dfrac{\eta_f A_f + A_p}{A}$；$\eta_f$ 为肋片效率，$\eta_f = \dfrac{th(ml)}{ml}$；$m = \left(\dfrac{2\alpha_a}{\lambda_f \delta}\right)^{1/2}$；$\lambda_f$ 为肋片导热系数 [W/(m·K)]；l 为当量肋高（m）。

由于客车空调空间限制，换热器的设计朝着紧凑和高效换热的方向发展，部分客车厂家换热器也尝试采用结构更为紧凑的微通道换热器，对于平行流微通道换热器设计可参见第 7 章相关内容。

2. 四通换向阀

四通换向阀是热泵型空调装置上用作改变制冷剂流向用的阀，如图 8-9 所示。用它能改变室外热交换器和车内热交换器各自的功能，以达到人们所需的夏天制冷、冬天供暖的要求。同时它也可用作除霜，当室外热交换器上结霜时，用它来切换制冷剂流向，使室外热交换器上的温度升高，完成短时间内除霜。四通换向阀由主阀、导阀和电磁线圈组成。

四通换向阀选型时可根据系统使用的制冷剂、设计制冷量，参考四通阀产

品性能规格书和结构尺寸，考虑制冷剂流过四通阀后的压降，选择适当的四通阀确保其在允许的压降范围内。完成选型设计后进行装机测试，确认其与制冷系统匹配性（如制冷能力、换向性能、电源电压等），避免四通阀工作异常。

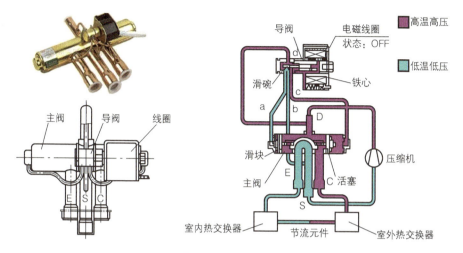

图 8-9　四通换向阀

3. 制冷剂系统管径

由于客车系统制冷和制热量相对较大，需要较大制冷剂循环流量，因此系统管径的影响需要进行考虑，系统中包括三段最基本的主管路：吸气管路、排气管路和供液管路。

（1）吸气管路的设计原则

吸气管路是从蒸发器出口到压缩机的吸气口，这段管路中流动的介质可能包括有制冷剂气体、制冷剂液体和润滑油，管径的确定可以通过基于标准或者设计工况下的数据，计算制冷剂的系统质量流量，然后根据系统中制冷剂所处不同位置的物性，计算该位置的制冷剂容积流量，再除以管路的截面面积，这样就可以得出不同管径下的制冷剂流速。通常吸气管路的最大流速不得超出 20m/s，制冷剂流速不低于 5m/s，一般设计流速在 8m/s 以上，根据所用的润滑油的黏度可稍有区别，同时吸气管路所产生的压降不超过 20kPa。

（2）排气管路的设计原则

压缩机的排气管路连接压缩机排气口和冷凝器的入口，管路中流动的介质一般是带有润滑油的高温高压气体。润滑油在高温高压下的黏度相对较小，流动性较好，排气管路设计可不考虑带油方面，主要考虑振动的影响。因此，排气管路的管径确定原则是流速在 5~17.5m/s，压降最大不超过 41kPa。

（3）供液管路的设计原则

供液管路连接冷凝器和蒸发器，管内流动的介质是液体状态，大多数情况下属于高温高压。供液管路中的润滑油和制冷剂都是液体状态下的溶解度相对于气体制冷剂来说要好,所以这段管路的设计基本不需要考虑带油的问题,但供液管路的压降对于制冷剂过冷度影响较大,因此建议供液管路的工质最大流速不超过 1.8m/s。

4. 系统充注量估算

工程上为简化计算,通常采用内容积估算法进行系统充注量估算。由于制冷工况和制热工况对制冷剂需求量不同,为保证纯电动客车热泵空调系统高效运转,需要试验进一步验证系统实际制冷剂最佳需求量。内容积估算法其实质是采用充注量占系统各设备内容积百分比的方法估算总的制冷剂充注量[17,18]。客车空调系统的制冷剂充注量等于其高压侧、低压侧各管道、气液分离器以及换热器等部件的充注量之和。表 8-5 给出了客车空调系统各部件制冷剂充注量,供估算参考。

表 8-5 客车空调系统各部件制冷剂充注量[19]

设备名称	充注量占部件容积百分比(%)	设备名称	充注量占部件容积百分比(%)
冷凝器	15	气液分离器	30
蒸发器	40	高压管	50
中间换热器(经济器)	30	低压管	15
储液器	70		

8.2.3 设计示例

1. 热泵机组的设计工况

本示例以北方城市运行的 12m 长电动客车为例进行设计,考虑客车的运行环境温度在 -20~40℃变化,确定其额定制冷/制热设计工况如下:

制冷额定工况:室内进风干/湿球温度(℃)   27/-
　　　　　　　室外进风干/湿球温度(℃)   35/-
制热额定工况:室内进风干/湿球温度(℃)   20/15(最大)
　　　　　　　室外进风干/湿球温度(℃)   7/6

2. 系统流程设计

为使电动客车可以适应 -20~40℃的环境温度变化,热泵机组要求能够满足在不同循环模式之间切换。夏季,按照单级压缩制冷循环模式运行;冬季室外环境温度不是很低(如 -5℃以上)时,按照单级压缩制热循环模式运行;冬季室外环境温度很低时,按照准二级压缩制热循环模式运行。这样,可以使热泵机组在 -20~40℃范围内都能可靠、高效运行。同时考虑到车内温度均匀性及电池热管理等,设计采用双车内换热器对称布置的电动客车空调一体化热管理系统的方案,系统流程如图8-10和图8-11所示。

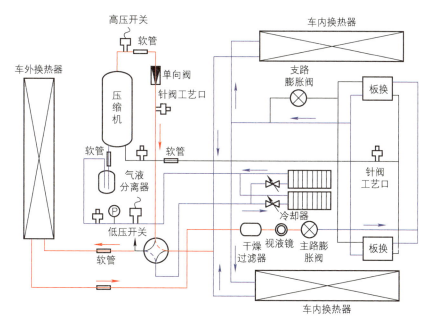

图 8-10 制冷模式系统流程

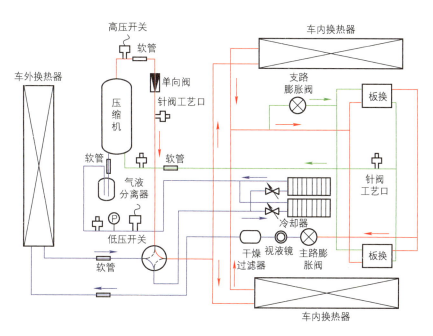

图 8-11 制热模式系统流程

制热工况下，制冷剂流经车外换热器后，进入板式换热器，该换热器可视为电池温控换热器，实现电池冷却液冷却的同时回收电池的散热量。与冬天电池废热回收利用类似，电机及电控余热回收均可采用此类似流程，只需在系统中增加相应板式换热器，因此本设计中未特别标出。

根据第 7 章中汽车热系统冷热负荷计算方法，可计算得到相应设计工况下热泵机组车室空调额定制冷量为 28kW，电池散热量为 3kW，额定制热量为 18kW。

3. 典型工况下系统热力循环计算

这里针对如下三种典型工况来进行理论循环设计优化：

工况 1（额定制冷）：室外环境温度为 35℃，室内环境温度为 27℃，对应冷凝温度为 54℃，蒸发温度为 7℃，过热度为 5℃，过冷度为 5℃，单级压缩制冷循环，制冷量为（28+3）kW。

工况 2（常规制热）：室外环境温度为 7℃，室内环境温度为 20℃，冷凝温度为 50℃，蒸发温度为 -3℃，过热度为 5℃，过冷度为 5℃，单级压缩制热循环，制热量为 18kW。

工况 3（低温制热）：室外环境温度为 -20℃，室内环境温度为 20℃，冷凝温度为 40℃，蒸发温度为 -25℃，过热度为 2℃，过冷度为 5℃，补气率为 0.25，准二级压缩制热循环，制热量按不少于常规制热量 85% 计算，此处取 16kW 计算。

对三种工况进行理论循环热力学计算可在 Excel 中编写 NIST 调用程序进行计算，计算结果见表 8-6 ~ 表 8-8。

表 8-6 空气源热泵理论循环各点热力学参数及设计值（工况 1—额定制冷）

制冷工质：R410A						
冷凝温度 T_{Lc}/℃	蒸发温度 T_{Le}/℃	过冷度/℃	吸气过热度/℃	电机效率	机械效率	
54.00	7.00	5.00	5.00	0.88	0.90	
压缩机等熵效率	设计制冷量/kW	蒸发器制冷量/kW	电池散热器制冷量/kW			
0.85	31	28	3			
循环点	温度 T/℃	压力 p/MPa	焓 H/(kJ/kg)	熵 s/[kJ/(kg·K)]	密度 ρ/(kg/m³)	比体积 v/(m³/kg)	确定状态点的参数
L_1 点（蒸发饱和气点）	7.00	0.99	423.25	1.80	38.19	0.03	p

（续）

循环点	温度 T/℃	压力 p/MPa	焓 H/(kJ/kg)	熵 s/[kJ/(kg·K)]	密度 ρ/(kg/m³)	比体积 v/(m³/kg)	确定状态点的参数
冷凝饱和液点	55.00	3.36	294.35	1.31	874.27	—	p
$L_{1'}$ 点（过热吸气点）	12.00	0.99	429.07	1.82	36.79	0.03	T、p
L_{2i} 点（等熵压缩点）	78.58	3.36	463.38	1.82	116.18	0.01	p, s
L_2 点（实际压缩点）	82.92	3.36	469.44	1.83	112.13	0.01	p, H
L_3 点（阀前过冷点）	49.00	3.36	282.95	1.27	923.82	—	T, p
L_4 点（节流阀后）	7.00	0.99	282.95				p, H
L_5 点（电池散热器前）	7.00	0.99	414.93				

冷凝温度 T_{Lc}/℃	蒸发温度 T_{Le}/℃	冷凝压力 p_{Lc}/MPa	蒸发压力 p_{Le}/MPa	补气压力 p_{Lm}/MPa	阀前温度 T_{Lg}/℃	吸气温度 T_{Ls}/℃	压比
54.00	7.00	3.36	0.99	—	49.00	12.00	3.39

质量流量/(kg/s)	冷凝能力/kW	压缩机功率/kW	考虑机械和电机效率后压缩机耗功/kW	制冷能效比	考虑机械和电机效率后制冷能效比		
0.0212	39.56	8.56	10.8	3.6	2.8		

表 8-7 空气源热泵理论循环各点热力学参数及设计值（工况 2—常规制热）

制冷工质：R410A							
冷凝温度 T_{Lc}/℃	蒸发温度 T_{Le}/℃	过冷度/℃	吸气过热度/℃	电机效率	机械效率		
50.00	-3.00	5.00	5.00	0.88	0.90		
压缩机等熵效率	设计制热量/kW						
0.85	18000						

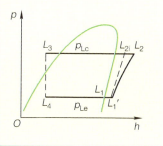

（续）

循环点	温度 T/℃	压力 p/MPa	焓 H/(kJ/kg)	熵 s/[kJ/(kg·K)]	密度 ρ/(kg/m³)	比体积 v/(m³/kg)	确定状态点的参数
L_1点（蒸发饱和气点）	-3.00	0.72	420.37	1.82	27.73	0.04	p
冷凝饱和液点	50.00	3.07	285.85	1.28	906.80	—	p
$L_{1'}$点（过热吸气点）	2.00	0.72	425.77	1.84	26.81	0.04	T, p
L_{2i}点（等熵压缩点）	77.78	3.07	467.20	1.84	102.47	0.01	p, s
L_2点（实际压缩点）	83.35	3.07	474.51	1.86	98.40	0.01	p, H
L_3点（阀前过冷点）	45.00	3.07	275.24	1.25	950.03	—	T, p
L_4点（节流阀后）		0.72	275.24				p, H

冷凝温度 T_{Lc}/℃	蒸发温度 T_{Le}/℃	冷凝压力 p_{Lc}/MPa	蒸发压力 p_{Le}/MPa	补气压力 p_{Lm}/MPa	阀前温度 T_{Lg}/℃	吸气温度 T_{Ls}/℃	压比
50.00	-3.00	3.07	0.72	—	45.00	2.00	4.24

车内换热器换热量/kW	质量流量/(kg/s)	蒸发器吸热量/kW	压缩机功率/kW	考虑机械和电机效率后压缩机耗功/kW	制热性能系数	考虑机械和电机效率后制热性能系数
18	0.0903	13.596	4.4	5.56	4.08	3.23

表 8-8 空气源热泵理论循环各点热力学参数及设计值（工况 3—低温制热）

制冷工质：R410A

冷凝温度 T_{hc}/℃	蒸发温度 T_{he}/℃	过冷度/℃	吸气过热度/℃	电机效率	机械效率
40.00	−25.00	5.00	2.00	0.88	0.90

压缩机等熵效率	补气率	设计冷凝能力/W			
0.85	0.25	16000			

循环点	温度 T/℃	压力 p/MPa	焓 H/(kJ/kg)	熵 s/[kJ/(kg·K)]	密度 ρ/(kg/m³)	比体积 v/(m³/kg)	确定状态点的参数
h_1 点（蒸发饱和气点）	−25.00	0.33	411.97	1.86	12.8	0.08	p
冷凝饱和液点	40.00	2.43	266.33	1.22	975.33	—	p
$h_{1'}$ 点（吸气过热点）	−23.00	0.33	413.86	1.87	12.65	0.08	T, p
h_6 点（饱和补气点）	3.61	0.89	422.35	1.80	34.32	0.03	p
h_{2i} 点（等熵压缩点）	21.37	0.89	441.49	1.87	30.57	0.03	p, s
h_2 点（实际压缩点）	26.19	0.89	446.37	1.89	29.77	0.03	p, H
$h_{2'}$ 点	7.83	0.89	427.15	1.82	33.28	0.03	p, H
h_{3i} 点（等熵压缩点）	59.95	2.43	455.02	1.82	84.32	0.01	p, s
h_3 点（实际压缩点）	63.76	2.43	459.94	1.84	81.92	0.01	p, H（排气焓）
h_4 点	35.00	2.43	256.95	1.19	1009.01	—	T, p（冷凝后焓）
$h_{4'}$ 点		0.89	256.95				p, H
h_5 点	10.17	2.43	215.60	1.05	1136.33	—	p, H（能量守恒计算 H）

（续）

循环点	温度 T/℃	压力 p/MPa	焓 H/(kJ/kg)	熵 s/[kJ/(kg·K)]	密度 ρ/(kg/m³)	比体积 v/(m³/kg)	确定状态点的参数
$h_{5'}$ 点		0.33	215.60				p, H

冷凝温度 T_{hc}/℃	蒸发温度 T_{he}/℃	冷凝压力 p_{hc}/MPa	蒸发压力 p_{he}/MPa	补气压力 p_{hm}/MPa	阀前温度 T_{hg}/℃	吸气温度 T_{hs}/℃	压比
40.00	−25.00	2.43	0.33	0.89	35.00	−23.00	7.36

主支路质量流量/(kg/s)	喷射支路质量流量/(kg/s)	压缩机功率/W	蒸发能力/W	中间换热器换热量/W	考虑机械和电机效率后压缩机耗功/W	制热能效比 COP	考虑机械和电机效率后制热 COP
0.0315	0.0079	3498.30	12501.71	2607.48	4417.03	4.57	3.62

4. 部件设计与选型

（1）压缩机设计选型

本系统要满足多工况运行条件，夏季制冷、冬季制热、电池散热，冬季还要满足低温工况下的正常运行，因此压缩机选择变频补气涡旋压缩机，可以适应更宽的环境温度变化，而且具有较高的容积效率。

压缩机的排量是选择压缩机的重要参数，需要根据设计负荷来确定，可由下式来计算：

$$m_{suc} = \frac{Q_c}{h_{eva,out} - h_{eva,in}} \qquad (8\text{-}32)$$

$$V = \frac{60 m_{suc} v_{suc}}{\eta_V n} \qquad (8\text{-}33)$$

式中，m_{suc} 为吸气流量（kg/s）；Q_c 为设计冷负荷（kW）；$h_{eva,in}$ 和 $h_{eva,out}$ 分别为蒸发器进、出口焓（kJ/kg）；V 为压缩机排量（m³）；n 为压缩机转速（r/min）；v_{suc} 为吸气比体积（m³/kg）；η_V 为容积效率。

根据设计冷负荷和热负荷大小选择了卧式电动涡旋中间补气压缩机，排量为80mL，压缩机频率可在30～90Hz之间任意调节。

或者根据额定制冷工况下热力学计算出的系统循环流量为0.212kg/s，可以据此结合压缩机厂家产品规格数据来选择压缩机容量，选择排量为80mL的变频压缩机。在设计制冷工况下，该压缩机在频率为80Hz时可以提供的制冷剂流量为

$$m = \eta_V V_{max} \rho_{suc} f = 0.224 \text{kg/s} \qquad (8\text{-}34)$$

式中，η_V 为容积效率，取 0.95；V_{max} 为压缩机排量，为 80×10^{-6} m³/s；ρ_{suc} 为吸气密度（kg/m³）；f 为频率（Hz）。

可见，该压缩机的容量满足额定制冷工况的需求，在其他工况下可以根据负荷大小来调节压缩机频率。

（2）车内换热器设计

车内换热器选择翅片管式换热器，具体设计计算方法详见 8.2.2 节。车内换热器的设计参数见表 8-9。

表 8-9 车内换热器的设计参数

蒸发器形式		翅片管式换热器	
换热量	28kW	环境干/湿球温度	27℃/21℃
风量	6000m³/h	工质质量流量	0.212kg/s
蒸发温度	7℃	过热度	5℃

车内换热器以蒸发器模式运行时进行设计，车内布置两组相同尺寸换热器，其将车内环境干/湿球温度为 27℃/21℃ 空气冷却到送风状态 16℃，90% 相对含湿量。其设计步骤如下：

1）确定换热负荷。车内换热器换热量需求，考虑 1.1 的安全系数，换热负荷为 15.4kW。

2）确定肋片管束形式。对换热器选用连续整体套片，基管外径 d_o = 9.52mm，壁厚 δ_p = 0.35mm 的铜管；铝肋片厚 δ_f = 0.1mm，导热系数 λ = 204W/(m·K)；肋片节距 e = 2.7mm，管束采用正三角形排列，管中心距 s_1 = 25mm，$s_2 = s_1 \sin 60°$，结构参数计算如下：

每米肋管长的肋片表面积

$$A_f = \left(s_1 s_2 - \frac{\pi}{4} d_o^2\right) \times 2 \times \frac{1000}{e} = \left(\frac{\sqrt{3}}{2} s_1^2 - \frac{\pi}{4} d_o^2\right) \times 2 \times \frac{1000}{e} = 0.348 \, \text{m}^2/\text{m}$$

每米肋管长的肋片间基管外表面积

$$A_p = \frac{1000}{e} \pi d_o (e - \delta_f) = 0.0288 \, \text{m}^2/\text{m}$$

每米肋管长总外表面积

$$A = A_f + A_p = 0.3770 \, \text{m}^2/\text{m}$$

每米肋管长内总表面积

$$A_i = \pi d_i l = 0.0277 \, \text{m}^2/\text{m}$$

肋化系数

$$\tau = \frac{A}{A_i} = 13.60$$

肋通系数

$$a = \frac{A}{f_a} = \frac{A}{s_1 \times 1} = 15.080$$

净断面比（最窄流通断面积与迎风面积之比）

$$\varepsilon = \frac{(s_1 - d_o)(e - \delta_f)}{s_1 e} = 0.596$$

3）所需冷却效率。在湿空气 h-d 图中，将空气初状态点与终状态点连成直线，其与相对湿度100%的交点，就是所需肋管外表面的平均状态点 s，$t_s = 13.23$℃，$h_s = 37.30$kJ/kg。因此，所需冷却效率为

$$\eta = \frac{h_1 - h_2}{h_1 - h_s} = \frac{57.25 - 42.00}{57.25 - 39.10} = 0.84$$

4）计算空气侧的换热系数。

① 设迎面风速 $v_a = 2.5$m/s，则最小流动断面的速度为

$$v = \frac{v_a}{\varepsilon} = \frac{2.5}{0.596} \text{m/s} = 4.19\text{m/s}$$

② 设沿气流方向肋管的排数 $N = 8$。

③ 计算肋片外表面的换热系数。

肋片空气通道的当量直径

$$d_e = \frac{2(s_1 - d_o)(e - \delta_f)}{(s_1 - d_o) + (e - \delta_f)} = \frac{2 \times (25 - 9.52)(2.7 - 0.1)}{(25 - 9.52) + (2.7 - 0.1)} \text{mm} = 4.45\text{mm}$$

气流方向的肋片长度

$$L = Ns_2 = 7 \times 25 \times \sin 60° \text{mm} = 173.2\text{mm}$$

计算雷诺数

$$Re = \frac{\overline{\rho} v d_e}{\overline{\mu}} = \frac{1.18 \times 4.19 \times 0.00445}{0.186 \times 10^{-4}} = 1182$$

计算系数与指数

$$C_1 = 1.36 - 0.00024 Re = 1.08$$

$$C_2 = 0.518 - 2.315 \times 10^{-2} \left(\frac{L}{d_e}\right) + 4.25 \times 10^{-4} \left(\frac{L}{d_e}\right)^2 - 3 \times 10^{-6} \left(\frac{L}{d_e}\right)^3 = 0.0840$$

$$n = -0.28 + 0.08 Re/1000 = -0.185$$

$$m = 0.45 + 0.0066 L/d_e = 0.707$$

因此，根据式（8-30）及1.1的安全系数，

$$\alpha_a = 1.1 \times 1.08 \times 0.104 \times \left(\frac{0.026}{0.00445}\right)\left(\frac{173.2}{0.00445}\right)^{-0.185} (1182)^{0.707} \text{W}/(\text{m}^2 \cdot \text{K}) = 43.73 \text{W}/(\text{m}^2 \cdot \text{K})$$

④ 校核肋管排数

$$0.840 = 1 - \exp\left(-\frac{43.73 \times 15.080 \times N'}{1000 \times 1.2 \times 2.5}\right) = 1 - \exp(-0.220 N')$$

所以，$N' = 8.34 \approx 8$ 排，与假设一致。

5）初步确定迎风面积和总传热面积。

迎风面积　　　$f_a = M_a/(\rho v_a) = 0.96/(1.17 \times 2.5) \text{m}^2 = 0.33 \text{m}^2$

总传热面积　　$A = f_a a N = 0.33 \times 15.080 \times 8 \text{m}^2 = 39.42 \text{m}^2$

6）计算肋管外表面当量换热系数。

① 析湿系数

$$\xi = \frac{h_1 - h_2}{c_p(t_1 - t_2)} = \frac{57.25 - 42.00}{1 \times (27 - 16)} = 1.38$$

② 肋片形状参数

$$m = \left(\frac{2\xi\alpha_a}{\lambda_f \delta_f}\right)^{0.5} = \left(\frac{2 \times 1.38 \times 43.73}{204 \times 0.0001}\right)^{0.5} = 76.84$$

③ 当量肋高

$$l = (aR - r_o)\left(1 + 0.805 \lg \frac{aR}{r_o}\right)$$

$$= (1.065 \times 12.5 - 4.76)\left(1 + 0.805 \lg \frac{1.065 \times 12.5}{4.76}\right) \text{mm} = 11.63 \text{mm}$$

④ 肋片效率

$$\eta_f = \frac{\text{th}(ml)}{ml} = \frac{\text{th}(76.84 \times 11.63 \times 10^{-3})}{76.84 \times 11.63 \times 10^{-3}} = 0.80$$

则当量换热系数为

$$\alpha_{a,e} = \xi\alpha_a\left(\frac{\eta_f A_f + A_p}{A}\right) = 1.38 \times 43.73 \times \frac{0.80 \times 0.348 + 0.0288}{0.3770} \text{W}/(\text{m}^2 \cdot \text{K}) = 49.00 \text{W}/(\text{m}^2 \cdot \text{K})$$

7）计算制冷剂侧换热系数。

肋管内表面热流密度为

$$\Psi = \frac{\phi}{A/\tau} = \frac{14600 \times 13.60}{39.42} \text{W/m}^2 = 5059.45 \text{W/m}^2$$

空气出口温度 $t_2 = 16$℃，取蒸发温度 t_0 比 t_2 低 9℃，且不考虑制冷剂在蒸发器中的压力降，则蒸发器进出口制冷剂状态参数见表 8-10。

表 8-10 制冷剂状态参数

状态点	温度 /℃	比焓 /(kJ/kg)	干度	比体积 /(m³/kg)
冷凝器出口	49	282.95	0	
蒸发器入口	7	282.95	0.34	0.00944
蒸发器出口	7	423.25	1.00	0.02619

则制冷剂循环量为

$$M_R = \frac{14.6}{423.25 - 282.95} \text{kg/s} = 0.104 \text{kg/s}$$

根据肋管内表面热流密度，取制冷剂质量流速 $v_m = 170 \text{kg/(m}^2 \cdot \text{s)}$，则并列肋管的路数为

$$n = \frac{0.104}{\frac{\pi}{4} \times 0.00882^2 \times 170} = 10.05$$

取 $n = 10$，管内实际制冷剂质量流速 $v_m = 170.9 \text{kg/(m}^2 \cdot \text{s)}$。

求管内制冷剂换热系数

$$\alpha_b = 0.49 \times \frac{(5059.45)^{0.4} \times (170.9)^{0.4}}{(0.00882)^{0.6}} \text{W/(m}^2 \cdot \text{K)} = 1985 \text{W/(m}^2 \cdot \text{K)}$$

取空气侧污垢热阻 $R_f = 0.0003 \text{m}^2 \cdot \text{K/W}$。

根据式（8-5），计算传热系数

$$K = \left(\frac{1}{49.0} + 0.0003 + \frac{13.60}{1985} \right)^{-1} \text{W/(m}^2 \cdot \text{K)} = 36.28 \text{W/(m}^2 \cdot \text{K)}$$

8）校核蒸发温度。

所需传热温差

$$\Delta t'_m = \frac{\phi}{KA} = \frac{14600}{37.52 \times 39.42} ℃ = 10.24 ℃$$

即所需蒸发温度为 10.3℃，高于假设的 7℃，可以满足设计换热量需求。

9）空气冷却器的主要结构参数。

蒸发器高度

$$H = s_1 n = 0.025 \times 10 \text{m} = 0.25 \text{m}$$

蒸发器长度

$$B = f_a/H = 0.327/0.175\text{m} = 1.30\text{m}$$

蒸发器厚度

$$L = Ns_1\sin60° = 0.173\text{m}$$

10）管内制冷剂压力降。

沸腾准则数

$$K = \frac{4\Psi}{d_i v_m g} = \frac{4 \times 5059.45}{0.00882 \times 170.9 \times 9.81} = 1367.8$$

雷诺准则数

$$Re = \frac{v_m d_i}{\mu} = \frac{170.9 \times 0.00882}{1.53 \times 10^{-4}} = 9809.8$$

摩擦阻力系数

$$f = 0.037\left(\frac{K}{Re}\right)^{0.25} = 0.0226$$

平均干度为 0.669；平均比体积为 $0.0178\text{m}^3/\text{kg}$；弯头 8 个；局部阻力系数 $\zeta_1 = 1.0$；摩擦阻力系数 $\zeta_2 = 0.094R/d_i = 0.128$；制冷剂的压力降为

$$\Delta p = \left[0.0226 \times \frac{1.30 \times 10}{0.00882} + 8 \times (1 + 0.128) + \frac{2 \times (1 - 0.223)}{0.69}\right] \times \frac{0.0178 \times 170.9^2}{2}\text{Pa} = 11589\text{Pa}$$

相当温度降低 0.4℃。

11）计算空气侧的阻力。

干工况下空气侧流动阻力

$$\Delta p_1 = 0.07\left(\frac{L}{d_e}\right)v^{1.7} = 0.07 \times \left(\frac{173.2}{4.45}\right)(4.19)^{1.7}\text{Pa} = 31.14\text{Pa}$$

对于错排布置的蒸发器，阻力增加 20%，即

$$\Delta p_2 = 1.2\Delta p_1 = 1.2 \times 31.14\text{Pa} = 37.37\text{Pa}$$

湿工况按表 8-11 查修正系数。

表 8-11 湿工况时空气流动阻力修正系数

迎面风速/(m/s)	1.5	2.0	2.5	3.0
水平气流	1.65	1.53	1.50	1.48
竖直向上气流	1.28	1.30	1.32	1.34

查得修正系数为 1.50，这样，该蒸发器空气侧流动阻力为

$$\Delta p = 1.5\Delta p_2 = 56\text{Pa}$$

因此本案例设计的车内换热器结构参数如下：铜管选用内螺纹管 $\phi 9.52 \times 0.35+0.18$，管间距 25mm，排间距 22mm；翅片选用 0.1mm 亲水铝箔，翅片间距 2.7mm；单根铜管长 1300mm，每排 10 根，共 8 排，共两组；每组车内换热器尺寸为 1300mm × 250mm × 170mm。读者也可根据上文提及的翅片管式换热器设计公式编写程序进行换热器的初步设计。

换热器结构参数初选后利用仿真软件里面的换热器模型对标准制冷工况进行校核，图 8-12 所示为采用了 Dymola 软件的模型。计算结果见表 8-12，换热器的换热量能够满足需求。

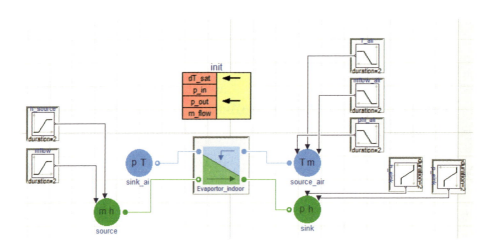

图 8-12　Dymola 软件中换热器计算模型

表 8-12　额定制冷工况下单组车内换热器计算结果

设定条件			
进风温度	27℃	风量	1kg/s
制冷剂侧流量	0.106kg/s	制冷剂侧进口焓	140.736 kJ/kg
制冷剂侧出口压力	0.99MPa	制冷剂侧进口温度	7℃
计算结果			
换热器换热量	14.97kW	出风温度	16℃
制冷剂侧出口焓	282.1kJ/kg	制冷剂侧出口温度	7.7℃

常规制热工况下单组车内换热器的计算结果见表 8-13，换热器换热量大于所需的 18kW，能够满足额定制热需求。

表 8-13 常规制热工况下单组车内换热器的计算结果

设定条件			
进风温度	20℃	风量	1kg/s
制冷剂侧流量	0.0903kg/s	制冷剂侧进口焓	332.3kJ/kg
制冷剂侧出口压力	3.07MPa	制冷剂侧进口温度	83℃
计算结果			
换热器换热量	21.4kW	出风温度	41℃
制冷剂侧出口焓	94.9kJ/kg	制冷剂侧出口温度	23.7℃

（3）车外换热器设计

车外换热器首先根据换热量为 39.6kW，风量为 9000m³/s，翅片管式车外换热器初步设计步骤与车内换热器类似，此处不再详述，也可参见本章参考文献[11]。本案例中其初步设计结构参数如下：铜管选用内螺纹管 $\phi 7 \times 0.25 + 0.18$，管间距 21mm，排间距 18.2mm；翅片选用 0.1mm 厚亲水铝箔，翅片间距 2.7mm；单根铜管长 1400mm，每排 40 根，共 6 排，共 1 组；换热器尺寸为 1400mm×840mm×110mm。

换热器初选后利用 Dymola 软件中的换热器模型对标准工况进行校核。计算结果见表 8-14，换热器的换热量能够满足需求。

表 8-14 额定制冷工况下车外换热器计算结果

设定条件			
进风温度	35℃	风量	3kg/s
制冷剂侧流量	0.212kg/s	制冷剂侧进口焓	327.3kJ/kg
制冷剂侧出口压力	3.36MPa	制冷剂侧进口温度	83℃
计算结果			
换热器换热量	42.2kW	出风温度	42.2℃
制冷剂侧出口焓	127.9kJ/kg	制冷剂侧出口温度	48.7℃

常规制热工况下车外换热器的计算结果见表 8-15，换热量为 14.02kW，大于所需换热量 13.6kW，能够满足需求。

表 8-15 常规制热工况下车外换热器的计算结果

设定条件			
进风温度	7℃	风量	3kg/s
制冷剂侧流量	0.0903kg/s	制冷剂侧进口焓	133kJ/kg
制冷剂侧出口压力	0.72MPa	制冷剂侧进口温度	−3℃

（续）

计算结果			
换热器	14.02kW	出风温度	2.3℃
制冷剂侧出口焓	288.4kJ/kg	制冷剂侧出口温度	9.7℃

（4）中间换热器设计

中间换热器按照低温制热工况（工况3）进行设计，板式换热器选用两个，与车内换热器对应，单个中间换热器的设计参数见表8-16。

表8-16 单个中间换热器的设计参数

设计参数		板换式换热器
换热量		1.3×1.1kW
热介质 R410A	进口压力	2.43MPa
	出口焓/温度	73.39kJ/kg/10℃
	进口焓/温度	114.68kJ/kg/35℃
	流量	0.0315kg/s
冷介质 R410A	进口压力	0.89MPa
	出口焓/温度	280.31kJ/kg/3.61℃
	进口焓/温度	114.68kJ/kg/3.61℃
	流量	0.00788kg/s

利用Dymola软件中板式换热器模型（图8-13）进行设计计算，得到单个换热器的结构尺寸：总换热面积为0.49m²，单片板尺寸为207mm×77mm，共40片，板间距2mm。计算结果为换热量1.475kW，满足需求。

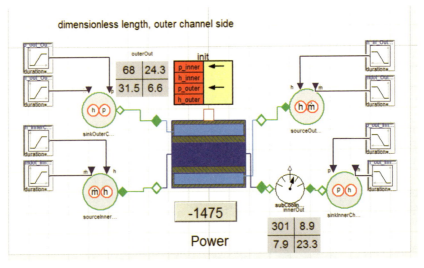

图8-13 Dymola软件中板式换热器模型

（5）电池温控换热器设计

电池温控换热器设计成两个，每个换热器按照 3kW 设计，设计参数见表 8-17。

表 8-17 电池温控换热器的设计参数

设计参数		板式换热器
	换热量	3kW
热介质乙二醇	进口温度	30℃
	流量	0.15kg/s
	出口温度	25℃
冷介质 R410A	蒸发压力/温度	0.853MPa/2℃
	出口焓/温度	427.42kJ/kg/7℃
	进口焓/温度	423.26kJ/kg/2℃
	流量	0.212kg/s

（6）部件设计结果汇总

表 8-18 部件设计结果汇总

序号	名称	主要参数	数量
	压缩机	变频涡旋压缩机，排量 80mL	1 台
	车内换热器	车内换热器共两组，每组尺寸为：铜管 $\phi9.52\times0.35+0.18$，亲水铝箔翅片厚度 0.1mm，翅片间距 2.7mm。每根管长 1300mm，管间距 25mm，排间距 22mm，8 列 7 排	2 个
	车外换热器	车外换热器共一组，尺寸为：铜管 $\phi7\times0.25+0.18$，亲水铝箔翅片厚度 0.1mm，片距 2.2mm，每根管长 1400mm，管间距 21mm，排间距 18.2mm，40 列 6 排	1 个
	中间换热器	中间换热器共两组，选用板式换热器，每组换热器的总换热面积 $0.49m^2$，单片板尺寸 207mm×77mm，共 40 片，板间距 2mm	2 个
	电池温控换热器	板式换热器，换热量 3kW，最大长度 200mm	2 个
	主路电子膨胀阀	容量 16.9kW，阀口径 2.2mm	1 个
	补气支路电子膨胀阀	容量 5.5kW，阀口径 1.6mm	1 个
	四通阀	DSF-34，适用容量：18~45 kW	1 个

8.3 本章小结

本章针对新能源商用车热系统，主要介绍了电动客车热系统的设计需求，包括车室热湿环境、车窗除霜防雾以及制冷与供暖的测试要求。

重点阐述了新能源纯电动客车热系统的设计与零部件选型方法，给出了基于准二级压缩热泵的系统流程演变，中间补气与余热回收耦合的热泵循环是提升系统能效与宽温区适应性的重要途径。

针对10～12m的纯电动客车在−20～40℃环境下热管理需求，给出了中间补气的热泵空调系统设计案例。设计结果显示，为满足10～12m大型电动客车在−20～40℃环境下的热管理需求，建议选择80mL排量的变频补气式压缩机。不同于乘用车的铝制平行流散热器，客车热泵系统的制冷剂对空气的换热器主要采用铜管铝翅片式，其设计方法相对成熟，可针对运行工况进行设计优化。

参 考 文 献

[1] 季一志."双碳"目标下的新能源商用车发展新趋势[J].商用汽车，2022（4）：32-33.
[2] 薛志强.纯电动客车热泵型空调系统性能优化研究[D].广州：华南理工大学，2016.
[3] 全国汽车标准化技术委员会客车分技术委员会.客车空调系统技术条件：JT/T 216—2020[S].北京：人民交通出版社，2020.
[4] 全国汽车标准化技术委员会.汽车空调制冷系统性能道路试验方法：QC/T 658—2000[S].北京：中国计划出版社，2010.
[5] 陈浩.大型电动客车热泵空调系统设计与实验研究[D].郑州：中原工学院，2016.
[6] 张东京.纯电动客车超低温热泵型空调系统结融霜特性研究[D].郑州：中原工学院，2019.
[7] 韩欣欣.电动客车热泵系统制热性能提升研究[D].北京：中国科学院大学，2019.
[8] HAN X X，ZOU H M，XU H B，et al. Experimental study on vapor injection air source heat pump with internal heat exchanger for electric bus[J]. Energy Procedia，2019，158：4147-4153.
[9] 许超.混合动力客车电池包散热系统研究[D].上海：上海交通大学，2010.
[10] 王业琴.电动城市客车运行能效关键技术研究[D].哈尔滨：东北林业大学，2013.
[11] 石文星，田长青，王宝龙.空气调节用制冷技术[M]. 5版.北京：中国建筑工业出版社，2016.
[12] 吴业正.制冷原理及设备[M]. 3版.西安：西安交通大学出版社，2010.
[13] GUNGOR K E，WINTERTON R H S. Simplified general correlation for saturated flow boiling and comparisons of correlations with data[J]. Chemical Engineering Research and Design，1987，65（2）：148-156.
[14] DIDI M B O，KITTEN N，THOME J R. Prediction of two-phase pressure gradients of refrigerants in horizontal tubes [J]. International Journal of Refrigeration，2002，25（7）：935-947.
[15] ZHANG M，WEBB R L. Correlation of two-phase friction for refrigerants in small-diameter tubes [J]. Experimental Thermal and Fluid Science，2001，25（3）：131-139.
[16] YANG C Y，WEBB R L. Friction pressure drop of R-12 in small hydraulic diameter extruded aluminum tubes with and without micro-fins [J]. International Journal of Heat and Mass

Transfer, 1996, 39 (4): 801-809.

[17] 沈勇, 伍中喜. 风冷冷热水机组的制冷剂充注量试验研究 [J]. 机械制造与自动化, 2012, 41 (5): 184-186.

[18] FARZAD M, O'NEAL D L. System performance characteristics of an air conditioner over a range of charging conditions[J]. International Journal of Refrigeration, 1991, 14 (6): 321-328.

[19] 周光辉, 李海敏, 崔四齐, 等. 电动客车热泵空调系统制冷剂充注量实验研究 [J]. 低温与超导, 2016, 44 (3): 5.

[20] 秦菲. 电动汽车低温空气源热泵实验研究与模拟分析 [D]. 北京: 中国科学院大学, 2017.

[21] NAVARRO E, REDÓN A, GONZÁLVEZ-MACIA J, et al. Characterization of a vapor injection scroll compressor as a function of low, intermediate and high pressures and temperature conditions[J]. International Journal of Refrigeration, 2013, 36 (7): 1821-1829.

[22] TELLO-OQUENDO F M, NAVARRO-PERIS E, GONZÁLVEZ-MACIÁ J. New characterization methodology for vapor-injection scroll compressors[J]. International Journal of Refrigeration, 2017, 74: 528-539.